Das Buch

Bruno Kreisky und Otto von Habsburg, Christiane Hörbiger und Fritz Muliar, Gregor von Rezzori und Friedensreich Hundertwasser, Niki Lauda und Karl Schranz – wie sind sie aufgewachsen, wo haben sie ihre Kindheit verlebt, welche Ereignisse haben sie entscheidend geprägt, von welchen Menschen wurden sie nachhaltig beeinflußt? Mehr als dreißig prominente österreichische Zeitgenossen breiten in diesem Buch ihre sehr persönlichen Erinnerungen aus. Sie gestatten dem Leser einen Blick hinter die Kulissen ihres Werdegangs und zeigen die unterschiedlichen Bedingungen, unter denen jeder einzelne von ihnen ganz außergewöhnliche Wege beschritten hat. In einer Mischung aus verhaltener Trauer und Freude beschreiben die Autoren die Schauplätze ihrer Jugend, das alte Wien vor dem Zweiten und vor dem Ersten Weltkrieg, die Bukowina, Böhmen und Mähren. Es sind typische Alltagsbilder, die doch jedes für sich ganz individuell sind – sie bringen uns nicht nur viele bekannte Persönlichkeiten näher, sondern beschwören auch eine schon fast vergessene Vergangenheit herauf, nicht zuletzt unsere eigene Kindheit.

Der Herausgeber

Georg Markus zählt zu den erfolgreichsten Schriftstellern Österreichs und ist Autor zahlreicher Fernsehserien und -dokumentationen. Er veröffentlichte u.a.: ›Katharina Schratt. Die heimliche Frau des Kaisers‹ (1982), ›Der Fall Redl‹ (1986), ›Sigmund Freud und das Geheimnis der Seele‹ (1989), ›Wiener G'schichten‹ (1992).

Mein Elternhaus
Ein österreichisches Familienalbum

Herausgegeben von Georg Markus
Mit 136 Fotos

Deutscher
Taschenbuch
Verlag

Ungekürzte Ausgabe
Oktober 1992
Deutscher Taschenbuch Verlag GmbH & Co. KG, München

ISBN 3-430-16341-2
Umschlaggestaltung: Celestino Piatti
Umschlagfoto: Familienfoto aus dem Privatbesitz
von Heinz Holecek (sein Vater und seine Großeltern)
Gesamtherstellung: C.H. Beck'sche Buchdruckerei, Nördlingen
Printed in Germany · ISBN 3-423-30330-1

Inhalt

Georg Markus
Fünfunddreißig Elternhäuser
Vorwort

Sie stehen oder standen in Wien und in Graz, in Linz und in Innsbruck, die Geburts- und Elternhäuser der Autoren dieses Buches. Aber auch in Temesvar, Czernowitz und in Buczacz/Galizien. Und dennoch ist jedes einzelne Elternhaus ein sehr österreichisches. Österreichisch in einem weiteren Sinn, der uns seit Öffnung der Grenzen Osteuropas wieder viel näher ist.

Es ist eine wahrhaft bunte Mischung von Elternhäusern, die sich in diesem Buch zusammenfindet. Sie reicht von einem kaiserlichen über aristokratische, groß- und kleinbürgerliche bis zu Elternhäusern im Bauern- und Arbeitermilieu. Eines ist den Autoren freilich gemeinsam, ob ihre Eltern arm oder reich, ihre Erziehung liberal oder autoritär, ob ihr Heranwachsen harmonisch oder voll von Problemen gewesen: die unter so unterschiedlichen Voraussetzungen Großgewordenen sollten ganz außergewöhnliche Wege gehen. Sei es in der Wissenschaft, im Kulturleben, in der Politik, im Sport oder in der Wirtschaft.

Als mir die Manuskripte vorlagen, berührten mich die sehr persönlichen Schilderungen ebenso, wie mich deren zeitgeschichtliche Dimension faszinierte. Die Geschichte eines Landes ist nichts anderes als die Summe der Biographien seiner Bewohner. Ob das Geburtsjahr noch in der Monarchie, in der Ersten oder in der Zweiten Republik oder in der Nazizeit lag: die Kindheits- und Jugenderinnerungen ergeben in ihrer Gesamtheit ein Spiegelbild unseres Jahrhunderts.

Unternehmen Sie mit mir, als Einstieg zu diesem Buch, einen kleinen Rundgang durch die Elternhäuser der fünfunddreißig Autoren.

Die Wahrscheinlichkeit, eine »historische Persönlichkeit« zu werden, ist – wenn man als Sohn eines Erzherzogs und späteren Kaisers zur Welt kommt – zweifellos größer als im Normalfall. Doch bei Otto von Habsburg sollte das in ganz anderer Form wahr werden, als dies seine Eltern bei seiner Geburt annehmen konnten. Daß er Gott dankbar ist, nicht Monarch, sondern ein sozusagen bürgerlicher Politiker geworden zu sein, mag auf den ersten Blick erstaunen. Auf den zweiten ist es, betrachtet man die Schicksale mancher seiner Ahnen, vielleicht eher verständlich.

Bruno Kreisky wuchs in großbürgerlichem Elternhaus auf, wandte sich aber sehr früh der Sozialdemokratie zu. Finden wir in der einschlägigen Literatur eine Vielzahl von Erklärungen dafür, warum Kinder gegensätzliche politische Ansichten zu ihren Eltern entwickeln, so ist's hier das erste Mal, daß ich vom umgekehrten Fall erfahre: Kreiskys Mutter wählte bürgerlich, um damit in Opposition zu ihrem Sohn zu gehen.

Sehr offen spricht Kardinal König über das kühle Verhältnis zu seinem Stiefvater. Und der Leser kann sich die Frage stellen: Wurde er der große Humanist, gerade weil er durch diese Bezugsperson – ganz im Gegensatz zur liebevollen Mutter – in der Kindheit so wenig an menschlicher Wärme erfuhr?

Geistlicher sollte nach dem Willen seiner Mutter auch Josef Meinrad werden – doch in der Klosterschule entschied er sich dann fürs Theater. »Fest steht«, blickt er augenzwinkernd auf sein Berufsleben zurück, »daß ich es auf der Bühne und im Film als Priester weiter gebracht habe, als ich es je gebracht hätte, wäre ich wirklich Priester geworden.« Er spielte Kardinäle und trat bei Lesungen auch als Papst auf. Religiös ist er geblieben: Der Schauspieler betet jeden Tag zu Gott, um sich für das Leben, das er führen durfte und darf, zu bedanken.

Karl Fellinger, der »Arzt der Könige«, erklärt sehr anschaulich, was es in den letzten Jahren der Monarchie bedeutete, »kleiner Leute Kind« zu sein. Hans Dichand mußte die Übersiedlung seines Elternhauses aus einer der schönsten Villen in Graz in ein armseliges Barackenlager erleben. In der Psychologie, schreibt er, glaubt man herausgefunden zu haben, daß so traurige Kindheitserlebnisse später extreme Energien freisetzen.

Großbürger Gregor von Rezzori wiederum schildert ein Wiedersehen mit seiner Vaterstadt Czernowitz nach dreiundfünfzig Jahren. Verfügten Fritz Muliar und Heinz Marecek über keine »Elternhäuser« im eigentlichen Sinn, so waren's bei Fritz Eckhardt derer gleich acht. Eine sehr frühe Begegnung gab es zwischen zwei Autoren dieses Buches, von der der eine wohl erst nach der Lektüre des Beitrages des anderen erfahren wird: Otto von Habsburg fuhr im Hofwagen in Schönbrunn am kleinen Hans Weigel vorbei, zeigte mit dem Finger auf diesen und beneidete den etwas Älteren (vermutet Weigel) – um seine Socken!

Einige Autoren wuchsen in Elternhäusern auf, in denen Vater/Mutter oder beide prominent waren. Wie Christiane Hörbiger, die schon in ihrer Kindheit im Hof des Elternhauses zwei »Oscars« in Empfang nehmen durfte. Oder Gottfried Reinhardt, der die berühmtesten Bühnen des deutschen Sprachraums zu seinen »Vaterhäusern« zählt. Oder Judith Holzmeister, die Tochter des großen Architekten. Oder Wolfgang Hutter, der freilich erst mit vierzehn erfuhr, daß sein leiblicher Vater der Maler und Schriftsteller Albert Paris Gütersloh war.

Prominente Vorfahren hat auch Niki Lauda, doch – das sagt schon der Titel seiner Erinnerung: »Der Papa wird's nicht richten« – »gerichtet« hat er sich tatsächlich alles, was er in seinem Leben (als Sportler und Unternehmer) erreichte, selbst. Ist es eine Gnade des Schicksals, Kind berühmter Eltern zu sein? Oder überwiegen die Probleme, die sich daraus ergeben? Die Betroffenen gelangen zu unterschiedlichen Ansichten.

Die Tragödie unseres Jahrhunderts zieht sich wie ein roter Faden durch dieses Buch. Simon Wiesenthal schildert sie anhand der Verschleppung seiner Mutter in ein Vernichtungslager der Nazis. Friedensreich Hundertwasser berichtet von seiner seltsamen Gratwanderung »Zwischen HJ und Judenstern«: Als Halbjude trat er, um seine Verwandtschaft zu schützen, der Hitler-Jugend bei. Dramatisch auch die Jugend Günther Nennings, dessen Familie zum einen Teil aus Juden, zum anderen aus Nationalsozialisten bestand. Helmut Zilk ist offen genug, auszusprechen, daß er es in erster Linie der Standhaftigkeit seines Vaters verdankt, nicht der SS beigetreten zu sein – obwohl er in der Schule fast dazu gezwungen wurde.

Erhard Busek faßt in einem Satz zusammen, daß es die materielle Situation allein nicht sein kann, die ein glückliches Elternhaus ausmacht: »Die Erwachsenen«, sagt er in seinem Beitrag, »hatten nichts, aber wir Kinder waren unendlich reich.« Noch weniger hatten die Eltern Franz Vranitzkys. Und doch hat er viel von ihnen »geerbt«: Sich für Toleranz einzusetzen, schreibt Vranitzky, sei ein besonders wichtiger Teil seiner politischen Arbeit. Toleranz spielte in seinem Elternhaus eine große Rolle.

Arm war auch Helene von Damm, die – wie Hunderttausende Mädchen ihrer Generation – im Kino von der großen, weiten Welt Amerikas träumte. Daß sie für sie in gewissem Sinn Wirklichkeit werden sollte, scheint tatsächlich ein wahr gewordener Traum. Ihr Berufsleben fand im Weißen Haus als enge Mitarbeiterin des Präsidenten der Vereinigten Staaten seine Krönung. Sie schildert ein Gespräch mit Ronald Reagan, in dem sie ihm von ihrem Elternhaus erzählte. Und er fand dabei erstaunliche Parallelen zu seinem eigenen.

Was sonst noch erstaunt: Daß Marcel Prawy, laut eigener Aussage, »ein furchtbar unmusikalisches Kind« war. Daß Skiweltmeister Karl Schranz unsportliche Eltern hatte. Daß sich unter Manfred Mautner Markhofs Ahnen nicht nur Industriekapitäne finden, sondern auch der große Maler Leopold Kupelwieser. Daß Georg Kreisler rückblickend zur Ansicht gelangt, sein Elternhaus könne nur »von Kafka verfaßt worden« sein. Und daß einer, den man sich unschwer als Inbegriff des Musterknaben vorstellen kann, zweifelsohne zu den schlimmsten Kindern unter den Autoren zählte: Peter Alexander war einmal »Anführer der durch Schwarzpulver erfolgten Sprengung einer öffentlichen Bedürfnisanstalt« und landete – nach weiteren Explosionen – mit seinen Klassenkameraden gar auf der Polizeistube.

Besonders berührend der Bericht von Elfriede Ott, deren Vater ums Leben kam, als er ihres rettete. Udo Jürgens wiederum ist seit der Ohrfeige eines HJ-Führers auf einem Ohr nur zu siebzig Prozent hörfähig. Die Ohrfeige, schreibt er, veränderte sein Leben. Sehr subtil zeigt Erika Pluhar den Einfluß des Elternhauses auf ihren Lebensweg, wenn sie erwähnt, die Eltern ließen sie »unbeschränkt in die Welt meiner Phantasien eintauchen«. Viel direkter wirkten sich die Hausmusikabende in der Familie Heinz Holeceks auf dessen Entwicklung aus. Ganz im Gegensatz zu seinem Gesangskollegen Oskar Czerwenka, in dessen Bericht die Musik keine dominierende Rolle spielt.

Im Beitrag Erwin Ringels finden neben seinen persönlichen Erinnerungen auch die Ansichten des Psychiaters zum Thema Elternhaus Platz. Er zitiert Heimito von Doderer, der sagte, daß die Kindheit jener Eimer sei, der uns in den ersten Lebensjahren übergestülpt werde und dann ein Leben lang an uns herunterrinne.

Drei Autoren sind leider nicht mehr am Leben: Michael Stern, Doyen der Wiener Rechtsanwälte, starb am 2. Dezember 1989, wenige Wochen nachdem er seinen Beitrag für dieses Buch geschrieben hatte, im Alter von zweiundneunzig Jahren. Als er mir in seiner Kanzlei auf der Wiener Seilerstätte das Manuskript übergab, sagte er: »Wenn das Buch erscheint, werde ich vielleicht schon tot sein.« Ich wollte das damals nicht glauben, zu sehr stand »der alte Stern« mitten im Leben. Auf seinem Schreibtisch lag ein riesiger Aktenberg, den er noch am selben Tag zu bewältigen hatte.

Bruno Kreisky erlag am 29. Juli 1990 einer Herzschwäche. Seine anrührenden Erinnerungen in diesem Buch zählen zu den letzten Zeilen, die der große Staatsmann niederschrieb. Er machte seine Bereitschaft, seinen Beitrag zu liefern, von der Frage abhängig, wer die anderen Autoren seien. Als ich ihm die Liste zeigte, sagte er mit Freuden zu, weil er sich »in bester Gesellschaft« fühlte. Auch wenn seine Beziehung zu dem einen oder anderen nicht immer konfliktfrei gewesen war.

Und Hans Weigel, Doyen der österreichischen Literatur, starb am 12. August 1991. Auch er war, bis ans Ende seines Lebens, aktiv, schrieb zuletzt noch an einem Buch, bearbeitete Theaterstücke.

Sämtliche ABeiträge wurden für dieses Buch verfaßt und gelangen hier zum erstmaligen Abdruck. Einzig der Bericht Simon Wiesenthals ist dem Buch ›Meine Mutter‹ (ECON Verlag) entnommen.

Geboren am 13. Oktober 1938 in Wien als Tochter von Paula Wessely und Attila Hörbiger. Drehte als Fünfzehnjährige ihren ersten Kinofilm. Ausbildung am Reinhardtseminar und bei Alma Seidler, 1959 erstes Engagement am Burgtheater. Nach einem Jahr am Heidelberger Stadttheater Rückkehr ins Ensemble des Burgtheaters. Seit 1967 im Ensemble des Zürcher Schauspielhauses, daneben Gastspiele unter anderem Münchener Kammerspiele, Theater in der Josefstadt, Wiener Volksoper. Hauptrollen in Film und Fernsehen (unter anderem ›Das Erbe der Guldenburgs‹). War in erster Ehe mit dem Regisseur Wolfgang Glück, in zweiter Ehe mit dem 1978 verstorbenen Journalisten Rolf R. Bigler verheiratet. Lebt seit 1985 mit dem Regisseur und Schriftsteller Gerhard Tötschinger in Zürich und Baden bei Wien. Ein Sohn.

CHRISTIANE HÖRBIGER

Brief an einen Freund

Mein Lieber, ich habe Dir lange nicht geschrieben, aber ich bin gerade dabei, mich neu einzurichten – nicht mein Zuhause hier in Zürich, sondern meine Denkweise und meine Gewohnheiten, und das ist aufregender und vor allem entscheidender. Und dabei denke ich an früher – an den »Nestplatz«, wo alles angefangen hat, all das, was so ein Frauenleben dann ausmacht –, an mein Elternhaus. Merkwürdig, daß ich es immer an einem Sommermorgen vor mir sehe, wenn die Sonne durch die Blutbuchen, die Eiche und den Ahornbaum, die Riesen meiner Kindheit, scheint.

Meine Mutter besaß ein Gartenkleid, merkwürdiger Ausdruck für ein gelbrosa geblümtes Leinenkleid, bodenlang und ein bißchen ausgeblaßt, das sie manchmal beim Frühstück im Garten, von der weinlaubbewachsenen Hausecke behütet, trug. Keineswegs ein Kleidungsstück übrigens, mit dem man im Garten hätte arbeiten können, sondern eher ein »Gewand«, in dem man durch den Morgentau im Gras schlendern konnte. Ich glaube, sie haben, gemessen an den Jahren, gar nicht so oft stattgefunden, diese von ihr so geliebten Morgenspaziergänge im nassen Gras. Ich vermute, daß mein Vater, der zu uns Kindern weniger davon geredet hat, im Garten immer der eigentliche Herr des Anwesens war, denn er hat ihn immer gepflegt und behütet, seinen – unseren – Garten, und an diesem erinnerbaren Sommermorgen ganz besonders.

Du warst nie bei uns in der Himmelstraße? Komisch. Ich habe immer das Gefühl, Du kennst wie ich jeden Raum, jedes Möbelstück und jede Ecke der Himmelstraße 24. Würde ich das Haus mit einem Hubschrauber liebevoll und lauernd umkreisen, sähe ich von oben die grauen Dachschindeln des großen Hauses und des kleinen, angebauten Vorhauses unter mir. Ich sähe von oben das, was nach der Straßenseite hin so arrogant verschwiegen wird. Den schon erwähnten Garten, auf dessen grünem Mittelstück drei prägnant gesetzte Birken stehen. Drei Bäume – drei Töchter –, nur die Wunden und Freuden ihres Lebens sind zum Glück an der weißen Rinde nicht erkennbar, und so stehen sie unschuldig und ein bißchen dumm, aber sehr hübsch und unbeschädigt auf der Wiese.

Die beiden Blutbuchen, herrlich dunkelrot im Sommer, und bei Glücksaugenblicken schaut man am weißlichgrauen Stamm entlang ins reinste Himmelblau. Am obersten Ende des Gartens stand früher ein sogenanntes Teehaus. Ein kleiner, nach dem unteren Teil des Gartens geöffneter Rundbau, bestückt mit Bambusmöbeln, rot-weiß kariert bepolstert, ein Ort, um einen Hollywood-Filmvertrag nach längerem Zögern abzulehnen.

Wir Mädchen haben nach Kriegsende in den ausgetrockneten und verblaßten Überresten »Die Russen kommen« oder »Friseursalon« gespielt. Um unsere Hausangestellten zu schonen, hat man dort recht selten den Tee genommen.

Abwärts gehend: ein Zwetschgenbaum, viele Ribiselsträucher, den Zaun zur Himmelstraße entlang – bitte erspare mir die hochdeutschen Ausdrücke für diese wienerischsten aller Obstsorten –, und dann die Terrasse: ein größerer betonierter Platz. Wir haben dort Radfahren gelernt und es auch unseren Kindern beigebracht, die Hauswäsche, als sie noch von Wäscherinnen anstatt von der Maschine gewaschen wurde, trocknete dort; und zwischen feuchten und duftenden Wäschestücken radzufahren – hast Du dieses Vergnügen schon einmal gehabt? Ein unendliches Glücksgefühl, sag' ich Dir, wenn einem während der Fahrt der Wind feucht duftenden Stoff ins Gesicht klatscht. Von dort kann man, über sonnengebleichte Holzbretter, den ersten Stock des Hauses erreichen, oder man geht durch einen kühlen, büschegesäumten Weg in den Innenhof des Hauses hinunter – ein von Holzsäulen eingerahmter, vor allen, aber auch vor allen bösen Blicken des Lebens geschützter Platz. Dort wurde und wird gegessen, diskutiert, gepackt, gesonnt, versammelt, gelernt, wurden Gäste empfangen, und dort wurde, vor allem, gespielt.

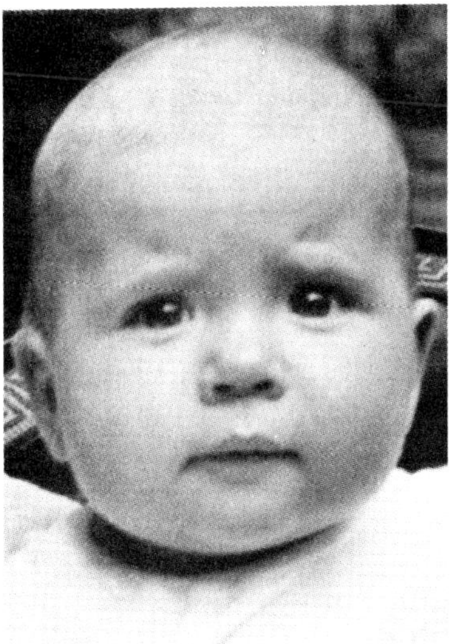 

Links: Christiane Hörbiger als Baby. *Rechts:* Die Eltern Attila Hörbiger und Paula Wessely.

Nicht Theater, Gott behüte, das ist Beruf, das tut man anderswo. Wir Kinder haben dort, in diesem über alles geliebten Innenhof, unsere Träume ausgelebt, als hätten wir schon damals geahnt, daß uns das Leben nur in ganz seltenen Momenten unsere phantastischen Wünsche erfüllen werde.

Ich selbst habe dort meine Opernsängerinnenkarriere begonnen und beendet, die Säulen waren »del Monaco« und »Karajan« und alles, was so dazwischen anzusingen war. Ich habe in diesem Hof zwei »Oscars« in Empfang genommen und mich in wohlüberlegten Sätzen dafür bedankt. Ich möchte nicht indiskret sein, aber ich glaube, daß auch für meine Schwestern Clark Gable und Humphrey Bogart in diesen Grinzinger Hof geflogen kamen, und für meine ältere Schwester vielleicht sogar Einstein oder der Papst persönlich.

Vom Hof kommt man durch einen kleinen Vorraum in die Küche. Groß, ungemütlich kalter Steinboden und doch: Am weißen Tisch in der Mitte hat die ganze Familie so zwischendurch ihre Gedanken ausgesprochen, weggetrunken oder in sich hineingegessen. Daneben ein kleines Zimmer mit der fertigen Wäsche und alten Zeitungen. Zwischen der Halle und der Küche wohl einer der wichtigsten Räume, das sogenannte Office, Betonung selbstverständlich auf der zweiten Silbe. Nur ein kleiner, dunkler, schmaler Gang mit Schränken voll Gläsern und Geschirr, aber: mit Telefon. Der ungeeignetste Raum, um durch den Draht zu

Die Eltern und ihre drei Töchter: Elisabeth Orth, Christiane Hörbiger, Paula Wessely, Attila Hörbiger, Maresa Hörbiger (von links nach rechts).

flirten – ständig von den anderen gestört –, aber wir haben's dort allesamt, ohne Ausnahme und mit Vergnügen, getan.

Auch Angebote, die unser berufliches Leben oft entscheidend veränderten, wurden dort angenommen oder abgelehnt. Daneben: die Halle. Ein großer Raum mit einem Kamin, drei Fenstern, ebenerdig zur Himmelstraße hinaus, eine große breite Glastür, in den Garten führend, glückliche Momentaufnahmen, in meinem Hirn festgehalten, wenn im Sommer meine nackten Füße von heißen Steinen der Gartenplatten auf dem grauen Teppich drinnen landeten oder wenn zu Weihnachten das Feuer im Kamin brannte und Garten und Straße durchs Glas besehen weiß-blau hereinschimmerten.

Eine Stufe führt in die Bibliothek, Begegnung mit Büchern und Musik. Gegenüber dem altmodischen kleinen Plattenschrank ein Barockkasten, in die Wand hineingebaut, und wenn man seine geschnitzten Türen öffnet: bunte Gläser und Flaschen. Diese Bar ist abzuschließen, unnötig, denn uns allen ist schlußendlich die Versagensangst näher als die Sucht, im Rausch zu versinken. Wir alle wissen um trügerische Gefühle – wir alle sind einfach zu vernünftig, um zu glauben, daß Alkohol uns beflügelt oder den Sternen näher bringt.

Schade eigentlich, findest Du nicht – aber wir haben nun einmal mit keinem versoffenen Genie in der Familie aufzuwarten. Das heißt nicht, daß ich nicht gerne Wein trinke, oh, ganz im Gegenteil, aber wir alle wissen verdammt gut, wann und wieviel und warum wir's tun. Wir lieben

Drei Hörbiger-Generationen: Christiane mit Sohn Sascha und Vater Attila.

uns alle selbst so sehr, so vorsichtig und so wachsam, Gott sei Dank. Oder leider? Nein, wir versinken nie ganz, nie unbedingt – wir sind zum Glück alle gottverdammte Egoisten –, drum werden wir auch alle so alt werden – und so einsam?

Daneben das Schlafzimmer meines Vaters, grün und braun, Mamis Bild über einer alten Truhe, Geruch nach Leder und nach Heu – vom Garten hereinkommend. Angrenzend Vaters Badezimmer. Nie wieder habe ich diese morgendliche Freude verspürt, wenn ein Mann mit viel Wasser und Düften seinen Tag beginnt. Der erste Stock. Das sogenannte Balkonzimmer – für mich der schönste Raum des Hauses –, ein breites Bett – zwei Fenster zum Garten, Bücher, ein dunkler alter Schrank. Ich hab' dort geträumt, und das wunderbare an diesem Zimmer ist, daß alles, was man dort träumt, sich erfüllt – drum will ich lieber nicht weiter davon berichten.

Daneben – das Schlafzimmer meiner Mutter. Schulberichterstattung, während durch die weißen gestickten Vorhänge die Baumwipfel vom Garten hereingrüßen, ein breites Bett, letzter und sicherster Zufluchtsort bei ausweglosen Schmerzen. Das Bett meiner Mutter, heute noch möchte ich manchmal unter ihre Decke schlüpfen, und – ich gesteh's Dir – ich tat's auch vor nicht allzu langer Zeit. Daneben ihr »Ankleidezimmer« – ein heiterer und schöner Ort, eingebaute Kleiderschränke, bespannt mit geblümter Seide, obendrüber, bis zur Decke reichend, weiße Kästen, einer davon hat noch immer sichtbar ein großes ausgebessertes Loch, er war abgeschlossen, als die Russen 1945 im Haus alles durchwühlten, und so schlugen sie die Tür mit dem Gewehrkolben ein.

Dann ein dreiteiliger Spiegel, mich selbst mal drei zu sehen war für mich immer ein großes, aber heimliches Vergnügen, in der Mitte des Zimmers eine weiße Couch. Anschließend ein gelb-weißes, sehr weibliches Badezimmer, das mich, wann immer ich es heute mitbenütze, sehr froh macht, als Frau auf dieser Welt zu sein.

Im zweiten Stock ein großes, eher dunkles Kinderzimmer, Kirschholzschränke, Kirschholzbetten mit unendlich schlechten Roßhaarmatratzen – und wären wir nicht durch tägliches Ermahnen zur geraden Haltung gezwungen worden, hätte der Schlaf unsere Rücken gekrümmt. Ein runder Tisch unter einer gemütlichen Hängelampe, ein Waschbecken mit geblümtem Paravent – vor welchen Blicken sollte uns diese spanische Wand wohl schützen? – und angrenzend eine Veranda. Warmes Licht – Sonne – durch weißlich verwaschene Vorhänge, Stöckelschuhe, die um sechs Uhr früh die Himmelstraße hinunterklappern, Kirchenglocken, eine blutrote Sonnenkugel, die über der Stadt hochsteigt, Kindheitsgeräusche, Gerüche und Lichter – eingefangen in dieser Veranda, die bei Krankheiten, Liebeskummer und Zukunftsängsten eine beschützende Muschel war und es zuweilen heute noch ist. Mein Bub, der erschöpft vom Spielen dort einschläft, ich lege mich neben ihn, um durch Wärme seinen Schlaf zu verlängern, und wache selbst erst viele Stunden später wieder auf. Das zweite größere Zimmer unter dem Dach ist grün mit weißer Wandbespannung, neben dem grünen Kinderbadezimmer gelegen. Ich habe in dem grünen Zimmer viele Jahre später mit Mann und Kind für einige Monate gewohnt, es ist noch voll mit Briefen und mit Erinnerungen an diese Zeit, und ich betrete es nicht mehr gerne.

Über alldem ist nun nur mehr das Dach unseres Hauses. Es ist ein sehr verläßliches Gebilde, so scheint mir, es hat die Familie beinahe ein halbes Jahrhundert hindurch beschützt und behütet, es war da – über uns – und hat ohne viel Gegenleistung, von ein paar kleinen Reparaturen abgesehen, mehr als seine Pflicht getan. Du bist selbst seit kurzem in ein neues Zuhause gezogen, wurde mir berichtet – hier also, statt Salz und Brot: Deine beiden Buben sollen dort so glücklich und behütet sein, wie wir es in der Himmelstraße waren.

Geboren am 20. November 1912 auf Schloß Wartholz in Reichenau an der Rax. Sein Vater war Kaiser Karl I., Österreichs letzter Kaiser. Seine Mutter, Kaiserin Zita, war Tochter des letzten regierenden Herzogs von Parma. Otto wuchs zunächst als österreichisch-ungarischer Kronprinz auf und mußte nach dem Zusammenbruch der Monarchie mit Eltern und Geschwistern ins Exil. Studium der Staats- und Sozialwissenschaften, Promotion 1935. 1940 bis 1944 in den USA. Die Habsburgergesetze verhinderten bis zum Jahre 1966, nachdem er bereits 1961 formell auf den Thron verzichtet hatte, seine Rückkehr nach Österreich. Langjähriger Präsident der Paneuropa-Union, seit 1979 Mitglied des Europaparlaments. Verheiratet mit Prinzessin Regina von Sachsen-Meiningen, sieben Kinder. Lebt in Pöcking am Starnberger See/Bayern.

Otto von Habsburg
Ganz persönliche Erinnerungen

Meine frühesten Kindheitserinnerungen gehen sehr weit zurück. Ich erinnere mich klar an einen Besuch bei meinem Urgroßonkel Kaiser Franz Joseph, es muß kurz vor seinem Tod gewesen sein. Er war für mich so etwas wie die Idee von Gottvater, man hat den Kaiser einfach verehrt. Er war ein Begriff, der jenseits von uns stand. Und ich erinnere mich an Schönbrunn, offensichtlich in der ersten Phase des Krieges. Ich sehe ganz besonders deutlich die Inneneinrichtung des Schlosses vor mir, wobei ich etwas feststellen muß: Als Kind scheint einem das alles viel größer, als es dann später bei einem neuen Besuch tatsächlich ist.

Mein Vater war ein weiser Mensch, sehr ruhig, sehr liebevoll. Und er hat vor allem den Frieden gesucht, das war eines der häufigen Themen, über die er sprach. Auf der einen Seite bewunderte er als Frontsoldat, der er ja war, unsere Soldaten an der Front ungemein, gleichzeitig war er aber eisern entschlossen, erstens Frieden zu schließen und zweitens niemals mehr zu erlauben, daß ein Krieg ausbreche. Sehr eindrucksvoll war auch die Tatsache, daß er ganz besonders energisch, ja, ich würde sagen, mit Zorn gegen alle jene immer wieder reagierte, die irgendwelche rassistischen Äußerungen von sich gaben. Ich erinnere mich, wie scharf der ansonsten so milde Mann antwortete, als einmal, wir waren bereits in Reichenau, jemand Bemerkungen machte, daß die sozialistische Führung fast ausschließlich aus Juden bestehe. Er hat den Betreffenden wirklich sehr scharf zur Ordnung gerufen.

In meinen ersten Jahren sah ich meinen Vater sehr wenig. Zuerst war er als Kronprinz, dann als Kaiser eigentlich ständig von zu Hause weg. Auch im Schweizer Exil war er weitgehend mit politischen Angelegenheiten befaßt. Wirklich häufig gesehen habe ich ihn erst in Madeira, wo er versucht hat, offensichtlich in Vorausahnung seines nahe bevorstehenden Endes, meine Schwester und mich politisch einzuweihen. Er hat damals in langen Spaziergängen viel mit uns gesprochen.

Ich erinnere mich deutlich an die Begräbnisse der beiden Kaiser: an das Begräbnis von Kaiser Franz Joseph insbesondere darum, weil ich 1916 noch ein sehr kleines Kind war und viele große Menschen um mich waren. Ich war sehr beeindruckt von der Tatsache, daß der Kaiser tot sei. Das Begräbnis meines Vaters habe ich ganz bewußt erlebt, da war ich ja schon neun Jahre alt. Es war sehr traurig. Nach dem frühen Tod meines Vaters hat meine Mutter versucht, gleichzeitig Vater und Mutter für uns zu sein. Ich glaube, sie ist dieser Aufgabe sehr gerecht geworden. Sie war streng und sehr auf Disziplin bedacht. Das hat uns seinerzeit einige Probleme geschaffen, aber rückblickend muß ich sagen, ich kann ihr dafür nicht dankbar genug sein.

Meine Mutter hat einen sehr großen Einfluß auf mich ausgeübt. Besonders wichtig war dabei erstens ihre tiefe religiöse Einstellung, also das Gefühl, man sei für jede Handlung Gott gegenüber verantwortlich, und zweitens das große Gewicht, das sie immer wieder auf totalen Einsatz gelegt hat. Sie hat uns vor allem in dem Sinn erzogen, daß wir, was immer wir tun, jeweils unser Bestes leisten sollten. Ich glaube, daß sie, wenn man ansieht, was jedes ihrer Kinder geleistet hat, diesbezüglich erfolgreich war.

Ich glaube keineswegs, daß man von irgendwelchen historischen Gestalten, wie es meine Mutter zweifellos war, sagen kann, daß ihr Tod das Ende irgendeiner Epoche darstellte, wie das in Nachrufen geschrieben wurde, oder daß ein gewisser Menschentypus ausstirbt. Wenn uns die Geschichte etwas lehrt, so ist es, daß man nie »immerwährend« und nie »niemals« sagen darf.

Wie zu meinen Eltern war auch das Verhältnis zu meinen Geschwistern immer das denkbar beste, was darauf zurückzuführen ist, daß meine Mutter uns ganz systematisch zu Solidarität miteinander erzogen hat. Wir haben es einfach als selbstverständlich empfunden, daß wir alle füreinander da sind.

Otto von Habsburg, im Alter von vier Jahren, bei der Krönung seiner Eltern Karl und Zita zum König und zur Königin von Ungarn, 30. Dezember 1916.

Meine übrige Verwandtschaft habe ich relativ wenig gesehen, denn in der Zeit, in der solche Beziehungen üblicherweise entstehen, lebten wir sehr weit voneinander entfernt. Intime Kontakte hatten wir eigentlich nur zu den folgenden Familienmitgliedern: zu Feldmarschall Erzherzog Eugen, einer bewundernswerten Gestalt, ein weitgereister und belesener Mann. Weiter standen wir mit der Königinmutter, Marie-Christine von Spanien, in Verbindung. Diese hatte sehr viel damit zu tun, daß wir durch ihren Sohn aus Madeira errettet wurden. Eine besondere Beziehung hatte ich zu meinem Onkel, Sixtus von Bourbon, der schon sehr früh, bereits 1934, starb. Ich habe ihn sehr bewundert und glaube, daß ich von ihm sehr viele Lehren für mein Leben erhalten habe. Eine wesentliche war zweifellos seine Antwort auf meine Frage, wie es ihm überhaupt möglich sei, nebst seinen verschiedenen Tätigkeiten noch seine zahlreichen Bücher zu schreiben. Er sagte mir damals, er würde diese Bücher in jenen Minuten schreiben, die andere Menschen vertrödeln. Das habe ich mir für mein ganzes Leben gemerkt, und das hat mir sehr viel geholfen. Wer nicht trödelt – und das sind leider sehr wenige, wie man in jedem Zug oder Flugzeug beobachten kann –, verdoppelt die Spanne seines Lebens.

Ich habe eine zweifellos sehr harte, aber auch ausgezeichnete Erziehung genossen. Ich mußte sehr viel lernen, aber später im Leben habe ich den Wert dieses Lernens erkannt. Das gilt nicht zuletzt zum Beispiel für

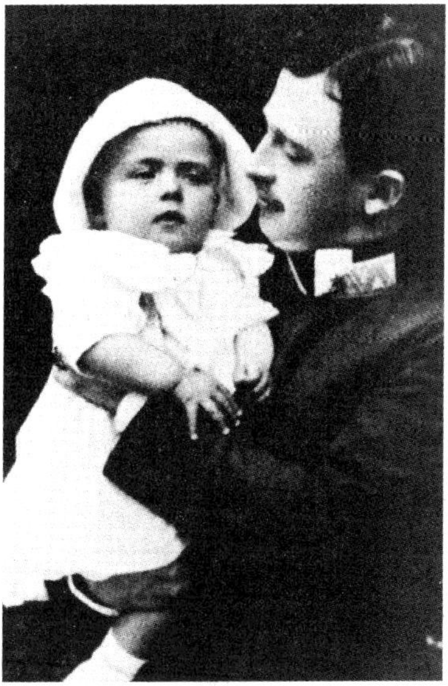

Links: Erzherzog Otto mit seinem Urgroßonkel Kaiser Franz Joseph. *Rechts:* Erzherzog Otto mit seinem Vater, dem späteren Kaiser Karl.

den ausgeprägten Wunsch meiner Mutter, daß man immer klare Worte verwende und Fremdworte möglichst vermeide. Heute mehr denn je ist mir klar, daß dies eines der ganz wesentlichen Elemente einer guten Politik ist.

Viel habe ich meinen Erziehern zu verdanken. Das waren aus Österreich Professor Graf Heinrich Degenfeld, ein Historiker, vor allem aber die ungarischen Benediktiner, die sich turnusweise bei uns aufhielten. Ich fühle mich als ein Produkt der Benediktinerschule von Pannonhalma, der ich auch heute noch sehr verbunden bin. Als ich meinen ersten Besuch in Ungarn machte, war es selbstverständlich, daß ich zuerst nach Pannonhalma fuhr.

Allgemein wird angenommen, meine Erziehung sei für den Herrscherberuf bestimmt gewesen. Doch nach meinem Dafürhalten unterscheidet sich eine Erziehung für den Herrscherberuf keineswegs stark von einer normalen Ausbildung. Es war das Ziel meiner Mutter, die unsere Erziehung bis zuletzt persönlich geleitet hat, uns allen genügend Wissen und Charakter zu vermitteln, daß wir auf eigenen Beinen stehen konnten. Ich glaube, daß ihr dies bei meinen Geschwistern und bei mir gelungen ist.

Jeder, der ein wenig von der Geschichte der letzten Jahre der österreichisch-ungarischen Monarchie weiß, kann sich vorstellen, daß ich eine sehr bewegte Jugend verbracht habe. Von unserem Aufenthalt in Schönbrunn kann ich nicht sehr viel erzählen. Ich sehe nur die großen Räume, den Garten, denn wir haben dort eigentlich wenig gelebt, wir hielten uns weit mehr in Orten wie Baden oder Reichenau auf. Die Revolution und das Ende der Monarchie habe ich mit meinen Geschwistern sozusagen zweimal erlebt. Es begann für uns im ungarischen Gödöllö, wo wir von den Eltern zurückgelassen worden waren, als diese nach Wien mußten, weil dort die Situation kritisch war. Als in Budapest die Revolution ausbrach, mußten wir aus Gödöllö über Preßburg nach Wien flüchten. An diese Reise kann ich mich sehr gut erinnern. Wir kamen dann in Wien an, wo allerdings auch schon die Revolution begann. Von besonderem Eindruck war die Tatsache, daß damals die Offizierszöglinge aus Wiener Neustadt kamen, um meinen Vater zu beschützen. Danach reisten wir an einem düsteren Abend nach Eckartsau, wo wir noch eine Weile blieben. Infolge der Umstände konnten wir an kaum einem Ort meiner Kindheit wirklich längere Zeit verbringen. Von Eckartsau gelangten wir in die Schweiz und später, nach dem zweiten Restaurationsversuch, nach Madeira.

Dort lebten wir vorerst im Hotel Reid, das wir aber bald wieder verlassen mußten, da es zu teuer war. Danach wohnten wir in der Quinta do Monte, einem herrlichen Ort, wenn das Wetter schön ist. Es gab viele Blumen im Garten, und die Aussicht auf das Meer war wunderschön. Leider aber war das Haus ungemein feucht und oftmals in Nebel eingehüllt. Was unser Haus in Lequeitio betrifft, den Palacio Uribarren, so habe ich daran gute Erinnerungen. Es war ein schönes Haus am Golf von Biscaya, an der baskischen Meeresküste, mit großen Zimmern, das leider im spanischen Bürgerkrieg verbrannte. Unter jenen, die unser Haus anzündeten, war Don Luis Ceniga, unser früherer Hausarzt. Er wurde für verschiedene Dinge im Bürgerkrieg zum Tode verurteilt und hat sich daraufhin an uns gewandt, mit der Begründung, er hätte zwar unser Haus niedergebrannt, aber er sei doch ein Freund. Es ist uns gelungen, ihm das Leben zu retten.

Natürlich könnte man die Frage stellen, ob ich – der einst ausersehen war, Kaiser von Österreich und König von Ungarn zu sein – vom Leben enttäuscht bin, da dies durch den Verlauf der Geschichte nicht eingetroffen ist. Aber das Gegenteil ist richtig. Ich bin eigentlich Gott dankbar, daß ich das Leben haben konnte, so wie es war. Um eines war ich stets bemüht: mein Bestes zu tun in der jeweiligen Situation und mein Ziel immer jenseits meiner Reichweite zu setzen. Dazu kommt eine weitere Erkenntnis: Gott erwartet von uns nicht Erfolge, sondern nur, daß wir unser Bestes geben. Das einzig Sichere im Leben ist der Tod, und in jener Stunde müssen wir vor Gott Rechenschaft ablegen. Ich war mein ganzes Leben lang bemüht, mein Möglichstes zu vollbringen, um dann das Gefühl zu haben – wenn schon nicht die Gewißheit –: Ich habe getan, was von mir erwartet wurde.

Daß ich viele Fehler gemacht habe, ist vollkommen klar. Ich werde aber darüber niemals ins Grübeln verfallen, denn eines ist sicher: Wer handelt, begeht Fehler. Nur die Toten können nicht mehr sündigen.

Geboren als Josef Moucka am 21. April 1913 in Wien. Eltern: Franz und Katharina Moucka. Sollte nach dem Willen der Mutter Geistlicher werden, brach aber das Priesterseminar ab. Absolvierte neben einer Lehre die Schauspielausbildung und trat ab 1934 in Wiener Kabaretts auf. Nach dem Krieg wurde er zunächst an das Theater »Die Insel« und 1947 ans Burgtheater engagiert, wo er in den großen Nestroy- und Raimund-Rollen und in den Klassikern berühmt wurde. Neben der Bühnenkarriere gefragter Film- und Fernsehdarsteller; der Don Quichote in dem Musical ›Der Mann von La Mancha‹ zählt zu seinen großen musikalischen Erfolgen. Ausgezeichnet mit der Kainz-Medaille, Kammerschauspieler, seit 1959 Träger des Ifflandringes. Verheiratet, lebt in Wien und Salzburg.

Josef Meinrad
Schauspieler statt Pfarrer

Es war natürlich ein großer Schock für meine Mutter, als ich ihr mitteilte, daß ich lieber Schauspieler als Pfarrer werden würde. Priester, das sind die Vertreter Gottes auf Erden. Mimen hingegen gehörten für die Generation meiner Mutter immer noch zu dem leichtlebigen Völkchen, von dem man sagte, wenn es an der nächsten Dorfbühne gastierte: »Hängt's die Wäsch' weg, die Schauspieler kommen!« Ich befand mich, als ich meiner Mutter die Unmöglichkeit erklärte, mein Leben lang in Askese zu leben, in der vierten Klasse eines Priesterseminars.

Die erste Kindheitserinnerung führt mich zurück in mein zweites oder drittes Lebensjahr, als mich meine Mutter in ein weißes Kleidchen steckte. So sehr ich mich später dann als Schauspieler über Verkleidungen freuen sollte – dieses erste Kostüm hat mich schrecklich geärgert, denn ich wollte nicht wie ein Mädchen herumlaufen.

Meine Eltern stammten aus bäuerlichen Familien in Mähren. Mein Vater hatte den Beruf des Landwirts noch ausgeübt, und als er als junger

Mann in die k.u.k. Residenzstadt kam, wollte er einen Beruf ergreifen, in dem er mit Tieren zu tun hatte. So wurde er Kutscher der Wiener Pferdebahn und lenkte später auch noch die Elektrische. Sowohl mein Vater als auch meine Mutter waren vor ihrer Ehe schon einmal verheiratet gewesen, und beide hatten Kinder in diese neue Verbindung gebracht. Sie lernten einander kennen, weil sie in Hernals im selben Haus wohnten und meine Mutter sich als freundliche Nachbarin immer ein wenig um die Kinder meines Vaters kümmerte, wenn er mit der Straßenbahn unterwegs war. Im Jahre 1903 heirateten sie und bildeten mit ihren Kindern aus den ersten Ehen eine riesige Familie. Die meisten Kinder sollte ich nicht mehr kennenlernen, sie starben früh. Ich kam 1913 als ihr letztes Kind auf die Welt.

Meine Mutter war eine sehr religiöse Frau. Sie führte ein kleines Milchgeschäft in Wien-Hernals in der Ferchergasse, wo wir auch wohnten. Wir waren ziemlich arm, aber da wir das Milchgeschäft hatten, mußten wir nie, auch nicht in den schweren Jahren des Ersten Weltkriegs, wirklich Hunger leiden. Meine Mutter saß an der Quelle, konnte für ihre Kinder Milch, Butter, Käse abzweigen, was damals etwas Besonderes bedeutete.

Tagtäglich ging sie um sechs Uhr früh, bevor sie ihr Geschäft öffnete, in die Kirche. Nachdem ich meine Volksschulzeit beendet hatte, fragte mich zur großen Freude meiner Mutter Pater Teicht, Priester der nahen Marienkirche, ob ich nicht Geistlicher werden wollte. Nun war ja die Frage, an einen knapp Zehnjährigen gerichtet, schwer zu beantworten. Aber schon um meiner Mutter eine Freude zu bereiten, stimmte ich zu, nicht ahnend, was der Priesterberuf wirklich bedeutet.

Pater Teicht führte mich nach Katzelsdorf bei Wiener Neustadt zu den Redemptoristen, einer Priesterkongregation, die in Österreich durch Klemens Maria Hofbauer eingeführt worden war. Das Stipendium für das Internat wurde nur Kindern gewährt, die sich verpflichteten, den Priesterberuf auch tatsächlich zu ergreifen. In der vierten Gymnasialklasse gelangte ich jedoch zu der Ansicht, daß es bei mir so ganz ohne das andere Geschlecht nicht gehen würde. Ich ging also zum Direktor, um ihn davon in Kenntnis zu setzen. Als er mich fragte, was ich denn werden wollte, antwortete ich: Maler oder Schauspieler. Maler, weil ich sehr gerne zeichnete, und Schauspieler, weil ich schon seit meiner frühesten Kindheit an verschiedenen kleinen Bühnen auftreten durfte.

Meinen ersten Auftritt hatte ich mit zehn Jahren, noch in der Volksschule, absolviert. Ich spielte in einer Schüleraufführung den Tell-Knaben. Im darauffolgenden Jahr war ich dem Jungkreuzbund beigetreten, einer Organisation, deren Mitglieder es sich zum Ziel setzten, in ihrem Leben weder trinken noch rauchen zu wollen. Ich bin sehr stolz darauf, daß es mir bis zum heutigen Tag gelungen ist, diesen Grundsätzen treu zu bleiben. Im Jungkreuzbund spielten wir ebenfalls Theater – und ich trat in Max Mells Apostelspiel als Johannes auf. Am Gymnasium gaben wir

Links: Jugendbild Josef Meinrads. *Rechts:* Die Eltern von Josef Meinrad Katharina und Franz Moucka.

dann schließlich alljährlich Krippenspiele, da spielte ich sowohl die Maria als auch den Teufel. Ich hatte also schon sehr früh eine relativ breite Spannweite.

Nachdem ich meinem Direktor also gestanden hatte, daß ich nicht Priester werden wollte, schickte er mich nach Wien zu meinen Eltern. Meine Mutter war natürlich sehr enttäuscht, hatte sie ihren Sohn doch mindestens schon als künftigen Bischof gesehen.

Drei Tage später fand ich mich als Lehrling in der Lackfabrik Frischauer auf der Gumpendorfer Straße wieder. Der Chef der Lackfabrik war ein sehr liberaler Mann und gab mir oft nachmittags frei, so daß ich sehr früh – mit siebzehn Jahren schon – die Möglichkeit hatte, in den Wiener Kabaretts »ABC« und »Regenbogen« aufzutreten.

Während des Zweiten Weltkrieges spielte ich dann in Metz Theater, wo ich auch meine Frau Germaine, eine gebürtige Französin, kennenlernen sollte. Da ich die ganze Zeit über keinen Kontakt mit meiner Mutter hatte, fuhr ich – übrigens auf einem Kohlenzug – sofort nach Kriegsende nach Wien, um nach ihr zu sehen. Gott sei Dank hatte meine Mutter den Krieg heil überstanden.

Meine Eltern waren relativ alt, als ich zur Welt kam, mein Vater 55, meine Mutter 44 Jahre. Beide wurden zwar über achtzig Jahre alt, doch haben sie meine eigentliche Karriere nicht mehr erlebt. Als mein Vater 1939 starb, spielte ich noch beim Kabarett, meine Mutter erfuhr zwar

Der achtzehnjährige Josef Meinrad (zweiter von rechts) als Johannes in Max Mells ›Apostelspiel‹ bei einer Aufführung des »Jungkreuzbundes«.

noch, daß ich ans Burgtheater engagiert wurde, doch war sie bereits sehr krank und konnte keine Aufführungen mehr besuchen.

Eine große Genugtuung bereitete ihr aber ein Erlebnis in ihrer Kirche, als der Priester von der Kanzel auf sie hinunterzeigte und sagte: »Dort unten sitzt die Mutter vom Schauspieler Meinrad, der in dem Film ›Das Siegel Gottes‹ einen Priester spielt.« Das war 1947, ich hatte in besagtem Film nach Peter Rosegger tatsächlich einen Pater Clemens gespielt, meine Partner waren Robert Lindner, Elisabeth Markus, Elfriede Ott und Hugo Gottschlich. Meine Mutter war natürlich sehr stolz, die kleine Szene hat sie vielleicht doch ein wenig dafür entschädigt, daß ihr Sohn nicht Priester, sondern »nur« Schauspieler geworden war.

Und ich habe – abgesehen vom Pater Clemens – auch noch viele andere Priesterrollen gespielt. In Otto Premingers Innitzer-Film spielte ich den Kardinal Innitzer, bei Lesungen trat ich sogar in Papstrollen auf. Fest steht, daß ich es auf der Bühne und im Film als Priester viel weiter gebracht habe, als ich es je gebracht hätte, wäre ich wirklich Priester geworden.

Ich habe erwähnt, daß ich auch gerne Maler geworden wäre. Aber auch fürs Tischlerhandwerk interessierte ich mich, es war mir von einem meiner Brüder nahegebracht worden, der in einem Antiquitätengeschäft arbeitete. Folgerichtig war also der Valentin in Raimunds ›Verschwender‹ mein Ideal, denn da war mein Hobby, das Tischlern, vereint mit meinem Beruf, und vor allem war's eine herrliche Rolle.

Einmal kam mir mein handwerkliches Geschick sehr zustatten. Es war 1937, in der Anfangszeit am Kabarett, als ich noch sehr wenig verdiente. Eines Tages beschloß ich gemeinsam mit dem Beleuchter unseres kleinen Ensembles, zur Weltausstellung nach Paris zu gehen. Zu gehen – im wahrsten Sinne des Wortes, denn zur Bezahlung eines Verkehrsmittels hätte das Geld nicht gereicht. Hin und wieder per Autostopp, aber großteils doch zu Fuß, kämpften wir uns durch die Lande, bis wir tatsächlich in der Seinemetropole eintrafen. Wir hatten natürlich keinen Franc in der Tasche und lernten durch Zufall einen aus Wien stammenden Putzereibesitzer namens Hajek kennen, der mir – als ich ihm erzählte, daß ich kunsthandwerklich begabt sei – vorschlug, ich sollte Tierkreiszeichen aus Edelhölzern schnitzen. Ich schnitzte also Wassermänner, Fische, Stiere, Widder und was die Astrologie sonst noch zu bieten hat, und er stellte sie dann in seiner Putzerei zum Verkauf aus. Auf diese Weise konnten wir wenigstens die Grundnahrungsmittel besorgen, die wir benötigten, um – wieder zu Fuß – nach Wien zurückzukehren.

Die Armut meiner Kindheit und Jugend hat zweifellos mein ganzes Leben geprägt. Man weiß auch den Wert des Kleingeldes und jedes Stückchen Brot zu schätzen, man erhält sich eine gewisse Demut gegenüber jeder Kleinigkeit, wenn man Not und Elend erlebt hat. So habe ich auch später, als es mir viel besser ging, vieles in meinem Haus selbst gebastelt. Und ich hasse bis zum heutigen Tage jegliche Form der Verschwendung, weil ich weiß, wie schwer viele Menschen arbeiten müssen, um sich das zu kaufen, was manch Wohlhabender leichtherzig wegwirft.

Mein Beruf hat mir immer sehr große Freude bereitet, es ist schon ein seltenes Glück, einer Tätigkeit mit derartiger Begeisterung nachgehen zu können, in der Welt herumzureisen und dafür auch noch bezahlt zu werden. Ich bin – auch wenn sie nie davon erfahren haben – meinen Eltern zu Dank verpflichtet. Ich habe nie geglaubt, daß mir irgend etwas auf dieser Welt zustünde, nur weil mir zufällig eine Begabung in die Wiege gelegt wurde. Ich empfinde Demut und bete jeden Tag, um mich dafür zu bedanken.

Als Udo Jürgen Bockelmann am 30. September 1934 in Klagenfurt geboren, verbrachte Kindheit und Jugend auf Schloß Ottmanach in Kärnten, wo seine Eltern Käthe und Rudolf Bockelmann ein landwirtschaftliches Gut betrieben. Studierte als Gymnasiast ab 1948 am Klagenfurter Konservatorium Klavier, Gesang und Komposition. Frühe öffentliche Auftritte, bald auch im Österreichischen Rundfunk und beim britischen Militärsender. 1951 gründete er die »Udo-Bolan-Band«, 1966 kam er mit dem Lied »Merci Chérie« auf den ersten Platz im »Grand Prix Eurovision de la Chanson« in Luxemburg, und erreichte den internationalen Durchbruch als Interpret und Komponist. 1972 komponierte er das Musical ›Helden, Helden‹ nach George Bernard Shaw. Geschieden, zwei Kinder, lebt in Zürich.

Udo Jürgens
Eine Ohrfeige, die mein Leben veränderte

Ich war etwa zwanzig Jahre alt, als ich meinem Vater gestand, daß ich Musiker werden wollte. Er war ein überaus musischer Mensch, an jeglicher Form von Kunst interessiert, belesen, spielte hervorragend Klavier. Als er erfuhr, daß ich die Kunst zu meinem Beruf machen wollte, sagte er: »Ich verstehe deinen Wunsch, aber ich kann nichts für dich tun. Ja, wenn du Politiker, Landwirt oder Bankbeamter werden wolltest, da hätten wir alle Möglichkeiten, dir zu helfen.«

Genau das waren meine Vorfahren: Politiker, Landwirte, Bankiers. Sie waren deutsch-russisch-französischer Herkunft. Mein Großvater Heinrich Bockelmann, eine imposante Persönlichkeit mit ausdrucksstarkem Gesicht und einem guten Schuß Selbstironie, war in der Zarenzeit Besitzer einer großen Bank in Moskau gewesen. Er war immens reich, besaß ein fürstliches Palais – in dem heute übrigens das Moskauer Polizeipräsidium untergebracht ist – und mußte daher 1917 unter abenteuerlichen Umständen flüchten, um nicht von den Kommunisten erschlagen zu werden. Er landete, ohne daß er auch nur einen einzigen Rubel hätte mitnehmen können, in Stockholm, begann noch einmal von vorne und war auch in Schweden innerhalb weniger Jahre wieder ein wohlhabender Bankier.

Als mein Vater Ende der zwanziger Jahre meine Mutter kennenlernte, machte ihm mein Großvater, der Bankier, ein Angebot, dem er nicht widerstehen konnte: Er schenkte ihm zur Hochzeit eine Reise in ein Land seiner Wahl. »Und wenn dir irgendwo ein Gut, ein Anwesen gefällt, dann kauf es dir, und laß dich dort mit deiner Frau nieder.« Meine Eltern fuhren nach Kärnten, verliebten sich in das Schloß Ottmanach am Fuße des Magdalensbergs und kauften es. Dort kamen meine beiden Brüder, John und Manfred, und ich zur Welt, und hier verbrachten wir den Großteil unserer Kindheit und Jugend.

Ottmanach hat eine interessante Geschichte. Man erzählt sich, daß in dem mehr als achthundert Jahre alten Schloß, zu dessen Gästen auch Napoleon zählte, noch nie ein Mensch gestorben sei. Diese Legende sollte sich, als meine Eltern es übernahmen, auf gespenstische Weise bewahrheiten. Mein Vater hatte das Schloß von General Franz – einem Helden des Ersten Weltkriegs – gekauft. Und am Tag, nachdem der General das Gut verlassen hatte, wurde er an seinem neuen Wohnort tot aufgefunden. Wieder war einer *nicht* auf Schloß Ottmanach gestorben. Wie übrigens auch meine Eltern anderswo starben: meine Mutter zu Beginn des Jahres 1989 während eines Urlaubs, den ich mit ihr in Tirol verbrachte; und mein Vater drei Jahre zuvor im Klagenfurter Krankenhaus. Wäre man abergläubisch, man müßte sich in Schloß Ottmanach einigeln und dürfte es nie wieder verlassen. Denn dort stirbt keiner.

Wir haben in Ottmanach viele glückliche, aber auch sehr harte Jahre verlebt. Ich war ein Knirps von fünf Jahren, als der Krieg ausbrach, den ich vorerst eher als Abenteuer denn als Katastrophe empfand. Im darauffolgenden Jahr kam ich zur Schule, die mir lästig war, weil ich viel lieber auf meiner Mundharmonika gespielt hätte. So verließ ich das Klassenzimmer unerlaubterweise schon am ersten Schultag und ging nach Hause. Es half natürlich nichts, der Schuldiener holte mich ab, ich kehrte gezwungenermaßen zurück.

Es war, als ahnte ich, was mich hier erwartete. Unser Lehrer, ein kleiner, verkrüppelter Mann mit Buckel, war in der zweiklassigen Schule in Ottmanach ohne Chancen, sich gegen die Horde junger Burschen durchzusetzen. Er schlug mit seinem Rohrstab auf uns ein, besonders undisziplinierte Schüler mußten sich auf ein dreikantiges Holzscheit knien, bis sie zusammenbrachen. Andere hatten sich strafweise so lange in eine rund dreißig Zentimeter breite Spalte zwischen dem alten, grünen Kachelofen in unserem Klassenzimmer und der Wand zu stellen, bis sie umfielen. Das konnte Stunden dauern.

Einmal, erinnere ich mich, es war an einem 5. Dezember, betraten ein paar meiner Mitschüler, als Krampusse verkleidet, mit Ruten in den Hän-

Die Eltern von Udo Jürgens Käthe und Rudolf Bockelmann.

den und unter lautem Kettengerassel, das Klassenzimmer. Sie gingen auf den Lehrer zu – der viel kleiner war als sie –, hoben ihn hoch und hängten ihn in seinem Gehrock an einen Kleiderhaken. Zappelnd und geifernd hing er dort für eine Weile, einen halben Meter über dem Fußboden, und stieß unentwegt Verwünschungen und Strafandrohungen aus.

Irgendwann erzählte ich meinem Vater, der damals Bürgermeister von Ottmanach war, was sich in unserer Schule abspielte. Er ließ den Lehrer zu sich kommen, redete ihm ins Gewissen, doch eine Besserung war nur vorübergehend zu bemerken. Andere Lehrer waren nicht verfügbar, wer jung und gesund war, mußte an die Front.

Ich war zehn, als ich ein schreckliches, mein ganzes Leben bestimmendes Erlebnis hatte. Wie alle meine Klassenkameraden war ich der Hitler-Jugend beigetreten, denn die Uniform verlieh uns ein Gefühl der Stärke und Macht, wie es Kinder dieses Alters sonst nie erleben. Wer wie wir das braune Hemd, »das Kleid des Führers«, trug, der durfte von seinem Lehrer nicht geschlagen werden. Das war bei den Zuständen in unserer Schule natürlich ein Segen. Ich hatte bis zu diesem Zeitpunkt das wahre Gesicht des Nationalsozialismus nicht erkannt. Zu Hause war man vorsichtig, diskutierte niemals über Politik. In der Schule bekam jeder, der statt des befohlenen Ausdrucks »Saujude« einfach »Jude« sagte, ein »Nicht genügend« ins Zeugnis. Auch »die Bolschewiken« wurden nicht etwa als Russen bezeichnet, sondern als tierähnliche Wesen dargestellt, die zwar wie Menschen aufrecht gehen konnten, aber in Wahrheit animalische Schlächter wären. Eines Tages kam ein HJ-Führer zu uns nach Ottmanach, brüllte herum, bezeichnete uns als Dreckskerle und ließ mich aus irgendeinem nichtigen Anlaß aus der Reihe treten. Dann versetzte er mir eine schallende Ohrfeige, die mich zu Boden schleuderte. Durch die Wucht des Aufpralls platzte mein linkes Trommelfell, und ich bin seit damals auf diesem Ohr nur zu siebzig Prozent hörfähig.

Nach diesem Zwischenfall machte ich einen schlimmen Leidensweg durch. Ich sollte mich einige Jahre nicht von den Folgen dieses Schlags erholen, war immer kränklich, konnte am Turnunterricht nicht teilnehmen. Wie ich überhaupt ein »schreckliches« Kind war: klein, schwächlich, nicht hübsch, mit abstehenden Ohren und einer viel zu großen Nase. Erst mit vierzehn Jahren, auf meinem Weg vom Kind zum Mann, erlangte ich die körperliche Gesundheit, der ich mich heute Gott sei Dank erfreuen darf.

Der Schlag des HJ-Führers veränderte mein Leben. Erst an dem Tag, an dem ich die Ohrfeige bekam, an dem ich die Brutalität dieses Systems am eigenen Leib verspürt hatte, erkannte ich das Wesen des Nationalsozialismus; die kindliche Illusion, durch eine idiotische Phantasieuniform angeblich stark zu sein, war dahin, war tiefem Abscheu gewichen. Ich hatte gedacht, die HJ würde uns vor Übergriffen in der Schule schützen, doch in Wahrheit war sie natürlich schlimmer als alles, was ich bis dahin erlebt hatte.

Das ständige Kranksein blieb nicht ohne Auswirkungen auf meine Psyche. Ich entwickelte eine überaus starke Sensibilität, die sich nur allzuoft in panische Angst steigerte, in mir reiften ganz feine Antennen. Ich kann, wenn jemand neben mir sitzt, seine Gefühle erkennen, ich schaue in seine Augen und weiß, was er fühlt, was er denkt. Ohne diese Feinnervigkeit hätte ich keines meiner Lieder schreiben können.

Mein Vater hatte gegen Ende des Krieges große Angst vor den sich nähernden Russen und Jugoslawen, deren Plünderungen und Vergewaltigungen gefürchtet waren. Um seiner Familie dieses Schicksal zu ersparen, brachte er uns in die Lüneburger Heide, wo einer seiner Brüder ein großes Gut besaß. Die Fahrt dorthin war die schrecklichste Reise meines Lebens. Wir fuhren in tiefstem Winter, bei eisigem Regen und Schnee, zum Teil in offenen Viehwaggons, die weite Strecke von Kärnten nach Norddeutschland. Meine Mutter, meine Brüder und ich blieben fast zwei Jahre auf Gut Barendorf, doch mein Vater fuhr sofort zurück nach Kärnten. Und er, der Bürgermeister von Ottmanach, wurde infolge dieser »unerlaubten« Reise prompt wegen Fahnenflucht verhaftet, zum Tod verurteilt und ins KZ gesteckt. Doch wir wußten nichts von der Gefahr, in der er sich befand, hatten zwei Jahre lang keinen Kontakt mit ihm.

Ich besuchte dann die Schule von Barendorf, und genau hier erlebten wir das, womit wir eigentlich in Kärnten gerechnet hatten: den Krieg in

Links: Udo Jürgens mit seiner Mutter und dem älteren Bruder John. *Rechts:* Udo Jürgens als Schulkind.

seiner schrecklichsten Form. Belgische, englische und kanadische Truppen nahmen eine Ortschaft nach der anderen im Sturm, es standen nicht genügend deutsche Einheiten zur Verfügung, um die Dörfer zu verteidigen. Tausende von Flüchtlingen zogen durch den Ort. Fanatische Nazis wollten meine Mutter dazu zwingen, meinen damals dreizehn Jahre alten Bruder John mit dem Volkssturm in den »Endkampf« ziehen zu lassen. Meine Mutter kämpfte wie eine Löwin um ihr Kind, stellte sich jedem, der John mitnehmen wollte, in den Weg und sagte: »Ihr könnt meinen Jungen haben, aber zuvor müßt ihr mich erschießen. Solange ich lebe, werde ich es nicht gestatten, daß er mit euch kommt.« Selbstverständlich machte sich meine Mutter damit strafbar, es wurden damals Menschen, denen man weit geringere Vergehen vorwarf, zum Tod verurteilt. Mut und Persönlichkeit meiner Mutter haben sie und uns vor dem Schlimmsten bewahrt.

In Norddeutschland wurde ich Zeuge von Hinrichtungen und Folterungen, sah Tote und Verstümmelte, erlebte, wie einige meiner Klassenkameraden starben. Bis uns mein Vater nach Ende des Krieges dann endlich wieder abholte.

Wir alle, meine ganze Familie, hatten den Krieg wie durch ein Wunder heil überstanden. Ich war um die Zwanzig, da gestand ich also meinem Vater, daß ich Musiker werden wollte. Und er half mir dabei nicht, konnte mir nicht helfen. Er besaß zwar ein Schloß, doch war er alles andere als reich. Wir hatten nie Geld, die ungeheuren Instandsetzungsarbeiten an den alten Gemäuern fraßen mehr auf, als die Landwirtschaft einbringen konnte. So verließ ich nach Absolvierung des Gymnasiums und des Konservatoriums das Elternhaus, um mich selbständig zu machen. Ich spielte in Bars und Hotels, in Kaffeehäusern und Beiseln und verdiente mir in der Nacht das Geld, das ich tagsüber zum Musikstudium benötigte.

In meiner Kindheit nahm mich mein Vater oft ins Klagenfurter Stadttheater mit, wo man in erster Linie Oper und Operette gab. Das waren also meine ersten Begegnungen mit der Musik. Später, nach dem Krieg, begeisterte ich mich für Jazz. Als dann die großen Hollywoodfilme mit Fred Astaire und Frank Sinatra zu uns kamen, war das für mich der wichtigste Einfluß: Hatte ich anfangs Musik gemacht, die keiner hören wollte, so versuchte ich von da an, progressive Elemente mit populären Melodien zu verbinden.

Sie erinnern sich vielleicht an mein Lied »Mein Bruder ist ein Maler«. Es ist ein Lied, das mehr autobiographische Züge enthält als irgendein anderes meiner Lieder. Tatsächlich ist mein Bruder Manfred Maler. Er ist um neun Jahre jünger als ich und hat mir einmal gesagt, daß er vor allem durch die Gespräche, die wir als Jugendliche führten – und in denen es fast immer um Musik und Malerei ging –, Zugang zu künstlerischem Denken und Fühlen fand. Vor ein paar Jahren haben wir darüber diskutiert: Wer ist der Glücklichere von uns beiden? Er, der Maler, oder ich, der Sänger? Wir konnten uns nicht einigen. Er meinte, ich müsse es sein, denn ich stehe auf der Bühne, erlebe den spontanen Applaus, während er in seinem Atelier allein ist und erst viel später, wenn das Bild in eine Ausstellung oder in eine Galerie geht, die Reaktionen zu spüren bekommt. Ich erwiderte, daß, wenn der Applaus schon verebbt, seine Bilder immer noch an der Wand hängen, bestaunt und bewundert werden. Ich beneide ihn um das stille Gefühl, das er zu empfinden in der Lage ist. Und weil er mir hier nicht widersprechen kann, füge ich noch hinzu: Er ist ein ausgeglichener Mensch, ich aber bin unruhig, schwimme gegen den Strom. Ich wache mitten in der Nacht auf, weil mich die Intoleranz und die Ungerechtigkeit, die Brutalität und die Gleichgültigkeit dieser Welt so sehr in Rage versetzen. Ich will die Menschen mit meinen Liedern aufrütteln, kämpfe gegen den Wahnsinn der Zerstörung unserer Umwelt, gegen Hunger und Krieg, gegen die falschen Dogmen des Papstes. Ich bin eigentlich ein Revoluzzer, bin im Innersten meiner Seele ein Straßenkämpfer geblieben – auch wenn ich im Smoking auftrete.

Ganz anders als mit Manfred, mit dem ich mich immer gut verstand, verband mich mit meinem älteren Bruder John über viele Jahre nichts anderes als brüderlicher Haß. Doch mit der Pubertät verwandelte sich die Abneigung plötzlich in tiefe Herzlichkeit und Freundschaft. Er lebt heute als Manager eines internationalen Erdölkonzerns in Wien.

Meine ganze Familie, vor allem aber natürlich meine Eltern, haben meinen Weg als Musiker mit größtem Interesse verfolgt. Es gab keine Tournee, kein Konzert, das mein Vater und meine Mutter nicht besucht hätten. Das schönste Erlebnis möchte ich hier schildern: Irgendwann fiel mir das Gedicht ›Wort‹ von Oliver Spiecker in die Hände. Es faszinierte mich, weil es ausdrückt, wie sehr das Wort tatsächlich die Wurzel all unserer Handlungen, des Guten wie des Bösen, ist. Als ich die Melodie dazu gefunden und zu Papier gebracht hatte, fühlte ich, daß eine Klavierbegleitung allein zu wenig war. Es war ein symphonisches Werk. Da hatte ich die Frechheit, muß ich sagen, Herbert von Karajan in seinem Urlaubsort anzurufen und ihn zu fragen, ob mich die Berliner Philharmoniker für eine Plattenaufnahme begleiten würden. Karajan hatte einmal in der Berliner Philharmonie eines meiner Konzerte besucht und mir bei dieser Gelegenheit seine Achtung ausgedrückt. Daher fand ich jetzt den Mut, ihn zu fragen, ob er mir »seine« Philharmoniker zur Verfügung stellen würde. Er war einverstanden, gab jedoch zu bedenken, daß das Orchester das Werk vor einer Zusage inspizieren müßte. So stellte ich mich einer peinlich genauen Prüfung meines Werks.

Am Schluß der Prüfung applaudierten diese großen Musiker und sagten erfreut zu. So kam es 1979 zu einer wunderbaren Zusammenarbeit, durch die innerhalb eines Tages in der Berliner Philharmonie die Aufnahme der Acht-Minuten-Komposition »Wort« entstand. Da es der größte Wunsch meiner Eltern gewesen war, daß ihr Sohn – wenn schon Künstler – klassischer Pianist würde, lud ich sie zu diesem Ereignis nach Berlin ein. Da saßen sie also, nur die beiden, in dem riesigen Saal und sahen mir zu, wie ich die Berliner Philharmoniker dirigierte und dieses ungeheure Orchester am Klavier begleitete. Ich kann mich nicht erinnern, meine Eltern jemals so glücklich gesehen zu haben. Und ich bin froh darüber, ihnen diese Freude bereitet zu haben.

Geboren am 22. Januar 1911 in Wien als Sohn der Irene und des Industriellen Max Kreisky. Jusstudium in Wien, Promotion 1938. Seit der Gymnasialzeit aktiv in der Sozialdemokratischen Partei tätig, kam er 1935 für eineinhalb Jahre in Haft. 1938 neuerliche Festnahme durch die Nationalsozialisten. Im Herbst desselben Jahres von der Gestapo in die Emigration nach Schweden gezwungen, wo er als Exilpolitiker und Zeitungskorrespondent tätig war. Nach 1945 im diplomatischen Dienst der Republik Österreich, Kabinettsvizedirektor des Bundespräsidenten Theodor Körner. Nahm als Staatssekretär im Außenamt an den Staatsvertragsverhandlungen teil. 1959 bis 1963 Außenminister. 1967 Parteivorsitzender der SPÖ, 1970 bis 1983 Bundeskanzler. Dr. Bruno Kreisky starb am 29. Juli 1990.

Bruno Kreisky
Das republikanische Kochbuch

An unsere erste Wohnung in der Schönbrunnerstraße 122 in Wien kann ich mich nur mehr sehr dunkel erinnern, da ich bereits 1921, mit neuneinhalb Jahren, in ein Musterinternat, die Bundeserziehungsanstalt für Knaben (eine ehemalige Kadettenschule), gekommen bin. 1925 sind meine Eltern dann endgültig vom 5. in den 4. Bezirk gezogen, so daß meine Adresse bis zur erzwungenen Emigration 1938 Rainergasse 29/I/9 lautete.

Trotzdem kann ich mich noch an den Greißler in unserem Haus erinnern und besonders gut an die Hausbesorgerin, Frau Kneifl.

Sie hat für mich ein Kaninchen gehalten, das auf für mich damals unerklärliche Art und Weise verschwunden ist; in Wirklichkeit war es aufgrund der großen Nahrungsmittelnot während des Ersten Weltkrieges aufgegessen worden.

Als der Krieg 1914 ausbrach, war ich dreieinhalb Jahre alt, und knappe eineinhalb Jahre später wurde mein Vater, Max Kreisky, für 28 Monate eingezogen. So verbinde ich aus diesen ersten Jahren kaum eine konkrete Erinnerung mit meinem Vater. Es hieß, daß er »im Kriege« sei, aber was sollte ich mir darunter vorstellen? Ich genoß die kleinen Freiheiten, die mir meine Mutter gewährte und die bei meinem Vater wohl kaum denkbar gewesen wären. Aber eines Tages wurde mir bewußt, daß zwischen meinem Vater und diesem Krieg ein Zusammenhang besteht, und so bekam der Krieg für mich eine sehr realistische Dimension. Es ist eine Erinnerung, die mir noch heute so lebendig ist, daß sie mich quält.

In der Mollardgasse, gegenüber dem Park, in dem ich als Kind fast täglich gespielt habe, lag die »k.k. Zentral-Lehranstalt für Frauengewerbe«, die spätere »Wiener Fortbildungsschule«, die seit Kriegsausbruch als Lazarett diente. Einen Kilometer entfernt war der Frachtenbahnhof der Südbahn, wo die Züge mit den Schwerverwundeten vom Isonzo eintrafen. Die Verwundeten wurden auf kleine Sanitätswagen mit eisenbeschlagenen Rädern geladen. So sind sie polternd den Gürtel hinuntergefahren, und bei vielen machte man sich nicht einmal die Mühe, sie zuzudecken.

An der Straße sind wir Fünf- und Sechsjährigen gestanden und haben diesen täglichen Blutzoll mit unschuldigen Augen wahrnehmen müssen. Halbverstümmelte Männer, Männer ohne Beine, ohne Arme, mit verbundenen Köpfen zogen an uns vorüber, denn die Sanitätswagen haben nie ausgereicht. Das war für uns das Kriegserlebnis. Und da Kindheitserinnerungen aus Kriegszeiten viel einprägsamer sind als Kindheitserinnerungen aus Friedenszeiten, weiß ich noch sehr gut, wie es mich eines Tages mit ganzer Wucht erfaßt hat, daß einer von diesen Männern mein Vater sein könnte. Es war an einem bestimmten Tag, zu einer bestimmten Stunde, als mich grenzenlose Angst vor dem Krieg überkam.

Er hatte etwas Unheimliches, Allgegenwärtiges. Einmal haben meine Mutter und ich meinen Vater nach einem kurzen Fronturlaub auf den Südbahnhof begleitet, wo der Soldatenzug abfuhr. Und das letzte, was meine Mutter meinem Vater zurief, war: »Paß' auf dich auf!« Ich habe das ein bißchen komisch gefunden und meine Mutter auf dem Nachhauseweg gefragt, wie denn mein Vater eigentlich auf sich aufpassen könne. Die Kugeln passen ja nicht auf ihn auf, die schwirren um ihn herum, wie soll er sich da schützen können? Meine Phantasie erhielt natürlich durch die Nachrichten über die Gefallenen aus der Familie ständig neue Nahrung.

Ein entfernter Verwandter, Alfred Kreisky, so wird vermeldet, liegt als eines der Opfer des Krieges auf dem Heldenfriedhof in Belgrad.

Aufgrund des Militärdienstes meines Vaters mußte mein Großvater, Benedikt Kreisky, ein ehemaliger Oberlehrer aus Deutsch-Böhmen, aus einem kleinen Dorf nicht weit von Budweis, meine Erziehung in die Hand nehmen. Er war, ehe er in Pension ging, stellvertretender Direktor der Lehrerbildungsanstalt in Budweis. Mein Großvater hat mich auch in sachkundiger Weise auf meine Schulreife überprüft.

Die Prozedur schien mir recht quälend zu sein. Auf einem Blatt Papier hat er mir einen einfachen Satz aufgeschrieben, wobei jedes Wort eine neue Zeile bildete. »Jetzt machen wir eine schöne Satzanalyse«, hat er gesagt, »und wenn du brav bist, bekommst du aus meiner alten Schnupftabakdose ein Malzzuckerl.« Die Malzzuckerln waren recht »verpickt«, die Schnupftabakdose aber hatte die wunderbare Eigenschaft, beim Öffnen eine Melodie zu spielen: »Üb immer Treu und Redlichkeit bis an dein kühles Grab.« Offensichtlich gehörte die Schnupftabakdose zum pädagogischen Programm meines Großvaters, denn mit jedem Malzzukkerl hat er mir den Sinn des Liedes aufs neue zu erklären versucht.

Der zweite Teil dieser Strophe lautete: »Und weiche keinen Finger breit von Gottes Wegen ab.« Ich glaube allerdings nicht, daß mein Großvater ein sehr religiöser Mann war, denn er hielt sich schon seinem Schwager, dem berühmten Joseph Neuwirth, zuliebe für einen Liberalen oder »Deutsch-Freiheitlichen«, wie es im Elternhause bezeichnet wurde.

In der Familie Kreisky, soweit sich das überblicken läßt, hat es niemanden gegeben, der einen schlechten Leumund gehabt hätte. Die fünf Brüder Kreisky und die beiden Schwestern waren der Inbegriff der Redlichkeit, und sie waren es mit einer solchen Selbstverständlichkeit, daß eigentlich Zweifel hierüber nie entstanden sind. Ein einziger von ihnen, der Jüngste, war infolge seiner späten Heirat und seiner »Liederlichkeit«, was Damen betraf, ein wenig anrüchig geworden, aber irgendwie tolerierte man das beim Jüngsten und Lebensfreudigsten. Das gehobene Bürgertum, zu dem die Familie Felix – die Familie meiner Mutter – gehörte, war in seiner Mehrheit von ähnlicher moralischer Qualität.

Meinem Großvater oblag auch die Verwaltung des Vermögens einiger Brüder meines Vaters. Es waren junge, in der Regel gut verdienende Männer, und dank der einen oder anderen kleinen Erbschaft und Mitgift war ein wenig Kapital zusammengekommen. Als großer Patriot zeichnete mein Großvater für seine Söhne Kriegsanleihen, was den Verlust des gesamten Vermögens der Kreiskys zur Folge hatte. Als ich meinen Großvater im Januar 1926, wenige Tage vor seinem Tod, im Rudolfinerhaus besuchte, habe ich ihn gefragt, warum er das Geld seiner Söhne in Kriegsanleihen angelegt habe. 1866, im preußisch-österreichischen Krieg, hatte mein Großvater als Soldat bei Königgrätz gestanden, und seit dieser blamablen Niederlage, die er sein Leben lang nicht verwand, war er so beeindruckt von der deutschen Tüchtigkeit, vor allem auf militärischem Gebiet, daß er sich 1914 nichts anderes vorstellen konnte als einen gemeinsamen Sieg. Ein Krieg an der Seite Deutschlands war einfach nicht zu verlieren.

Der Krieg hat die Kinder rasch reifen lassen. Mit sechs Jahren gehörte ich zu einem Kreis von eigentlich recht wohlerzogenen Buben. Wir hatten einen Anführer, dem wir vollkommen hörig waren. Er war zehn Jahre älter und hat seine Autorität bis zum Letzten ausgespielt. Durch

Links: Der Vater Max Kreisky. *Rechts:* Die Mutter Irene Kreisky.

ihn bin ich zum erstenmal in die Elendsviertel in der Umgebung Wiens gekommen, nach Inzersdorf hinaus, wo seinerzeit Victor Adler der ganze Jammer der Menschheit angefaßt hat und wo die großen Sozialreportagen entstanden, die viele aufrüttelten.

Es war der Treffpunkt der Unterwelt, und meiner Mutter wäre es im Traum nicht eingefallen, daß ich mich unter dem Wiener Lumpenproletariat herumtreiben könnte. Als mir einmal eine Tante, im späteren Frieden, eine Exkursion zur »Spinnerin am Kreuz« vorschlug, habe ich mich versprochen und gesagt, dort sei ich schon gewesen. »Entweder, Bub, du lügst«, hat sie ungläubig erwidert, »oder du warst wirklich dort. Aber um Himmels willen, mit wem?« Ich habe natürlich geschwiegen.

Wann und wo meine Eltern sich zum erstenmal begegnet sind, habe ich nie erfahren. Als sie 1909 heirateten, war mein Vater 33 Jahre alt und hatte bereits eine gute Stellung in Wien. Meine Mutter, Irene Kreisky, geborene Felix, war, wie es sich gehört hat damals, acht Jahre jünger. Mein Großvater mütterlicherseits hatte jeder seiner Töchter eine beachtliche Mitgift mitgegeben, und sofern sie nach Wien heirateten, erhielten sie meist ein Mietshaus, von dem man damals sehr gut leben konnte. Unter den Häusern, die meinen Verwandten gehörten, waren einige der größten Wiens. Materielle Sorgen hat es in dieser Familie bis zu meiner Emigration nicht gegeben.

Meine Mutter war die jüngste Tochter von sechzehn Kindern, von denen ich selber noch neun gekannt habe: Karl, Fritz, Berthold, Julius,

Robert, Rachelle, Therese, Berta und Eugenie. Wie groß der Altersunterschied war, konnte man daran ermessen, daß die älteste Nichte meiner Mutter so alt wie sie selber war, was ich als Bub komisch fand. Meine Mutter war sehr sportlich erzogen worden, konnte reiten und war eine gute Eistänzerin. Um Politik hat sie sich erst ganz spät ein bißchen gekümmert. Sie soll einmal bei einer Wahl aus lauter Abneigung gegen die Sozialdemokraten den bürgerlichen Schober-Block gewählt haben, aber nur deshalb, wie sie mir gestand, weil sie irritiert darüber war, daß ich nichts anderes im Kopf hatte als Politik.

Meine Eltern haben bei meiner Erziehung niemals zu Mitteln der körperlichen Züchtigung Zuflucht genommen. Nur ein einziges Mal ist meiner Mutter, wie sie sagte, die Hand ausgerutscht. Ich muß zugeben, daß mir diese Ohrfeige heute noch in Erinnerung ist: Als ich mich konsequent weigerte, meine Aufgaben zu machen, und trotz wiederholter Mahnungen immer weiter dummes Zeug trieb und dann noch eine vorlaute Antwort gab, ist ihr die Geduld gerissen. Sie hat das Strickzeug weggelegt und mir eine Ohrfeige gegeben, die sie aber nachher sehr viel mehr bedauert hat als ich. Ansonsten bewahre ich eine Erinnerung an eine gütige Frau, die 84 Jahre alt wurde und so manches schweigend erlitten hat. Sie hat den Verlust meines Vaters nie verwunden; in den letzten Monaten, als sie schon leicht geistig umnachtet war, hat sie mich immer für ihn gehalten und leicht vorwurfsvoll gefragt, warum ich denn so selten nach Hause komme. Meinen Cousin Herbert Felix hat sie damals für ihren im Konzentrationslager ermordeten Bruder gehalten. Vielleicht liegt in dieser sonderbaren Verwechslung eine versöhnliche Geste des Schicksals, denn so sind ihr die Liebsten wiedererstanden in uns: der Mann durch den Sohn und der Bruder durch den Neffen. Sie starb, wie alte Menschen oft sterben, eigentlich nicht an einer Krankheit, sondern an den Folgen eines gebrochenen Beins.

Meine Mutter war eine unendlich gütige Frau und ertrug fast alles in Ruhe und Gleichmut. Sie hat gern gelacht und mit einer Herzlichkeit, die ich heute noch aus der Ferne zu vernehmen glaube. Sie hätte es mir sicherlich nicht verübelt, wenn ich in ihrer Gegenwart gesagt hätte, daß sie nicht den Ehrgeiz besaß, die intelligenteste unter ihren Schwestern zu sein. Sie selber war der Ansicht, daß diese oder jene viel intelligenter sei als sie.

Ich war das zweite Kind meiner Eltern, und der Liebling meiner Mutter war eigentlich mein zwei Jahre älterer Bruder Paul, der sich aufgrund einer Kinderlähmung kurze Zeit nach seiner Geburt geistig nur sehr langsam entwickelte. Man kann das ja oft beobachten, daß leidende Kinder zu Lieblingskindern werden. Mein Bruder lebt heute als alter Mann in Israel und bereitet mir durch seine Absonderlichkeiten oft große Sorgen. Die Springer-Presse und andere haben meinen Bruder immer wieder gegen mich auszuspielen versucht, vor allem in Israel. Regelmäßig ließ die

Springer-Presse Reporter ausschwärmen, und manche Israelis halfen ihnen dabei, diesem kranken Mann einzureden, er müsse diese oder jene Erklärung abgeben. Einmal hat man ihm eine hohe Gage versprochen für seine Mitwirkung in einem Film, in dem er einen Bettler an der Klagemauer darstellen sollte. Das Foto ist dann durch die gesamte Presse gejagt worden: Der Bruder des österreichischen Kanzlers bettelt an der Klagemauer! Ich scheue mich nicht zu sagen, daß ich meinem Bruder neben seiner kleinen österreichischen Pension und der israelischen Altersrente jährlich einen Betrag zukommen lasse, der dem Bezug eines Rentners entspricht, und alle Spesen übernehme.

Man kann also nicht behaupten, daß mein Bruder am Hungertuch nage. Nur hat er zu Geld überhaupt keine Beziehung; am dritten Tag hat er es entweder verschenkt, verborgt oder verspielt. Zeugen für meine Angaben war jahrzehntelang der österreichische Generalkonsul in Tel Aviv, Doktor Brenner, und ist in den letzten Jahren der israelische Rechtsanwalt Doktor Beinisch, der im übrigen berechtigt ist, meinem Bruder in urgenten Fällen entsprechende Beträge auszuzahlen.

Meine Mutter war mir eine große Hilfe, weil sie immer wieder meine Jugendstreiche deckte. Sie wußte mit fast instinktiver Sicherheit, wann ich in der Schule war und wann nicht. Sie merkte, wenn ich mit meinem Taschengeld am Ende war, und erwartete meine Anleihen. Im Haushaltsbuch, das sie nur widerwillig, dem Ordnungssinn meines Vaters zuliebe führte, notierte sie die Groschen, die sie mir gab, aber von ihrem Spielgeld blieb doch genug übrig, um kleinere Beträge für mich abzuzwacken. Ich habe ihr davon nie etwas zurückgezahlt. Daß sich mein Vater jemals das Wirtschaftsbuch angeschaut hat, glaube ich nicht. Es war dies eine jener sinnlosen Einrichtungen, die sich aus übertriebenem Ordnungssinn ergeben. Meine Mutter hat ihr Haushaltsbuch bis zuletzt geführt, lange unter dem Druck meines Vaters, so wie sie bis zuletzt die großartigen Bäckereien und Torten nach dem Kochbuch ihrer Mutter und Großmutter machte.

Ich war immer wieder darüber erstaunt, daß sie sich das Rezept der Panamatorte in all den Jahren nicht hat merken können. Das Kochbuch war handgeschrieben, und alle Rezepte begannen mit »Man nehme«. Immer wieder war im Familienkreis von diesem legendären Kochbuch die Rede, und sooft eine neue, wunderbare Speise aufgetischt wurde, mußten die Tanten und Onkel das Rezept erraten. In den Kriegs- und Nachkriegsjahren war dieses Kochbuch allerdings nicht in Gebrauch, denn es verlangte opulente Zutaten. Eines Tages machte sich eine meiner frechen Cousinen, die in Wien Kunstgewerbe studierte, über das Kochbuch her und korrigierte es auf die denkbar einfachste Weise: Sie reduzierte wichtige Ingredienzien kurzerhand auf ein Zehntel, und es stellte sich heraus, daß uns die Torten fast ebenso gut schmeckten wie zuvor. Alle sprachen nur noch vom »Republikanischen Kochbuch«. Einer der

Links: Bruno Kreisky (links) mit seinem Bruder Paul und einer Haushälterin der Familie. *Rechts:* Bruno Kreisky, im Alter von fünfzehn Jahren, mit »Fels von Kanzlspitz«.

Gründe, warum diese Köstlichkeiten so köstlich schmeckten, war der, den auch Torbergs »Tante Jolesch« nennt: Es war nie genug da.

Ich erinnere mich noch sehr genau an das Zeremoniell eines damaligen Wochenendes. Am Samstag hat man noch bis in den Nachmittag hinein gearbeitet, so daß das eigentliche Wochenende für die meisten bürgerlichen Menschen erst am Spätnachmittag oder frühen Abend des Samstags begann. Für das Abendessen mit Verwandten und Freunden war schon während der Woche sehr viel Mühe aufgewendet worden. Wenn der »Speisezettel« feststand, führte die Köchin ihre Bestellungen bei den Kaufleuten in der Umgebung durch. Manchmal zogen Hausfrau und Köchin gemeinsam in entlegene Bezirke, weil dort zum Beispiel das Rindfleisch von besonderer Qualität war. Am Samstagabend gab es allerdings kein Rindfleisch, das vom Zeremoniell her eine traditionelle Mittagsspeise war: In manchen Häusern – so auch bei uns – bekam man viermal in der Woche zu Mittag Rindfleisch, meistens gekocht mit Beilagen.

Vom Sonntagsessen erzählte man, daß es in den Bürgerhäusern und in den Adelshäusern das gleiche gewesen sei und daß es in etwas besser situierten Arbeiterfamilien auch schon ähnliches gegeben habe. Zum Mittagessen wurde die Familie eingeladen, Söhne, Töchter und Enkelkinder. Von besonderer Bedeutung aber war die Sonntagsjause. Nach dem Essen hielt man in einem bequemen Fauteuil ein kleines Nachmittagsschläfchen, das eine halbe Stunde nicht überschreiten sollte, und zwischen drei und halb vier trafen die Gäste ein. Bei uns waren gelegentlich Musiker eingeladen – es waren fast immer Philharmoniker –, und nach einer halben Stunde setzte sich einer von ihnen ans Klavier und begann zu spielen. Gegen halb fünf wurde zur Jause aufgefordert. Sie bestand in der Regel aus einem Wiener Kaffee mit ein bißchen Obers – sehr elegante Leute tranken nur Tee, eine Gewohnheit, die von den ursprünglichen Wiener Familien allerdings nicht goutiert wurde –, und dazu gab es herrliche, selbstgemachte Bäckereien, für die die Hausfrau und Köchin entsprechend gelobt wurden.

Die Jause wurde meistens dadurch beendet, daß man zum Nachtmahl rüstete. Weil man sozial mitfühlend war und den Hausangestellten für den Abend freigegeben hatte, damit sie sich im Prater oder irgendwo auf dem Land bei einer Kirchweih belustigen konnten, war es meist ein »kaltes Nachtmahl«. Man nahm dann vorlieb mit dem, was die benachbarten Selchermeister und Delikatessengeschäfte zu bieten hatten. Manchmal unternahm man auch einen kleinen Ausflug zum guten Wirt in der Nachbarschaft. Die Kinder freilich blieben zu Hause; für sie war das sogenannte gute Gasthaus eine verschlossene Welt, deren Genüsse ihnen versagt blieben. Es gab noch eine zweite Alternative für den Sonntagabend: Man ging ins Theater. Normalerweise ist man in bürgerlichen Familien jedoch wochentags ins Theater gegangen; die Samstag- und Sonntagabende waren den anderen Bürgern, sofern sie kunstbeflissen waren, vorbehalten.

Es kam immer wieder vor, daß die Jausengesellschaft so animiert war, daß die Dame des Hauses die Gäste aufforderte, doch noch zu bleiben. »Wir haben genug vorbereitet.« – »Habt ihr wirklich genug?« war die entsprechende Nachfrage, und dann ergab sich eine Situation, für die es den schönen Wiener Ausdruck gibt: »Halt mich, ich bleib' gern.« Das waren die in Tausenden Familien gebräuchlichen Formen, in denen sich die Samstag- und Sonntagabende abspielten. Dann saß man noch lange beisammen, und die sogenannten feinen Leute sind meist erst sehr spät nach Hause gekommen; sie hatten am nächsten Tag die Möglichkeit, eine halbe Stunde länger zu schlafen oder ein Nachmittagsschläfchen zu halten.

Während des Krieges mußte meine Mutter sich oft, zusammen mit der Köchin und der Hausgehilfin, um Lebensmittel anstellen, weil die Versorgung immer schlechter wurde. Und da sind unsere mährischen Verwandten auf die glorreiche Idee gekommen, in die großen Brotlaibe kleine Schinken einzubacken. Viel später habe ich erfahren, daß das eine Delikatesse ist; ich war sicher, daß sie von meiner Familie erfunden wurde.

Das Kochen war für meine Mutter ein sehr spannendes Erlebnis. Die Güte der Mahlzeit war in meiner Jugend sehr viel unsicherer als heute. Das fing bereits damit an, daß man im Herd Feuer machen mußte. Ob der Herd genug Zug hatte, das wiederum hing vom Wetter ab. Wenn das Feuer im Herd zu stark wurde, ist so manches Gericht angebrannt. Später kam der Gasherd, aber auch hier ist nicht immer alles gelungen. Meiner Mutter standen eine Köchin und eine Hausgehilfin zur Verfügung. Es waren lange Zeit zwei böhmische Schwestern, später junge Frauen aus Kärnten, die immer aus derselben Familie stammten. Sie waren alle echte Familienangehörige. Man lachte mit ihnen, bei besonderen Anlässen tanzte man mit ihnen, schließlich weinte man mit ihnen, und es gab während des Krieges viel Anlaß zu Trauer, auch später wieder, als Hitler kam. Die Böhminnen stammten aus einem kleinen Dorf, und obwohl es siebzig Jahre her ist, kann ich mich an die beiden gut erinnern. Meine Eltern sprachen mit ihnen Tschechisch, was ihnen den Aufenthalt in Wien sehr erleichterte. Tschechisch war für meinen Vater und für meine Mutter die zweite Sprache, obwohl sie sich als deutschsprechende Österreicher empfunden haben. Marie und Julie waren unentbehrlich, und wir liebten sie.

Der böhmischen Marie und der böhmischen Julie, aber auch Frau Josefine Hoffmann und den drei Schwestern aus der Hafnerfamilie Jobst in Hermagor, ihnen allen bewahre ich eine lichte und freundliche Erinnerung, denn sie alle haben es mit uns immer gut gemeint und besonders mit mir. Sie haben vieles für mich getan und manches verheimlicht, zum Beispiel, daß unsere beiden Dobermänner während eines Opernbesuchs meiner Eltern in deren Betten lagen und, als man sie hinaustrieb, aus Schreck sich nicht gut benahmen. Marie und Julie haben auch viel zu meiner Erziehung beigetragen; sie besaßen den gesunden Instinkt.

Die hübsche Julie ging mit mir regelmäßig in den Park, der neben der zum Militärspital umgewandelten Mollardschule lag. Sie setzte sich immer auf dieselbe Bank und fand Kavaliere, meist sogenannte »vojaks«, Soldaten aus dem Spital, die rekonvaleszent waren und mittags in den Park gehen durften. Es waren meist Tschechen, und sie verstanden sich ausgezeichnet. Ich war sehr glücklich über den Anschluß, den unser Kindermädchen fand, denn so besaß ich vollkommene Freiheit in diesem Beserlpark und konnte mir meine Freunde aussuchen, ohne daß sie mir zurief, daß ich mit dem oder jenem nicht spielen dürfte. Andere kleine Bürgerkinder haben oft stark gelitten unter den ständigen Ermahnungen ihrer Aufpasserinnen, und wenn sie sie befolgten, waren sie für uns der Anlaß zu sehr viel Spott. Dann liefen sie zu ihren Fräuleins, beklagten sich über uns und heulten. Das herrliche Leben im Park haben sie nie wirklich genossen.

Sehr viel später waren die Hausgehilfinnen die Verbündeten unserer ersten kleinen Affären. Man ging ins Kino; als besonderes Zeichen der Vertraulichkeit galt es, wenn einem die Freundin ihren Handschuh in die Tasche steckte. Ich erinnere mich noch an den strengen Blick der Köchin, die mir sagte: »Bruno, hier ist ein Damenhandschuh«, worauf ich meinte:

»Na und, was ist denn dabei?« – »In der anderen Tasche war auch ein Handschuh.« – »Zwei gehören ja wohl zusammen.« – »Aber es waren verschiedene.« Sie hat auf diese Art ihre Mißbilligung darüber zum Ausdruck gebracht, daß ich im Alter von fünfzehn, sechzehn Jahren mit verschiedenen Mädchen ins Kino ging. Später, als ich im Gefängnis saß, hat sie immer irgend etwas Besonderes für mich gebacken, das mir meine Mutter dann mitbrachte.

Dank der leidenschaftlichen Satzanalysen meines Großvaters hatte ich sehr rasch vor der Schulzeit lesen gelernt. In der Schule genierte ich mich dessen, zum einen, weil es so aussah, als wollte ich meine Künste vor der ganzen Klasse demonstrieren, zum anderen, weil ich glaubte, meine Lehrerin, ein adeliges Fräulein, könnte sich bei mir überflüssig vorkommen. Fräulein Helene von Valcic und anderen meiner Lehrerinnen tat es sehr weh, als sie eines Tages das »von«, das offenbar ihre Väter als Offiziere erworben hatten, nicht mehr führen durften. In den ersten beiden Jahren meines Schullebens hießen sie noch »von«, dann mußte es plötzlich wegbleiben. Die Deutschen haben es viel klüger gemacht und das Adelsprädikat zu einem Teil des Namens erhoben. Mich hätte das »von« in Österreich nicht gestört. Wenn nur sonst dem Gleichheitsbegriff der Demokratie stärker Rechnung getragen worden wäre in der Ersten Republik.

Zu Hause machte ich von meinen Lesefähigkeiten reichlich Gebrauch. Unsere tschechische Köchin konnte die in Fraktur gedruckten Zeitungen nicht lesen, und so mußte ich ihr die wichtigsten Tagesereignisse vorlesen. Meine Lesungen hatten übrigens einen erfreulichen Nebeneffekt. Die Köchin und ich wurden dadurch sozusagen Komplizen, und das hat mir manche Gerichte, die ich nicht gern aß, erspart. Eines Tages hatte ich von mir aus das Bedürfnis, Marie einen Artikel vorzulesen. Ich ging in die Küche, wo sie gerade mit dem Schmirgeln des Ofens beschäftigt war. Dabei mußten wir ihr gelegentlich helfen. Die Küchenherde hatten an der Seite eine Stahlplatte, auf die man die fertigen Speisen zog; daneben war ein Stangerl angebracht, auf das man die Tücher hängen konnte. Das Schmirgeln des Ofens war eine anstrengende, eintönige Beschäftigung.

Es war am letzten Tag des Krieges, und während Marie den Ofen saubermachte, habe ich ihr den Leitartikel ›Das Ende des Krieges‹ aus der ›Neuen Freien Presse‹ vorgelesen. Mit siebeneinhalb Jahren ist mir das Lesen dieses furchtbar langen Artikels sicher nicht leichtgefallen. Plötzlich merkte ich, daß Marie gar nicht zuhörte. Ihr genügte die Mitteilung, daß nun der Friede gekommen sei. Ich werde nie ihre Worte vergessen, daß ich das Lesen einstellen könnte: »Wer weiß, für was gut ist!« Sie hat sich vom Frieden keine sehr deutlichen Vorstellungen gemacht und verwendete eine Formulierung aus dem Wienerischen, die nicht ganz paßte. Damit wollte sie ausdrücken, daß jede Veränderung positiv sei.

Im Laufe meines Lebens, vor allem während meiner Gefängniszeit, habe ich viel über das Erbgut nachgedacht, das in mir steckt. Heute sehe ich, daß ich beiden Familien manches verdanke. Zur Formung meines Charakters hat natürlich auch beigetragen, daß ich jüdischer Herkunft bin. Um so lächerlicher sind die teils versteckten, teils offenen Vorwürfe, die manchmal mir gegenüber erhoben wurden, ich versuchte, mich meines Judentums zu entledigen.

Ein wichtiges Erbteil meiner väterlichen Familie ist mein Sinn für das Politische. Der Bruder meiner Großmutter, mein Großonkel Joseph Neuwirth, hat fast genausolang dem österreichischen Reichsrat angehört wie ich dem österreichischen Nationalrat – nur fast hundert Jahre vor mir. Er starb am 20. Mai 1895. In einem der Nachrufe hieß es: »Zahlreiche wichtige Referate, darunter auf dem Gebiete der sozialpolitischen Gesetzgebung, waren ihm anvertraut, und insbesondere im Budgetausschusse ... war er einer der unermüdlichsten Arbeiter. Neuwirth war ein treuer, überzeugter Anhänger der liberalen Partei von entschieden fortschrittlicher Gesinnung, die er jederzeit offen zur Schau trug. Sein Tod hinterläßt eine große Lücke, die schwer auszufüllen sein wird.«

Joseph Neuwirth war einer der bedeutendsten unter meinen väterlichen Vorfahren und wurde in der Familie dementsprechend verehrt. Er hat viel für die Familie meines Vaters getan.

Von der großbürgerlichen Familie Felix habe ich wahrscheinlich die Neigung mitbekommen, ungeachtet meiner politischen Gesinnung jenen Lebensstil zu erhalten, den ich von zu Hause kannte. Die Männer in der Familie Felix waren meist Bonvivants, die Frauen durchwegs sehr noble, intelligente Personen. Ebenso wie die Brüder meines Vaters spielten fast alle Mitglieder der Familie Felix in meinem Leben eine große Rolle.

Ein Felix Sachs wird 1694 urkundlich in Trebitsch erwähnt. Auch seine Söhne und Enkel waren dort als Bader, Wundärzte und Chirurgen tätig. Als einer meiner Vorfahren mütterlicherseits, Salomon Felix, als Feldarzt aus einem Krieg zurückkam, zeigten seine Hände und Beine Lähmungserscheinungen, so daß er den Arztberuf nicht mehr ausüben konnte. Also verlegte er sich auf die Branntweinbrennerei.

Sowohl mein Urgroßvater als auch mein Großvater waren sehr unternehmerische Leute und haben das Neue stets sofort erfaßt. Mein Großvater, Moritz Felix, der ein knorriger, sehr selbstbewußter Mann gewesen sein muß, machte aus der Spiritusbrennerei eine Likörfabrik und errichtete außerdem eine Konservenfabrik in Znaim.

Das tschechischsprachige Trebitsch war ein schönes Städtchen in Mähren, das zu meiner Zeit dreizehntausend Einwohner zählte. An einem dieser ungeheuer großen Plätze, wie es sie nur im alten Österreich gegeben hat, besaß die Familie seit vielen Generationen ein stattliches Haus. Während mir die deutschen Städte im Kern immer als etwas eng erschienen, hatte man in Böhmen und Mähren den Eindruck, daß alle Bürger um den zentralen Platz herum lebten, was ursprünglich bei der Anlage solcher Plätze vielleicht auch beabsichtigt gewesen ist. Im Haus der Familie

Felix in Trebitsch verlebte ich den Großteil meiner Ferien, und es war für mich sehr schmerzlich, als das Haus nach dem Krieg von der tschechischen Regierung in brutaler Weise erst zur städtischen Wasserverwaltung umfunktioniert und in den siebziger Jahren das schöne alte Haus schließlich weggerissen wurde.

Seither habe ich mich geweigert, jemals wieder nach Trebitsch zu fahren. Denn seitdem es das Haus nicht mehr gibt, sind die schönsten Erinnerungen aus meiner Kindheit und Jugend verloren.

Das großelterliche Haus lag im Herzen der Stadt und direkt neben dem Rathaus, was eine gewaltige Ausnahme darstellte, denn die Juden wohnten in der Regel in eigenen Vierteln außerhalb der Stadtmauern. Die Judenstadt von Trebitsch befand sich auf der anderen Seite der Iglau. Oberhalb der Judenstadt lag das Schloß der Grafen Waldstein. Man mußte also durch die Judenstadt zum Schloß hinauf, und ich erinnere mich sehr gut an diesen Weg, weil ich dort oben immer Tennis spielte. Eine alte Gräfin Waldstein hat mir einmal erzählt, daß ihr Vater Leute auf einem Turm postiert hatte, die ihm mitteilen mußten, wann mein Großvater zu seinem abendlichen Spaziergang sein Haus verließ. Dann hat sich der Graf aufgemacht, um ihm zufällig zu begegnen, weil er wissen wollte, wie die Kurse an der Börse in Prag notierten.

Aus Trebitsch stammt auch der berühmte Schuhkönig Báta, der in meiner Familie eine gewisse Rolle spielte, weil man an seinem ersten großen wirtschaftlichen Erfolg nicht ganz unbeteiligt gewesen war. Báta stellte damals Hausschuhe am Fließband her; die Patschen bestanden aus einem besonderen Wollgemisch und einer Ledersohle. Die Idee war völlig neu, und niemand wollte dem Báta das Leder für die Sohlen kreditieren. Schließlich hat der Mann der ältesten Schwester meiner Mutter, der eine große Lederfabrik in Znaim besaß, das Material zur Verfügung gestellt. Der Schuhkönig, der später ganz Zlín beherrschte und heute überall auf der Welt Schuhfabriken besitzt, hat meinem Onkel diese Geste nie vergessen und dieses bestimmte Leder immer bei ihm bestellt.

Mein Onkel, seine Brüder und Freunde waren leidenschaftliche Jäger, und aus uns wollte man das gleiche machen. Wir wurden also früh auf die Jagd mitgenommen. Die Ausfahrt mit kleinen Jagdwägelchen in guter Ordnung war für mich das Schönste, das Jagen selbst das am wenigsten Spannende und die Heimfahrt das Ekelhafteste. Die nassen Jagdhunde haben fürchterlich gestunken. Die kleineren Beutestücke, zum Beispiel Rebhühner, bekamen lederne Bänder um die Brust gelegt, und auf diese Weise mußten wir sie nach Hause tragen. Die langsam auskühlenden kleinen Vogelkörper, die glasigen Augen, das kann ich in seiner ganzen Widerlichkeit gar nicht beschreiben. Noch heute habe ich eine Abneigung gegen die Jagd und esse ungern Wild.

Wenn sich die Neffen und Nichten im Haus der Vorfahren in Trebitsch einfanden, klagte der Bruder meiner Mutter, Berthold, der vom Großvater das Trebitscher Unternehmen übernommen hatte, als erstes über die schlechten Zeiten. Aber jedesmal konstatierten wir Veränderungen, die auf wachsenden Wohlstand schließen ließen. Damit wir uns das Umsteigen nach Trebitsch ersparten, ließ er uns mit der Kutsche auf der Bahnstation Okrischko abholen. Und eines Tages kam er selber mit einem Automobil vorgefahren. Aus den Ställen wurden Garagen, und jedesmal stand dort, trotz des Jammerns über die schlechten Zeiten, ein neues Automobil. Beim Abschiednehmen bekamen wir von ihm immer ein fürstliches Zehrgeld mit auf den Weg, und jedesmal sagte er dann dasselbe: »Brav sein und sparsam.« Berthold Felix ist eines sogenannten natürlichen Todes gestorben, das heißt, er hat sich über die deutsche Okkupation der Tschechoslowakei so aufgeregt, daß er einem Herzschlag erlag – ein gnädiges Schicksal, angesichts des Endes seiner Frau, seiner drei Kinder und Enkelkinder in den Gasöfen.

Ich kann sagen, daß meine beiden Familien den Nazismus in seiner grauenhaftesten und umfassendsten Form erfahren haben und daß nur wenige von uns übriggeblieben sind. Über die Welt verstreut, trifft man hier und da den einen oder anderen. Jedesmal, wenn jemand »herumzudividieren« beginnt, ob es vier oder sechs Millionen Juden gewesen seien, die dem Holocaust zum Opfer fielen, kann ich trotz eines gewissen Verständnisses für die Schwächen der Menschen nur sagen: Von den mir Nahestehenden wurden so viele umgebracht, daß Zahlen mich nicht mehr interessieren.

Die Brüder meiner Mutter sind allesamt zugrunde gegangen; auch einige Schwestern meiner Mutter und viele Cousins und Cousinen, die mir sehr lieb waren und sehr nahegestanden sind.

Ich habe einmal grob geschätzt, daß von unserer Familie aus Trebitsch über zwanzig der nächsten Angehörigen von den Nazis ermordet worden sind; als ich jedoch die Namen durchging, stellte sich heraus, daß es viel mehr waren. Aber ich habe nicht mehr die Kraft, diese Statistik des Grauens zu vervollständigen.

Geboren am 28. Februar 1939 als Tochter der Anna und des Dr. Josef Pluhar in Wien. Schauspielerin, Autorin, Liedsängerin. Ausbildung am Reinhardtseminar. Seit 1959 Mitglied des Burgtheaters. Der Publikumsdurchbruch gelang ihr 1968 mit Helmut Käutners Verfilmung von Maupassants ›Bel ami‹. Nach ihrer ersten Ehe mit Udo Proksch verheiratet mit André Heller, der sie zu einer Karriere als Chansonsängerin anregte. Feierte schon bei ihren ersten Auftritten 1974 auch auf diesem Gebiet große Erfolge. Zahlreiche Tourneen und Schallplattenaufnahmen mit Liedern, deren Texte sie selbst schreibt. Eine Tochter; lebt in Wien.

Erika Pluhar
Zwischen Stadt und Ländlichkeit

Ich bin ein echtes Wiener Kind. Diese in vielen Wiener Liedern als »a echt's Weana Kind« leicht verwandelt aufscheinende Zeile hat bei mir schon immer eine Assoziation zu mir selbst erzeugt. Der kaiserlich-königliche Monarchieschmelztiegel hat voll an meiner Existenz mitgebastelt. Meine Großeltern väterlicherseits waren Böhmen. Hollezrieb hieß dazumal das kleine Dorf, auf dessen Bahnhof mein Großvater als Stationsvorstand tätig war. Wie familiär überliefert wurde, war er Meister darin, auf Eisenbahnschienen zu balancieren, und das kilometerlang, ohne das Gleichgewicht zu verlieren und abzurutschen. Jahrzehnte später konnte er mir mit dieser Geschichte restlose Bewunderung abgewinnen.

Er heiratete meine Großmutter, nachdem diese in einer Klosterschule in Wien eine musisch orientierte Erziehung erhalten hatte und nur ungern wieder in ihr Heimatdorf zurückgekehrt war. Ihre Eltern besaßen ein Wirtshaus in Hollezrieb. Der junge Stationsvorstand sah das fein gewordene Fräulein, wenn er dort sein Bier trank, sie gefiel ihm, und der

Handel wurde perfekt, meine Großmutter verheiratet. Dreimal sei sie zu ihren Eltern zurückgelaufen, erzählte man, und dreimal sei sie wieder heimgeschickt worden. Heim. Dorthin, wo sie um nichts in der Welt bleiben wollte. Sie gebar in schneller Reihenfolge vier Kinder, mein Vater war das älteste. Und im Lauf der Zeit wurde sie eine rauhe und dominierende Frau. Ihre eigene zurückgedrängte Lernfreude, ihre Wißbegier und ihren Ehrgeiz bündelte sie in dem Wunsch, alle ihre Kinder studieren zu lassen. Sie erreichte, daß mein Großvater sich früh pensionieren ließ, und man zog nach Wien, in die Stadt ihrer jugendlichen Träume und Begeisterungen.

Die große alte Wohnung in der Schlösselgasse im 8. Bezirk mit ihrem Alkoven und dem düsteren Kabinett zum Lichthof hinaus habe ich als kleines Kind gut kennengelernt. In den Nachkriegsjahren verbrachte ich viel Zeit bei dieser Großmutter (die bei uns immer »die große« hieß – im Gegensatz zu der mütterlicherseits, die »die kleine« genannt wurde). Sie schlief meist nur in dem Kabinett zwischen Unmengen von Essensvorräten, die sich auf Tisch und Kommode stapelten. Die übrige Wohnung war immer von hungrigen Kostgängern belegt. Blieb ich über Nacht bei der Großmutter, mußte ich an ihre Seite in das schwere hölzerne Bett schlüpfen, da lag ich dann zwischen den Gerüchen von Schmalzgebackenem, süßen Keksen, eingemachten Gurken, hörte sie schnarchen und fühlte mich geborgen.

Meine Mutter ist in Wien geboren und aufgewachsen. Ihr Vater besaß hier einen gut florierenden Glasmalereibetrieb, der auf die Herstellung von Kirchenfenstern spezialisiert war. Er wurde, als Handwerksbursche aus seiner bayrischen Heimat hierher verschlagen, in Wien seßhaft, und heiratete auch eine Wienerin, meine Großmutter, die »kleine« also. Sie war eine sehr fromme Frau mit flinken bläulichen Augen und einem rosigen Teint, auf den sie überaus stolz war. »Wasser und Kernseife« hieß ihr unumstößliches kosmetisches Rezept. Als ich, pubertierend, den Zustand meiner Gesichtshaut beklagte, konnte sie die Wirkungslosigkeit von Wasser und Kernseife in meinem Fall nicht einsehen, in ihr Kopfschütteln mischte sich sichtlich eine leichte Empörung.

Auch in dieser großelterlichen Familie kamen vier Kinder zur Welt, genauer gesagt vier Töchter. Meine Mutter war die Zweitgeborene und wurde der Stolz ihres Vaters. Er hatte ihre zeichnerische Begabung erkannt und sie dazu auserkoren, seine Glasmalereiwerkstatt weiterzuführen. Nach der Pflichtschule studierte sie an der Kunstgewerbeschule, die sich später zur Hochschule für angewandte Kunst wandelte. Sie liebte ihren Vater, einen kleinen gutaussehenden Mann mit dunklem Schnauzbart, und sein Stolz auf ihr Talent bedeutete ihr viel.

Trotzdem ließ sie diese, für eine Frau dazumal ungewöhnliche und seltene Laufbahn freiwillig fahren. Der Zwang der Zeit war wohl stärker. Sie heiratete meinen Vater, der mittlerweile zum Doktor der Staatswissenschaften promoviert hatte, groß gewachsen und schlank war und gerne Lieder zur Gitarre sang. Sie folgte ihm sogar nach Brasilien, als der Ruf der Welt ihn lockte und er eine Anstellung bei einer dortigen Ölfirma annahm. Meine ältere Schwester kam dort zur Welt.

Für mich standen die Fotografien meiner Eltern aus dieser Zeit im Gegensatz zu den Erzählungen meiner Mutter, sie hätte in der Fremde unter Einsamkeit und Bedrückung gelitten. Sie kamen mir immer vor wie Aufnahmen aus einem romantischen Film. Ich sah die beiden mit Reitstiefeln neben Pferden stehen, sich auf blumenbedeckten Terrassen umarmen, in den Wogen des Meeres spielen. Meine ersten kindlichen Träume von dem, was das Leben mir bringen könne, wurden dergestalt illustriert.

Aber mit meinem Kinderalltag hatten sie wenig gemeinsam. Vorerst beherrschte der Krieg meine Lebenswahrnehmungen. Mein Vater blieb sehr lange in Kriegsgefangenschaft, die Sicherung unserer Existenz lag ausschließlich in den Händen der Mutter. Wie vielen Frauen ihrer Generation wurden ihr in diesen Jahren zum erstenmal Selbständigkeit und Eigenverantwortung abgefordert, und wie bei den meisten dieser Frauen entstand dadurch ein Bruch mit der alten Form ehelicher Gebundenheit.

Die Zeit der letzten Kriegswirren und kurz nach Kriegsende verbrachten wir in einem Dorf in Oberösterreich. Meine jüngere Schwester war damals noch ein weißblond gelocktes Kleinkind, die ältere mußte täglich viele Kilometer weit zu Fuß zur Schule gehen, und das bei jedem Wetter. Ich jedoch genoß das Landleben in vollen Zügen. Der Krieg schien sich verkrochen zu haben, ich vergaß ihn inbrünstig, meine so früh und so gewaltsam hervorgerufenen Ängste beruhigten sich. Ich aß frischen Sauerampfer von den Wiesen, Äpfel von den Bäumen und Rüben von den Feldern. Ich wurde überaus gesund und kräftig. Ständig brachte ich große Sträuße wilder Blumen nach Hause, bis meine Mutter sie nur noch seufzend in Empfang nahm, so sehr überfüllten sie unsere kleinen Zimmer. Ich spielte mit den Grabengeln des Friedhofs, der direkt neben unserem Haus gelegen war, ich erfand Geschichten für sie, und die Dorfkinder leisteten mir erstaunt dabei Gesellschaft. Ich war fröhlich und zufrieden. Aber wenn ich jetzt zurückdenke, so schwebte irgendwo hinter alldem das müde und gedankenvolle Gesicht meiner Mutter. Ich wollte es wohl übersehen, in meine Erinnerung jedoch hat es sich eingeritzt. Oft brach sie am Morgen auf, in schweren Schuhen, einen Rucksack umgeschnallt, um, gegen Abend heimkommend, einige Eier oder Brotfladen auf unseren Tisch zu legen, mit einer Gebärde dumpfer Erschöpfung.

Als wir nach Wien zurückkehrten, hatten wir unsere alte Wohnung verloren und mußten deshalb einige Zeit bei einer Tante Unterschlupf suchen. Ich sehe meine Mutter vor mir, wie sie in einem schlauchartig schmalen Zimmer vor unserer Küchenkredenz stand und Weißbrot, dick mit Schmalz bestrichen, in sich hineinstopfte. Es war wie ein Aufschrei ihres zugunsten der Kinder zurückgedrängten Hungers.

Erika Pluhar (zweite von rechts) mit Mutter Anna, Vater Josef, der »großen Oma« Hedwig und ihren Schwestern Brigitte und Ingeborg.

Nachdem mein Vater aus der Gefangenschaft heimgekehrt war, mager, und seltsam düster aussehend und mir anfangs völlig fremd, zogen wir wieder in eine eigene Wohnung. Sie lag jenseits der Donau in einem Vorstadtbezirk, der heute völlig in Wiens Stadtbild integriert ist. Damals war Floridsdorf – so sein Name – jedoch eine dieser Gegenden, die Kinder besonders entzücken können, Gegenden, wo Stadt und Ländlichkeit einander berühren. Ich konnte meinen Schulweg durch Felder einschlagen oder die Autostraße entlangmarschieren. Zwischen den Schrebergärten und Schuttabladeplätzen gab es wundersame Orte für unsere Kinderphantasien. Nachts waren es die fernen Geräusche aus einer Lokomotivfabrik, die sich mit dem Rauschen des großen Lindenbaumes vor dem Fenster vermischten, beides drang wohlig in meinen Schlaf.

Ich glaube, daß ich behaupten darf, ein glückliches Kind gewesen zu sein. Ich fühlte mich gehalten. Und doch gaben meine Eltern mir zu aller Zeit genügend Raum für mich selbst. Und das, obwohl wir auf engem Raum lebten. Sie ließen mich unbeschränkt in die Welt meiner Phantasien eintauchen, was späterhin zu einem unstillbaren Bedürfnis nach Büchern führte. Sie ließen mich alle diese Wege, die aus der sogenannten und von allen Seiten geforderten Lebensrealität hinausführten, ungehindert gehen. Auch dann, als dies folgerichtig zu meinem Wunsch führte, Schauspielerin zu werden. Sie überließen mir meine eigenen Entscheidungen, ohne ihre persönlichen Vorstellungen hineinzumengen.

Wer aber in diesen Jahren nicht allzu glücklich war, das waren wohl meine Eltern. Mein Vater hatte einen Arbeitsplatz in Linz gefunden, zwei Eisenbahnstunden entfernt, und kam nur an den Wochenenden nach Hause. Wieder blieben meiner Mutter weitgehend die Kinder überlassen – und ihre eigenen Entscheidungen. Das Geld war knapp. Ich erinnere mich an die matten und trägen Stimmungen der Sonntage. Das Bemühen meines Vaters, sich heimisch zu fühlen. Die Essensgerüche aus der Küche. Das freudlose Gesicht meiner Mutter. Meist nahm ich ein Buch und floh in meine erträumten und erdachten Welten.

In späteren Jahren, als wir Kinder selbständig geworden waren, änderte sich vieles. Meine Mutter nahm ihre Malerei wieder auf und versuchte, an die künstlerische Lebensausrichtung ihrer Jugend anzuknüpfen. Mein Vater begann, nachdem er pensioniert worden war, sein Leben zu genießen, etwas, wozu er bis dahin selten Gelegenheit gefunden hatte. Spaziergänge, Freunde, abends ein Glas Wein.

Aber seltsamerweise danke ich meinem Elternhaus und meiner frühen Jugend gerade dieses: die Einsicht in Lebensstrukturen ohne Glanz und mit viel Niedergeschlagenheit, eine Form des Daseins, die sich nicht künstlich erhellen ließ, weil dazu die Mittel fehlten. Und, daraus resultierend, die Aktivierung von Traum und Phantasie, eine Schulung der Imagination.

Geboren am 3. August 1905 als Sohn der Maria und des Landwirts Franz König in Warth bei Rabenstein/Niederösterreich. Kardinal und langjähriger Erzbischof von Wien. Studium in Rom, Dr. phil., Dr. theol. 1933 Priesterweihe, danach Kaplan, ab 1938 Jugendseelsorger und Domkurat in St. Pölten, Religionsprofessor in Krems. 1948 Professor für Theologie an der Universität Salzburg. 1952 Bischofkoadjutor in St. Pölten. 1956, nach dem Tod Kardinal Innitzers, Ernennung zum Erzbischof von Wien durch Papst Pius XII. 1958 Ernennung zum Kardinal durch Papst Johannes XXIII. Mitglied der Theologischen Kommission des 2. Vatikanischen Konzils. Langjähriger Präsident des Sekretariats für die Nichtglaubenden. Ehrenbürger von Wien. 1986 Rücktritt als Erzbischof von Wien. Lebt in Wien.

Franz Kardinal König
Meine erste und letzte Zigarre

Unlängst bestieg ich nach langer Zeit wieder einmal die Mariazellerbahn, welche die Verbindung zwischen St. Pölten und Mariazell in der Steiermark als eine sympathische und mir seit vielen Jahren vertraute Schmalspurbahn herstellt.

Ehe der Zug in Kirchberg an der Pielach hält, steige ich eine Haltestelle vorher, in Tradigist, aus. Dieser alte Name erzählt den Historikern einiges über die Besiedlung dieser Gegend. Dort liegt jenseits der Pielach, nur einige Minuten von der Bahn entfernt, mein Elternhaus. Es ist ein mittelgroßer Vierkanter, wo ich eine einfache und bescheidene Jugend verbrachte, wo ich mit meinen sechs »königlichen« Geschwistern aufwuchs.

Mein Vater ist früh gestorben. Die Erinnerungen meiner Kindheit beziehen sich daher in der Hauptsache auf meine Mutter, die ihre letzten Lebensjahre bei mir auf dem Stephansplatz verbrachte, wo ihr ältester Sohn als Erzbischof von Wien sein Domizil für lange Zeit aufgeschlagen hatte. Meine Mutter war es, die neben meinem eher stillen und wortkargen Vater das Haus mit Leben und Tätigkeit erfüllte. Sie hatte ein frohes und heiteres Gemüt, das manche schwere Schicksalsschläge im Lauf der Jahre zu überwinden hatte. Der frühe Tod meines Vaters war wohl einer der schwersten.

Als Kinder wurden wir angeleitet, im bäuerlichen Betrieb, unseren Möglichkeiten entsprechend, mitzuhelfen. So sind meine ganz frühen Kindheitserinnerungen verbunden mit Wiesen, Blumen, Bäumen im nahen Wald, wo gelegentlich Hasen und Rehe auftauchten. Mein Großvater väterlicherseits war so etwas wie ein Tierarzt, den Verhältnissen von damals entsprechend. Ich erinnere mich noch an seinen Schrank mit den vielen Medikamenten, der meine besondere Neugier immer wieder weckte. In den Jahren vor meinem Schulbeginn starb er. Dies war meine erste Begegnung mit dem Tod, die ich in gar keiner Weise als unnatürlich oder bedrückend empfand. Der Großvater lag, von Blumen umgeben, auf seinem Bett, und alles war so still und ruhig um ihn. Die Mutter erklärte uns kleinen Geschwistern, daß der liebe Gott ihn heimgeholt habe. Das war alles für uns etwas Natürliches und Selbstverständliches.

Zu den besonders aufregenden Dingen gehörte der Beginn meiner Schulzeit. Ich hatte schon einigermaßen lesen gelernt und in den künftigen Schulbüchern immer wieder neugierig geblättert. Der Schulweg führte zunächst nur mich mit einigen Nachbarkindern, später auch mit meinen Geschwistern den Pielachfluß entlang, ungefähr zwei Kilometer bis nach Kirchberg, wo wir der Volksschule zugeteilt waren. Die Lehrerin der ersten Klasse, mit einer leichten Rückgratverkrümmung, war als die Klassenmutter der Schulanfänger auch mir schon ein Begriff geworden. Der damaligen Zeit entsprechend, mußten wir im ersten Halbjahr noch auf einer Schiefertafel üben. Im zweiten Halbjahr lernten wir, mit Tinte und Feder ins Heft zu schreiben. Ich erinnere mich noch ganz deutlich an jenen Morgen, an dem ich zum erstenmal mit Tinte und Feder hantierte und den Satz abschrieb, den die Frau Lehrerin auf die große Tafel geschrieben hatte: »Die Kohle ist schwarz.« Mit etwas aufgeregter Hand habe ich diesen Satz in mein Heft übertragen und war dann stolz, daß dies ohne »Unfall« vor sich gegangen war.

In unmittelbarer Nähe des Schulgebäudes liegt auf einer leichten Anhöhe, auch heute noch immer weithin sichtbar, die festgebaute Pfarrkirche von Kirchberg an der Pielach. Der Kaplan der Gemeinde, dem ich in den ersten Religionsstunden begegnete, verstand es, so mit uns umzugehen, daß wir sehr rasch Vertrauen zu ihm faßten und sogar ich, obwohl von Haus aus sehr schüchtern, gelegentlich eine Frage an ihn richtete. Mit etwas Herzklopfen ging ich in der Pfarrkirche zu meiner ersten Beichte, dann anschließend empfing ich die erste heilige Kommunion mit einer brennenden Kerze in der Hand. Das alles war für mich sehr aufregend. Während des Gottesdienstes zur ersten Kommunion, so erinnere ich

Links: Der Vater Franz König. *Rechts:* Die Mutter Maria König.

mich, war ich sehr besorgt, daß keine Wachstropfen auf den neuen Anzug fielen.

Die Adventszeit, das Nikolausfest mit bescheidenen Gaben und vor allem das Weihnachtsfest gehörten zu den unvergeßlichen Tagen der Kindheit. Nicht nur der Katechet im Religionsunterricht, sondern auch die Mutter nahm uns von Zeit zu Zeit beiseite und erzählte uns Adventsgeschichten und erklärte uns die Bedeutung dieser Vorbereitungszeit. Je näher die weihnachtlichen Tage herankamen, desto mehr erfüllte ein wunderbarer Duft das ganze Haus, und die Erwartung wurde immer größer. Am Weihnachtsabend selbst waren wir Kinder im Zimmer neben dem der Eltern und erhielten die Anweisung, es nicht eher zu verlassen, als bis man ein Glöckchen hören würde, das vom Weihnachtsengel stamme. Als es dann soweit war, stürzten wir in das Wohnzimmer, wo auf dem Tisch ein geschmückter Christbaum mit brennenden Kerzen stand, umgeben von ganz wenigen und einfachen Weihnachtsgeschenken.

Nach den bei diesen Ereignissen üblichen Familiengebeten – es wurde auch ein Stück vom Rosenkranz gebetet – und nach dem Lied »Stille Nacht, heilige Nacht« folgte das Abendessen, und dann hieß es: Und jetzt gehen wir in die Pfarrkirche zur Weihnachtsmette. Um ungefähr elf Uhr abends brachen wir mit einer Laterne auf, und die Eltern führten uns behutsam über die Schneefelder. Unvergeßlich sind für mich die Lichtlein, die von den Bergen herunterwanderten und die mir sagten, daß überall die Leute unterwegs seien, um zur Weihnachtsmette zu kommen. Das Weihnachtskripplein in der Kirche, die Weihnachtslieder, der festliche Schmuck in der Kirche legten einen Zauber über den kindlichen Alltag.

Es muß einmal in der vorweihnachtlichen Zeit gewesen sein, als mir plötzlich der Gedanke kam, ich möchte doch einmal probieren, wie eine Zigarre oder eine Zigarette schmeckt. Ich weiß noch, es war in der letzten Stunde, einer Gesangsstunde, daß ich diesen Vorsatz faßte. Nach dem Ende der Schule begab ich mich zum Kaufmann, um mir eine Zigarre und eine Schachtel Zündhölzchen zu kaufen. Was ich dem Verkäufer auf seine neugierige Frage, wozu ich das brauche, geantwortet habe, weiß ich heute nicht mehr. Ich erinnere mich aber, daß ich auf kleinen Seitenwegen – sie waren alle leicht mit Schnee bedeckt – sehr erwartungsvoll meine Zigarre angezündet habe und überlegte, wie das jetzt wohl weitergehen würde. Als plötzlich besondere Gefühle im Kopf und in der mittleren Körpergegend auftauchten, bekam ich es mit der Angst zu tun und warf Zigarre und Zündhölzchen links und rechts von mir und eilte schnurstracks nach Hause. Was dort passierte, weiß ich leider heute nicht mehr. Eines scheint aber dieses kleine Kindheitserlebnis bewirkt zu haben: Ich bin später ein entschiedener Nichtraucher geworden.

Meine Mutter, eine relativ junge Witwe mit einer kleinen Kinderschar, sah sich genötigt, noch einmal zu heiraten. Ihr zweiter Mann, also unser Stiefvater, hieß Johann Kaiser, so daß wir zu dem schönen Doppelnamen König und Kaiser kamen. Mit meinem Stiefvater, der ein fleißiger, aber etwas jähzorniger Mann war, hatte ich – und, wie ich glaube, auch meine anderen Geschwister – überhaupt keinen persönlichen Kontakt. Wir respektierten ihn, hatten sogar etwas Angst vor ihm. Er hat uns nie geschlagen oder mit der Hand angerührt, wohl aber gingen seine Gespräche eher in die Richtung, uns aufzufordern, nach besten Kräften im Haushalt oder auch in der Landwirtschaft mitzuhelfen und kleine Arbeiten zu verrichten, anstatt uns mit Spielen die Zeit zu vertreiben. Ich kann mich auch nicht erinnern, daß er unsere kleinen Leistungen jemals mit einem Ausdruck der Zufriedenheit zur Kenntnis genommen hätte. Er interessierte sich für die politischen Aufgaben in seiner Heimatgemeinde und im Land Niederösterreich. So war er lange Zeit Bürgermeister der Gemeinde Rabenstein und eine Zeitlang auch Mitglied des Niederösterreichischen Landtages. Wenn ich ihm, auf Wunsch der Mutter, meine Schulzeugnisse gezeigt habe, in denen immer nur gute Noten standen, hat er sie angesehen und sie mir wortlos wieder zurückgereicht. Unsere Mutter hat offensichtlich darunter gelitten, doch sie konnte uns auch nicht sehr viel helfen, aber man konnte sich gelegentlich mit ihr ein wenig aussprechen.

Ob es diese schwere Situation der Kindheit war oder ob es andere Gründe gewesen sind, ich habe aus meiner frühesten Kindheit noch deut-

Das Geburtshaus Kardinal Königs in Warth bei Rabenstein.

lich in Erinnerung, wie mich meine Mutter vor der Schulzeit einmal nach Mariazell mitgenommen hat. Das Besteigen der Mariazellerbahn und das Bewußsein, es geht jetzt in die Ferne, haben mich immer besonders bewegt. Später, in meiner Studentenzeit, bin ich in den Ferien oft verreist: in die anderen österreichischen Bundesländer und dann nach Deutschland und in die Schweiz.

Nachdem ich meine Volksschule in Kirchberg absolviert hatte, wurde ich – wegen des Krieges um ein Jahr verzögert – in das Stiftsgymnasium von Melk aufgenommen, wo ich sehr frohe und glückliche Jahre verbracht habe. Mein Interesse galt nicht so sehr – es war wohl auch nicht meine Begabung – der Mathematik und der Physik, sondern eher den Sprachen. Neben der Muttersprache und dem damals üblichen Latein und Griechisch habe ich mich besonders für die modernen Fremdsprachen interessiert. Zusätzlich zu den Pflichtstunden lernte ich auch noch Englisch, Französisch und etwas Italienisch.

Schon in meiner Volksschulzeit interessierten mich zwei Fragen ganz besonders. Die eine bestand darin, wieso es Menschen gibt, die eine andere Sprache sprechen als ich. Ich hatte diese Kenntnis durch irgendwelche Papiere oder auch von Konservendosen mit fremder Aufschrift gewonnen, es mußte also offenbar Leute geben, die eine andere Sprache sprachen als ich. Vielleicht ist dies im Laufe des Ersten Weltkrieges geschehen. Und um diese Zeit etwa bin ich auch zu der Erkenntnis gekommen, daß es nicht nur die angestammte katholische Religion meiner Heimat und meines Elternhauses gab, sondern auch andere Konfessionen beziehungsweise Religionen. Und die zweite Frage lautete daher für mich: Wieso kommt es, daß andere Menschen einen anderen »Glauben« haben als ich? Damit haben sich wohl schon ein wenig die späteren Interessengebiete angedeutet, die ich – Gott sei Dank – in meiner Studien- und Hochschulzeit weiter ausbauen konnte: das Interesse für fremde Sprachen und das Interesse für fremde Religionen.

Als es darum ging, gefördert durch das Wohlwollen meiner Mutter und verschiedener Bekannter, mich um die Aufnahme in das Stiftsgymnasium zu bewerben, meinte mein Stiefvater, ich könne das ruhig tun; er würde selber aber keinen Groschen dazu beitragen. Mit Hilfe der Bekannten und Freunde meiner Mutter gelang es aber dann, ein Stipendium aufzubringen, das in mir allerdings das Gefühl einer demütigenden Abhängigkeit von anderen erzeugte.

Die Zeit der Schulferien, sowohl im Sommer wie auch zu Weihnachten und Ostern, verbrachte ich immer in meinem Elternhaus. Wenn ich die Bahnstation von Kirchberg verließ und einige Minuten jenseits der Pielach auf mein Elternhaus zuging, tat ich dies immer mit gemischten Gefühlen. Einerseits war da die Freude, nach Hause zu kommen und meine Mutter und Geschwister zu sehen; andererseits aber auch wieder eine gewisse Angst, dem Stiefvater begegnen zu müssen, was ich eher als bedrückend empfand.

Die hohen Räume des Stiftes Melk beziehungsweise die hohen Räume im Bischöflichen Seminar der St. Pöltner Diözese, wo ich nach Art eines Konviktes untergebracht war, standen in meinem Gemüt in einem gewissen Gegensatz zu den relativ kleinen und niedrigen Räumen meines Elternhauses. Auf dem Weg von der Bahnstation nach Hause kamen mir meist nicht nur meine Geschwister, sondern auch der schon etwas bejahrte Hund Hasso entgegen. Und mit einer gewissen Rührung erinnere ich mich noch heute, daß dieses kleine Tier mich immer mit ganz großen Freudensprüngen begrüßte. Diese Zuneigung und Freude des Tieres stand in einem gewissen Gegensatz zu der kühlen Atmosphäre rund um meinen Stiefvater.

In den Ferien ging ich immer wieder auch den Weg der Pielach entlang zur Pfarrkirche von Kirchberg, ging an der alten Andreaskirche vorbei, die ungefähr in der Mitte zwischen meinem Elternhaus und der Pfarrkirche von Kirchberg an einem Abhang noch heute steht.

Je älter ich wurde, desto mehr spürte ich, daß meine Verbundenheit mit meinem Elternhaus nicht mehr die gleiche war wie früher. Das Interesse an der Schule, an den Sprachen, die Begegnung mit anderen Menschen, die Freundschaften mit verschiedenen Schulkameraden, alles das ließ langsam eine andere Welt in mir erstehen, die mich immer mehr loslöste von der alten Umgebung.

In meiner Schule war ich, wie es meinem Alter entsprach, ein begeisterter Fußballspieler, lernte ungefähr ab meinem sechsten Lebensjahr in der Pielach, wo wir regelmäßig zum Baden gingen, das Schwimmen und bedauerte, daß ich an der Musik kein Interesse hatte, nur ganz geringe Fortschritte im Klavierunterricht machte, der mir durch die Schule nahegelegt worden war. Ich widmete mich der Trompete und dem Flügelhorn und brachte es immerhin so weit, daß ich Volkslieder spielen konnte. An einem Herbstabend – ich war mit meinem Musikinstrument einen kleinen Abhang hinaufgewandert und betrachtete das vor meinen Augen in das Silberlicht des Mondes gebettete Pielachtal – setzte ich mich irgendwo nieder und spielte einige meiner Heimatlieder, die sich in meiner Erinnerung später immer wieder mit dem herbstlichen Mondlicht, mit dem ruhigen Tal der Pielach und den heimatlichen Berghöhen verbanden. Dies alles erzeugte in mir oft ein wenig Heimweh und ein Verlangen, mit dieser Heimat ganz besonders verbunden bleiben zu können. Am Fuße des Abhanges stand mein Elternhaus, in dunklen Umrissen für mich sichtbar. Ich ließ in Gedanken nochmals die Jahre vorüberziehen, die ich in diesem Hause verbracht hatte, dann aber zog ich in die Fremde und verlor dadurch den engen Kontakt mit dieser alten Geburts- und Heimatstätte. Der Drang in die Fremde, andere Menschen und Länder kennenzulernen, war in mir immer stärker geworden.

Als kleiner Volksschüler, so erinnere ich mich noch heute, gab uns der Lehrer, der ein besonderes pädagogisches Geschick gehabt haben muß und den wir alle sehr gern hatten, einmal das Aufsatzthema: »Was ist dein Lieblingsfach in der Schule?« Als wir später die Hefte zurückerhielten, wurde ich von meinem Lehrer aufgefordert, meinen kleinen Aufsatz vorzulesen. Zusammengefaßt lautete er ungefähr so: Ich habe alle Fächer sehr gern, denn ich spüre einen großen Wissensdurst in mir. Der Lehrer fand, daß dieses schöne Bekenntnis auch die anderen Schüler hören sollten.

Dazu fällt mir noch ein anderes Schulerlebnis ein. Es muß in der dritten oder vierten Volksschulklasse gewesen sein. Unter den vielen Büchern, die ich mir von meinem Kaplan immer zum Lesen ausborgte, befand sich auch jenes, das man das ›Hölzerne Bengele‹ nannte. Ich glaube, unsere heutigen Kinder kennen es unter dem Namen ›Pinocchio‹. Die phantasievollen Erlebnisse des hölzernen Bengeles faszinierten mich so sehr, daß ich einmal in der Deutschstunde unter der Bank die Lektüre fortsetzte. Die Lehrerin richtete plötzlich eine Frage an mich, auf die ich natürlich keine Antwort wußte. Daraufhin kam sie zu mir, zog das Buch unter der Bank hervor und meinte, indem sie mir einen leichten Klaps gab: »Jetzt verstehe ich, daß du keine Antwort weißt!«, und sperrte das Buch in ihre Tischlade. Da das Buch aber nicht mein Eigentum war, wartete ich in den folgenden Tagen mit großer Sorge auf die Rückgabe. Nach zwei, drei Tagen wagte ich dann zögernd, mich der Frau Lehrerin zu nähern und sie zu bitten, mir das Buch zurückzugeben. Sie überreichte es mir tatsächlich, und so konnte ich es strahlend in die Pfarrbibliothek tragen.

Zunehmend konnte ich mich von meinen Aufgaben in Haus und Hof des Vierkanters immer mehr absetzen. Das Interesse lag mehr bei den Büchern und bei anderen Dingen, als kleine Mitarbeiten auf dem Bauernhof zu verrichten.

In Melk kam das Jahr der sogenannten Reifeprüfung, das Jahr der Matura. Der damalige Vorsitzende interessierte sich für meine Hausarbeit, die man damals vor der Matura abgeben mußte. Und zwar war ich ihm offenbar deswegen aufgefallen, weil ich meine Arbeit, ein Beispiel meines persönlichen schulischen Ehrgeizes, in lateinischer Sprache abgefaßt hatte. Das Thema meiner Hausarbeit lautete in deutscher Sprache: »Wie die Frauen zur Zeit Homers gelebt haben«. Ich hatte damals ein Buch über diese Zeit gelesen und benutzte es als Quelle für meinen Aufsatz. Mein Lateinlehrer hatte den etwas holprigen lateinischen Stil vorher korrigiert, so daß die Arbeit dann anscheinend ganz passabel aussah. Der Schulinspektor sah sich meinen Aufsatz an und erklärte schließlich, daß er mir ein Stipendium anbiete – für ein Jahr zum Studium in England. Ich hatte aber bereits ein Romstipendium in der Tasche, und nach einer kurzen Bedenkzeit entschied ich mich dafür. Und wie sich gezeigt hat, ist diese Entscheidung für meinen späteren Lebensweg von großer Bedeutung gewesen.

Geboren am 22. Februar 1949 in Wien als Sohn von Elisabeth und Dipl.-Ing. Peter Lauda. Dreifacher Automobilweltmeister der Formel I (1975, 1977, 1984). Am 1. August 1976 unterbrach ein schwerer Unfall auf dem Nürburgring seine Karriere, 1980 zog er sich als Rennfahrer zurück und gründete die Fluggesellschaft Lauda-Air. Nach einem spektakulären Comeback wurde er 1984 ein drittes Mal Weltmeister. Zwei Jahre später beendete er seine Rennfahrerkarriere endgültig und widmet sich seither dem Ausbau der Firma Lauda-Air. Verheiratet, zwei Kinder, lebt in Wien, Salzburg und Ibiza.

Niki Lauda
Der Papa wird's nicht richten

Helmut Qualtinger hat, als ich noch sehr jung war, sein berühmtes Chanson »Der Papa wird's schon richten« gesungen. Es ging darin um drei junge Männer, denen kraft der einflußreichen Positionen ihrer Väter die Welt zu Füßen lag. Dem einen besorgte der Herr Papa »einen Posten/das laßt er sich was kosten«, der andere wurde durch den Einfluß des Vaters vor dem sicheren Verlust des Führerscheins gerettet, denn »leider ist ihm ein Passant/bevor er g'storben ist, einegrannt«. Bei mir war das ganz anders, der Papa hat mir nichts »gerichtet«, obwohl auch er in einer solchen Position gewesen wäre. Aber es hat sich nicht ergeben, und was ich im Leben erreicht habe, habe ich mir selbst »richten« müssen.

Freilich, das muß ich schon zugeben, habe ich mich so ganz und gar nicht in die sonst so tadellose Familiengeschichte der Laudas einzufügen gewußt. Mein Urgroßvater war 1916 von Kaiser Karl geadelt worden, allerdings war dieses Adelsprädikat, wie meine Mutter zu erzählen weiß, nicht sehr viel wert. Denn man hat Österreichs letzten Kaiser den »Sehadler« genannt: Jeden, den er gesehen hat, hat er auch schon geadelt. Besagter Urgroßvater, Ernst Ritter von Lauda, dem diese Ehrung zuteil wurde, hat sich als Sektionschef im k. u. k. Ministerium für öffentliche Arbeiten große Verdienste erworben, weil er nach den katastrophalen Überschwemmungen um die Jahrhundertwende erfolgreich die Regulierung der Donau geleitet hatte.

Dieser Urgroßvater hatte zwei Söhne, die ganz in die Familientradition paßten. Beide machten Karriere. Hans Lauda, mein Großvater, zählte nach dem Zweiten Weltkrieg zu den Wegbereitern der Sozialpartnerschaft und des sogenannten österreichischen Wirtschaftswunders. Als Gründer und erster Nachkriegspräsident der Industriellenvereinigung war er einer der Mitstreiter der Aufbaugeneration um Kanzler Raab und Finanzminister Kamitz. Und als Präsident des Roten Kreuzes organisierte er 1956 die Hilfe für Tausende von Ungarnflüchtlingen. In meiner Familie erzählt man heute noch davon, wie sie alle damals in Großvaters Auftrag Kleider bündeln und Pakete schleppen mußten.

Keine Frage, daß die ganze Familie sehr konservativ war. Mein Großvater schimpfte vor allem auf die Sozialisten und war mit nichts von dem einverstanden, was sie sagten und taten. Eines Abends, ich war damals Mittelschüler, sah ich im Fernsehen, wie man ihm für seine Verdienste ums Rote Kreuz einen Orden umhängte. Er empfing ihn aus den Händen von Felix Slavik, dem »roten« Bürgermeister der Stadt Wien. Ich setzte mich hin und schrieb meinem Großvater einen Brief: Ich verstünde nicht, wie man sein Lebtag soviel schimpfen und dann von seinen bösen Gegnern einen Orden annehmen könne.

Ich erhielt keine Antwort. Monate später, bei einem der traditionellen Jahresbesuche in unserer Villa in Pötzleinsdorf, sah ich meinen Großvater wieder. Er war mir insofern willkommen, als er einen Jaguar hatte, den ich in unserem Garten fahren durfte. Übrigens wie die Autos aller unserer Gäste, die mich bereits als Experten für Kraftfahrzeugfragen akzeptierten. Großvater war also an jenem Abend bei uns zu Hause und ging eine gute halbe Stunde weder auf mich noch auf besagtes Schreiben ein. Dann plötzlich zog er den Brief aus seiner Brusttasche und stellte mich zur Rede. Ich sei ein Frechdachs ohne Benehmen. Er las den Brief, Zeile für Zeile, Wort für Wort, meinen schockierten Eltern vor. Meine Mutter schimpfte, wie dies ihr Schwiegervater von ihr erwartete, mein Vater blieb eher ruhig.

Mein »Protest« sah so aus, daß ich dem alljährlichen Weihnachtslunch der Familie im Hotel Imperial fortan fernblieb. Eine Erklärung dafür, warum man Sozialisten einerseits hassen, andererseits von ihnen Orden in Empfang nehmen darf, habe ich übrigens nie erhalten.

Ich muß jedoch auch gestehen, daß mein Großvater eine ehrfurchtgebietende Persönlichkeit war. Nicht nur sein Jaguar imponierte mir ungeheuer, sondern auch die elegante Wohnung in der Wiener Innenstadt

Die Mutter Elisabeth Lauda mit ihren Söhnen Niki (links) und Florian.

inklusive livriertem Diener, das schöne Bauerngut in der Nähe von Hainfeld in Niederösterreich und der prachtvolle Besitz in St. Moritz.

Auch mein Großvater hat's mir nicht »gerichtet«, sondern stellte sich ganz im Gegenteil meiner Autofahrerkarriere in den Weg. Als Generaldirektor der Veitscher Magnesitwerke saß er unter anderem auch im Aufsichtsrat der Ersten Österreichischen Spar-Casse, von der ich im Alter von neunzehn Jahren die prinzipielle Zusage für meinen ersten Sponsorenvertrag als Rennfahrer in der Tasche hatte. Als mein Großvater davon durch seinen alten Freund Manfred Mautner Markhof erfuhr, ist es ihm gelungen, mir bei der »Ersten« den Geldhahn zuzudrehen. Das Geld, mit dem ich fest gerechnet hatte, war weg, und ich mußte unter größten Mühen bei einer anderen Bank einen Kredit aufnehmen. Den ich – ganz im Gegensatz zu dem erhofften Sponsorenvertrag – auch zurückzahlen mußte. Den Namen Lauda zu tragen kostete mich somit gleich zum Einstieg die Kleinigkeit von zwei Millionen Schilling. Bei jedem anderen wär's meinem Großvater völlig gleichgültig gewesen, ob er einen Sponsorenvertrag bekäme oder nicht. Bei seinem Enkel intervenierte er.

Eine wesentlich herzlichere Beziehung als zum Großvater hatte ich zu meiner Großmutter. 1967 hatte ich einen furchtbaren Unfall gebaut. Ich war gerade achtzehn Jahre alt und raste mit meinem Freund Peter Draxler über die Höhenstraße. Der Mini gehörte seinem Vater, dem Geflügelhändler und damaligen Rapid-Präsidenten Josef Draxler. Ich hatte zwar erst seit ein paar Tagen den Führerschein, doch fühlte ich mich nach zehnjähriger »privater« Fahrpraxis als sicherer Autofahrer, dem nichts passieren konnte. In meinem jugendlichen Leichtsinn schleuderte es mich mit hundertvierzig Kilometer in der Stunde aus einer Linkskurve, Peter und ich blieben glücklicherweise unverletzt, doch der Mini war nur mehr ein Schrotthaufen. Klar, daß ich dem Josef Draxler das zuschanden gefahrene Auto ersetzen mußte. Also ging ich zu meiner Großmutter und sagte: »Oma, ich hab' da ein Problem. Wenn du mir nicht achtunddreißigtausend Schilling borgst, muß ich vor Gericht.«

Ein Lauda vor Gericht! Die alte Dame war natürlich außer sich. Aber doch nicht so sehr, daß sie gleich das Geld auf den Tisch geblättert hätte. Da half ich sicherheitshalber noch ein bißchen nach: »Vielleicht muß ich sogar ins Gefängnis.«

Das war zuviel für meine Großmutter. Sie schlug beide Hände über ihrem Kopf zusammen und ließ sich die Unfallgeschichte erzählen. Und danach hat sie mir die achtunddreißigtausend Schilling gegeben, von denen ich einen Teil dafür verwendete, Josef Draxler den zerbeulten Mini abzukaufen. Ich weiß, daß man meiner Großmutter jahrelang zum Vorwurf machte, meinen Einstieg in den Rennsport ermöglicht zu haben. Denn mit Hilfe von Freunden reparierte ich den zerbeulten Mini, den ich dem Josef Draxler mit Großmutters Geld abgekauft hatte, und tauschte ihn mit einem Aufpreis von zwanzigtausend Schilling gegen einen stärkeren Mini Cooper-S, mit dem ich dann mein erstes Rennen – das Dobratsch-Bergrennen in Kärnten – bestritt.

Als ich 1980 zum erstenmal beschloß, mit dem Rennfahren Schluß zu machen, habe ich es sofort meiner Großmutter erzählt.

Nicht nur mein Großvater, auch dessen Bruder war ein berühmter Mann: Professor Ernst Lauda ging als »letzter Ritter der Medizin« – so nannten ihn seine ärztlichen Kollegen – in die Geschichte der Wiener Medizinischen Schule ein. Aus aller Welt flogen seine Patienten ein, um sich vom Chef der »Klinik Lauda« im Wiener Allgemeinen Krankenhaus behandeln zu lassen. Leber, Milz und die Erkrankungen im Darmbereich waren die Fachgebiete des prominenten Internisten, den Professor Fellinger einmal als »Wiener Kliniker im besten Sinne des Wortes« bezeichnet hat. Jahrzehntelang wurde in aller Welt nach Großonkel Laudas ›Lehrbuch der inneren Medizin‹ unterrichtet.

Mein Vater hat die Familientradition würdig fortgesetzt. Auch er saß in unzähligen Aufsichtsräten und war Generaldirektor der Neusiedler Papierfabrik. Ein überaus intelligenter Mann, dem aber vielleicht die starke Persönlichkeit meines Großvaters fehlte. Meine ersten Rennen absolvierte ich, ohne daß er es wußte. Als er davon erfuhr, sagte er nur, er würde mir zwar keine Hemmnisse in den Weg legen, aber unterstützen würde er mich auch nicht. Das hatte ich auch gar nicht erwartet.

Links: Niki Lauda mit zwölf Jahren, »für nichts anderes interessiert als für Autos«. *Rechts:* Der Vater Peter Lauda.

Meine Mutter war, im Wissen um die Gefahren des Rennsports, selbstverständlich genauso gegen meine Autokarriere wie mein Vater und alle anderen in der Familie. Ich war, schon als zehnjähriges Kind, für einen ganz anderen Sport ausersehen worden, der viel besser »in unsere Kreise« paßte: Reiten. Doch ich haßte den Sport, der Geruch der Pferde war mir ebenso zuwider wie das Geräusch der Hufe, wenn die Tiere aus dem Stall trampelten. Gegen meinen Willen mußte ich reiten lernen.

Ich will nicht leugnen, daß mir die Selbstverständlichkeit, mich in einem großbürgerlichen Milieu bewegen zu können, vieles im Leben erleichtert hat. Nicht nur die konservative Erziehung, sondern auch der Wohlstand meiner Eltern halfen (ohne daß sie es wußten): Meine ersten Autos finanzierte ich zum Teil damit, daß ich den Kreditgebern die Villa meiner Eltern zeigte, um sie in Sicherheit zu wiegen, daß sie das Geld auch wieder zurückbekommen würden.

Ja, es gab tatsächlich nur eines: Autos, Autos und wieder Autos. Schon mit zwölf Jahren habe ich mich für nichts anderes interessiert, und mit fünfzehn hatte ich endlich mein erstes Auto, ein tausendfünfhundert Schilling teures Käfer-Kabrio, genauso alt wie ich, Jahrgang 1949, das ich von meinem Taschengeld finanziert hatte und mit dem ich im Hof meines Elternhauses herumbrauste. Später ließ ich den VW auf das Gut meiner Großeltern schleppen, wo ich auch weitere Strecken fahren und alle möglichen Kunststücke aufführen konnte. Unter anderem baute ich eine Sprungschanze, um darauf auszuprobieren, wie weit man mit einem »Käfer« fliegen kann. Es waren gute zweiundzwanzig Meter.

Entsprechend dem zeitlichen Aufwand, den ich meiner Autoleidenschaft widmete, sahen meine schulischen Leistungen aus. Man steckte mich von einem Gymnasium ins andere, jedesmal mit demselben Erfolg: Die Zeugnisse waren Katastrophen, zweimal – in der dritten und in der fünften Klasse – mußte ich das Schuljahr wiederholen. Ich kann heute mitfühlen, was ich als schwarzes Schaf meiner Familie angetan habe.

Mit achtzehn Jahren verließ ich mein Elternhaus, nahm mir eine kleine Wohnung in Salzburg und begann, mein Leben selbst zu finanzieren. Und doch war der steinige Weg richtig für mich, für meine Entwicklung zur Selbständigkeit.

Mein Großvater starb 1974, hat also noch von meinen ersten Erfolgen als Rennfahrer in der Zeitung lesen können. Einmal sagte er: »Der Niki sollte lieber auf der Wirtschaftsseite der ›Presse‹ als auf der Sportseite der ›Kronen Zeitung‹ stehen.«

Inzwischen ist es auch dazu gekommen, mein Name findet sich öfter auf der Wirtschafts- als auf der Sportseite. Und mir tut's leid, daß mein Großvater die Erfüllung seines Wunsches nicht erlebt hat.

Geboren am 30. Juni 1926 als Sohn der Berta und des Bankbeamten Anton Neumayer in Wien. Eigentlicher Name: Peter Alexander Ferdinand Maximilian Neumayer. Schauspieler und Sänger. Nach Besuch des Reinhardtseminars Engagements am Wiener Bürgertheater, Stadttheater und am Theater in der Josefstadt. Ab 1954 Hauptdarsteller zahlreicher Filmlustspiele, seit 1969 große Fernsehshows, für die er unter anderem mit fünf »Goldenen Kameras« ausgezeichnet wurde. Zahlreiche Plattenaufnahmen und Tourneen. Verheiratet, zwei Kinder, lebt in Morcote/Schweiz.

Peter Alexander
»Du wirst am Galgen enden!«

Das Wiener Rudolfinerhaus spielt in meinem Leben eine ganz besondere Rolle: Nicht nur, daß ich hier geboren wurde, kamen in dieser Klinik auch meine Frau und meine beiden Kinder zur Welt. Ich – das war ein rundliches, gar nicht besonders hübsches Baby mit eng anliegenden Ohren, die von einem weißblonden Haarflaum eingesäumt wurden.

Meine Mutter stammte aus Pilsen in der heutigen Tschechoslowakei, wo sie als einzige Tochter eines Musikalienhändlers aufgewachsen war. Neben seiner Tochter hatte mein Großvater Adalbert Wenzlick sieben Söhne zu ernähren. Die Musikaliengeschäfte gingen ganz gut, und so brachte er die Großfamilie recht und schlecht durch.

Bei Großvater Wenzlick ist wohl der Ursprung meiner Liebe zur Musik zu suchen. Die Atmosphäre seines Geschäfts schlug sich auch in seinem Privathaus nieder, und so begeisterte sich meine Mutter von Kindheit an für Oper und Konzert. Und diese Begeisterung ging dann auf mich, ihr einziges Kind, über.

Der Musik verdanke ich auch mein Dasein. Denn als meine Mutter eines Tages nach Wien reiste, um hier einer Opernaufführung beizuwohnen, lernte sie Herrn Anton Neumayer kennen, der ihr auf Anhieb gefiel. Das beruhte durchaus auf Gegenseitigkeit – und zwar bevor die beiden noch ein Wort miteinander gewechselt hatten. Die erste Begegnung fand in einer Tramway statt, mit der meine Mutter unterwegs war. Sie nützte den Wien-Aufenthalt, um gemeinsam mit einer Freundin das Strandbad in Klosterneuburg aufzusuchen. Auf dem Weg dorthin starrte Herr Anton, ein gutaussehender Mittzwanziger, die schöne Pilsnerin an und ließ sie nicht mehr aus den Augen. Er verfolgte sie und ihre Freundin bis ins Strandbad, wo er seinem Herzen endlich einen Stoß gab und die beiden jungen Damen auf eine Portion Eis einlud. Aufgrund der großen Bedeutung, die das Strandbad Klosterneuburg für meine Familie hatte, besuchten wir es jahrelang regelmäßig, hier lernte ich schwimmen und wurde zum begeisterten Wassersportler.

Anton Neumayer kam aus, wie man so sagt, gutbürgerlichem Haus. Sein Vater war Schuldirektor in Wien, ein Onkel war Bankdirektor, ein anderer Onkel hatte eine gutgehende Ordination als Hals-, Nasen- und Ohrenarzt in Hietzing. Angeblich entstammte auch der Wiener Bürgermeister Josef Neumayer – der unmittelbare Nachfolger des legendären Dr. Lueger – meiner Familie.

Ein Jahr nach der ersten Tramwaybegegnung heirateten Berta und Anton, bald danach meldete ich meine Ankunft an. Wir wohnten in einer hübschen, im Biedermeierstil eingerichteten Wohnung in der Sechsschimmelgasse 4, im neunten Wiener Bezirk.

Meine Mutter erzählte einmal, ich hätte bereits im zarten Alter von vier Wochen die Melodie des Liedes »Oh, oh, wär das Bübchen froh« gesungen. Ich fürchte, sie hat da ein bißl übertrieben – bekanntlich gibt es ja kein Kind der Welt, das so schön, so begabt, so genial ist wie das eigene. Und deshalb war's wohl klar, daß ich in der Erinnerung meiner Mutter schon im Säuglingsalter ein kleiner Caruso sein mußte.

Mein Vater war als Kassier der Landeshypothekenanstalt für Niederösterreich angestellt. Als meine Eltern zwei Jahre verheiratet waren, konnten sie es sich leisten, auf Flitterwochen zu gehen. Ich wurde in dieser Zeit zu den Großeltern nach Pilsen geschickt.

Die Attraktion der großväterlichen Musikalienhandlung war ein Grammophon, dessen Lautsprecher aus Reklamegründen Musik auf die Klattauer Straße hinaus übertrug. Großvater Wenzlick legte eine Shellack nach der anderen auf und lockte so die Kundschaft in sein Geschäft. Man hat mir später erzählt, daß mich die Musik von Anfang an faszinierte.

Meine Eltern waren vom Temperament her sehr unterschiedliche Menschen. Der Güte meiner Mutter stand die Strenge meines Vaters gegenüber. Ich kann sagen, daß ich ihn gefürchtet habe, er war redlich und korrekt, aber sehr aufbrausend. Ich habe die angeblich »gesunde

Watsch'n« jedenfalls nie als »gesund« empfunden. Wenn er sich mir näherte, um mir eine »zu picken«, wie man in Wien sagt, dann setzte ich als letzten Ausweg meine damals schon recht kräftige Stimme ein: Ich schrie wie am Spieß, was sich in manchen Fällen tatsächlich als Rettung in höchster Not erwies – Vater verzichtete, offensichtlich durch das Organ seines Sohnes geschockt, in solchen Fällen auf die bereits fix eingeplante, drakonische Strafe.

Einmal gestand er meiner Mutter, warum er so zornig werden konnte, wenn der Herr Sohn wieder einmal nicht seinem Idealbild entsprach: »Ich will nicht, daß er so wird wie ich. Die Anlagen dazu hat er ja. Ich war genau so faul wie er, schwänzte die Schule und hatte deshalb dauernd Probleme. Er soll es einmal weiter bringen als sein Vater. Doch dazu gehört eiserne Disziplin.«

Und die wollte er in mich hineinprügeln.

Demgegenüber stand die liebevolle Geduld meiner Mutter, die sie so erklärte: »Es gibt wohl nichts, das Peter nicht angestellt hätte. Aber wenn ich ihn rügte, schnitt er Grimassen und machte Faxen, daß ich vor Lachen nicht mehr ernst bleiben konnte. Dann nahm er mich in die Arme, und wir lachten beide.«

Ich muß gestehen, daß ich tatsächlich keineswegs das war, was man einen Musterknaben nennt. Ich war ein Raufbold und liebte es, vom Balkon unserer Wohnung auf Passanten zu spucken, einmal warf ich sogar die Spielzeugeisenbahn zum Fenster hinaus. Nicht auszudenken, was alles hätte passieren können. Und ich war schrecklich frech. Zu einer Tante, die die Gäste eines Hauskonzertnachmittags mit ihrer gewaltigen Sopranstimme quälte, sagte ich am Ende der Veranstaltung: »Jetzt bist du sicher froh, daß du fertig bist. Wir sind auch froh.«

Das einzig Vernünftige, wofür ich zu haben war, war die Musik. Seit den ersten Grammophonerlebnissen bei Großvater Wenzlick in Pilsen begeisterte ich mich für jeden Ton, jede Melodie, jede Arie. Die ganz große Verehrung brachte ich Richard Tauber entgegen.

Und eines Tages hörte ich Wagner. Irgendwie war, vermutlich aus den Beständen der Pilsner Musikalienhandlung, eine Lohengrinplatte in meine Hände gelangt, und von da an war's aus und geschehen mit mir. Es war Liebe auf den ersten Ton, und bei dieser Liebe ist es bis zum heutigen Tag geblieben.

Als sechsjähriger Dreikäsehoch schmetterte ich die Gralserzählung aus Lohengrin. In der rechten Hand hielt ich ein Holzschwert, das mein Großvater geschnitzt hatte. Auch wenn meine Eltern Gäste hatten, machte ich aus meinen stimmlichen Qualitäten kein Hehl und sang – immer mit dem Schwert in der Hand – einfach drauflos.

Irgend jemand muß das einmal dem Chorleiter der Wiener Sängerknaben erzählt haben, und so tauchte der eines Tages in unserer Wohnung auf, um sich das »kleine Stimmwunder«, von dem ihm berichtet wurde, anzuhören. Und er schien durchaus angetan von mir, denn am liebsten hätte er mich gleich mitgenommen. Mein Vater war begeistert, war doch die Zugehörigkeit zu den Sängerknaben die beste Garantie für eine grundsolide schulische Ausbildung.

Aber, wie gesagt, ich tat selten, was man von einem braven Jungen erwartete. Und so schrie ich wieder einmal wie am Spieß, was sich in meinem Leben schon so oft bewährt hatte. Als ich nämlich hörte, daß diese Sängerknaben auf Tourneen gingen und in Uniformen gesteckt wurden, da war die Sache für mich gelaufen. Ich haßte damals schon jede Form von Zwang, und damit war meine Sängerknabenkarriere beendet, noch ehe sie begonnen hatte.

Ich besuchte also eine bürgerliche Volksschule, an der mich weiter nichts interessierte als die ersten Erfolge, die ich dort als Parodist feiern konnte. Naturgemäß waren die Lehrer meine liebsten Opfer, ich äffte sie in Stimme und Mimik nach und genoß die Bewunderung meiner Mitschüler. Daß man eigentlich aus anderen Gründen zur Schule ging als aus reiner Imitationslust, war mir gänzlich entgangen.

Nicht viel anders verhielt es sich am Humanistischen Gymnasium in der Gymnasiumstraße im 18. Bezirk. Singen, Turnen und Latein waren meine Stärken, die restlichen Gegenstände meine Schwächen. Meine große Liebe galt neben der Musik jetzt auch der Bühne und dem Kino. Der erste Film, den ich sah, bleibt ein unvergeßliches Erlebnis: Für fünfzig Groschen Eintrittsgeld sah und hörte ich Richard Tauber in ›Land des Lächelns‹ im Apollokino. In der Wiener Staatsoper verschlang ich Wagner und imitierte dann zu Hause jeden Ton und jede Bewegung der Sänger, die mich begeisterten.

Für mich war sonnenklar, daß ich eines Tages zur Bühne gehen würde. Doch das paßte ganz und gar nicht in die bürgerliche Ordnung meines Vaters, der längst meinen Weg als Bankbeamter vorgezeichnet hatte. Erst als er sah, daß ich mit der Mathematik auf Kriegsfuß stand, änderte er die für mich ins Auge gefaßte Karriere auf Medizin. Auf diese Weise könnte ich, so meinte er, die Ordination meines Onkels in Hietzing übernehmen.

Mein Vater dachte also nicht daran, meine künstlerischen Ambitionen zu fördern, und so mangelte es an Geld, die regelmäßigen Kino-, Opern- und Theaterbesuche zu finanzieren. Mit dem Taschengeld von zwei Schilling im Monat war kein Staat zu machen, also meldete ich mich mit vierzehn bei der Gemeinde Wien als Schneeschaufler und wurde auch tatsächlich aufgenommen.

Doch, wie nicht anders zu erwarten, ging eines Tages auch der härteste Winter vorüber, und da stand ich wieder vor dem Nichts, hatte zu wenig Geld fürs Theater. Ein Zeitungsinserat verkündete, daß die Wiener Volksoper Statisten suchte. Ich wurde aufgenommen und war selig, daß man mich dafür sogar bezahlte.

Peter Alexander mit seinen Eltern Berta und Anton Neumayer.

Auf meine schulischen Leistungen wirkten sich die abendlichen Verpflichtungen eher negativ aus. Ich war kaum ausgeschlafen, und meine Soloauftritte als Parodist und Alleinunterhalter interessierten mich weit mehr als Mathematik, Physik oder Geographie. Einmal brachte ich das Faß zum Überlaufen: Hitler hatte inzwischen Österreich okkupiert, der Zweite Weltkrieg war ausgebrochen, und in unserer Schule befanden sich mit Sand gefüllte Papiersäcke, die als Brandschutz bei Fliegerangriffen bestimmt waren. Einen davon entleerte ich, füllte ihn mit Wasser an, um ihn aus dem Fenster des im dritten Stock gelegenen Klassenzimmers zu werfen. Leider traf das »Geschoß« den Kopf eines Professors. Der Direktor rief nach meinem Vater und machte ihm die Konsequenz des,Attentats« klar: Ich mußte die Schule verlassen.

Meine Mutter, die die Untaten ihres Sohnes immer vor ihrem überstrengen Mann zu verbergen suchte, sah nur eine Chance, mich der väterlichen Gewalt zu entziehen: Ich mußte eine Schule, möglichst weit weg von Wien, besuchen. Und sie entschied sich für Znaim, ein Städtchen in der Nähe von Brünn. Zum Gymnasium gehörte ein Schülerheim, in dem ich wohnte.

Natürlich benahm ich mich dort um nichts besser. Im Gegenteil, ich fand sehr bald Verbündete für meine Streiche. Von der Gefahr väterlicher Strenge weit entfernt, war ich einmal der Anführer der durch Schwarzpulver erfolgten Sprengung einer öffentlichen Bedürfnisanstalt, ein anderes Mal geriet unser Klassenzimmer in Brand, nachdem wir den Ofen zur Explosion gebracht hatten. Eines Tages landete ich mit meinen Kumpanen gar auf der Polizeistube. Da man sich im Krieg befand, wurde ein chemisches Experiment mit lautem Knall für einen gegnerischen Angriff gehalten, worauf uns die Exekutive festnahm. Erst als unsere kindliche »Unschuld« erwiesen war, ließ man uns wieder frei.

An meinem nächsten Schulwechsel war ich ausnahmsweise schuldlos. Mein bisheriges Gymnasium am Znaimer Kopal-Platz mußte im Jahre 1942 einem Lazarett weichen, und so übersiedelte ich, 16jähriger Jüngling, der aber älter wirkte als er tatsächlich war, in ein Mädchengymnasium! Es befand sich am Ottokar-Platz, ebenfalls in Znaim. In die Parallelklasse ging eine gewisse Inge Schlosser, ein schwarzhaariges Mädchen, dem ich sofort verfallen war. Wir verbrachten so manchen Nachmittag – natürlich statt Hausaufgaben zu machen – im Café Molitor, und ich war mächtig stolz, wenn uns die Klassenkameraden neiderfüllt anstarrten.

Als der mörderische Krieg in seine Endphase ging, wurde jeder junge Mann an der Front benötigt. Aus diesem Grund mußten Gymnasiasten innerhalb weniger Monate eine »Notmatura« ablegen, um nach deren Absolvierung möglichst bald zur Wehrmacht eingezogen zu werden. Ich landete, als ich meine Prüfungen im Schnellverfahren hinter mich gebracht hatte, in Breslau, wo ich vom Arbeitsdienst für die Tätigkeit des Schienenverlegens verpflichtet wurde.

Von meinem Großvater hatte ich seinerzeit die ersten Klavierstunden erhalten, und so konnte ich mich jetzt bei meinen Kameraden als »Alleinunterhalter« bewähren. Ich organisierte »Bunte Abende«, deren Hauptdarsteller ich selber war, und sorgte für ein wenig Abwechslung des tristen Alltags. Schon damals schwärmte ich für Jazz, eine Musikrichtung, die von den Nazis als »abartig« abgetan und infolgedessen verboten wurde. Unsere »Bunten Abende« waren daher auf mehr oder weniger humorvolle Szenen und Musikdarbietungen beschränkt, mit denen ich meine ersten öffentlichen Erfolge feierte.

Als ich achtzehn war, mußte ich einrücken. Doch glücklicherweise war der Krieg bald nach Abschluß meiner Funkerausbildung vorbei. In der einjährigen Kriegsgefangenschaft konnte ich mich wieder als Unterhalter meiner Kameraden bewähren. Von den Engländern erhielt ich auch meine erste Gage: Eine Stange filterloser Zigaretten, die in den schweren Nachkriegszeiten den Gegenwert eines kleinen Vermögens darstellten. Mit diesem gelang es mir, meine Entlassung aus der Kriegsgefangenschaft zu beschleunigen.

Und so kehrte ich endlich, im Frühjahr 1946, nach einer abenteuerlichen Busfahrt vom britischen Lager in Norddeutschland, nach Wien zurück. In ein bombenzerstörtes Wien, das fast nicht wiederzuerkennen war. Es dauerte Stunden, bis ich es wagte, zu meinen Eltern zu gehen. Denn mein Vater war jahrelang vermißt gewesen und das Haus, in dem meine Eltern wohnten, hatte arge Bombenschäden abbekommen. Ich wußte nicht, ob ich sie lebend antreffen würde.

Um so größer war die Freude, als ich sie beide in meine Arme nehmen konnte. Wir weinten alle drei, auch sie hatten ja nicht gewußt, was aus ihrem einzigen Sohn geworden war. Doch an meinem Vater war der grausame Krieg nicht spurlos vorübergegangen, er war als schwerkranker Mann heimgekehrt. Obwohl ich genau wußte, daß ich niemals Arzt werden wollte, inskribierte ich ihm zuliebe Medizin – ohne freilich auch nur eine einzige Vorlesung zu besuchen.

Dennoch konnte ich meinem Vater gegenüber nicht unehrlich sein, und so gestand ich ihm eines Tages, daß ich für die Medizin nicht taugte und Schauspieler werden wollte. Er erwiderte allen Ernstes: »Mein Sohn ein Schauspieler? Du wirst am Galgen enden!« Leider hat er nicht erlebt, daß ich – zumindest bisher – nur mit einem einzigen »Galgen« in Berührung kam: So nennt man nämlich die Vorrichtung, auf der in Studios und Konzertsälen die Mikrophone hängen. Mein Vater starb 1947, vom Krieg gezeichnet, im Alter von nur 47 Jahren. Bis zum Schluß trug er die Hoffnung in sich, daß ich eines Tages doch noch Arzt würde.

Meiner Mutter war es vergönnt, meinen Weg am Theater, bei Film und Fernsehen sehr lange mitzuerleben und sich über meine Erfolge zu freuen. Sie starb 1988 im Alter von fast neunzig Jahren. So durfte ich wenigstens ihr gegenüber ein wenig von dem wiedergutmachen, was ich ihr einst als »schlimmer Bub« angetan hatte.

Geboren am 29. Januar 1921 in Graz. Eltern: Leopoldine und Johann Dichand. Journalist und Herausgeber der »Neuen Kronen Zeitung«. Absolvierte nach einer Setzerlehre die Externistenmatura. Ab 1940 Angehöriger der Kriegsmarine. 1945 Mitarbeiter des »Englischen Nachrichtendienstes Graz«, danach Chefredakteur der ›Murtaler Zeitung‹. 1949 bis 1955 Chefredakteur der ›Kleinen Zeitung‹ in Graz. 1954 bis 1958 Chefredakteur ›Neuer Kurier‹, Wien. Gründete 1959 die ›Neue Kronen Zeitung‹, die er seither als Herausgeber und Chefredakteur leitet. Bedeutender Kunstsammler und Autor der Kunstbücher ›Jugendstil-Postkarten‹, ›Begegnung mit Paris‹, ›Die Künstler der Klassischen Moderne in Österreich‹ sowie einer Monographie über Carl Moll. Mehrere Fernsehfilme. Verheiratet, drei Kinder; lebt in Wien.

Hans Dichand
»Du mußt es besser machen!«

»Das Glück ist keine leichte Sache: Es ist sehr schwer, es in uns, und unmöglich, es anderswo zu finden.« Dieses Zitat von Nicolas de Chamfort, den die Französische Revolution in den Tod getrieben hat, wählte Schopenhauer zum Motto für seine ›Aphorismen zur Lebensweisheit‹. Der Spruch könnte auch über dem Leben meiner Eltern gestanden sein – als eine Weisheit, die sie nicht beherzigt haben.

Ich weiß nicht, wie sie zueinanderfanden. Eigentlich gelang ihnen dies auch nie. Sie setzten Hoffnungen in ihre Ehe, die sich nicht erfüllten. Meine Mutter war aus Mähren nach Wien gekommen. Sie hatte zehn Brüder, die alle ebenfalls in der damaligen Metropole des Habsburgerreichs ihr Glück gesucht und es in einem bescheidenen Maß auch gefunden haben. So war sie als junges Mädchen in Wien von ihren durchwegs älteren Brüdern vorerst wohlbehütet. Mit ihrem künstlerischen Talent versuchte sie, an die Akademie zu kommen. Es gelang ihr nicht. Ihr »Prager Deutsch«, das auch in mährischen Sprachinseln da und dort gepflegt wurde, verschaffte ihr eine Anstellung als Vorleserin bei der Gräfin Attems in Graz. Das Palais der Attems ist einer der schönsten in der an wunderbaren alten Bauten so reichen Stadt.

Mein Vater, von grenzenlosem Fleiß geradezu besessen, könnte für ein Denkmal »des unbekannten Zeitgenossen« um die Jahrhundertwende und bis weit ins 20. Jahrhundert hinein Modell gewesen sein. Als Schuhoberteilzuschneider und später als Werkmeister bei Humanic in Graz war er rücksichtslos und ausbeuterisch – stets aber nur gegen sich selbst. Durchsetzungsvermögen gegenüber Widersachern hatte er nicht. Daran ist er schließlich auch gescheitert, als er nach dem Ersten Weltkrieg in seiner Branche zum Unternehmer aufstieg.

Im Zenit seiner bescheidenen Karriere kam ich 1921 auf die Welt. Ich hatte einen älteren Bruder, der aber bald nach meiner Geburt an Diphtherie starb. Wir wohnten zu jener Zeit in einer der schönsten Villen von Graz, draußen im Stiftingtal am Rande eines Waldes, in dem der Kukkuck rief, Rehe sprangen und über kleinen Teichen Libellen flirrten. Ein Bach war da, voll von Forellen, und rings um unser weißes Haus standen mächtige Silbertannen mit schweren braunen Zapfen. Nicht weit von dieser bilderbuchnahen Märchenpracht lag das erschreckend große und trotzdem stets überbelegte Waisenhaus. Durch die Gitterstäbe des hohen Zaunes sah ich täglich Kinder, denen es nicht so gut ging wie mir.

Zu meinen ersten Kindheitseindrücken gehören Besuche der berühmten Konditorei Strehly in der Sporgasse, wo meine schöne, elegante Mutter heiße Schokolade und Indianerkrapfen mit Schlag für mich bestellte. Zwischendurch besuchten wir Vater in seinem Betrieb. Hier roch es gut nach Leder, und Dutzende Maschinen surrten. Vater war hier alles, nicht nur Chef. Er bekleidete die verschiedensten Funktionen, war Einkäufer und Verkäufer, Vertreter und Buchhalter. Wenn am Wochenende die Maschinen stillstanden, arbeitete er daheim, über Papiere gebeugt, von früh bis spät wie an Wochentagen. Dennoch war eines Tages alles zu Ende. Die Inflation, Fehlspekulationen mit Aktien, Marktveränderungen, Intrigen. Ich weiß nicht genau, was zur Pleite geführt hatte. Jedenfalls mußten wir die schöne weiße Villa im Stiftingtal verlassen, die Eleganz meiner Mutter verblaßte, und die Besuche bei Strehly hörten auf.

Wir zogen in die Schönausiedlung. Das war ein Barackenlager aus dem Ersten Weltkrieg im Süden von Graz, am Rande der Murauen. In diesen Elendsquartieren hatte der verlorene Krieg aus allen Gebieten der untergegangenen Monarchie Menschen verschiedenster Herkunft zusammengeführt.

Verarmte Adelige, die ja nun auch ihren Titel nicht mehr führen durften, wohnten neben Arbeitern der Puch-Werke, Maurer aus Slowenien neben ehemaligen Beamten aus Dalmatien, böhmische Dienstmädchen neben Bettlerinnen, Prostituierten und älteren Damen, deren noch immer zu bemerkende Vornehmheit der Barackenatmosphäre Akzente einer

Links: Der Vater Johann Dichand. *Rechts:* Die Mutter Leopoldine Dichand.

Tragikomödie gab. In diesem »Schmelztiegel der Not« wurden die sozialen Kasten der alten Monarchie zu einer Außenseitergesellschaft. Es war ein Slumgebiet, das durch die wunderbare, unverbaute Flußlandschaft der Mur, in der man damals noch baden konnte, gütig verbrämt wurde.

In dieser Siedlung der Entwurzelten wurden meine Eltern und ich als Fremdkörper empfunden. Die Kinder, mit denen ich auf der Straße spielen wollte, lachten über meine langen, gepflegten Haare und warfen sie mit Kletten voll, die meine Mutter weinend, mühevoll aus dem »Bubikopf« schneiden und kämmen mußte.

Das schlimmste aber war nicht die Armut, in die wir plötzlich geraten waren, und daß wir schon aufgrund unserer Art, nach der Schrift zu sprechen, zu den Außenseitern unter den Außenseitern zählten – wie eben Minderheiten von der Mehrheit abgelehnt werden, nur weil sie anders sind –, nein, die eigentliche Katastrophe war das Scheitern der Ehe meiner Eltern.

Zwischen Vater und Mutter wird wohl von Anfang an zuwenig Liebe vorhanden gewesen sein, um dann den Absturz aus hoher Lebensqualität zu verkraften. Offenbar hatten Erfolgserwartungen bereits eine wesentliche Rolle gespielt, als sie einander kennenlernten.

Die menschliche Folge der geschäftlichen Pleite waren Streitereien oh-

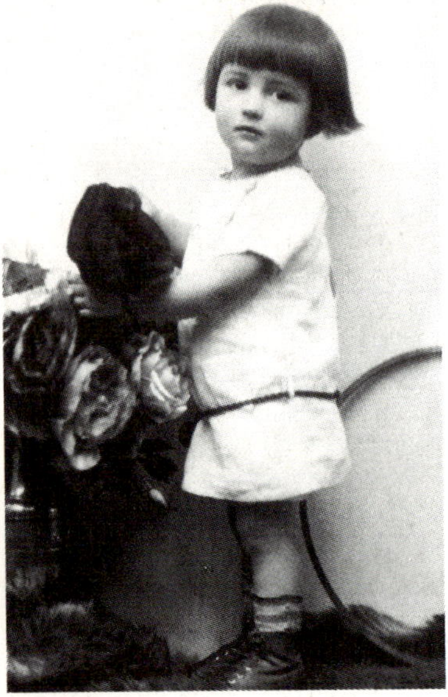

Hans Dichand als Kind.

ne Ende, auf die ich mit großer Traurigkeit reagierte. Wenn die Eltern laut und haßerfüllt stritten, weinte ich meist still vor mich hin. Später, als ich älter war, lief ich oftmals einfach weg. Einmal fuhr ich mit meinem Tretroller los und wollte nicht mehr zurückkommen. Mit einem Trick verschaffte ich mir kleine Geldsummen, um mir etwas zum Essen kaufen zu können. Es gab damals eine Menge Automaten für Bonbons. Für ein Zweigroschenstück erhielt man ein Stollwerck-Zuckerl. War der Automat leer, kam das Geld bei einem anderen Schlitz wieder heraus. Verstopfte man jedoch diese Öffnung mit einem Stück Stanniol und schob dieses mit einem festen Draht so hoch, daß es unbemerkt blieb, kam weder ein Bonbon noch das Geld heraus, und der enttäuschte Einwerfer gab auf, nachdem er den Apparat ein paarmal kräftig mit der Faust bearbeitet hatte. Ich holte kurz darauf – in einem unbewachten Augenblick – mit einem Drahthaken das Stanniol heraus und mußte nur die Hand aufhalten, um stets eine ganze Reihe von Zweigroschenstücken in Empfang zu nehmen. Im Heu eines Stadels am Stadtrand übernachtete ich dann, frierend und vor Angst kaum schlafend. Am nächsten Tag fuhr ich reumütig heim. Meine Eltern waren nicht einmal beunruhigt. Auch später, als ich das Klettern in den Wänden des Hochschwab zu meinem Sport machte, zeigten sie nie auch nur die geringste Angst um mich. Selbst im Krieg waren sie so fest davon überzeugt, ich würde schon heil durchkommen, daß ihnen mein Einsatz auf den Meeren bei der Marine keine Sorgen zu bereiten schien; möglicherweise machten sie sich keine rechten Vorstellungen von den Gefahren, die ich zum Teil geradezu suchte.

Mit sechs, sieben, acht Jahren war es wohl die Scheu des Kindes, die mich daran hinderte, zu versuchen, an dem ewigen Streit meiner Eltern zu rühren, dessen Ursache ich mit großer innerer Beunruhigung geahnt haben mag. Es war eine hilflose Schamhaftigkeit, in der ich verharrte und der ich schließlich ausgewichen bin, indem ich mich den Gassenbuben und ihrem verwilderten Kinderleben anschloß. Mein Alltag spielte sich auf der Straße, in erster Linie aber in den Murauen ab, die mir geheimnisvoll erschienen und die voller Möglichkeiten waren, Abenteuer zu erleben. Neugierig wie eine Meute junger Jagdhunde strichen wir herum, aber auch mit dem sicheren Instinkt für Gefahren, die uns drohten. Wir hatten die Wachsamkeit der Sandvipern, die es damals noch an den Ufern der Mur gab.

So kam es, daß weder Vater noch Mutter auch nur geringe Schatten der Erziehung auf meine Kindheit warfen. Allerdings fehlten mir auch die Lichtseiten elterlicher Belehrung. Ich hatte mich, um der Tragödie ihrer Ehe auszuweichen, ganz einfach von ihnen entfernt, und sie ließen zu, daß ich meine eigenen Wege ging. Meine Mutter förderte dies sogar. Alljährlich lief sie allen möglichen Institutionen die Türen ein, um mir Sommerferien in irgendeinem Heim der Stadt oder der katholischen Kirche zu ermöglichen. Meine Eltern selbst fuhren nie auf Urlaub. Dazu reichte weder das Geld noch die Stimmung.

Auf diese Weise kam ich, sechs oder sieben Jahre alt, zum erstenmal ans Meer. In Salvore bei Triest besaß die Stadt Graz ein Erholungsheim für gesundheitlich gefährdete Kinder. Dorthin durfte ich fahren. Die »Tante« des Heimes mußte mir eine Ansichtskarte an die Eltern schreiben, denn ich konnte es noch nicht. Als immer mehr Kinder Kopfläuse bekamen, wurden einfach alle kahlgeschoren. So kehrte ich ohne die langen Haare meines »Bubikopfes« nach Graz zurück. Auf dem Bahnhof erwarteten mich die Eltern. Ich lief auf sie zu, um sie zu begrüßen – und prallte zurück. Sie erkannten mich nicht. Völlig irritiert stand ich vor ihnen, unfähig, auch nur ein Wort herauszubringen. Da geschah etwas für mich völlig Unfaßbares. Meine Mutter fragte mich: »Kennst du vielleicht den Hansi Dichand? Ist er nicht mit diesem Transport zurückgekommen?« Weinend erklärte ich, doch dieser Hansi zu sein ...

Wenn, was einige Male vorgekommen ist, mein Vater nach einem Streit einfach die Wohnung verließ und sich irgendwo ein kleines Untermieterzimmer nahm, dann war ich sozusagen ohne Vater. Meine Mutter vermietete ein kleines Kabinett, eine Schlafstelle, gerade groß genug für ein Bett. Nicht einmal ein Sessel oder ein Nachtkästchen hatte da noch Platz, von einem Kasten nicht zu reden. In der Wohnung gab es kein Badezimmer; im winzigen Klo züchtete ich Raupen, bis Schmetterlinge daraus wurden. Ich sammelte damals diese heute schon sehr selten gewordenen Insekten. In Graz gab es Ende der zwanziger Jahre natürlich schon elektrisches Licht, nur bei uns mußte man noch mit Petroleumlampen auskommen.

Einmal hatten wir einen freundlichen Dachdecker als Untermieter aufgenommen. Das Besondere an ihm war sein Motorrad. Ich, der zu allen Motorradrennen über einen hohen und gefährlichen Stacheldrahtzaun kletterte und als Fan einen Star der Aschenbahn verehrte, der Schmiermaul hieß, wünschte mir sehnlichst eine Fahrt auf dem Rücksitz des Motorrades unseres Zimmerherrn. Er war einverstanden, und mit Höllenlärm setzte er den Motor in Gang. Meine Mutter hob mich auf den Rücksitz. Während die Maschine warmlief, bekam ich plötzlich Angst, bedeutete dies meiner Mutter, die mich wieder herunterhob, Sekunden bevor der Fahrer losbrauste. Sie rief ihm zwar zu, daß ich es mir anders überlegt hätte, doch im Lärm ging ihre Stimme unter. So fuhr er, ohne zu merken, daß ich nicht mehr hinter ihm saß, durch unsere Siedlung. Als er einmal nach hinten griff, um sich zu vergewissern, daß ich noch da war, und dabei ins Leere faßte, mußte er annehmen, daß er mich während der Fahrt verloren hatte. Schreckensbleich kehrte er zurück. Von ihm bekam ich nicht mehr die Chance, auf dem Motorrad zu fahren ...

Manchmal besuchte ich allein meinen Vater. Dann gingen wir stets ins nächste Gasthaus, und ich bekam ein Kracherl. Das war eine Flasche Sodawasser mit Himbeergeschmack. Man konnte auch Kracherl mit Zitronen-, Orangen- oder Waldmeistergeschmack haben; letzteren hatte ich am liebsten, weil ich schon die Bezeichnung Waldmeister geheimnisvoll ansprechend fand. Das ganz Besondere an dem Kracherl aber bestand darin, daß der Flaschenhals durch eine Glaskugel verschlossen war. Man mußte diese Glaskugel gegen den Sodawasserdruck hinunterdrükken. Dabei krachte es meistens, und ein Teil des Inhalts spritzte explosionsartig heraus.

Durch die ständige Überarbeitung und die Sorgen um das Geschäft verschlechterte sich ein Herzleiden meines Vaters, das ihn schon im Ersten Weltkrieg vom Wehrdienst ausgeschlossen hatte. Er wurde arbeitsunfähig und erhielt eine kleine Invalidenrente. Dennoch ging er weiter arbeiten, oft von morgens sechs Uhr bis tief in die Nacht.

Ich beneidete die anderen Kinder, weil sie Vater und Mutter stets um sich hatten und in einer elterlichen Geborgenheit lebten, die mir fehlte, obgleich meine Eltern alles für mich taten, was ihnen nur möglich war. Aber ich wollte, wie die anderen, zwischen ihnen gehen, die eine Hand Vater und die andere der Mutter reichend. Väter sollten – aus meiner Sicht – mächtige, aber auch dienstbare Geister, die Mütter dagegen gütige, nachsichtige Frauen sein.

Solche Eltern, die einander in Liebe ergänzten, die fest zusammenhielten, fehlten mir, und ich hatte den Drang, mich in meiner Einsamkeit

Oben: Die Villa der Dichands im Grazer Stiftingtal. *Unten:* Die Schönaussiedlung, ein Barackenlager aus dem Ersten Weltkrieg, in die die Familie Dichand nach dem Konkurs der Firma Dichand übersiedeln mußte.

anderen Familien anzuschließen. Der Schuster neben uns hatte sieben Töchter und keinen Sohn. Lange Zeit lebte ich mehr bei dieser Familie als daheim. Von dort brachte ich Wanzen und Flöhe, manchmal auch die Krätze mit. »Schwaben« und »Russen« hatten wir selber. Erstere waren große schwarze Käfer, die einem nachts über das Gesicht liefen, bei den letzteren handelte es sich wohl um eine Kakerlakenart, die in solchen Massen auftraten, daß sie an die »russische Dampfwalze« aus dem Ersten Weltkrieg erinnerten, an den geballten Einsatz gewaltiger Mengen von Soldaten. Außerdem waren diese Käfer so braun wie die russischen Uniformen. So erhielten sie wohl ihre volkstümliche Bezeichnung. Es waren ganz harmlose Tierchen, die blitzschnell verschwanden, wenn man sie mit einer Lampe anleuchtete.

Dann kamen die dreißiger Jahre mit vielen Problemen, vor allem der Arbeitslosigkeit. Kaum jemand hielt den österreichischen Staat für lebensfähig, und die meisten politischen Parteien waren, in der einen oder anderen Form, für den Anschluß an Deutschland. Die Revolten der Sozialdemokraten und der Nationalsozialisten gingen an unserer Familie wie kurze Gewitter vorüber. Vater und Mutter waren christlichsozial eingestellt, doch ihr eigener Streit ließ sie an der Politik ringsum nicht oder kaum teilnehmen. Vater besuchte manchmal Versammlungen des Universitätsprofessors und Priesters Dr. Ude, der in Graz einen gewissen Anhang hatte, es aber nur zu einer Splittergruppe brachte. Ude war Vegetarier, und da es bei uns ohnehin kein Fleisch gab, machten die Eltern seine Thesen leicht zur Weltanschauung. Heimlich kaufte ich mir allerdings manchmal »Wurstabschnitzel« für zehn Groschen und dazu eine Semmel für fünf Groschen. Diese »Wurstabschnitzel« waren, wie zu erraten ist, Abfälle, die beim Aufschneiden der Würste entstanden. Sie wurden von den Armen so begehrt, daß man viele Geschäfte abklappern mußte, um ein paar zu erhalten. Oft allerdings »erzeugten« gutherzige Fleischhauer solche Abschnitzel für uns Kinder, wenn wir unsere zehn Groschen hinlegten.

Professor Ude war Großdeutscher auf christlicher Grundlage und gab 1938 sein »Ja« für den Anschluß. Als es dann aber im November zur »Kristallnacht« mit ihren Ausschreitungen gegen die Juden kam, schrieb er dem Gauleiter Uiberreither einen Brief, in dem er die nationalsozialistischen Führer als Banditen bezeichnete. Er kam ins Konzentrationslager, überlebte und starb 1965 im Alter von zweiundneunzig Jahren.

Die defekte Ehe, der Streit meiner Eltern, überschattete alles, und es klingt wohl seltsam, wenn ich jetzt sage: Sie waren dennoch die besten Eltern, die ich mir denken kann, denn es waren eben *meine* Eltern. Später, als ich erwachsen war, begann meine Mutter, eine resignierte Würde auszustrahlen. Vater, der sich nun dem neunzigsten Lebensjahr näherte, saß nur noch still in seinem Lehnstuhl. Gestritten wurde nicht mehr. Man hatte sich einfach nichts mehr zu sagen.

In der Psychologie ist man der Ansicht, daß so traurige Kindheitserlebnisse, wie sie bei mir viele Jahre zum Alltag gehörten, später extreme Energien freisetzen. Konflikte und Spannungen, die beim Kind zu einem Gefühl der Armut und des Ausgestoßenseins führen, drängen aus dem Unterbewußtsein nach oben. Freud meinte, auf diese Weise wehre sich das Ich und diktiert: »Du, Sohn, mußt es besser machen!«

Geboren am 5. Juli 1924 in Linz als Sohn der Anna und des Unternehmers Hans Czerwenka. Kammersänger, Mitglied der Wiener Staatsoper. Aufgewachsen in Vöcklabruck/Oberösterreich. Gab 1947 in Graz sein Debüt als Eremit im ›Freischütz‹. 1951 Engagement an der Wiener Staatsoper, Gast an den bedeutendsten Opernhäusern der Welt, unter anderem als Ochs von Lerchenau an der Metropolitan Opera New York, oftmalige Mitwirkung bei den Salzburger Festspielen. Auch Musicalrollen (Tevje in ›Anatevka‹). Präsentator populärer Fernsehsendungen, als Maler tätig. Verheiratet, zwei Söhne, lebt in Vöcklabruck.

Oskar Czerwenka
Vöcklabruck, Schererstraße 9

Nehmen Sie einen Globus – nicht zu groß –, suchen Sie sich die Stelle, wo Vöcklabruck liegt oder liegen könnte, und klopfen Sie da vorsichtig einen Nagel hinein. Jetzt drehen Sie den Globus nach oben, halten den Nagel gerade – und siehe da: Der Globus steht. Damit ist der Beweis erbracht, daß Vöcklabruck der Mittelpunkt der Welt ist. Genauer gesagt: Schererstraße 9 ist der Mittelpunkt. Aber so genau werden Sie den Nagel nicht plazieren können.

Und da, im Weltmittelpunkt, also in Vöcklabruck, Schererstraße Nr. 9, steht mein Elternhaus.

Der große Österreicher Robert Stolz komponierte einst »Vor meinem Vaterhaus steht eine Linde«. Gut und schön, aber vor meinem Vaterhaus stehen zwei. Zwei Linden. Er hat die Schererstraße eben nicht gekannt.

Erbaut 1902 von Wilhelm Stuki, so steht es auf einem Stein im Keller geschrieben. Besagten Stuki, Schweizer, wie der Name schon ahnen läßt, habe ich nicht gekannt. Sehr wohl aber mein Vater. So kam es, daß dieser (mein Vater) jenem (besagten Stuki) so um 1910 herum – ich war nicht dabei – das Haus abkaufte.

Ich war damals nicht nur nicht dabei, ich war weder geboren noch geplant. Bis dahin sind noch anderthalb Jahrzehnte verstrichen.

Dabei aber waren die Elly, der Fritz und die Steffi, alle drei noch recht klein, Steffi wohl noch im Windelalter, und weil das Haus groß und geräumig ist, der dazugehörige Garten fast einen Hektar mißt und zum kindlichen Toben herausfordert, darf ich wohl annehmen, daß meine Geschwister hier eine glückliche Kindheit verbracht haben. Von den Jahren 1914 bis 1918 werden sie hoffentlich nicht allzuviel bemerkt haben. Die Familie blieb zusammen, der Fritz war zu jung, der Vater zu alt für den Kriegsdienst.

Der Vater (Wiener, wie der Name schon zeigt) hat Ende des vorigen Jahrhunderts seinen Wohnsitz in das kleine oberösterreichische Städtchen verlegt und ist in eine Industriefirma eingetreten, in der er sich so bewährt und hinaufgearbeitet hat, daß er diese, die jährlich an Bedeutung gewonnen hat, schließlich leitete und an ihr (der Firma) beteiligt war.

Im Jahr 1924, der Fritz maturierte gerade, die Steffi ging ins Realgymnasium, die Elly dachte bereits ans Heiraten, wurde ich geboren. In Linz. Das ist so passiert: In Vöcklabruck war damals kein Krankenhaus (sehr zum Unterschied zu heute, jetzt haben wir ein ganz berühmtes), und weil die Mutter im 45. Jahr stand, transferierte man uns, die Mutter und mich (ungeboren), nach Linz.

Darum also steht in meinem Paß: Geburtsort Linz. Aber das soll nichts besagen, seit meinem achten oder zehnten Lebenstag – so genau kann ich mich nicht erinnern – lebe ich in Vöcklabruck, Schererstraße 9.

Meinen uferlosen Kindheitserinnerungen will ich hier nicht nachgehen, aber der Garten war voller Bäume, Sträucher, Winkel, alles, was ein Bub braucht, um seine Phantasien ausleben zu können. Ein Gärtner war da, klein und knorrig, er hat Blumen, Gemüse, Äpfel, Birnen und Zwetschgen reifen lassen und die Gartenwege gepflegt. Aussehend wie der Klabautermann persönlich, hat er sich mit einem geheimnisvollen Flair umgeben, das in mir eine Hochachtung erzeugte, gepaart mit ein bissel was Gespenstischem. Auch ist er wie ein Affe auf die Bäume geklettert, und ich, der ich körperlich nicht sonderlich geschickt war, bin oft von einem Ast heruntergepurzelt, weil ich es nicht hinnehmen wollte, daß einer was kann, das ich nicht kann. Ich habe Jahrzehnte gebraucht, das endlich zu begreifen ...

Und Hunde waren da. Immer. Alle möglichen Rassen. Es hat kaum eine Zeit gegeben, in der nicht ein, zwei, bisweilen sogar drei dieser Gefährten bei uns Haus und Garten bevölkerten.

Es ist verständlich, daß meine Mutter mich um sich haben wollte, so wurde ich der (halbwegs) brave Bub hinterm Zaun. Irgendwie gab es immer eine Aufsicht: die Köchin, das Stubenmädchen (das war die Paula,

Oskar Czerwenka als Baby.

die habe ich geliebt), der Gärtner. Auch erprobte sich die jüngere meiner Schwestern pädagogisch an mir.

Den Vater bekam ich selten zu Gesicht. »Er arbeitet schwer, laß ihn in Ruh'«, hat es geheißen. Nur sonntags natürlich. Da mußte ich nach der Halb-elf-Uhr-Messe spazierengehen. Und oft auch am Nachmittag. Schrecklich. Aber der emsige Büromensch war halt lufthungrig, da ist es schon einzusehen, da muß man in den sauren Apfel beißen. Auch meine Mutter mußte. Und für sie war der Apfel wahrscheinlich genauso sauer wie für mich. Ein Wiener geht halt gern spazieren, daher die Beliebtheit des Wienerwaldes. Die Landleut' sind da nicht so. Der Freiheitsdrang eines Bauern am Sonntag hält sich in Grenzen, da sitzt er lieber daheim.

Nun, die Mutter kam zwar nicht »vom Bauern«, sondern aus der Gastronomie, wie man heute sagen würde, ihr Vater hat ein Wirtshaus mit Brauerei betrieben, aber die sonntägliche Frischluftaktion war ihr doch suspekt. Trotzdem wurde sie schließlich dreiundneunzig Jahre. Der Vater übrigens sechsundachtzig. Kein Sport, nur Büro bis ins höchste Alter. Gut, der Sonntagsspaziergang ...

In Vöcklabruck gab es (sehr zum Unterschied zu heute – siehe Krankenhaus) kein Gymnasium oder ähnliches. So mußte ich nach Gmunden. In ein Kosthaus. Nur am Samstag (bis Sonntag abends) war ich daheim. Eigentlich habe ich ab Mittwoch an nichts anderes mehr gedacht als an das samstägliche Heimfahren. Da war die Familie – soweit vorhanden – versammelt. Die ältere Schwester war in Salzburg verheiratet, aber an manchem Sonntag zu Gast, der Bruder buk frisch an seinem Doktor und kam hie und da, die andere Schwester heiratete gerade.

Der Großvater war ein regelmäßiger Mittagsgast, er hat mich nach dem Essen zur Volksschule begleitet und mir Geschichten erzählt aus seiner Jugend, die Hälfte war gelogen, aber ich habe ihn bestaunt und angebetet. Er war ein Original, hochintelligent und grantig. Ist auch weit über achtzig geworden, obwohl er nicht gerade »gesund« gelebt hat. Er hat am Stadtplatz in einem schmalbrüstigen Haus gewohnt, seit er seinerzeit sein Wirtshaus aufgegeben hatte, und eines Tages, Mitte der dreißiger Jahre, hat er sich hingelegt und ist gestorben. Einfach so.

Das kleine Haus am Stadtplatz habe ich geerbt, und in die Wohnung »vom Großi« ist eine Cousine meiner Mutter – die Annerl – eingezogen. Von ihr später.

Ja, dann war Krieg. Meine zwei Schwäger sind eingerückt, später auch mein Bruder, und als es langsam mit den Bomben angefangen hat, ist meine jüngere Schwester mit Töchterl, das zweite hat sie in Vöcklabruck bekommen, zu uns gezogen. Das Haus war ja groß genug. Und wenn die Schwäger auf Urlaub gekommen sind, war der Besuchsplatz Nr. 1 natürlich Schererstraße 9.

Der Bruder meiner Mutter, der Onkel Franz, hat in Wien gelebt, er war unglaublich lieb, gescheit und witzig. Sein Hauptnahrungsmittel war Kaffee (und viele Zigaretten – »Jonny«). Er hat beruflich eine schöne Karriere gemacht und hat Schach und Billard gespielt als vornehmliche Beschäftigung seit seiner sehr frühen Pensionierung. Er war mit der Familie Höniger befreundet. Eng befreundet. So eng, daß er nach dem Tod des Herrn Höniger beschloß, mit Frau Höniger zusammenzuziehen. Das war 1937. Sie waren glücklich, der Sohn aus Höniger-Ehe außer Haus. Aber da stellte sich ein Jahr später heraus, daß die Dame seines Herzens gezwungen wurde, diesen verfluchten gelben Stern zu tragen.

Mein Vater konnte dem Sohn in Südafrika eine Stellung in der Industrie verschaffen, und mein Onkel trug den Judenstern. Freiwillig.

Angepöbelt und verprügelt ist er worden, mein lieber Onkel Franz. Er war ein stiller Held.

Links: Oskar Czerwenka mit seiner Mutter Anna. *Rechts:* Der Vater Hans Czerwenka.

Sie hat einen vertrauenswürdigen SS-Mann gefunden, der sie gegen Übergabe ihres gesamten Schmuckes, und das war nicht wenig, von Lindau nach Rorschach (Schweiz) verschiffen wollte. Zum ausgemachten Termin ist er nicht gekommen, und Frau Höniger hat sich das Leben genommen.

Daraufhin ist mein Onkel übergeschnappt. Das hat er nicht verkraftet. Nicht von heut auf morgen, nein, ganz langsam hat sich sein (einstmals sensationeller) Geist verrückt.

Schließlich ist er zu uns nach Vöcklabruck gezogen.

Er war immer noch lieb und teilweise voll da, aber langsam wurde es schlechter. Aufgelebt ist er, wenn ich gesungen habe und meine Schwester mich begleitet hat. Vielleicht hab' ich ihm seine letzten Lebensmonate ein wenig verschönt. Hoffentlich.

Das Ende war grausam: Bei jedem Fliegeralarm hat er sämtliche Lichter aufgedreht, die Fenster weit aufgemacht und geschaut, wo's brennt. Eines Tages haben sie ihn halt dann hinausgetragen aus der Schererstraße 9.

1943 habe ich (mit Ach und Krach, aber immerhin) maturiert, und weil mich ein gütiges Geschick (eine Knieverletzung, die ich mir beim Skifahren zugezogen habe) vor dem Militär bewahrt hat, ging ich nach Wien, um Welthandel zu studieren. Interessiert hat es mich nicht, um so mehr die Malerei und das Singen. Von letzterem war ich fasziniert.

Mein Elternhaus hat mich in dieser Zeit nur in den Ferien gesehen. Die Strecke Wien-Vöcklabruck war damals (1943/44) ein Problem. Wenn ich aber doch hie und da auf ein paar Tage heimkam, hat mir meine Mutter immer Germknödel (mit Mohn) gekocht, sie hat geglaubt, es sei meine Leibspeise; ich wollte ihr die Freude nicht verderben und habe ihr nie gesagt, daß ich Germknödel (mit Mohn) nicht leiden kann ...

Ab Herbst 1944 war es mit dem Studieren vorbei, und ich war wieder daheim. Beim Volkssturm mußte ich Dienst machen (Brückenbewachen mit ungeladenem Gewehr und ähnlichen Blödsinn).

Auf Attnang sind Bomben gefallen. Fünf Kilometer von uns entfernt. Von unserem Haus aus konnte man mit freiem Auge sehen, wie die Bomben ausgelöst wurden. Da sind wir in den Weinkeller gegangen und haben gezittert. Aber auch diese Zeit ist an meinem Elternhaus ohne bleibende Spuren vorbeigegangen.

Die siegreichen Amerikaner allerdings, die haben Spuren hinterlassen. Wir wurden nämlich ausquartiert, und in die Schererstraße 9 zog die Kommandantur ein. Für ein Jahr oder mehr.

Es wurde zwar nicht verwüstet, aber die schönen Samtvorhänge zum Beispiel kleideten alsbald die emsigen Hüften fragwürdiger Damen.

Denn eigentlich war das Haus ein Puff.

Mein Vater, dem ich jede Kraft zutraute, hat es schwer, meine Mutter, die sensible, hat es bewunderungswürdig ertragen. Wie zum Beispiel die schweren Panzer kreuz und quer über die schönen Rosen gefahren sind und anderes mehr (siehe Samtvorhänge).

Aber die Amis sind wieder abgezogen und wir wieder ein.

Zu dieser Zeit ging ich nach Graz und ward Opernsänger.

Vier Jahre am Opernhaus in Graz. Wieder hat mich Vöcklabruck nur in den Ferien gesehen, aber trotz der wilden Hingabe an den neuen Beruf (am Anfang ist man ja wie betrunken) habe ich ab Mai meine Sehnsucht nach der Heimat fast nicht in Zügeln halten können. Es ist so weit gegangen, daß ich einmal ein sehr ehrendes Angebot (Bayreuth) mit dem Hinweis ablehnen mußte, daß ich Wagner zwar sehr liebe, aber halt nur von September bis Juni. Juli, August liebe ich Vöcklabruck. Man hat mich nie mehr eingeladen.

Festspiele in Salzburg waren einfacher, da konnte ich pendeln, und von Bregenz bin ich, waren zwei Tage frei, auch sofort nach Vöcklabruck abgebraust.

Ich bin halt kein Kosmopolit, ich bin ein Daheimhocker.

Nach einem arbeits- und erfolgreichen Leben hat mein Vater 1960 die Augen geschlossen. Und ich habe mein Elternhaus geerbt.

Meiner Mutter waren noch viele Jahre gegönnt, und ich glaube, sie hat sie auch noch irgendwie genossen. Sie war natürlich viel allein im großen Haus mit der Maria. Diese gütige, rührende Seele hat hier den Haushalt geführt, meine Mutter zu Bett gebracht, ihr die Wünsche von den Augen

Das Elternhaus Oskar Czerwenkas in Vöcklabruck, Scharerstraße 9, in dem er noch heute wohnt.

abgelesen. Und zwar allein – sie duldete niemand neben sich –, und wenn wir, Bernadette (das ist meine zweite Frau – aus erster Ehe sind zwei Söhne da) und ich, auf Besuch gekommen sind, hat sie köstlich aufgekocht.

Meist aber waren die beiden Damen, die Maria und meine Mutter, allein (mit Pudel) im großen Haus; nur die Annerl – ich habe schon kurz von ihr berichtet – ist regelmäßig, zum Essen oder nur so auf Besuch, gekommen. Man müßte, nicht nur der Maria, auch der Annerl, ein Denkmal setzen, so lieb haben sie sich um meine Mutter gekümmert. Da wurde gestrickt und geratscht, und meine Mutter, die Daheimhockerin, wurde so mit den wichtigsten Vöcklabrucker Neuigkeiten versorgt. Und über ihre Aussprüche – die Annerl war eine Fremdwortkünstlerin – hat meine Mutter oft Tränen gelacht. Wenn sie zum Beispiel von der Notwendigkeit berichtete, »pädagogische Schuhe« zu tragen, oder mit den Worten »wie deine Gladiatoren heuer wieder schön wachsen« die Blumen im Garten bestaunte.

Gemeinsame Ausflüge haben sie gemacht, die beiden alten Mäderln, und wenn sie nach Hause gekommen sind, hat wieder das strenge Auge Marias gewacht, daß der »gnä' Frau« nichts abgeht, daß sie das Richtige und nicht zuviel ißt, daß halt, mit einem Wort, alles in Ordnung ist.

Am Todestag meiner Mutter ist alles, was blühte im Garten, abgeschnitten worden, und alles, vom Gänseblümchen bis zur Rose, hat dann ihren Sarg geschmückt.

Da ist mir das Haus dann ein bissel fremd geworden, obwohl ich in den letzten Jahren natürlich eher Gast war zu Hause. Zu sehr haben sich die Lebensgewohnheiten einer neunzigjährigen Frau von den unseren unterschieden. Frisch verheiratet (im zweiten Anlauf allerdings), wollten wir auch die ruhige Beschaulichkeit meines »Alterls« (so hab' ich die Mutter zum Schluß bekosenamt) nicht allzuviel durcheinanderbringen. Sie ist um acht Uhr aufgestanden, wir um halb zehn, sie hat um zwölf Uhr zu Mittag gegessen, wir haben um elf Uhr gebruncht, sie ist um neun Uhr (da war die Maria pünktlich) ins Bett gegangen, wir nie vor Mitternacht.

Wir waren zwar viel da, haben uns aber, wie gesagt, immer ein bissel als unsere eigenen Gäste gefühlt, und doch war es das Zuhaus'.

Aber nach dem Tod der Mutter war da so ein Loch, daß wir uns überlegt haben, das Haus zu verkaufen. Es ist viel zu groß für uns, haben wir gedacht, viel zu aufwendig. Außerdem war ich an der Staatsoper auch zeitlich noch recht eingespannt.

Also, die Logik war für »verkaufen«. Aber erst haben wir nichts annähernd Passendes gefunden, über die Sucherei ist ein Jahr verstrichen, und plötzlich konnten wir uns nicht mehr trennen. Heut bin ich froh darüber, heut weiß ich: Meine Burg ist durch nichts zu ersetzen. Auch das Jugendstilige, das mir einmal auf die Nerven gegangen ist, habe ich liebgewonnen. Und den Garten, den Garten. Wo gibt's den in der Welt? Alle Blumen, die das Haus schmücken, jeder Karfiol, jeder Erdapfel, sogar die Eier (wir haben Hendl) sind Eigenbau.

Vor meiner Nase im Süden seh' ich die Schöndorfer Kirche und links daneben den Traunstein. Und das seit 65 Jahren.

Die Maria ist noch lang – bis zu ihrem Lebensende – bei uns geblieben.

Und so leben wir eben beide (Bernadette und ich) in der Schererstraße 9.

An unserer »Burg« ist kaum etwas geändert worden. Ja, da ist eine Sauna und vor allem ein Atelier. Da verbringe ich halbe Tage und versuche, meiner Phantasie mit Pinsel und Farbe nachzuspüren. Da sitze ich oft Stunden, träume von der Jugend, träume von den Träumen, träume von dem Platzerl, das jetzt uns gehört und soviel Vergangenheit hat, wo ich daheim bin. Da liegt dann der Mops neben mir und schnarcht und träumt auch, wahrscheinlich davon, daß bald die Gerti (unsere liebe, saubere Perle) pfeift und ihm sein wohlverdientes »gutes Schnappi« verabreicht.

Geboren am 4. Oktober 1937 als Sohn der Rosa und des Franz Vranitzky in Wien. Studium an der Hochschule für Welthandel, Wien. Diplomkaufmann, Dr. rer. oec. Beginn der Berufslaufbahn noch während des Studiums im Rechnungswesen der Firma Siemens-Schukkert und in der Oesterreichischen Nationalbank. 1970 bis 1976 wirtschafts- und finanzpolitischer Berater von Finanzminister Androsch. Danach stellvertretender Generaldirektor der Creditanstalt und Länderbank, der er ab 1981 als Generaldirektor vorstand. 1984 Finanzminister der Regierung Sinowatz, 1986 Bundeskanzler der Republik Österreich. Seit 1988 auch Vorsitzender der Sozialistischen Partei. Verheiratet, zwei Kinder. Lebt in Wien.

Franz Vranitzky
»Einen Posten bei der Bank verläßt man nicht«

Den Beruf des Eisengießers werden heute wahrscheinlich nicht mehr sehr viele Menschen ausüben. Mein Vater, 1907 als eines von vier Kindern in Wien zur Welt gekommen, hat diesen Beruf erlernt und war auch als Eisengießer tätig. Er mußte all das miterleben, wozu seine Generation verdammt war: Erster Weltkrieg, Arbeitslosigkeit, Inflation, Ständestaat, Bürgerkrieg, Naziherrschaft. 1939 wurde er zur deutschen Wehrmacht einberufen, 1945 geriet er in russische Kriegsgefangenschaft. Er kam dann zurück, war wieder Eisengießer und wurde schwer verletzt, als ihm flüssiges Eisen ins Auge sprang; daraufhin mußte er den Beruf wechseln. Als Werkmeister der Wiener Wasserwerke ging er in Pension. Mit achtzig Jahren ist er gestorben.

Meine Mutter, drei Jahre jünger, entstammt einer sieben Kinder zählenden Familie aus einem kleinen burgenländischen Dorf. In jungen Jahren kam sie als Dienstmädchen nach Wien. Sie lernte, wenn ich der Überlieferung glauben darf, in einem Tanzcafé in der Hauptallee meinen

Vater kennen, und sie heirateten – sie »mußten« heiraten, wie man damals sagte –, als ich unterwegs war. Drei Jahre später kam meine Schwester zur Welt.

Das war 1940, und da war mein Vater bereits »an der Front«, und so mußte meine Mutter mit ihren beiden Kindern allein zurechtkommen. Von gelegentlichen Heimaturlauben abgesehen, habe ich meinen Vater in diesen Jahren kaum zu Gesicht bekommen, erst als er aus der Kriegsgefangenschaft zurückkehrte, »gehörte« er wieder uns.

Es waren ärmliche Verhältnisse, in denen ich aufwuchs, die Souterrainwohnung in der Braungasse in Wien-Dornbach war klein und düster. Nach der Volksschule kam ich – wofür meine Eltern ziemliche Opfer auf sich nahmen – ins Realgymnasium Geblergasse, ebenfalls im 17. Bezirk. Nach eher durchschnittlichen Leistungen in den ersten Jahren entwickelte ich mich später zu einem Schüler mit guten Noten, wobei ich für die Fächer Latein, Philosophie und Geschichte wesentlich größeres Interesse aufbrachte als für Physik und Mathematik. Trotzdem entschied ich mich nach der Matura für das Welthandelsstudium.

Das Geld reichte gerade, um einem der beiden Kinder eine höhere Ausbildung zu finanzieren, so viel war nicht da, daß auch meine Schwester ins Gymnasium hätte gehen können. Es galt das damals durchaus übliche Motto: »Für beide Kinder geht sich's nicht aus, und da ist es gescheiter, man läßt den Buben studieren.« Meine Schwester hat diese, als solche nicht beabsichtigte Zurücksetzung glänzend gemeistert; sie betreibt heute ein kleines Geschäft und stellt ihre Frau.

Unser Vater war Sozialdemokrat mit ziemlich linker Ausprägung, was sich aus seiner Herkunft logisch ergab. Die ganze Umgebung lieferte ja fast automatisch die Voraussetzung dafür, sich politisch links anzusiedeln.

Als einer seiner besten Freunde im Februaraufstand 1934 durch eine Kugel ums Leben kam, stand mein Vater direkt daneben, ein Erlebnis, das ihm selbstverständlich sehr naheging. In den folgenden Jahren gab es unter etlichen Sozialdemokraten – die meinten, das nicht bleiben zu können – ein Phänomen: So mancher wanderte nach rechts ab, fühlte sich eher den Nazis zugehörig. Andere siedelten sich noch weiter links an, als sie es vor 1934 gewesen waren – und zu denen zählte mein Vater.

Die politischen Ansichten meines Vaters haben seine Lebensbedingungen in der Nazizeit noch mehr erschwert. Da er seine ausgesprochen antifaschistische und antinationalsozialistische Haltung vor niemandem verbarg, wurde er in der Wehrmacht kaum befördert, er war, glaube ich, erst kurz vor Kriegsende Obergefreiter geworden. Im Verlauf dieser nicht gerade blühenden Karriere hat man ihn darüber hinaus auch immer an besonders schwierigen Frontabschnitten eingesetzt. Er war sowohl in Rußland als auch in der Normandie.

Von der politischen Grundstimmung in unserer Familie habe ich viel

Franz Vranitzky mit Mutter Rosa und seiner Schwester.

mitbekommen, auch wenn ich keineswegs politisch »trainiert« wurde. Auch meine Mutter, die im Gegensatz zu meinem Vater kaum belesen war, hatte einen guten Instinkt für politische Anständigkeit, und ich kann mich erinnern, daß sie die Nazis in meiner Kindheit oft als »Gesindel« bezeichnet hat, vermutlich ohne intellektuell erfaßt zu haben, was bei diesen genau abzulehnen sei. Eher hat sie es emotional mitbekommen.

Dabei spielte eine Familie in der Nachbarschaft eine bestimmende Rolle. Ganz in unserer Nähe lebte ein jüdisches Ehepaar, das oft bei uns zu Besuch war, und meine Mutter stand vor allem dem Mann, der sehr gebrechlich war, zur Seite, half bei Fliegeralarm und anderen für ihn gefährlichen Situationen. Das Ehepaar überlebte die Nazizeit in Wien, und meine Mutter hat wesentlich dazu beigetragen.

In der Haltung meiner Eltern liegen zweifellos die Wurzeln meiner heutigen Einstellung als Sozialdemokrat. Es ergab sich schon aus meiner familiären Situation und den geschilderten Erlebnissen, daß ich jeglicher Form von Faschismus, Antisemitismus und Rassenhaß den Kampf ansagte.

Ich war erst acht Jahre alt, als der Krieg zu Ende ging, aber ich habe die Zeit in sehr klarer Erinnerung. Ich erinnere mich an Fliegerangriffe, an die bangen Stunden im Luftschutzkeller, an die Rückkehr in die Wohnung, deren Fenster und Türen aus den Angeln gesprungen waren, an das von Bomben zerfetzte Dach unseres Hauses. Ein Mann starb nach entsetzlichen Qualen. Kindheitserinnerungen, die sich für immer einprägen.

Im Gedenkjahr 1988 mußte ich zu meinem Leidwesen erkennen, daß viele Menschen Schwierigkeiten haben, sich mit Themen wie NS-Zeit, »Anschluß«, Faschismus und Konzentrationslager einigermaßen objektiv auseinanderzusetzen. Dies wurde mir im besonderen bei der Enthüllung des Hrdlicka-Mahnmals in der Albertina bewußt. Da herrschte eine für mich schaurige Atmosphäre. Denn die einen standen mit Tränen in den Augen da; sie hatten ihre nächsten Angehörigen im KZ verloren, wie man den Gesprächen entnehmen konnte. Und dann waren da andere, die recht locker sagten: Was soll denn das Ganze, das alles ist doch schon so lange her.

Die Veranstaltung fand unter starkem Polizeischutz statt, und das war wohl das Betrüblichste: daß man im Jahre 1988 die Übergabe eines Mahnmals gegen Krieg und Faschismus nicht ganz selbstverständlich ohne Polizei abwickeln konnte.

Es waren auch Leute dabei, die gegen den Polizeischutz demonstrierten, und im Zuge dieser Demonstrationen kam es zu kleineren Handgemengen. Ich ging nach der Veranstaltung durch den inneren Burghof in mein Büro und fühlte eine Mischung aus Trauer über diesen Ablauf und ungeheurer Befriedigung über die letztendlich doch gelungene Errichtung eines solchen Mahnmals.

Ich erachte es als besonders wichtigen Teil meiner Arbeit, mich für Toleranz einzusetzen. Es ist eine nicht ganz leichte, aber – und davon bin ich überzeugt – lohnende Aufgabe. Denn unser Land wird in den vor uns liegenden Jahren der Öffnung des Ostens in verstärktem Ausmaß mit Zuwanderern und Durchreisenden konfrontiert werden. Und dies wird eine große Bewährungsprobe für uns sein.

Zurück zu meinem Elternhaus, von dem ich mich jetzt nicht so weit entfernt habe, wie es scheinen mag, denn Toleranz spielte hier eine wichtige Rolle.

Mein Vater, dem die Sozialdemokraten vor dem Krieg zuwenig links waren, ist der SPÖ nach dem Krieg wieder beigetreten, aber sie war ihm auch da noch zu weit rechts.

Als ich 1970 von der Nationalbank wegging, um in der Minderheitsregierung Kreisky einen Posten als wirtschafts- und finanzpolitischer Berater von Finanzminister Androsch anzutreten, da sagte mein Vater, daß er damit überhaupt nicht einverstanden sei. Erstens einmal, lautete seine Erklärung, verläßt man nicht den sicheren Arbeitsplatz bei einer Bank (dies, obwohl ich ein Rückkehrrecht hatte). Und zweitens, und das lag ihm noch viel mehr am Herzen, arbeite man nicht mit Leuten wie Kreisky und Androsch zusammen. Die waren ihm zu weit rechts. In den parteiinternen Auseinandersetzungen der sechziger Jahre stand er eindeutig auf seiten Bruno Pittermanns, Kreisky war kein Thema für ihn. Im

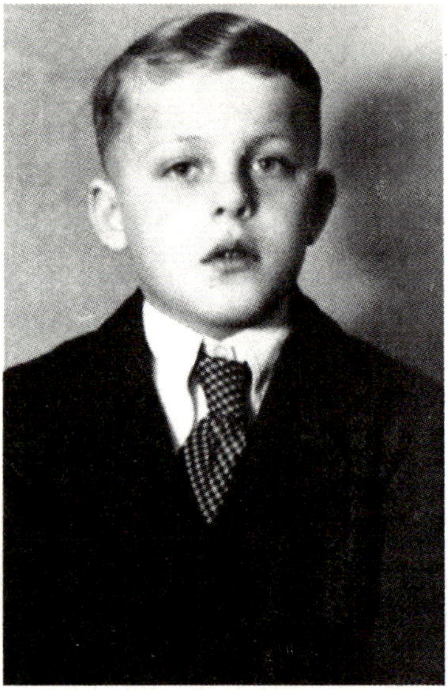

Links: Franz Vranitzky mit seinem Vater während dessen Heimaturlaub. *Rechts:* Franz Vranitzky im Alter von etwa sechs Jahren.

Laufe der Jahre ist es mir, salopp ausgedrückt, gelungen, meinen Vater aus der ganz linken Ecke herauszuholen, so daß er in seinen letzten Lebensjahren meiner politischen Heimat angehörte. Er hat noch miterlebt, wie ich Bundeskanzler wurde, und er war natürlich sehr stolz darauf.

War mein Vater mir in der Kindheit Lehrer, so konnte ihm der erwachsen gewordene Sohn später einiges »zurückgeben«. Und er hat es angenommen. Ihm habe ich zu danken, daß ich früh Zugang zur Literatur fand, denn in unserer Familie wurde viel gelesen. Er selbst hat immer irgendwelche Kurse besucht, um sich fortzubilden, brachte unzählige Bücher aus der städtischen Bücherei mit nach Hause. Gemeinsam lasen wir vor allem politische Bücher. So erhielt ich meine ersten Informationen über die Existenz von Konzentrationslagern, über die österreichischen Teilnehmer im Spanischen Bürgerkrieg. Und über diese und viele andere Themen wurde dann heftig diskutiert.

Meine Großmutter hat mir einmal von der Herkunft der Vranitzkys erzählt. Unsere Urahnen kamen aus dem russischen Sprachraum über Polen in die Tschechoslowakei, von wo sie nach Wien gelangten. Jahrhundertelang hießen sie – und so kann man es noch in frühen Papieren meines Vaters nachlesen – Vranicky mit »ck«. Als er einmal in der Nazizeit im Wiener Rathaus zu tun hatte, sagte ihm ein Beamter, sein Name wäre nicht »deutsch«, ab sofort müßte er sich mit »tz« schreiben. Sein noch lebender Bruder schreibt sich immer noch mit »ck«, weil er damals zufälligerweise nicht ins Rathaus gerufen wurde.

Die Silbe »Vran«, der erste Teil meines Namens, bedeutet im Slawischen soviel wie »schwarz«, der zweite Teil »icky« ist die Verkleinerungsform. Und alle Witze, die sich ergeben, wenn man als »roter« Politiker auf deutsch »kleiner Schwarzer« heißt, wurden bereits gemacht.

So weit ich die Dokumente meiner Familie zurückverfolgen kann, haben sämtliche der jeweils erstgeborenen Vranitzkys beziehungsweise -ickys männlichen Geschlechts Franz geheißen. Als wir unseren Sohn Robert nannten, konnten wir die Enttäuschung meines Vaters darüber nur dadurch mildern, daß wir ihn Robert Franz tauften. Er ist jedenfalls der erste in einer langen Kette männlicher Mitglieder unserer Familie, der nicht nur Franz heißt.

An meine eigene Taufe kann ich mich übrigens noch erinnern – oder besser gesagt: an meine zweite Taufe. Die Familie meines Vaters war evangelisch, die meiner Mutter katholisch. Die beiden beschlossen, ihre Religionen beizubehalten, jedoch sollten die Kinder, der Religion des Vaters entsprechend, evangelisch getauft werden, was auch geschah. Doch als ich sechs Jahre alt war, erkrankte mein Vater in Polen an einer schweren Lungenentzündung. Meine Mutter betete zu »ihrem« Gott und gelobte, ihre Kinder katholisch taufen zu lassen, wenn ihr Mann gesund zurückkäme. Er kam gesund zurück, und so wurde ich Katholik. Denn meine Mutter war überzeugt, »ihr« Gott hätte geholfen.

Geboren in Wien als Tochter der Berta und des Uhrmachermeisters Franz Ott. Schauspielausbildung bei Lotte Medelsky. Nach Engagements am Burgtheater und an verschiedenen anderen Bühnen seit 1954 Mitglied des Theaters in der Josefstadt. Daneben Soloabende mit Komödienliedern und Chansons, zahlreiche Fernsehrollen. Professor am Konservatorium der Stadt Wien. Buchveröffentlichung über ihre Soloabende – ›Phantasie in Ö-Dur‹ – sowie mit eigenen Aquarellen: ›Wenn man in Wien zur Welt kommt‹, ›Unterwegs zu meinen Bildern‹. Lebt – bis zu seinem Tod zusammen mit dem Schriftsteller Hans Weigel – in Maria Enzersdorf bei Wien.

ELFRIEDE OTT

Auf der Flucht vor meiner Kindheit

Bruchstücke von Eindrücken – soviel »Verdrängung« –, und ich weiß nicht, warum. Eine intakte Familie, Eltern in Harmonie, ein älterer Bruder, ein Haus in Klosterneuburg neu gebaut. Hühner, von denen manchmal eins geschlachtet wurde, was Schrei- und Weinkrämpfe bei uns Kindern auslöste – das große Siegeserlebnis: Ein Küken fiel in das Loch einer Klopfstange, und nur meine kleine Hand war imstand, es aus dieser Gefangenschaft zu befreien. Unendliche Sehnsucht von uns beiden Kindern nach Freunden, Sehnsucht nach anderen Kindern zum Spielen (eine Sehnsucht, die sich durch mein Leben zieht). Meine Eltern waren ratlos, wieso unsere besonders liebevoll gezüchteten Apfel- und Birnbäume leer waren, welcher Dieb die besonders großen Früchte stehlen würde, bis sie die Wahrheit erkannten: Unser Freund drohte uns im Abstand von Viertelstunden, heimzugehen, uns zu verlassen, und wir haben ihn mit unseren Äpfeln und Birnen bestochen, doch noch ein bisserl dazubleiben!

Elfriede Ott mit ihrem Vater.

Mein Vater Uhrmachermeister, tagsüber in seinem Geschäft in der Innenstadt in Wien – meine Mutter in ewiger Sehnsucht nach der Stadt –, so wurde das Haus nach wenigen Jahren mit der gesamten Einrichtung binnen einer Viertelstunde verkauft. Erinnerung: das vollgepackte Auto. Unser geliebter Trolli, ein Stichelhaarhund, steht auf der Klosterneuburgerstraße und muß zurückbleiben – Schmerz –, vielleicht erfindet meine Phantasie dieses melodramatische Bild.

Von diesen frühen Kindheitstagen an war unser Leben »Innere Stadt«. Beide Eltern sportlich – ich sehe meine Mutter auf dem Motorrad – mit dem Auto wurden Wertungsfahrten gemacht, Pokale der ersten Preise kamen ins Haus. Sie erzählten mir von Konzertreisen mit dem Wiener Mandolinenorchester. (Als ich im großen Musikvereinssaal einen meiner Soloabende veranstalten durfte, sagte meine Mutter: »Da bin ich mit meiner Mandoline am ersten Pult gesessen!«).

Mama, immer alles verstehend, alles erlaubend, sich immer schützend vor uns Kinder stellend – Papa eher streng, eher … ich weiß es eigentlich nicht mehr …

Meine Mutter: ewige Sehnsucht nach dem Theater, immer leidend an der verpaßten Gelegenheit, Schauspielerin zu werden. In Wien geboren, die Familie aus verschiedenen Gegenden Böhmens stammend.

Mein Vater: viel musizierend, besondere Liebe: seine Tochter. Seine Familie deutschsprachige Kroaten aus Osijek, die Eltern aus Siebenbürgen und Ungarn dort eingewandert. Mit Papa waren immer Mutproben zu bestehen, alles, was er mit mir unternahm, war Abenteuer: Ich balan-

Links: Elfriede Ott bei der Erstkommunion mit ihren Eltern. *Rechts:* Elfriede Ott im Alter von etwa fünf Jahren.

cierte auf seiner ausgestreckten Hand, wir durchwanderten Höhlen, zum Beispiel die Frauenmauerhöhle, er als Führer mit Fackeln in der Hand – wir schwammen, von Greifenstein aus, die Donau hinunter, unsere Kleider waren auf Autoreifen gebunden. Er versprach mir, daß wir ein Boot bauen und so ins Schwarze Meer fahren werden. Jetzt erinnere ich mich, daß er mir bei unserer Schwimmtour zugerufen hat: »Evilein«, so hat er mich von Anfang an genannt – ich weiß nicht, warum ich nicht auf diesen Namen getauft wurde –, »Evilein, beeil dich, schwimm schneller, es beginnt zu regnen!« Wir fuhren mit unseren Rädern durch die Täler und übernachteten, wo es uns gefiel – ich höre heute noch den summenden Ton des Dynamos des Fahrradlichtes, wenn wir abends die Rustenschacherallee zum Lusthaus und Winterhafen radelten. Es war immer irgendwie aufregend – ich glaube, ich liebte ihn –, durch ihn hab' ich diese positiven Lebenseindrücke.

Auf einer Fahrt in den Sommerurlaub stiegen wir in der Station Oberhofen-Zell am Moos durch ein Versehen auf der falschen Seite des Zuges aus, ich blieb mit einem Schuh an der Schiene hängen, stürzte, der Gegenzug kam, mein Vater riß mich von den Schienen. Wurde selbst vom Zug erfaßt ...

... ich fuhr mit meiner Mutter allein mit dem nächsten Zug zurück. Nach Hause. Mein Elternhaus war von da an meine Mutter. Mein Bruder mußte mit siebzehneinhalb Jahren in den Krieg und kam nie mehr zurück – Krieg, Bomben, Keller. Meine Mutter war nur mehr für mich da. Bis heute.

Die Kindheitswohnung ist da. Ich sitze in meinem Zimmer. Dieselben Elternhausgeräusche, -gerüche – mein Schneckenhaus, in dem ich noch immer hause, obwohl ich einen großen Teil meines Lebens auf dem Land verbringe. – Während ich diese Zeilen schreibe, wird mir immer mehr bewußt, daß ich mich eigentlich auf der Flucht vor meiner Kindheit befinde. Es fallen mir Angstszenen ein: mein Bruder und ich schreiend, wenn die Eltern im Kino waren; unendliches Heimweh (es ist mir soeben passiert, daß ich beim Schreiben dieses Wortes einige »Hhhhhs« dazugefügt habe), wenn ich nur auf Stunden von daheim weg sein sollte. Eine einzige Nacht, die ich brüllend in einem Kinderheim verbracht habe, aus dem mich meine Eltern am nächsten Tag in der Früh abholen mußten, kommt mir in der Erinnerung wie Jahre vor. Ein anderes Mal wurden meine Eltern sofort verständigt, weil in der ersten Stunde des Alleingelassenseins mein Körper mit einem argen Nesselausschlag bedeckt war.

Immer weinen – immer Angst –, ich weiß nicht, warum. Immer behütet, sorgende Eltern; wie gern würde ich von Fröhlichkeit berichten – sicher waren wir auch fröhlich, ich kann mich nur nicht erinnern. Es ist alles zu. Vielleicht taucht mein Elternhaus einmal ganz in mein Bewußtsein herauf – dann wird ein solcher Text vielleicht ganz anders ausfallen.

Geboren am 27. April 1921 als Sohn der Helene und des Mittelschulprofessors Josef Ringel in Temesvar/Rumänien, aufgewachsen in Wien. Neurologe und Psychiater. Medizinstudium, Promotion 1946. Nach seiner Facharztausbildung Aufbau des ersten Selbstmordverhütungszentrums der Welt. 1954 Leiter der Frauenpsychiatrischen Station, Gründung der ersten psychosomatischen Station Österreichs. 1961 Gründer und Präsident des Internationalen Vereins für Selbstmordverhütung. Seit 1981 Ordentlicher Professor für medizinische Psychologie. Zahlreiche Publikationen, darunter ›Die österreichische Seele‹. Verheiratet, eine Tochter, lebt in Wien.

Erwin Ringel
Schicksalhafte Gespräche

Wie bekannt, kann sich niemand seine Eltern auswählen. Es ist reine Glücksache, wie das diesbezügliche Los des Kindes ausfällt, und wir wissen heute nur zu genau, daß viele Kinder dabei ein tragisches Schicksal trifft. Um so mehr muß ich dankbar dafür sein, daß ich diesbezüglich unglaubliches Glück gehabt habe. Mit Recht sagte Heimito von Doderer, daß die Kindheit jener Eimer sei, der uns in den ersten Lebensjahren übergestülpt werde und dann ein Leben lang an uns herunterrinne.

Meine Eltern haben einander liebgehabt (und das blieb so, bis mein Vater im Mai 1945 starb). Sie haben mich mit Freude und, wie ich annehme, auch mit Lust gezeugt, mich vom ersten Tag meines Lebens ernst genommen und sich mir in Liebe zugewandt. Nie habe ich einen schwerwiegenderen Streit zwischen ihnen erlebt, nie mußte ich den Eindruck gewinnen, daß ich ein »Mittel zum Zweck« sei, sondern immer wurde ich als ein neuer Mensch bejaht. Mit anderen Worten: Eigennutz bemerkte ich bei meinen Eltern keinen, die Atmosphäre vermittelte Wärme und

Geborgenheit, aber nie in dem Sinne, daß Unselbständigkeit daraus resultierte.

Ganz im Gegenteil, frühzeitig wurde nicht nur die physiologische Nabelschnur, sondern auch die psychologische gelöst, und ich wurde zu eigenen Schritten ermutigt. Beide Eltern harmonierten in ihrem katholischen Glauben, aber es war kein zwanghafter, verkrampfter, lebensfremder Katholizismus, keiner, der die Frohbotschaft in eine Drohbotschaft verwandelte, und dementsprechend ein mir niemals Religion gewaltsam aufdrängender. Später in meinem Leben schrieb ich ein Buch unter dem Titel ›Religionsverlust durch religiöse Erziehung‹, in dem ich zeigte, daß eine Überfütterung mit religiösen Inhalten oft das Gegenteil des Angestrebten erreicht, nämlich eine Übersättigung, einen Überdruß, der leicht in eine Abwendung von jeder Religion mündet.

Frühzeitig bemerkte ich auch, daß mein Vater über die Verbindung zwischen Christentum und Politik wenig glücklich war. Oft kam er von Versammlungen des »Leo-Bundes« (damals katholischer Lehrerverein) nach Hause und sagte, traurig den Kopf schüttelnd, zu meiner Mutter: »Wir sind eigentlich bei einem Verein, zu dem wir im Tiefsten nicht gehören.« Mag sein, daß diese Ansicht geprägt war von der intriganten Atmosphäre, die damals in allen politischen Organisationen herrschte, mag auch sein, daß meinem Vater in der Christlichsozialen Partei das Wort »sozial« zu wenig Beachtung fand. Denn er war ein zutiefst sozial empfindender Mensch, kam aus kleinsten Verhältnissen, war als armer Bauernbub im Riesengebirge aufgewachsen, hatte durch Glück ein Stipendium für das Studium bekommen und sich aus eigener Kraft zum Mittelschullehrer emporgearbeitet. Er hat seine Herkunft weder verleugnet noch verachtet, sondern ganz im Gegenteil daraus eine anhaltende tiefe Sympathie für alle Benachteiligten abgeleitet.

Nie werde ich jene Szene vergessen, die sich etwa in meinem neunten oder zehnten Lebensjahr abgespielt hat: Die Eltern kamen spät nach Hause; um ihr Schlafzimmer zu erreichen, mußten sie damals durch jenes Zimmer gehen, in dem mein Bett stand. Ich erwachte und sah meinen Vater ganz verstört und fragte ihn nach dem Grund dafür. Er antwortete: »Ich komme soeben aus der Oper; dort hat es ein schreckliches Stück gegeben mit Namen ›Wozzeck‹.« Nach dem Inhalt befragt, ergänzte er: »Da ist ein Soldat die Hauptfigur, der alles tun muß, was ein anderer befiehlt; er ist der Inbegriff menschlichen Elends.«

Ich zweifle nicht daran, daß diese Bemerkung meines Vaters eine erste Abneigung gegen alles Militärische in mir erzeugte, die sich in der nationalsozialistischen Zeit verständlicherweise bis zum Ekel steigerte und von der ich mich bis zum heutigen Tage nicht getrennt habe, wenngleich ich ab dem 11. März 1938 täglich um Krieg betete in der Überzeugung, daß die Österreicher nicht imstande wären, sich aus Eigenem zu befreien und uns nur eine militärische Niederlage Hitlers die Selbständigkeit und Freiheit wieder schenken könnte.

Aus den zahlreichen Beispielen der sozialen Einstellung meines Vaters, die auf mich nachhaltig Eindruck machten, möchte ich kursorisch nur noch zwei erwähnen. Als im Juli 1927 der Justizpalast von empörten Arbeitern angezündet worden war, fragte ich, was denn dies bedeute, und mein Vater antwortete: »Dies beweist, mein Sohn, daß Menschen, die recht haben, nicht immer recht behalten«, womit er, was ich damals als Sechsjähriger noch nicht verstand, das Schattendorfer Unrechtsurteil meinte, bei dem Heimwehrmänner, die Mitglieder des Schutzbundes erschossen hatten, freigesprochen worden waren. – Viel »erwachsener« war ich schon 1934, als mein Vater, obzwar noch immer auf der »schwarzen« Seite stehend, dennoch die Beschießung von Arbeiterhäusern mit Kanonen auf das schärfste verurteilte. Ich zweifle nicht, daß schon damals ein erstes, entscheidendes Interesse an der sozialen Frage in mir geweckt wurde, welches später konsequent zur Begegnung mit Hans Hoff, Oscar Spiel und durch ihn mit Alfred Adler führen sollte, welch letzteren Kreisky zu Recht als den ersten Sozialpsychologen bezeichnet hat.

Wenn ich bei der Politik bin, darf ich nicht vergessen, die großen Verdienste zu erwähnen, die meine beiden Eltern an jenem Prozeß hatten, den ich als »Immunisierung« gegen den Nationalsozialismus bezeichnen möchte. Obwohl sie die Friedensverträge von Versailles, St. Germain und Trianon für Unrecht hielten und Hitler versprach, diese wie einen Fetzen Papier zu zerreißen, blieben sie dennoch dem Nationalsozialismus gegenüber absolut ablehnend. Frühzeitig erkannten sie (und es *war* zu erkennen), daß es sich dabei um ein brutales und unmenschliches Regime handelte. Auch ihr österreichischer Patriotismus ließ sie jeden Gedanken an einen Anschluß Österreichs an Deutschland entschieden ablehnen. Dies war die »Mutter- und Vater-Milch«, die ich mit Freude einsog, so daß ich mich frühzeitig zu dem entwickelte, was der Chefredakteur des ›Kurier‹, F. F. Wolf, einen »katholischen Patrioten« genannt hat. Freilich darf ich auch an dieser Stelle nicht vergessen, die Professoren des Akademischen Gymnasiums zu erwähnen, die uns alle im Geiste der Humanität und zu strikten Gegnern des Antisemitismus liebevoll erzogen haben.

So könnte man vielleicht sagen: Man sollte Kinder so erziehen, oder besser gesagt: wachsen lassen, wie ich von meinen Eltern erzogen worden bin. Freilich, eine Einschränkung muß ich machen. Obwohl meine beiden Eltern, wie ich schon angedeutet habe, außer Zweifel ihre sexuelle Beziehung bis zuletzt genossen haben, haben sie bezüglich der sexuellen Erziehung bei mir – vielleicht infolge ihrer katholischen Beeinflussung – vollkommen versagt. Nie habe ich von ihnen ein Wort über diese Problematik gehört; der Begriff der »Aufklärung« schien ihnen fremd zu sein, und so wuchs ich diesbezüglich ahnungslos auf. Von meinen Mitschülern

Links: Erwin Ringel an seinem fünften Geburtstag. *Rechts:* Der sechzehnjährige Erwin Ringel bei einem Sonntagsausflug mit seinem Vater.

bis in die höheren Klassen deswegen verspottet, bei Lesung von Dramen mit verteilten Rollen immer dazu verurteilt, die weibliche Hauptrolle übernehmen zu müssen, blieb mir nichts anderes übrig, als mich in »Kultur« und »Politik« zu flüchten. Als ich erstmals durch die bis oben sichtbaren Beine der Eiskunstlaufweltmeisterin Sonja Henie in sexuelle Erregung geriet, sagten mir meine Eltern, ich dürfe solche Bilder nicht ansehen, das sei gefährlich. Diese wenigen Einzelheiten, die ich hier wiedergebe, sagen wohl alles über die sexuelle Nicht-Erziehung durch meine Eltern.

Dennoch muß ich rückblickend sagen, daß ich dafür eine Zeit erlebte, frei von irgendwelchen erotischen Konflikten und ganz hingegeben an Weltanschauungen und politische Ereignisse, die immer dramatischer sich zuspitzten. Bezeichnend dafür mag sein, daß ich als Dreizehnjähriger nach der Ermordung von Engelbert Dollfuß, den ich trotz all seiner Fehler für ein Bollwerk im Sinne der Selbständigkeit Österreichs hielt, schluchzend sagte: »Dollfuß ist tot, Österreich ist verloren«, ein Satz, der sich leider als prophetisch erweisen sollte. Auch konnte ich ungehemmt ungezählte Bücher lesen – diesbezüglich war ich unersättlich – und mir damit einen Wissensstand vermitteln, von dem ich heute noch zehre. Schließlich bescherte mir ein gütiges Schicksal im Jahre 1939 eine neue, tiefste Freundschaft mit dem (späteren) Dr. Otto Beutl, der sich meiner liebevoll annahm und dafür sorgte, daß ich in kurzer Zeit all das nachholte, was ich nur allzu lange versäumt hatte. Freilich bleibt die bange Frage im Raum: Was wäre mit mir geschehen, wenn dies nicht gelungen wäre und ich nicht das Glück gehabt hätte, einem solchen Menschen zu begegnen? Dann wäre ich vielleicht ein Leben lang dazu verurteilt gewesen, eines der wichtigsten und schönsten Kommunikationsmittel des Menschen nicht genießen zu können. Und darum kann ich nicht umhin, zu sagen, daß meine beiden großartigen Eltern in diesem Punkte einen schweren Fehler begangen haben, den niemand nachmachen dürfte.

Mein Vater war Mittelschulprofessor an der Lehrerbildungsanstalt in Wien, Hegelgasse 12. Wenn er heimkam, sagte er nicht zu mir: »Laß mich in Ruhe, ich bin jetzt müde«, sondern er setzte sich hin und erzählte mir stundenlang, was er in seiner Schule erlebt hatte, so daß ich in der Naivität eines Volksschulkindes zu glauben anfing, er übe seinen Beruf nur aus, um mir davon berichten zu können. Alsbald begann ich, Hefte mit Schularbeiten verschiedener imaginärer Schüler auszufüllen (!) und sie dann anschließend zu korrigieren. Natürlich legte ich auch Kataloge an, in denen ich die Noten festhielt. Mit anderen Worten: Es war meinem Vater gelungen, mich für seinen Beruf zu begeistern (was heute zu selten geschieht), und ich war fest entschlossen, ebenfalls Mittelschullehrer zu werden.

Von diesem Weg wich ich nur ein einziges Mal kurz ab. Im Jahre 1934 machten meine Eltern mit mir im Sommer einen Ausflug nach Bad Ischl. Dort führten sie mich liebevoll zum »Zauner«, und dessen Köstlichkeiten begeisterten mich so sehr, daß ich am nächsten Vormittag bat, doch wieder zum »Zauner« gehen zu dürfen. Auch dieser Wunsch wurde mir erfüllt. Als aber am Nachmittag des gleichen Tages mich neuerlich die Sehnsucht dorthin überfiel, sagte meine Mutter: »Lieber Erwin, der Vater hat ein fixes Gehalt; das ist in dieser Zeit der Arbeitslosigkeit eine große Gnade. Aber andererseits ist das Gehalt doch nicht so groß, daß wir uns so viele Extravaganzen leisten können.« Ich wurde sehr nachdenklich und sagte auf der Heimfahrt: »Liebe Mutter, wenn es sich ein Mittelschullehrer nicht einmal leisten kann, sein Kind dreimal zum ›Zauner‹ hinzuführen, dann ist das kein Beruf für mich!« Aber das war nur ein momentaner »Umfaller«. Jedenfalls war ich nach der Matura entschlossen, Mittelschullehrer zu werden; etwas anderes stand für mich nicht einmal zur Debatte.

War mein Vater ein guter Pädagoge? Er war es für alle seine Schüler, die ihn noch heute, wie etwa der Wiener Bürgermeister Dr. Helmut Zilk, »Papa Ringel« nennen. Er war es auch für mich insofern, als er in unendlicher Liebe und Geduld zahlreiche Werte aus allen Bereichen des Lebens an mich herantrug und damit das Fundament legte für die Sinnhaftigkeit meines Daseins. War er auch ein Anhänger der gewaltlosen Erziehung? In der Theorie selbstverständlich, aber in der Praxis ging es nicht immer so glatt. Wenn er glaubte, daß man ihn anlog, geriet er in schreckliche Erregung und verlor darin jede Beherrschung. Das war gerade in der

Begegnung mit mir eine kritische Konstellation, denn ich wiederum war eher »bereit zu sterben« als zu gestehen, daß ich gelogen hätte, wenn dieses nicht der Fall war.

So fiel mein Vater dreimal über mich mit fürchterlichen Schlägen her, und in allen diesen Fällen verdankte ich, natürlich übertrieben ausgedrückt, mein Überleben dem Dazwischentreten meiner guten Mutter. Aber – und damit bin ich am entscheidenden Punkt: am nächsten Tag schlich mein Vater mit solchen Schuldgefühlen umher, daß er *mir* leid zu tun begann und ich ihm als Erster die Hand entgegenstreckte, etwa mit den Worten: »Nimm es nicht so tragisch! Ich bin Dir weiter nicht böse, denn eines weiß ich ganz sicher: daß Du mich liebst.« Dieser beschriebene Ablauf sollte eine Mahnung sein für alle diejenigen, die entgegen ihren guten Absichten doch gelegentlich zu einer Pädagogik der Gewalt schreiten (auch dem wunderbaren, unvergeßlichen Kinderarzt Hans Czermak ist dies nach seinem eigenen Geständnis mehrmals passiert). Entscheidend bleibt dabei, daß man die Handlung bereut und sie wieder gutzumachen bestrebt ist; entscheidend auch, daß für das Kind dennoch das Gefühl, geliebt zu werden, nicht verlorengeht.

Zum Schluß möchte ich eine Szene aus dem September 1939 beschreiben: Ich war im Reichsarbeitsdienst (ein schrecklich geistloses »Unternehmen«), als am 1. September 1939 der Krieg zuerst mit Polen, dann aber (zu meiner großen Genugtuung) auch mit England und Frankreich begann. Plötzlich rief mich mein Vater an und teilte mir mit, daß er mich an der Medizinischen Fakultät inskribiert habe. Wenig ehrfürchtig erwiderte ich: »Bist Du verrückt geworden?« Aber er beschloß das Gespräch mit der knappen Bemerkung: »Du wirst schon sehen, warum ich es getan habe.«

Nun, den Grund konnte ich mir schon vorstellen, und so war es auch. Am nächsten Tage gab es einen Appell und die Mitteilung: Erlaß des »Führers«, alle Medizinstudenten rüsten ab. So tauschte ich die verhaßte Uniform mit den Zivilkleidern und verließ am nächsten Tag das Lager. Ich war vielleicht hundert Schritte weit gekommen, als ich zum »Oberstfeldmeister« (= Kommandant des Lagers) zurückgeholt wurde. (Rückblickend betrachtet, glaube ich, ich hätte dem Befehl nicht Folge leisten müssen, denn schließlich war ich ordnungsgemäß entlassen worden.) So aber mußte ich in einer lauten Schreiorgie hören, daß alles Lüge und Schwindel sei; ich hätte beim Eintritt erklärt, ich wolle Lehrer werden und darum sei mein Sinneswandel ungültig! Also wieder hinein in die Uniform, und meine Kameraden waren gespannt, welchen Tischspruch ich beim Abendessen vortragen würde (denn dies fiel immer mir als »zitatenkundigem« Individuum zu). Ich zögerte nicht und sagte: »Was uns nicht umbringt, macht uns nur stärker!«

Dieses Wort sollte sich zwei Tage später bewahrheiten: Wieder Appell, wieder »Führererlaß«, aber diesmal sollte der Jahrgang 1921 abrüsten.

Erwin Ringel mit seiner Großmutter und seinen Eltern.

Daß ich in diesem Jahre geboren war, konnte der Lagerführer »beim schlechtesten Willen«, wie ich ihm ironisch sagte, nicht abstreiten, und also verließ ich, diesmal für immer, das Lager. (Vor Jahren habe ich mich mit Genugtuung davon überzeugt, daß auch nicht der kleinste Rest von ihm übriggeblieben ist.)

Ich rekapituliere jetzt ein entscheidendes Gespräch mit meinem Vater, nicht zuletzt auch deswegen, weil ich intensiv anregen möchte, daß auch heute noch, natürlich über ganz andere Themen, ähnliche Dialoge zwischen Vätern und Söhnen stattfinden mögen.

Mein Vater: »Du wirst also mit dem Medizinstudium beginnen?« Ich: »Mitnichten. Du darfst nicht vergessen, daß ich nicht als Medizinstudent, sondern als Jahrgang 1921 abgerüstet habe. Es besteht also nicht die geringste Verpflichtung meinerseits, mit einem ungeliebten Studium anzufangen.« Mein Vater: »Schau, du darfst nicht Lehrer werden. Du kannst ja den Mund nicht halten; in Deiner ersten Schulstunde wirst Du Deine anti-nationalsozialistische Gesinnung verraten und unweigerlich von der Gestapo verhaftet werden. Was das bedeutet, können wir alle uns vielleicht gar nicht vorstellen.« Ich antwortete blitzschnell: »Lieber Vater, bis ich Professor bin, gibt es längst keinen Hitler mehr« (man sieht: Ich hatte den Rüstungsstand Englands und Frankreichs bei weitem überschätzt).

Nun trat eine lange Pause ein. Meinem Vater schienen einen Moment lang die Gegenargumente auszugehen. Aber dann sprach er doch, und noch heute möchte ich ihm danken dafür und ihm versichern: Mit dem, was er mir dann sagte, hat er mein Leben schicksalhaft verändert.

Mein Vater: »Es mag schon sein, daß dann Hitler nicht mehr existiert. Aber, und das fällt schwer ins Gewicht, Du auch nicht mehr! Denn Philosophiestudenten müssen sicher einrücken und kämpfen, und welchen Sinn hätte es für Dich, für den Mann und seine Bewegung zu fallen, den Du für die Inkarnation des Bösen auf der Welt hältst? Ärzte hingegen werden gebraucht, und als Medizinstudent hast Du die Chance, Dein Studium zu beenden.«

Nun war es an mir, eine Weile still zu sein. Dann aber gab ich mich geschlagen und bekannte: »Ja, Vater, Du hast recht; ich muß Medizin studieren. Aber natürlich nur so lange, als Hitler existiert. Nachher wird mich nichts aufhalten, meine wahre Sehnsucht zu realisieren.« Aber, wie das Schicksal so wollte: Als im Jahre 1945 Hitlerdeutschland zusammenbrach, war ich knapp vor der Beendigung des Medizinstudiums, hatte Feuer gefangen für den helfenden, mitmenschlichen Umgang und war unter keinen Umständen mehr bereit, es aufzugeben.

Wenige Wochen nach der Wiederherstellung Österreichs starb mein Vater als ein verspätetes Opfer der Kriegsbedingungen, und die Nachricht, daß er als Wiedergutmachung zum Direktor der Lehrerbildungsanstalt ernannt werden würde, war die letzte Botschaft, die ihn noch bei Bewußtsein erreichte. Jedenfalls hat er nicht mehr erlebt, daß der Sohn im Jahre 1946 zum Doktor der Medizin promovieren durfte.

In diesen Monaten nach dem Tode meines Vaters kam die große Stunde meiner Mutter. Immer hatte ich gewußt, daß sie zwar von beiden Persönlichkeiten die stärkere, aber klug genug war, dies ihren Gatten nicht merken zu lassen. Nun, ganz auf sich gestellt und monatelang ohne einen Groschen Geld (denn die Pension wurde lange nicht ausgezahlt), meisterte sie das Leben, Und als ich im Juli 1945 an einer Diphtherie mit sämtlichen denkbaren Folgeerscheinungen lebensgefährlich erkrankte und drei Tage in Agonie lag, gab sie nicht auf, trat mich nicht an irgendein Spital ab, sondern schaffte es mit Unterstützung der besten Ärzte, die sie auftreiben konnte, mich am Leben zu erhalten. Der große Kinderarzt Professor Kundratitz sagte damals zu ihr: »Ein geschenktes Leben«, und ich selbst gestand an meinem 60. Geburtstag in Dankbarkeit: »Meine Mutter hat mir mehr als einmal das Leben geschenkt.«

Wer glücklich gelebt hat, hinterläßt, wie ich zu sagen pflege, eine »goldene Spur«. Meine beiden Eltern haben dies bei mir getan, und so lange ich lebe, will ich in Dankbarkeit von dieser »goldenen Spur« berichten.

Geboren in Wien als Sohn der Marie und des Ministerialrats Dr. Richard Frydmann Ritter von Prawy. Jusstudium, Promotion 1934; Musikstudium bei Egon Wellesz. Ab 1936 Privatsekretär des Startenors Jan Kiepura, den er in die Emigration nach Amerika begleitete. 1946 Rückkehr nach Österreich als US-Kulturoffizier. 1955 Dramaturg an der Volksoper. Seit 1965 Gestalter des ›Opernführers‹. Moderator der ›Einführungsmatineen‹ an der Wiener Staatsoper, der er seit 1972 auch als Dramaturg angehört. Professor an der Hochschule für Musik in Wien, Gastprofessor an der Yale University, USA. Ehrenmitglied der Wiener Staatsoper. Buchveröffentlichungen: ›Die Wiener Oper‹, Biographien über Johann Strauß und Richard Wagner, Übersetzer von Opern und Musicals. Lebt in Wien und Miami, USA.

Marcel Prawy
Der Affe auf dem Nachttopf

Es bereitet mir ungeheure Freude, aus dem Leben Verdis und Mozarts, Puccinis und Beethovens, Wagners und Bernsteins zu erzählen. Und ich sehe meine schönste Aufgabe darin, diese Freude auf andere übertragen zu können. Jede, auch die kleinste, scheinbar unbedeutende Kleinigkeit, auch aus den Kindertagen und dem Elternhaus dieser Genies, erachte ich als wichtig und berichtenswert. Doch halte ich wenig davon, meine Vergangenheit zu ergründen, geschweige denn, aus ihr zu erzählen. Wer sein Leben damit verbringt, sich mit den Giganten der Musikwelt zu befassen, dem erscheint sein eigenes Dasein viel zu unbedeutend, um darüber zu schreiben. Indes hat mich mein Freund Georg Markus in freundschaftlicher Weise gezwungen, dies zu tun. Und so erzähle ich manches, was mir zu meiner Kindheit, meiner Herkunft, meinem Elternhaus einfällt. Und habe plötzlich doch meine Freude daran, denn es ist ja wieder eine Begegnung mit meiner geliebten Musik, mit der schönsten Musik, die ich gehört, der Musik aus den frühen Jahren meines Lebens.

Begonnen hat es allerdings überhaupt nicht mit Musik, ganz im Gegenteil, ich war ein furchtbar unmusikalisches Kind, das seinen Vater zur Verzweiflung brachte, weil es sich gegen die Klavierstunden wehrte. Dabei hatte ich in Valerie Weigl – der Gattin des damals bekannten Komponisten Karl Weigl – eine wunderbare Lehrerin. Doch ich entwickelte keine Beziehung zur Musik, und es sollte ziemlich lange dauern, bis sie geweckt werden konnte.

Ich bin im Sanatorium Fürth nahe dem Theater in der Josefstadt zur Welt gekommen. Als US-Soldat aus der Emigration zurückgekehrt, mußte ich mich hier bei einer amerikanischen Dienststelle in der Schmidgasse im 8. Bezirk melden, und da wurde ich gleich nach allen möglichen Daten gefragt, unter anderem, wo ich geboren wurde. Ich sagte dem Beamten: »Hier!«, worauf er fragte: »Was heißt hier?« Ich antwortete: »Genau hier, und zwar in dem Zimmer, in dem wir jetzt sitzen.« Es war dasselbe Haus, in dem sich damals das Sanatorium befunden hatte. Heute ist es Sitz des American Information Service.

Meine erste Kindheitserinnerung führt mich so weit zurück, daß sie mir kein Mensch glauben wird, aber ich sehe alles sehr genau vor mir. Ich war mit meinen Eltern nur zweimal auf der Insel Brioni in Ferien. Das erstemal war ich ein halbes Jahr alt, das zweitemal eineinhalb Jahre. Während eines der beiden Aufenthalte sah ich einen Affen, der auf einem Nachttopf saß. Es erschien mir damals keineswegs außergewöhnlich, daß ein Tier sich dermaßen benimmt.

Denn selbstverständlich wußte ich nicht, was ein Affe ist, und auch die Bedeutung des Nachttopfs war mir nur peripher bekannt. Ich erinnere mich nur, daß sich die kleine Szene in einem Tiergarten auf Brioni zutrug, in den ich entweder von meinen Eltern oder von meiner Amme mitgenommen wurde. Der Affe lief in seinem Käfig herum, und als ihm jemand einen Nachttopf reichte, benutzte er diesen zu ebenjenem Zweck, dem Nachttöpfe zu dienen pflegen. Soweit meine erste Kindheitserinnerung, die sehr wenig mit Musik zu tun hat.

Die nächste ist eine politische. Ich erinnere mich insofern an den Ausbruch des Ersten Weltkrieges im Sommer 1914, als wir damals in Marienbad auf Urlaub waren, und ich weiß noch genau, daß wir, als die Meldung eintraf, den Kurort überstürzt verließen. Und schon wird's ein wenig musikalisch. Meine Amme sang während des Krieges immer wieder eine Melodie aus Kálmáns ›Csárdásfürstin‹: »Die Mädis, die Mädis, die Mädis von Chantant, die nehmen die Liebe nicht so tragisch.« Interessanterweise ahnte ich damals zwar, was Mädis sind, hatte aber keine Ahnung, was Chantant heißen soll. Ebenso unklar war mir die Bedeutung eines etwas später gehörten musikalischen Textes aus Leo Falls Operette ›Rose von Stambul‹, in der man sang: »Nur du allein sollst meine Scheherezade sein.« Ich habe immer verstanden: »Nur du allein sollst meine schönere Sarah sein«, woraus ich den mir logisch erscheinenden Schluß zog: Es gibt eine miese und eine schöne Sarah, und der das singt, bevorzugt die schönere. Was ich natürlich nicht wissen konnte, war, daß diese reizenden Worte von Alfred Grünwald, dem Vater des späteren amerikanischen Botschafters Henry A. Grunwald, stammen, der gemeinsam mit Julius Brammer das Libretto zur ›Rose von Stambul‹ geschrieben hat.

Zweimal sehe ich in meinen Kindheits- und Jugenderinnerungen die Wiener Ringstraße vor mir: das erstemal nach dem Tod Kaiser Franz Josephs im Jahre 1916, als ich an irgendeinem Fenster stand und auf den Ring hinunterschaute. Tausende Menschen zogen vorbei, und auch das Kaiserpaar Karl und Zita und den kleinen Erzherzog Otto sehe ich während des Trauerzuges deutlich vor mir.

An einem ähnlichen Fenster, ebenfalls an der Ringstraße, stand ich mehr als zwei Jahrzehnte später, wenige Tage vor dem Einmarsch Hitlers in Wien. Ich war damals Privatsekretär von Jan Kiepura und Marta Eggerth, deren Filmproduzent Oskar Glück hieß. Er war Chef der Projektograph-Film, und sein Büro befand sich gegenüber der Oper. Während einer Besprechung beobachteten wir demonstrierende Nazis, die unten auf der Ringstraße lautstark gegen die vorgesehene Volksabstimmung warben, in der die Entscheidung zwischen Schuschnigg und Hitler fallen sollte. Ihre geifernden Schreie »Heil Hitler!« und »Juda verrecke!« drangen hinauf zu dem Fenster, an dem wir standen. Auch Oskar Glück war nach Hitlers Gesetzen »rassisch« nicht einwandfrei, ebensowenig seine Sekretärin und spätere Frau, Fräulein Schlesinger. Mitten in dem großen Lärm, der da unten herrschte, wandte sich Oskar Glück mir zu und sagte: »Prawy, ich werd' dir was sagen. Das Fräulein Schlesinger und ich, wir stimmen für den Schuschnigg. Aber bei denen da unten bin ich mir nicht so sicher!«

Ich kehre jetzt zurück in seligere Zeiten, komme auf meinen Großvater zu sprechen, der die legendäre Figur unserer Familie war. Ich selbst habe ihn nicht mehr gekannt, er starb im Jahre 1906. Ursprünglich hat er Marcell Frydmann geheißen, er stammte aus dem österreichischen Teil Galiziens, wo er deutschsprachig aufgewachsen war. Er studierte Jus, ging nach Wien, wurde Anwalt und hat ein heute noch, wie man mir sagt, als interessant geltendes Buch über die Geschichte der Advokatur geschrieben. Das Schreiben hat ihn bald mehr interessiert als das Verteidigen, und so wurde er hauptberuflich Schriftsteller und Journalist. Er schrieb für das ›Fremdenblatt‹ – das Leibblatt Kaiser Franz Josephs, das täglich auf dessen Frühstückstisch lag. Mein Großvater wurde Chefredakteur dieser Zeitung und für diese Tätigkeit in den Adelsstand erhoben. Wie damals üblich, konnte man sich die Namensbeifügung aussuchen, und er entschied sich für Prawy, was der Gerechte bedeutet. Später habe ich bedauert, daß er nicht statt des Titels ein schönes Grundstück bekommen hat.

 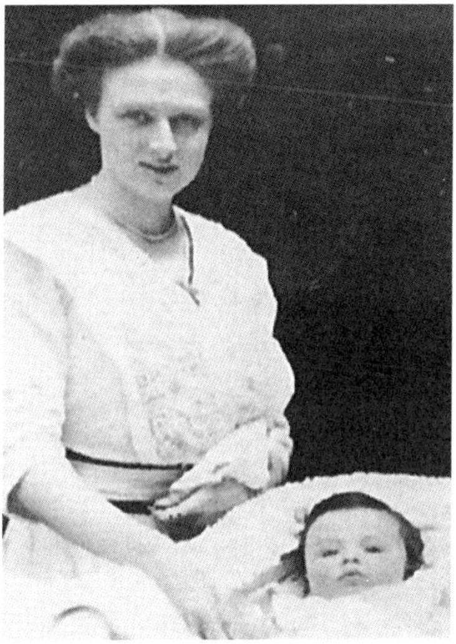

Links: Der Vater Richard Frydmann Ritter von Prawy. *Rechts:* Marcel Prawy als Baby mit seiner Mutter Marie.

In meiner Familie erzählte man, daß Großvater im Auftrag der Regierung die für den Kaiser bestimmten Zeitungsexemplare mehrmals zu fälschen hatte. Für zumindest zwei Fälle ist das gesichert überliefert: nach der Mayerling-Katastrophe und nach der Ermordung der Kaiserin Elisabeth fand Franz Joseph auf seinem Frühstückstisch andere Titelseiten vor als seine Untertanen. Majestät sollte »geschont« werden.

Großvater war ein berühmter und überaus angesehener Mann, in dessen Salon in der Hegelgasse Berühmtheiten wie Billroth, Johann Strauß, Brahms, Goldmark, der Geiger Huberman und der Cellist Josef Sulzer verkehrten. Das Haus hatte also eine große musikalische Tradition, und auch meine Großmutter Bertha, die aus Bad Homburg stammte, war eine exzellente Pianistin. Ich erinnere mich zwar sehr gut und sehr gerne an meine Großmutter, doch ihre musikalische Karriere fand noch vor meiner Zeit statt.

Mein Elternhaus stand auf der Wieden, im 4. Wiener Gemeindebezirk, am Möllwaldplatz, den ich mit einem Tretroller bereiste. Hier begann meine Beziehung zur Musik. Wir wohnten auf Nummer 4. Und auf Nummer 1 wohnte Kammersänger Franz Steiner, damals eine große Berühmtheit, Freund von Richard Strauss – der ihn auch oft am Flügel begleitete. Im gegenüberliegenden Haus residierte Herr Ebenstein, der prominenteste Schneider Wiens, dessen Tochter Heide mein erster Jugendflirt wurde, als ich fünf war.

Zwei dieser Personen spielen Hauptrollen in einem Witz, den man sich damals erzählte: Es gab eine Skatpartie, bestehend aus Richard Strauss, der den ›Rosenkavalier‹ schuf, aus dem ›Walzertraum‹-Komponisten Oscar Straus – der eine riesige Nase hatte – und aus dem Schneider Ebenstein, unserem Nachbarn auf dem Möllwaldplatz. Und da witzelte man: Wer trifft sich samstags zur Skatpartie? Es sind der Rosenkavalier, der Nosenkavalier und der Hosenkavalier.

Auch meine Mutter, gebürtige Berlinerin, war hoch musikalisch, doch leider wurde mir das erst nach ihrem frühen Tod bewußt. Aus den mir hinterlassenen Tagebüchern erfuhr ich von ihren zahlreichen Opernbesuchen, die sie alle fein säuberlich mit den genauen Besetzungen registriert hatte. Nach der Scheidung meiner Eltern blieb ich bei meinem Vater, während meine Schwester Edith zu meiner Mutter kam.

Man sagt, daß sich meine Mutter am 18. Juni 1925 das Leben genommen hat. Den genauen Hintergrund der Tragödie kennt man nicht, man vermutet, daß Börsenverluste oder ähnliches dahintersteckten. Man hat nie darüber gesprochen.

Wir verließen den Möllwaldplatz und zogen von einer Wohnung in die andere. Einige Zeit lebte ich bei meiner Großmutter – der Witwe des legendären Marcell Frydmann von Prawy, die nach dem Tod ihres Mannes in die Rathausstraße übersiedelt war. Aus ihrem Detektor hörte ich oft über Kopfhörer wunderbare Musik des damaligen Radio-Versuchsprogramms Eines Tages sagte man, es gebe eine revolutionäre Erfindung, die sich Antenne nenne, und die würde die Empfangsqualität erheblich steigern. Ich besorgte mir einen primitiven Metallstreifen und hängte ihn auf Großmutters Balkon, und tatsächlich hörte ich nun die Musik viel klarer.

Und jetzt kommt das Unglaubliche: Das Haus Rathausstraße Nummer 17 hat in den inzwischen vergangenen siebzig Jahren einen Weltkrieg mitgemacht, in dem Millionen Menschen auf grauenvollste Weise starben, und eigentlich steht nichts mehr so, wie es damals stand. Nur der kleine Draht, die im Jahre 1920 von mir selbst gebastelte Antenne, die hängt immer noch so wie damals an dem Balkon im obersten Stock. Ich freue mich jedesmal darüber, wenn ich an dem Haus Rathausstraße 17 vorübergehe.

Besagte Großmutter hatte – obwohl wir keineswegs reich waren, aber das konnte man sich damals in gutbürgerlichen Familien leisten – neben dem Stubenmädchen Lina noch eine Köchin namens Agnes, die mich zu einer Begebenheit mit einem später von mir Vergötterten führt: Agnes war berühmt für ihre Kochkünste, und so kam es, daß sie zwei- oder dreimal auf der Straße von einem älteren Herrn angesprochen wurde, der sie meiner Großmutter abwerben wollte. Und dieser Herr war Richard Strauss, damals Operndirektor, und offensichtlich von seiner Frau Pauline mit dem Auftrag in die Rathausstraße entsandt, die für ihre Fleisch-

und Mehlspeisen berühmte Köchin der Familie Frydmann-Prawy zu engagieren. Doch Agnes widerstand der Verlockung und blieb uns treu.

Aus der Zeit, an der ich an Großmutters Detektor »hing«, sind mir besonders die Sonntagvormittag-Konzerte unter Ludwig Kaiser in Erinnerung geblieben. Es faszinierte mich auch, wenn der Radiosprecher »Wir schalten auf die Wiener Staatsoper um« ankündigte. Ich habe noch eine ›Turandot‹-Übertragung mit Jan Kiepura im Ohr, und natürlich konnte ich nicht einmal im Traum annehmen, daß er später mein Freund und mein erster Chef werden sollte.

Er war immer schon seiner Zeit voraus, und so war er auch damals – als das Radio in den Kinderschuhen steckte – der erste, der erkannt hatte, daß man ihm die Rundfunkrechte extra bezahlen müßte. In der RAVAG wollte man das nicht verstehen, es hieß, der muß doch sowieso singen, da spielt es doch keine Rolle, wenn auch noch ein Mikrophon dort steht. Es galt als kleine Verrücktheit eines großen Tenors.

Noch vor diesen ersten Rundfunkerlebnissen hörte ich Leo Slezaks Stimme im Grammophon, und das waren vielleicht die ersten musikalischen Begegnungen, die mich beeindruckten. Es gab eine Schallplatte, auf der Leo Slezak aus der ›Königin von Saba‹ sang. Außerdem besuchte ich einige, nicht sehr bedeutende Vorstellungen in der Volksoper – ich glaube, der ›Fliegende Holländer‹ befand sich darunter. Und jetzt begann also mein ernsthaftes Interesse für die Musik.

Aber es war zunächst nicht viel intensiver als das Interesse so vieler anderer junger Menschen meiner Generation. Der Funke sprang über, ich werde das Datum nie vergessen, am 7. Dezember 1926. Jener Herr, der einige Jahre zuvor meiner Großmutter die Köchin abwerben wollte, stand am Pult der Wiener Staatsoper: Richard Strauss dirigierte ›Elektra‹, und von dem Tag an war ich der Oper verfallen, von diesem Tag sollte die Musik mein Leben bestimmen. Bald kannte ich die sogenannten schweren Opern wie ›Parsifal‹ und ›Die Frau ohne Schatten‹ auswendig und verstand sie auch. Was ich nicht verstand, waren die auf ihre Geschwollenheit stolzen Einführungsschriften zu diesen Werken. Sich nur ja nicht so auszudrücken sollte oberstes Gebot meiner späteren Tätigkeit als »Opernführer« im Fernsehen sein.

Ich wohnte mittlerweile mit meinem Vater und meiner Stiefmutter an der Ecke Schleifmühlgasse/Margarethenstraße und hatte meine erste Mittelschule relativ unrühmlich verlassen. Angeblich hatte sich folgendes zugetragen: Der jüdische Religionslehrer des katholischen Piaristengymnasiums hatte gesagt, auch unser Gott sei der Gott allen Fleisches, worauf ich mir einzuwenden erlaubte: »Außer des Schweinefleisches!«

Daraufhin wurde ein sogenanntes Consilium abeundi erteilt, der Rat an meinen Vater, den frechen Sohn aus der Schule zu nehmen, anderenfalls man mich hinausgeschmissen hätte. Ich wechselte ans Wasagymnasium, in dem ich sehr glücklich war und wo ich auch mit Auszeichnung maturierte.

In der Oberstufe war ich am Zustandekommen einer Revue beteiligt, das heißt, ich komponierte die Musik zu Texten des späterhin berühmten Literaten und Kabarettautors Peter Hammerschlag. Mit dem Text unserer Revue wäre er freilich nicht berühmt geworden, ich erinnere mich noch an den schrecklichen Refrain eines Liedes: »Wer sich in St. Pölten verliebt hat, tut's im Leben nie wieder.« Ich war nicht nur Komponist, sondern auch »Produzent« der Revue, die wir gemeinsam mit den Mädchen der Schwarzwaldschule zur Aufführung brachten und für die wir wundersamerweise sogar positive Zeitungskritiken erhielten.

Mein Vater, Ministerialrat am Verwaltungsgerichtshof, war ein äußerst musikalischer Mann, sicherlich musikalischer, als ich es bin. Und mit meiner Stiefmutter verstand ich mich sehr gut. Leider ist auch sie ganz jung, vermutlich an Leukämie, gestorben. Großen Einfluß auf mich hatte meine Großmutter mütterlicherseits, Ida Mankiewicz, die eine große Opernkennerin war und mir sehr viel über Musik erzählen konnte. Sie hatte die große Zeit der alten Oper unter Jahn und Mahler erlebt, und ich durfte nach jedem Philharmonikerkonzert am Sonntag, damals Beginn 12.30 Uhr, bei ihr sein. Sie starb in Theresienstadt.

Dann gab es noch meine Tante Hedwig von Wurzian, deren sagenhaftem Reichtum ich ganz frühe musikalische Eindrücke verdanke. Sie war die erste der – ich glaube – acht Frauen des berühmten »Kohlebarons« Wilhelm von Gutmann gewesen, der ihr nach der Scheidung eine fürstliche Apanage zahlte. Vor ihrer dritten Heirat – mit Baron Wurzian – lebte sie auf Schloß Tobitschau bei Olmütz, wo ich jahrelang meine Sommerurlaube verbrachte. Heute noch ist mir das Klappern der Pferdehufe zwischen erstem und zweitem Tor im Ohr, die eine eigene Melodie vermittelten.

Für einen jungen Mann aus bürgerlichem Haus war das Jusstudium eine Selbstverständlichkeit. Ich schwindelte mich mit allen möglichen Tricks durch die Rechtswissenschaften, denn mein Herz gehörte längst der Musik. Aber einmal auf diesem Gebiet berufstätig zu sein, hätte ich nie zu träumen gewagt. Ich hatte und habe einen so unbeschreiblichen Respekt vor allen Großen, daß ich in meinen frühen Jugendtagen nicht daran denken konnte, in der künstlerischen Welt überhaupt mitreden zu dürfen.

Symbolisch für diese Welt war für mich die Figur des Richard Strauss, den ich über alles verehrt habe. Wer ist man selbst neben so einem Mann, der zuerst Hofoperndirektor, dann Staatsoperndirektor war und den ich zwischen 1927 und 1932 an allen hundert Abenden gehört habe, die er an der Oper dirigiert hat? Was hat man denn in so einer Welt verloren, dachte ich, man war umgeben von den Schöpfern. Es lebten ja noch Puccini und Mascagni, Korngold, Weingartner und in der leichten Muse

zu bewilligen.
Wir gestatten sonach, daß
Dr. MARCELL RITTER
FRYDMANN
VON PRAWY
sowie seine ehelichen Nachkommen sich
der nach dem Gesetze mit dem Ritterstande verbundenen
Rechte erfreuen und insbesondere sich des nachstehend beschriebenen Wappens bedienen dürfen als:
Ein längsgetheilter Schild. In dem rechten blauen Felde ein goldener Lindenbaum, erwachsend aus grünem, vom Schildesrande aufsteigendem und von drei silbernen Flüssen schräg links durchzogenem Rasenboden. Das linke schwarze Feld

Links: Der Adelsbrief für den Großvater. *Rechts:* Marcel Prawy bei der US-Army.

Lehár, Kálmán, Robert Stolz. Welchen Beitrag sollte man da leisten? Also hat man Jus studiert, wie schon der Vater und der Großvater, und beschränkte sich darauf, Zuhörer zu sein. Ich habe nie daran gedacht, daß mir je etwas anderes bestimmt sein könnte. Aber ein gütiges Geschick hat mich durch eine Verkettung glücklicher Zufälle nach dem Krieg dazu gebracht, in der Musikwelt Fuß zu fassen. Im Unterschied zu vielen meiner Kollegen, die immer glauben, die große Karriere durch ein ungerechtes Schicksal versäumt zu haben, bin ich der ehrlichen Überzeugung, daß ich das Maximum dessen erreicht habe, was mit meinen bescheidenen Talenten zu erreichen war.

Beinahe hätte ich meine letzte Prüfung vor der Promotion versäumt, denn am selben Tag war an der Staatsoper ›Aida‹ angesetzt, mit Benjamino Gigli als Radames. Und da mußte ich mich natürlich den ganzen Tag um eine Karte anstellen, und mit Müh und Not bin ich dann noch zu meinem letzten Prüfungstermin eingelangt. Während des üblichen Gerichtsjahres studierte ich Sprachen und erledigte, um nebenbei etwas Geld zu verdienen, Sekretariatsarbeiten bei dem weltberühmten Filmregisseur Carmine Gallone, der in Wien den Film ›Opernring‹ drehte. Jan Kiepura spielte darin einen Taxichauffeur, der als Opernsänger entdeckt wird. Meine Aufgabe war es, deutsche und italienische Drehbücher zu lesen, darüber zu referieren und sie zu übersetzen. So kam ich immer wieder ins Studio, wo ich Jan Kiepura traf, dem ich erstmals am Bühnentürl der Oper begegnet war. Und er sagte gleich: »Ah, Sie sind der vom Bühnentürl.«

Ich arbeitete gerade drei Tage für einen Rechtsanwalt, als mich Kiepura aus Polen anrief und fragte, ob ich sein Sekretär werden wollte. Das war am 31. Dezember 1936, ich sagte ja, und meine Familie war darüber entsetzt. Da läßt man den Buben studieren, er schafft sogar den Doktor und wird dann Sekretär eines Opernsängers!

Ich fragte Jan: »Wann soll ich beginnen?« Er antwortete mit seinem polnischen Akzent: »Wann geht nächster Zug?« Und so fuhr ich noch in der Silvesternacht nach Krynica in Polen, um meinen Posten bei Jan Kiepura anzutreten.

Zwei Menschen verdanke ich das Überleben der Nazizeit. Einerseits dem in dieser Zeit verbotenen Jan Kiepura, andererseits einem hohen Nazifunktionär namens Robert Valberg. Die Arbeit für Kiepura bedeutete fünfundzwanzig Stunden Einsatz pro Tag. Ich ermüde nicht leicht, aber im Februar 1938 fühlte ich mich überanstrengt und blieb – statt wie vorgesehen mit Kiepura nach Amerika zu fahren – in Österreich. So war ich ausgerechnet am 13. März in Wien. Bei den seinerzeitigen Dreharbeiten zu dem Film ›Opernring‹ hatte ich den Schauspieler Robert Valberg kennengelernt, der im Studio Rosenhügel die Aufgabe hatte, Kiepuras Aussprache zu kontrollieren, und während der langen Wartezeiten zwischen den Szenen, in denen Valberg oder ich benötigt wurden, hatten wir uns angefreundet. Jetzt plötzlich war derselbe Robert Valberg ein hoher Filmfunktionär der Nazis. Er rief mich in sein Büro, überreichte mir einen Paß und sagte: »Hau ab!«

Das war meine erste Rettung.

Ich folgte Marta Eggerth und Jan Kiepura nach Amerika und begleitete sie im darauffolgenden Jahr auf ihrer Polentournee. Bei Kriegsausbruch waren wir in Arcachon bei Bordeaux. Im Zug an der französisch-italienischen Grenze herrschte infolge der ungeheuren Popularität Jan Kiepuras ein derartiges Durcheinander von Zöllnern und Autogrammjägern, daß kein Mensch meinen – immer noch deutschen, also feindlichen – Paß verlangte. So gelangte ich statt ins Lager illegal nach Italien, von wo wir dann per Schiff wieder in die USA reisen konnten. Meine heute in Denver, Colorado, lebende Schwester überlebte den Krieg als »U-Boot« in Wien; mir war es noch möglich, meinen Vater nachkommen zu lassen, der dann 1942 in Amerika starb.

Ich wünschte, ich hätte mehr von seiner großen Musikalität profitiert, als dies tatsächlich der Fall war. Könnte ich heute noch mit ihm zusammensein, ich würde viel mehr von seinem musikalischen Wissen aufsaugen als damals.

Noch etwas verdanke ich Jan Kiepura: meinen Namen. Nach dem Zusammenbruch der Monarchie – der man in meiner Familie natürlich nachgetrauert hat – kam uns das Adelsprädikat »von Prawy« abhanden, und ich hieß nur noch Marcel Frydmann. Eines Tages sagte Kiepura zu mir: »Sie haben gehabt schönen Namen Prawy, warum nehmen Sie Namen Frydmann?« Und ich fand, daß er recht hatte, und änderte meinen Namen.

Ich war glücklich, wenn ein Lebensfreund wie Robert Stolz zu mir sagte: »Was wärst du für ein Dirigent geworden!« Aber er hatte in diesem Punkt unrecht, ich hätte nämlich keine drei Takte dirigieren können und bin überzeugt, auch für keine andere schöpferische Tätigkeit geeignet zu sein. Ich bin stolz darauf, daß ich meine Aufgabe in so vielen Ländern und in so vielen Sprachen erfüllen kann, und es geht mir um nichts anderes, als meine Liebe zur Musik möglichst vielen Menschen vermitteln zu können, um ihnen das Leben zu verschönern.

Fragt man mich heute, wie lange ich zur Vorbereitung einer Fernsehsendung oder einer Opernmatinee benötige, dann antworte ich wahrheitsgemäß: Sechzig Jahre und zwei Stunden. Die sechzig Jahre hab' ich hinter mir. Jetzt kommen die zwei Stunden dran.

Geboren am 18. Juli 1922 als Sohn der Hilda und des Rechtsanwalts Dr. Siegfried Kreisler in Wien. Schriftsteller, Komponist, Kabarettist. Musikstudium am Wiener Konservatorium. 1938 Emigration nach Hollywood, wo er als Filmmusiker – unter anderen für Charlie Chaplin – Beschäftigung fand. 1955 Rückkehr nach Wien, wo er gemeinsam mit Helmut Qualtinger, Carl Merz, Gerhard Bronner, Peter Wehle und Louise Martini in einer neuen, zeitkritischen Form des Kabaretts auftrat. Bekannt wurde er als Autor, Komponist und Interpret makabrer Lieder. Bühnenstücke und Musicals: ›Polterabend‹, ›Heute abend: Lola Blau‹, ›Oben‹. Buchveröffentlichungen: ›Ist Wien überflüssig?‹, ›Die alten bösen Lieder‹, ›Ein Prophet ohne Zukunft‹. Verheiratet mit der Schauspielerin Barbara Peters, zwei Kinder, lebt in Basel.

Georg Kreisler
Meine Lieder entsprechen der Wahrheit

Ich vermute, daß mein Elternhaus von Kafka verfaßt worden ist. Durch meine Emigration nach Amerika im Alter von sechzehn Jahren habe ich Kafka erst spät kennengelernt, wollte vorher schon so ähnlich schreiben wie er und war dann enttäuscht, daß er mir zuvorgekommen war. In meiner Kindheit stand Kafkas Schloß, die Leute, mit denen ich zu tun hatte, sprachen wie in Kafkas Prozeß, und jeden Morgen wachte ich als eine Art Hirschkäfer auf.

Mein Vater war ein undurchschaubarer Rechtsanwalt. Ich habe ihn nie nackt gesehen, er war stets mit einer Aktentasche bekleidet. Er konnte alles, außer freundlich sein, er konnte vor allem Latein und Griechisch – behauptete er. Er hatte keinen Erfolg, außer sich selbst.

Bis zu seinem dreißigsten Lebensjahr wohnte er in einem kleinen Zimmer bei seinen Eltern. Als Student war er unbegabt, aber pflichtbewußt. Dann kam der Erste Weltkrieg, er mußte einrücken, wurde zufällig zweimal verwundet und erhielt zwei Tapferkeitsmedaillen, auf die er sehr stolz war. Dabei war er damals und später immer nur feige. Kurz nach dem Krieg, im Alter von fünfunddreißig Jahren, heiratete er meine Mutter. Man hatte es ihm nahegelegt.

Sein Wesentliches war Angst, und er tat sein Bestes, sie an mich weiterzugeben. Vielleicht hatte er sogar ein wenig Grund dazu: Seine Eltern hatten etwa fünfzehn Kinder, von denen nur zwei Drittel halbwegs überlebten. Der Rest starb bei der Geburt oder kurz danach durch Engelmacherinnen. Das waren nicht – wie heute oft fälschlich behauptet – »Abtreiberinnen«, sondern Frauen, zu denen die Kleinkinder in Pflege gegeben wurden und die dann die Wiegen so lange im Durchzug stehen ließen, bis die Kinder Lungenentzündung entwickelten und starben.

Die älteste Schwester meines Vaters, Gisela, starb etwas später, aber immerhin schon mit dreißig Jahren. Vorher hatte sie einen rumänischen Zeitschriftenvertreter geheiratet und zwei Söhne in die Welt gesetzt. Der ältere Sohn erschoß sich im Alter von siebzehn Jahren aus unglücklicher Liebe zu einer Hausmeisterstochter. Der jüngere wurde zunächst Pikkolo im Gasthaus meines Großvaters, später brannte er nach Berlin durch und wurde dort einer der erfolgreichsten Drehbuchautoren des jungen deutschen Tonfilms. Sein Name war Walter Reisch. Er schrieb Filme wie ›Leise flehen meine Lieder‹, ›F. P. 1 antwortet nicht‹, ›Der Kongreß tanzt‹ und ›Maskerade‹, durch ihn wurden Schauspieler wie Willi Forst, Hans Albers, Lilian Harvey, Paula Wessely und andere zu Stars, und er war auch der Autor literarisch fragwürdiger, aber sehr erfolgreicher Schlager wie »Adieu, mein kleiner Gardeoffizier«, »Zwei Herzen im Dreivierteltakt« und »Frag nicht, warum ich gehe«. Er war neunzehn Jahre älter als ich und wurde mir stets von meinen Eltern als Vorbild gepriesen, nicht etwa weil er Schriftsteller, sondern weil er erfolgreich war. Da er aber im fernen Berlin lebte, lernte ich ihn damals nie kennen.

Sieben weitere Schwestern meines Vaters blieben sichtbar für mich. Tante Tina war in jungen Jahren verwitwet und wurde dann die Freundin eines reichen Weinhändlers. Der richtete ihr eine prachtvolle Villa in einem Nobelbezirk Wiens ein, wo sie mit ihrer Tochter wohnte. Sie tat alles, was damals verpönt war: Sie rauchte, chauffierte ihr eigenes Auto und färbte sich die Fingernägel. Ein einziges Mal durfte ich sie aus irgendeinem Grund in ihrer Villa besuchen. Klug, wie sie war, schenkte sie mir das Buch ›Emil und die Detektive‹ von Erich Kästner, setzte mich in ein abgelegenes Zimmer und befahl: »Lies!« Ich war von dem Buch so gefesselt, daß ich sie nicht weiter behelligte, und danach verschaffte ich mir alles von Kästner. Meine Eltern hatten mir immer nur lehrreiche Bücher geschenkt oder gelegentlich etwas von Karl May, weil mein Vater den auch als Kind gelesen hatte.

Wien war ein düsteres Pflaster, wie man weiß. Die Arbeitslosigkeit war groß, Gespenster lauerten hinter jeder Ecke, alles, was man über Prag sagte, traf auch auf Wien zu. Der Justizpalast wurde angezündet. Der

Bundeskanzler Dollfuß wurde erschossen. Die Straßen waren gefährlich. Da wir Juden waren, durfte ich nicht laut sein, nicht übermütig, ich durfte überhaupt keine Fehler machen. Wenn mir ein Unrecht getan wurde, geschah es mir recht, wenn man mich schlug, war es zuwenig, und da ich nicht hoffen konnte, so »herrlich« zu werden wie mein Vater, schien ich überhaupt keine Lebensberechtigung zu haben. Wir waren nicht fromm, aber es gab den lieben Gott, der uns jederzeit strafen konnte, wir waren nicht arm, aber wir konnten es täglich werden, wir waren nicht böse, aber man hielt uns für böse, denn wir waren Juden, und daran waren wir selbst schuld. Man schlich durch die Stadt. Jeden Augenblick konnten Antisemiten auftauchen, stramme Burschen mit weißen Kniestrümpfen, und die kannten kein Mitleid. Ich hatte eine Kinderfrau, die mit mir in den Park ging, aber auch sie war voller Angst und versäumte keine Gelegenheit, sie mir mitzuteilen. Wir waren alle ganz unten, und niemand wußte, was man oben im Schloß entscheiden würde.

Zwei weitere Schwestern meines Vaters, Selma und Elsa, wurden ebenfalls früh Witwen. Ich glaube, ihre Ehemänner starben an Syphilis. Schwester Della ließ sich in jungen Jahren scheiden, was als verwerflich angesehen wurde, und nahm einen zweiten Ehemann, den sie allerdings ein paar Jahre später an Hitlers Gasöfen verlor. Auch Schwester Rosa verlor ihren Gatten an die Gasöfen. Nur zwei Schwestern, Grete und Paula, durften ihre Ehemänner bis ins höhere Alter behalten.

In der Familie meiner Mutter ging es nicht viel anders zu, aber ich will mich nicht in Einzelheiten verlieren. Erwähnenswert ist vielleicht noch der einzige Bruder meines Vaters, Otto, da er, wie ich, eine künstlerische Ader hatte. Er wurde zuerst Schauspieler, dann Filmproduzent, produzierte ein paar Filme in Wien, natürlich Stummfilme, verlebte dabei fremdes Geld, stand schließlich als Betrüger da und flüchtete im Jahr 1926 nach Berlin. Später flüchtete er vor Hitler nach Prag und zum Schluß nach London, wo er hochbetagt starb. Ich lernte ihn dort erst während des Zweiten Weltkriegs kennen. Er war ein äußerst witziger Lebenskünstler, und ich glaube nicht, daß er je gearbeitet hat. Er lebte von den Nähkünsten seiner Frau und den Zuwendungen seines erfolgreichen Neffen Walter Reisch. Er war das genaue Gegenteil meines spießbürgerlichen Vaters, der ihn sein ganzes Leben lang nicht leiden konnte, aber nie wagte, dies offen zu sagen. Otto hingegen hielt alle Menschen für gut und kümmerte sich nicht weiter um sie.

Mein Elternhaus stand in der Neustiftgasse 119, im 7. Bezirk Wiens. Fast das gesamte Haus wurde von einer Gold- und Silberverarbeitungsfabrik und den dazugehörigen Büroräumen eingenommen. Das Haustor war immer verschlossen und ist es noch heute, nur ist die Fabrik heute ein Ableger der deutschen Firma Degussa. Damals wurden lediglich zwei Wohnungen an Außenstehende vermietet, eine davon war unsere. Sie befand sich im fünften Stock, Lift gab es keinen. Ich beugte mich oft weit

Links: Der Vater Siegfried Kreisler im Ersten Weltkrieg. *Rechts:* Georg Kreisler, ein Jahr alt, mit seiner Mutter Hilda.

aus den Fenstern und träumte vom Hinunterspringen. Es wundert mich noch heute, daß ich es nie getan habe. Die Familie hätte es verwunden, denn man war den Tod gewöhnt.

Ich hatte keine Geschwister, dazu war mein Vater zu geizig. Er hat mir auch später nie verziehen, daß ich Geld gekostet hatte. Unsere Wohnung bestand aus einem Speisezimmer, in dem nie gespeist wurde, denn es war besonderen Anlässen vorbehalten, die nur selten eintraten. Meistens war es mir versperrt. Außerdem gab es das elterliche Schlafzimmer und mein Kinderzimmer. Das Kinderzimmer diente aber gleichzeitig als Wohnzimmer, dort aßen wir, dort hielt mein Vater seinen Mittagsschlaf, und dort verbrachte man die Abende. Dabei war es ziemlich klein, und da mein Bett, ein Sofa für Papas Mittagsschlaf, ein Eßtisch, ein Kleiderschrank und diverse Kleinmöbel für Wäsche, Spielzeug und Schulsachen darin Platz finden mußten, war es vollgepfropft. Außerdem herrschte dort den ganzen Tag lang ein unbeschreiblicher Fabriklärm. Ich hatte also nie das Gefühl, daß es eigentlich mein Zimmer war.

Im Kinder-Wohnzimmer, im elterlichen Schlafzimmer und im sogenannten Speisezimmer standen Kachelöfen, aber beheizt wurde nur das Kinder-Wohnzimmer. Meine Eltern waren in diese häßliche Wohnung gezogen, weil sie kein Geld hatten, aber auch später, als mein Vater mit Hilfe des obenerwähnten reichen Weinhändlers eine gutgehende Anwaltskanzlei betrieb, weigerte er sich zu übersiedeln. Immerhin hatten wir auch ein Badezimmer, eine Toilette, eine Küche und eine winzige unheizbare Kammer, in der das Dienstmädchen schlief.

Die Dienstmädchen waren Sklavinnen, auch meine Sklavinnen. Sie durften unser Badezimmer nicht benutzen, und in ihrer Kammer standen ein tragbares Waschbecken und ein Wasserkrug. Einmal in der Woche durften sie auf dem Dachboden, wo ein Waschtrog stand, ein Bad nehmen. Sie arbeiteten von sechs Uhr früh bis acht Uhr abends, an Sonntagnachmittagen hatten sie ein paar Stunden frei. Es waren Mädchen vom Land zwischen fünfzehn und fünfundzwanzig Jahren. Ihr Monatslohn betrug dreißig bis sechzig Schilling, je nach Alter. Wenn eine schwanger wurde, wurde sie entlassen, und man erwartete von ihr, sich irgendwie umzubringen.

Ich war einsam, und als ich ins Gymnasium kam, wurde ich noch einsamer. Wenn ich spielte, sagte meine Mutter: »Mach deine Schulaufgaben!« Nachdem die Schulaufgaben fertig waren, sagte sie: »Üb Klavier!« Wenn ich mit dem Klavierüben fertig war, sagte sie: »Du hast zuwenig Fingerübungen gemacht.« So wurde mir auch die Musik verleidet. Dann kam mein Vater nach Hause, sah die Schulaufgaben durch, fand sie ungenügend, verprügelte mich und befahl mir, sie noch einmal zu machen. Ich lernte Klavier, Geige und Musiktheorie. Ich war ein kleiner Sisyphos.

Meine Klavierlehrerin, eine kluge Frau namens Hilde Stern-Pollak, sagte: »Du wirst kein Konzertpianist, du wirst Dirigent. Aber du hast einen Hang zum Theater, also wirst du Opern- oder leider Gottes Operettendirigent.« Sie war die einzige, die mir Mut gab, und versprach, mir nach der Matura einen Dirigentenposten in der Provinz zu vermitteln. Ich konnte es kaum erwarten.

Mein Vater war natürlich gegen solche Pläne und hätte sich durchgesetzt, wenn es dazu gekommen wäre. »Das sind Hungerberufe«, meinte er. Ich sollte entweder einen Doktortitel machen oder ein Handwerk erlernen. »Uhrmacher«, schlug er vor, denn das war zwar ein Handwerk, aber keine Schande, wie Schuster oder Schneider. An Schriftstellerei wagte ich nicht zu denken. Einmal schrieb ich ein Gedicht und zeigte es ihm. »Goethe bist du keiner«, urteilte er.

Ich muß allerdings betonen, daß mein Elternhaus keineswegs besonders repressiv oder meine Kindheit ungewöhnlich traurig war. Die Erziehung, die ich genoß, entsprach einfach dem damaligen Zeitgefühl. Fast alle meine Altersgenossen wurden im gleichen Untertanengeist erzogen wie ich. Gehorsam, Pflichtbewußtsein, unbedingter Respekt vor Staat, Kirche und Eltern, das waren die Tugenden, die man uns einbleute und die schließlich maßgeblich mithalfen, den Zweiten Weltkrieg vom Zaun zu brechen. Selbst ein freisinniges Buch wie ›Emil und die Detektive‹ schlug bisweilen in die gleiche Kerbe, hatte seine Helden und Schurken und ließ es an Hochachtung für die Obrigkeit nicht fehlen. Man kann es den nachfolgenden Generationen gar nicht hoch genug anrechnen, daß sie nach dem Krieg diese Heuchelei durchschauten und daß die herr-

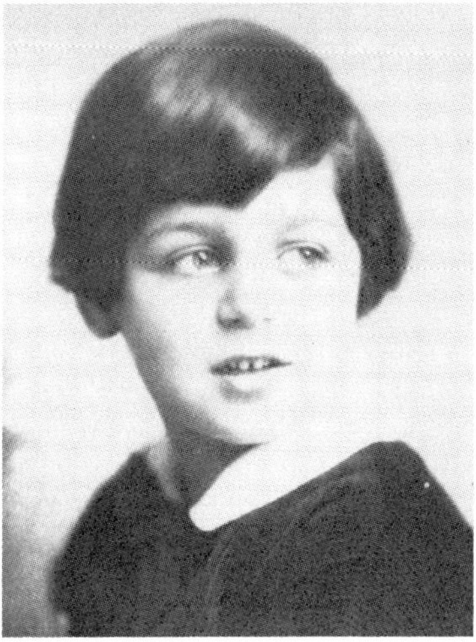 

Zweimal Georg Kreisler.

schenden Mächte seit den sechziger Jahren nicht mehr so leichtfertig mit ihren Völkern umspringen können wie damals.

Was ich am wenigsten verstand, war unser Judentum. Ich verstehe es bis heute nicht ganz. Meine gesamte Familie, auch die entferntere, war urwienerisch, einige konnten überhaupt nur Wiener Dialekt sprechen. Wir waren so wienerisch, daß wir uns über die zugewanderten polnischen und russischen Juden lustig machten. Wir unterschieden uns in nichts von Christen, außer im Religionsunterricht, und der war langweilig und erschien uns unnötig. Ich wollte zu den Pfadfindern, aber als Jude war man da nicht gern gesehen. Ich wollte ein Anhänger des Fußballklubs Austria sein, wurde aber belehrt, daß man als Jude dem jüdischen Fußballklub Hakoah zujubeln sollte, der meist am Tabellenende lag und mir unsympathisch war. Eigentlich konnte man sich für nichts begeistern, weder für Österreichisches, denn da wurde man nur geduldet, noch für Jüdisches, denn das sollte man nicht an die große Glocke hängen.

Unser Judentum wurde nämlich von uns totgeschwiegen und womöglich geleugnet. Mein Vater hieß mit Vornamen Siegfried, weil das ein unjüdischer, ja germanischer Name war. Meine Mutter hieß Hilda. Ein zugeheirateter Onkel, der von seinen frommen Eltern Abraham genannt worden war, nannte sich Adolf. Da ich Georg hieß, wurde mir vorsichtshalber der christliche Name Franz dazugegeben. Trotzdem zogen nur wenige Juden die Konsequenz, sich taufen zu lassen, und nur wenige heirateten Christen, in meiner Familie niemand.

Mir tat es leid, daß ich Jude war. Es war wie eine Krankheit, die man zu ertragen hatte. Persönlicher Verkehr mit Christen war nur sehr begrenzt möglich. Abgesehen von der großen Familie, in der es selbstverständlich nur Juden gab, hatten meine Eltern nur jüdische Freunde und Bekannte. Auch in der Schule hatte ich nur jüdische Freunde, und auch meine Privatlehrer waren ausschließlich Juden. Wir sprachen zwar über nichts, worüber wir nicht auch mit Christen gesprochen hätten, aber es gab ein unsichtbares Etwas, nämlich den sinnlosen Antisemitismus, der Juden und Christen bewog, einander zu meiden. Heute, da mein Freundeskreis notgedrungen aus mehr Christen als Juden besteht, scheint diese damalige Welteinteilung doppelt dumm. Damals kannte ich niemanden, der es gewagt hätte, die Schranke zu durchbrechen. Wir waren Feinde im Feindesland, und wir wären so gerne Freunde gewesen.

Viel hat sich seither geändert, aber nicht alles. In einer österreichischen Zeitschrift beschrieb ich vor kurzem den Hitler-Einmarsch aus meiner Sicht, und unter anderem schrieb ich den Satz: »Unsere Feinde, die Christen, waren in ihrem Element.« Er wurde vom Chefredakteur gestrichen. Die Wahrheit hat noch immer einen schweren Stand.

Als im März 1938 der Anschluß ans Deutsche Reich stattfand, wußte ich endlich, warum ich Angst gehabt hatte. Wir hatten uns immer im tiefsten Dschungel befunden, aber jetzt hatte man uns auch die unzulänglichen Waffen, die wir bisher besessen hatten, weggenommen. Jeden Augenblick drohte der Tod oder Schlimmeres.

Meine große Familie brach auseinander. Man rettete sich nach Nord-, Mittel- und Südamerika, nach China, nach dem damaligen Palästina, England, Frankreich, Belgien – wo immer man aufgenommen wurde. Wir kamen nie wieder zusammen, nur vereinzelte Begegnungen fanden statt. Einige konnten sich nicht retten und kamen um. Die unglaublichsten Abenteuer wurden bestanden oder auch nicht. Selbstmorde waren an der Tagesordnung. Sogar Kafka reichte jetzt nicht mehr aus.

Mein Vetter Walter Reisch, der schon zwei Jahre vorher einen Filmvertrag aus Hollywood ergattert hatte, half uns in der Not. Er unterschrieb die erforderliche Bürgschaft, und über Nacht stand mein Elternhaus in Kalifornien. Aber es war kein Elternhaus mehr, man blieb auf dem Sprung. Viele Jahre später schrieb ich ein paar makabre Lieder. Sie waren nicht erfunden, sondern entsprachen der Wahrheit.

Geboren am 19. Juni 1904 in Linz als Sohn der Mathilde und des Drehers Karl Fellinger. Als weltberühmter Internist und »Arzt der Könige« zählten der Schah von Persien, König Ibn Saud, der indonesische Staatspräsident Sukarno, König Hassan von Marokko und König Mohammed Zahir von Afghanistan zu seinen Patienten. Medizinstudium in Wien, unter anderen bei Julius Wagner-Jauregg, Anton Eiselsberg, Julius Tandler. Promotion 1929, Habilitation 1937. Während des Krieges Militärarzt in Rußland, danach Primarius der Wiener Poliklinik und von 1946 bis 1975 Vorstand der Zweiten Medizinischen Universitätsklinik in Wien. Er war Dekan der medizinischen Fakultät und Rektor der Universität Wien. Präsident des Obersten Sanitätsrates und aktiv am Wiener Rudolfinerhaus tätig. Verheiratet, lebt in Wien.

Karl Fellinger
Nur eine Pendeluhr

Ein Elternhaus im strengen Sinne des Wortes habe ich nie gekannt. Ich bin kleiner Leute Kind, geboren wurde ich in Linz an der Donau in einer Kleinwohnung, das heißt Küche und Zimmer in einem kleinen Mietshaus nahe am Bahnhof, wo mein Vater, gelernter Schlosser und Dreher, Anstellung gefunden hatte. Die Wohnung war gartenwärts gelegen, der Garten allerdings einer größeren Wohnung im ersten Stock zugewiesen, immerhin hatten wir Aussicht auf ein paar Bäume und ein wenig Grün. Die Vorstellung, selbst einmal ein kleines Häuschen zu besitzen, also den Kindern wirklich ein Elternhaus zu bieten, war damals für die Arbeiterklasse kaum vorstellbar, geschweige denn realisierbar.

Wir, meine Eltern und ich (ich war und blieb das einzige Kind), haben dort viele Jahre gewohnt und unsere bescheidene Wohnung liebgewonnen, trotz ihrer räumlichen Beschränktheit. Komfort im heutigen Sinne gab es damals kaum – ein einfacher Herd in der Küche, die Wasserleitung war auf dem Gang, ebenso das Klosett (eines für zwei Wohnungen).

Elektrisches Licht gab es zu dieser Zeit nur in wenigen neugebauten Großhäusern, bei uns gab es nur Petroleumlampen, und selbst die wurden als eine Art kleiner Luxus betrachtet. Man ging früh zu Bett, Vater mußte ja um sieben Uhr früh in der Bundesbahnwerkstatt sein, also, es hieß um sechs Uhr aufstehen, und so war man abends rechtschaffen müde. Das Abendessen war den Umständen entsprechend einfach, meist Suppe, Brot, etwas Butter oder Käse, selten ein Abendessen im heutigen Sinne. Möbel hatten meine Eltern bei der Hochzeit ein Jahr vor meiner Geburt auf Raten gekauft, einfach, aber recht gut, die Raten wurden mehrere Jahre hindurch pünktlich abgezahlt.

Und damit bin ich ja schon beim Hauptproblem kleiner Leute, damals wie heute das gleiche, nur damals noch viel drastischer: wenig Geld! Meine Eltern erzählten mir später oft aus dieser schwierigen Zeit. Vater als gelernter Facharbeiter war als »gehobener« Arbeiter aufgenommen worden, die Einstellung erfolgte damals zunächst noch als Taglöhner, das heißt, für den (tatsächlich in Arbeit verbrachten) Tag von sechs Uhr früh mit kurzer Mittagspause bis sechs Uhr abends gab es einen Gulden, das waren zwei Kronen (damals annähernd zwei Mark), für Sonntage und Feiertage gab es keine Arbeit und daher auch keinen Lohn. So waren die vielen kirchlichen Feiertage für die Taglöhner eine echte Last, denn freier Tag bedeutete keine Arbeit, keinen Gulden.

Besonders gefürchtet waren Festtage wie die Weihnachts- oder Ostertage, wo sich meist Sonntag, Feiertage und womöglich noch ein freier Montag miteinander kombinierten, so daß es mehrere Tage keinen Verdienst gab, dies gerade in Zeiten, in denen man es besonders gebraucht hätte. – Nach einigen Jahren wurde Vater dann endlich »pragmatisiert«, also in den unkündbaren Stand eines Staatsangestellten übernommen, das bedeutete Monatsgehalt statt Tagelohn und unverdorbene Freude an freien Tagen.

Ich erinnere mich noch daran, daß Vater etwa sechs oder sieben Jahre später die freudige Nachricht heimbrachte, daß nun am Samstag mittags Arbeitsschluß sei, also der Samstagnachmittag frei sei. Und dann später, große Errungenschaft, daß ein zunächst acht Tage lang bezahlter Urlaub bewilligt worden sei. Errungenschaften, die damals geradezu revolutionär waren, was für uns heute ganz selbstverständlich ist. Langsam, in den Jahren bis zum Ersten Weltkrieg, hatten die Gewerkschaften im Parlament diese Entwicklung erkämpft, aber erst nach 1918, also nach Auflösung der Monarchie, begann die soziale Entwicklung wirklich rasch voranzugehen.

Obwohl wir also nur knappste Geldmittel hatten, ist es mir immer gutgegangen, zumindest erinnere ich mich in diesem Sinne, und die Jahre meiner Kindheit sind mir noch immer als sehr glückliche im Bewußtsein. Die Eltern sorgten für mich liebevoll; auch wenn es nur selten Fleisch gab, man kann auch mit Brot, Milch, Gemüse, Kartoffeln, später auch mit Schmalzbrot und ähnlichen preiswerten Dingen satt werden, man ist zufrieden, wenn man zunächst nichts anderes kennt.

Mit sechs Jahren begann ein neuer Lebensabschnitt, Schulbeginn in der Volksschule. Wir hatten Klassen mit etwa zwanzig Schülern, einen guten und verständigen Lehrer, und ich erinnere mich noch gut daran, welchen Respekt wir vor ihm hatten. Er war eine eindrucksvolle Person, und wir waren nicht nur zur Folgsamkeit verpflichtet, sondern auch bereit. Versuche mit antiautoritärer Erziehung gab es in dieser Zeit (meiner Überzeugung nach glücklicherweise) noch nicht, wir wurden zur Disziplin erzogen, und ich glaube, daß dies ein wichtiger Aspekt auch für die Erziehung der heutigen Jugend wäre. Wann soll denn der Mensch Einordnung und Disziplin lernen, Einordnung in den Pflichtenkreis und Unterordnung unter jene, die ihm in der Lebensordnung vorgesetzt sind, wenn nicht in jungen Jahren? – Ich konnte meinen Eltern die Freude machen, gute Zeugnisse mit lauter Einsern nach Hause zu bringen, worauf sie sehr stolz waren.

All diese guten Zeugnisse nahmen meinen Eltern aber die Last einer großen Entscheidung bei Schulabschluß nicht ab. Der Lehrer wies meine Eltern nachdrücklich auf meine guten Lernerfolge hin und redete meiner Mutter, die regelmäßig mein Verhalten in der Schule abfragte, dringend zu, mich doch in die Mittelschule zu schicken, also mich nicht, wie es zuerst geplant war, in eine Handwerkslehre zu geben. Mittelschule aber bedeutete acht Jahre, in denen ich nichts verdienen und den Eltern zur Last fallen würde.

Daß sich meine Eltern trotz knappster Einkommensverhältnisse dazu entschlossen, mich ins humanistische Gymnasium in Linz zu schicken, war für mich ein ganz großes Geschenk, dessen Bedeutung ich damals noch gar nicht recht ermessen konnte, für das ich aber zeit meines Lebens tiefst dankbar bin. Es mag eine Rolle bei diesem Entschluß gespielt haben, daß ich, umgeben von tiefreligiösen Eltern und Verwandten, wiederholt den Wunsch geäußert hatte, Priester zu werden, was meine Eltern besonders gefreut hätte.

Der Übergang von der Volksschule in das humanistische Gymnasium in Linz fiel mit dem Beginn des Ersten Weltkriegs zusammen, dessen vierjährige Dauer, dessen zahlreiche Menschenopfer an der Front, dessen sich später entwickelnde Ernährungskrise im Hinterland damals natürlich noch niemand ahnte. Ganz im Gegenteil, die Begeisterung war groß, ebenso wie die Hoffnung auf baldigen Sieg. Angehörige der Jahrgänge, die sofort zu den Waffen gerufen wurden, und deren Familien begannen das kommende Unheil bald zu spüren. Mein Vater hätte auch beinahe einrücken müssen, als Eisendreher in den Werkstätten der hochkriegswichtigen Bundesbahn wurde er jedoch als »unentbehrlich« deklariert und vom Wehrdienst freigestellt, mußte also zu unser aller Freude nicht ins Feld.

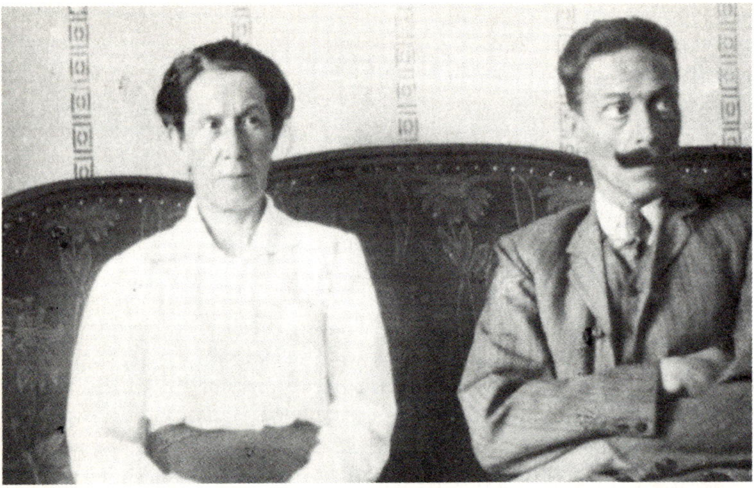

Die Eltern von Karl Fellinger, Mathilde und Karl.

Wenn auch in der ersten Zeit die Lebensmittel nicht allzu knapp waren, wurden bald die ersten Lebensmittelkarten ausgegeben. Karten für Brot, Fett, Fleischwaren und so weiter, alles, was wir dann später auch im Zweiten Weltkrieg erlebten, währenddessen die Versorgung gut war, man bekam tatsächlich, was auf den Karten stand. In den ersten zwei Jahren des Ersten Weltkrieges war es noch ähnlich, dann wurden die Rationen gekürzt, und vor allem begann das heute von den Berichten aus den Ostblockstaaten wohlbekannte Anstellen, stundenlanges Warten vor den Geschäften. Und dann mußte man oft genug erleben, daß der Vorrat zu Ende war, bevor die Warteschlange zur Gänze ihre Rationen erhalten hatte. Der Schleichhandel blühte sehr bald, doch nur für die, welche das nötige Einkommen hatten. Als es mit der Nahrungsmittelversorgung im zweiten und dritten Kriegsjahr immer schlechter wurde, opferte sich meine Mutter wirklich auf, um uns wenigstens einigen Zuschuß zu verschaffen. Sie fuhr, wenn möglich, mit mir, damit ich beim Tragen half, mit dem Zug (als Eisenbahner hatten wir billigen Regiepreis) aufs Land nach Oberösterreich, ins Kremstal, etwa ein bis zwei Fahrstunden entfernt, wo wir eine ganz weitschichtig entfernte Verwandte auf einem Bauernhof hatten. Dort versuchten wir, Lebensmittel zu ergattern.

Die Bauern waren schon recht verwöhnt, da in der Zwischenzeit bereits viele Leute auf die Königsidee gekommen waren, bei den Bauern direkt Lebensmittel zu holen, was zwar formell verboten war, aber kaum kontrolliert werden konnte. Die Leute hatten begonnen, den Bauern als Gegenleistung Wäsche, Kleider, aber auch kleine Schmuckstücke zu bringen, was man eben entbehren konnte. Da wir selbst nur das Notwendigste und daher nichts zu verschenken hatten, mußte meine Mutter versuchen, auf andere Weise Lebensmittel zu gewinnen, und sie tat dies durch Mitarbeit im Haushalt der Bauern, was ihr tatsächlich ganz gut gelang. Oft mußte sie stundenlang Wäsche reparieren, glücklicherweise hatte sie gut nähen gelernt, dann auf die Kinder aufpassen, beim Kochen helfen und vieles andere. Der Lohn dafür war an sich gering, aber für uns groß: etwa ein Dutzend Eier, ein halbes Kilo Butter, gutes Bauernbrot, hie und da ein Stück Geselchtes (Räucherfleisch) oder Speck. Ich selbst half ab und zu ein wenig mit, dafür konnten wir mitessen.

Ich werde nie den alten Bauernbrauch des Gemeinschaftsessens am Mittagstisch vergessen, wie er damals selbstverständlich war: Ein größerer Bauernhof hatte neben den Besitzern, also neben dem Bauern und der Bäuerin, die selbst intensiv mitarbeiteten, ein nicht unbeträchtliches Gesinde. Je nach Größe des Hofes und nach der Zahl der vorhandenen Rösser, Schweine, Kühe und so weiter mußte man mit mindestens einem »Großknecht« rechnen, der den Bauern auch gleichzeitig vertrat, dazu noch ein Roßknecht und ein bis zwei jüngere Knechte. Die Bäuerin hatte zu ihrer Unterstützung eine »Großdirn«, eine Schweinedirn und einige jüngere aus der Schule entlassene Mädchen zum Anlernen. Alle zusammen bildeten eine wirkliche Gemeinschaft, hatten ein recht schweres Leben (es gab fast noch keine Motorisierung), es hieß mit den ersten Sonnenstrahlen, und sogar noch vor diesen, aufstehen, und abends wurde erst spät Schluß gemacht. Dafür war das Essen reichlich, aber schwer für uns Städter, mittags gab es Suppe, meist Selchsuppe, angereichert mit Rahm und Brotschnitten, und dann das unvermeidliche, recht fette, gekochte Geselchte mit Kartoffeln und Sauerkraut, dazu reichlich vom guten Bauernbrot. Getrunken wurde Apfelmost, den die Bauern selbst herstellten. Alle saßen rund um einen großen Tisch, in die Mitte wurde die große Suppenschüssel gestellt, das Tischgebet gesprochen, und dann löffelte streng der Reihe nach – also zuerst der Bauer, dann der Großknecht, dann der Roßknecht und so weiter – jeder direkt aus der großen Schüssel seine Suppe in den Mund. Teller gab es kaum, nur zum Fleischschneiden wurden einfache Holzteller benützt. Nach dem Essen wurde selbstverständlich wieder gebetet. Die Gespräche während des Essens drehten sich um die Tagessituation auf dem Felde und beim Vieh. Für mich eine völlig neue Welt, die kennenzulernen ich aber sehr dankbar war und die mir heute noch, da sich ja auch beim Bauern alles geändert hat, in eindrucksvoller Erinnerung geblieben ist. Mit alten Bauern kann ich mich oft noch über diese Zeiten unterhalten.

Abends fuhren wir dann wieder mit dem Zug heim, in etwa ein bis zwei Stunden Fahrzeit waren wir wieder in Linz, wo es dann einige Schwierigkeiten zu überwinden gab: Das Einbringen von Lebensmitteln direkt von Bauern war, wie schon erwähnt, verboten, und Gendarmerie- und Polizeifunktionäre durchsuchten die Taschen; und wenn sie Lebensmittel fanden, die geringe Mengen überschritten, wurden diese beschlagnahmt. Glücklicherweise war Linz damals noch eine kleine Stadt mit kaum vierzigtausend Einwohnern, man kannte sich, half sich gegenseitig, selbst die Kontrollbeamten waren bekannt und oft einsichtig genug, wenn sie einfache Leute vor sich hatten, denen man nichts wegnehmen wollte. Daheim gab es dann einige festliche Tage mit Zusatzessen.

Im Gymnasium hatte ich wieder das Glück, gute Lehrer zu finden und gute Noten heimbringen zu können, ja ich muß sagen, in diesem Gymnasium hatten wir begeisterte Lehrer, die sich für ihren Gegenstand wirklich erwärmten, die einem direkt leid taten, wenn man bei einer Antwort versagte. Wir haben in den wichtigsten Fächern eine gründliche Bildung bekommen, und selbst heute zehre ich oft noch davon. Nach einigen Jahren war ich in der Lage, Nachhilfestunden bei Erstklaßlern in Latein zu geben und mir damit ein kleines Taschengeld zu verdienen. Und das brauchten wir dringend, denn mein Vater war durch die schwere Arbeit, die knappe Ernährung, die zugige Umgebung in den großen Werkstätten an Lungentuberkulose erkrankt, zunächst in milder Form, aber schließlich mußte er dann in Frühpension gehen, was natürlich wieder eine Minderung des Einkommens bedeutete. Hier half mit guter Kameradschaft weiter. Durch Vermittlung eines Freundes, dessen Vater großen Einfluß hatte, bekam ich aufgrund meiner schulischen Leistungen ein wohl kleines, aber für uns doch bedeutsames Studienstipendium.

1918 brachte das Kriegsende und den Zusammenbruch der Monarchie. Meine Eltern waren immer streng kaisertreu gewesen, die Jungen in den Mittelschulen aber mehr und mehr bereits republikanisch eingestellt; wir – besonders jene, die nicht von adeligen oder sonst hochgestellten Familien abstammten – erhofften uns größere Chancen für die einfachen Leute. »Gleiches Recht für alle« und ähnliche Schlagworte hörte man oft. Die Wirklichkeit brachte aber zunächst den wirtschaftlichen Zusammenbruch des Landes mit noch größeren Ernährungsschwierigkeiten, brachte die Inflation, aber trotzdem auch sozialen Fortschritt, der so manches leichter machte.

Meinem Vater ging es gesundheitlich leider immer schlechter, er erlebte aber noch, daß ich die Mittelschule abschloß und die Matura mit Auszeichnung bestand. Das bedeutete mir schon deswegen viel, weil ich damit meinen Eltern große Freude bereiten konnte und ihre jahrelangen Opfer also nicht vergeblich waren.

Während all dieser Zeit wohnten wir im alten, aber netten Mietshaus in Linz. Meinen Eltern war es gelungen, unsere alte kleine Zimmer-Küchen-Wohnung gegen die benachbarte Zimmer-Küche-Kabinett-Wohnung zu tauschen, die durch den Tod der bisherigen Bewohnerin frei geworden war. Im Rahmen des sozialen Fortschrittes waren Mieter-

Der junge Karl Fellinger.

schutzgesetze erlassen worden, so daß die Mieten sehr niedrig waren und auch für uns noch erschwinglich.

Auch heute noch, wenn ich in Linz zu tun habe, besuche ich natürlich das Grab meiner Eltern und gehe, wenn es möglich ist, durch unsere alte Straße, vorbei an den Fenstern, an denen meine Eltern früher saßen und auf den zunehmenden Verkehr hinausschauten, auch kleine Plaudereien mit vorbeikommenden Nachbarn hatten. Zu dieser Zeit war der Nachbarschaftsbegriff ganz anders, jeder kannte die Menschen seiner Umgebung, Neuigkeiten breiteten sich raschest aus, und wenn einer krank wurde, war Nachbarschaftshilfe selbstverständlich, man hatte nie das Gefühl des Alleinseins. Es war ganz anders als heute in den Wohnungen der Hochhäuser, in denen man oft nicht weiß, wer über oder unter einem wohnt.

So war auch das Familienleben immer innig und geordnet. Meine Eltern waren sich herzlichst zugetan, meine Mutter pflegte den Vater in den Jahren seiner Krankheit treulich bis zu seinem Ableben, das nicht, wie es heute der Fall ist, im Spital erfolgte, sondern zu Hause, von uns umgeben und bis zuletzt betreut.

All die Jahre hindurch war es selbstverständlich, daß der Vater als Oberhaupt der kleinen Familie respektiert wurde. Natürlich gab es in der Sturm-und-Drang-Zeit, etwa in meinem vierzehnten, fünfzehnten Lebensjahr, Spannungen und manchen Widerspruch, der aber immer ein innerer blieb, ich hätte es nie gewagt, direkt zu widersprechen. Es war mir immer bewußt, was ich meinen Eltern zu verdanken hatte.

Aus all den Jahren ist mir ein einziges Möbelstück aus unserer Wohnung geblieben, eine Pendeluhr, die nun in meinem Schlafzimmer hängt und die ich, wie einst mein Vater, treulich jeden Samstag aufziehe, eine kleine, aber besondere Erinnerung an mein Elternhaus, das zwar nur eine kleine Mietwohnung war, aber ein wirkliches Heim voller Menschlichkeit und Güte, dem ich soviel zu verdanken habe.

Geboren am 30. November 1907 in Linz an der Donau als Sohn der Schauspieler Helene Norman und Viktor Eckhardt. Schauspieler, Autor, Regisseur. Erhielt nach Besuch der Akademie für Kunst und Wissenschaft 1935 ein Engagement an Stella Kadmons Kleinkunstbühne »Der liebe Augustin«. Schrieb ab 1936 für das Kabarett »ABC« und 1939 bis 1945 unter dem Namen Franz Paul für das »Wiener Werkel«. Nach dem Krieg Direktor des »Lieben Augustin« und des »Wiener Künstlertheaters«. Autor, Regisseur und Darsteller zahlreicher Fernsehserien wie ›Tatort‹, ›Hallo, Hotel Sacher ... Portier!‹, ›Der alte Richter‹, ›Wenn der Vater mit dem Sohne‹. Professor Eckhardt ist verwitwet und lebt in Klosterneuburg bei Wien.

Fritz Eckhardt
Meine acht Elternhäuser

Meine freundschaftliche Verbundenheit mit dem Herausgeber dieses Buches hat mich veranlaßt, sofort zuzusagen, als mir angeboten wurde, einen Beitrag zu schreiben, der sich mit meinem Vaterhaus in Österreich beschäftigen sollte.

Später, viel zu spät, kam ich darauf – daß ich gar kein Vaterhaus in Österreich gehabt habe. Sondern mehrere. Und dieser Umstand hängt in erster Linie mit dem Datum meiner Geburt und den Familienverhältnissen meiner Eltern zusammen. Das mag kompliziert klingen, und ich will es gerne erklären, schon weil ich es mir selbst klarmachen möchte.

Ich wurde am 30. November 1907 in Linz geboren, und zwar als Kind eines Schauspielerehepaares – das unverheiratet war. Und das war damals eine kleine Katastrophe, vor allem für meine Mutter, denn eine uneheliche Geburt galt noch als Schande und Verworfenheit. Das kann man sich heute kaum mehr vorstellen, aber vor über achtzig Jahren waren die Moralbegriffe noch anders, engherzig und prüde.

So war mein erstes Elternhaus in Österreich von Unsicherheit und Schuldgefühlen geprägt, doch ich hatte davon natürlich keine Ahnung.

Jungpaare von heute wird an dieser Situation vor allem wundern, daß meine Eltern damals eine Kinderfrau für mich engagiert hatten, eine Triestinerin, wie mir später erzählt wurde, die mich abgöttisch liebte. Ich war ihr »Buhtzi«, während meine Eltern wenig Zeit für mich aufbrachten. Sie hatten Proben, mußten ihre Rollen lernen und pflegten auch gesellschaftliche Aktivitäten. Unter anderem haben sie auch bald nach meiner Geburt geheiratet – ich hatte also endlich ein ehrbares Elternhaus in Österreich.

Ich war ein aufgewecktes Kind, lernte spielend meine Muttersprache und war schon im zartesten Kindesalter sehr kommunikativ. Meine ersten Bekanntschaften schloß ich im Linzer Stadtpark, indem ich mich Altersgenossen näherte und erklärte: »Ich heiße Fritz Eckhardt, wie heißt denn du?«

Meine Eltern ließen sich bald scheiden, und ich kam nach Wien, zu den Eltern meiner Mutter. Und das war sozusagen mein zweites Elternhaus in Österreich, und zwar im 2. Wiener Gemeindebezirk, in der Wolfgang-Schmälzl-Gasse.

Da waren die Großeltern, eine Schwester meiner Mutter samt ihrem Mann, dem Onkel Emil, und vor allem waren da deren Kinder, die Melly und der Felix. Und mit ihnen und durch sie kam ich sogar für lange Zeit in den Genuß von Geschwistern. Wir lebten in ziemlicher Enge, aber relativ glücklich, obwohl die Verhältnisse nicht allzu rosig waren, doch im Alter von vier Jahren merkt man das nicht so. Aus der allzu gedrängten Gemeinschaft schien es einen einfachen Weg zur Verminderung zu geben, nämlich den, mich aus der Hausgemeinschaft zu entfernen. Man schickte mich in »die Kost«, das heißt, man schloß mich – natürlich ohne mich zu fragen – einer anderen Familie an. Einem Zollbeamten, samt Frau und Mutter, die mich gerne aufnahmen, um so mehr, als sie ja dafür bezahlt wurden. Das war mein drittes Elternhaus, es stand in Preßburg, das damals noch zu Österreich gehörte, was mir natürlich völlig egal war.

Die Wohnung meiner neuen »Eltern« lag genau gegenüber dem prachtvollen Dom, und ich war dort häufig anzutreffen. Selbstverständlich wollte ich daher Priester werden, und es spricht für mein schon sehr früh entwickeltes Erfolgsdenken, daß ich es unter einem Kardinal nicht geben wollte.

An meinen Kost-und-Quartier-Vater erinnere ich mich nur vage. Was mir an ihm besonders imponierte, war sein Umgang mit Hühnereiern. Er hatte einen Karton ausgeschnitten, in dessen Mitte ein eiförmiges Loch war. Hinter den Karton stellte er eine brennende Kerze, dann hielt er ein Ei nach dem anderen gegen das Loch und durchleuchtete es – eine frühe, etwas primitive Form der Röntgenologie. – Was er eigentlich mit dieser Durchleuchtung bezweckte, weiß ich bis heute nicht, entweder war es ein

Links: Der zweijährige Fritz Eckhardt mit seiner Mutter Helene Norman. *Rechts:* Der Vater Viktor Eckhardt.

Teil seiner (Zoll-)Pflichten, den inneren Zustand der Eier festzustellen, oder es war das private Hobby eines begeisterten Hühnerzüchters. Jedenfalls habe ich es mir über Jahrzehnte gemerkt.

Das Aussehen und der Charakter meiner Preßburger Zieheltern ist ebenso entschwunden wie der Wunsch, Priester, das heißt Kardinal, zu werden. In den nächsten Jahren war der Berufswunsch diametral entgegengesetzt, ich wollte Soldat werden und natürlich auch wieder im entsprechenden Rang, aus dem Kardinal wurde ein General, mit Kleinigkeiten habe ich mich nie abgegeben.

Das einzige, woran ich mich aus dieser Zeit noch erinnere, ist ein Großbrand, und zwar im Ghetto von Preßburg, das es damals noch gab. (Und später natürlich wieder.) Es war das erste- aber leider nicht das letztemal, daß ich mit so etwas konfrontiert wurde. Verzweifelte Menschen retteten Habseligkeiten, Rauchgasvergiftete wurden abtransportiert, und Wichtigmacher gaben sinnlose Befehle, um die sich niemand kümmerte. (Merkwürdigerweise empfand ich damals, als kaum Fünfjähriger, das schon so!)

Bald danach kehrte ich nach Wien zurück, das heißt im Klartext: Ich wurde nach Wien zurückbeordert, da meiner Mutter das »Kostgeld« zuviel wurde. Und so landete ich zum zweitenmal im Haus meines Großvaters, meiner Tante und meiner »Geschwister«. (Großmutter und Onkel Emil spielten keine besondere Rolle.)

Meine Mutter wohnte in einem winzigen Untermietzimmerchen einige Häuser entfernt, und ich sah sie relativ selten, da sie am Tag Proben hatte und abends Vorstellung und außerdem oft von einem ältlichen Herrn mit Beschlag belegt wurde, der sich nur sehr selten mit mir befaßte. Er war Schriftsteller und hatte offenbar viel Phantasie, was er einmal auch mir gegenüber bewies. Ich hatte nämlich den Berufswunsch geäußert, Matrose zu werden, und der Schriftsteller schilderte mir einen Schiffsuntergang in so phantasievoller und beeindruckender Weise, daß ich den Wunsch aufgab, die Seemannslaufbahn zu ergreifen. Schade, vielleicht wäre ich Admiral geworden ...

Und wieder kam ich in ein neues »Elternhaus«, das sich von den bisherigen allerdings dadurch unterschied, daß es da keinen Vater gab. Es gab nur einen Untermieter, der mit meiner neuen »Kostmutter« in einer gewissen Beziehung stand, deren Natur mir, dem damals Siebenjährigen, nicht klar war, doch glaube ich, einiges geahnt zu haben. Um so mehr, als dieser recht sympathische junge Mann – er war viel jünger als die »Kostmutter« –, also dieser junge Mann sang manchmal Lieder, deren Eindeutigkeit nichts zu wünschen übrigließ und die sogar ich verstand.

Und das, was ich nicht verstand, erklärte mir die Tochter des Hauses, die schon neun Jahre war und um viele, viele Jahre erfahrener als ich.

Inzwischen war der Erste Weltkrieg ausgebrochen. Ich hatte seinen Anfang in einem kleinen Nest in Niederösterreich erlebt. Ich weiß nicht genau, mit wem ich damals »am Land« war, es kann die Tante Anna oder die Großmama gewesen sein. Jedenfalls hatten wir auch im Urlaub selbstverständlich ein Dienstmädchen mit. Und ausgerechnet diese ein wenig unbedarfte Person fragte ich, was das Wort »Krieg« bedeutete. Und sie sagte, ohne viel nachzudenken: »Da müssen wir alle sterben!« Da habe ich maßlos geweint.

Doch als der Krieg dann wirklich ausgebrochen war, hatte ich diese Erklärung schon überwunden und einen neuen Berufswunsch: Sanitäter.

Mein neuestes Elternhaus war eine recht hübsche Villa auf dem Wiener Schafberg. Auf einem großen freien Feld, ganz in der Nähe, wurde zur Belehrung der Zivilbevölkerung ein Schützengraben – damals etwas ganz Neues – nachgebaut. Und in diesem Schützengraben, der kostenlos zu besichtigen war, habe ich manche frohe Stunde mit gleichaltrigen Freunden verbracht. Wir hatten alle aus Holz nachgebaute Gewehre und »schossen« auf alles, was sich bewegte.

Der Aufenthalt in der Schafberg-Villa endete abrupt und traurig: Meine Mutter war gestorben und wurde an meinem neunten Geburtstag begraben. Am 30. November 1916 – am selben Tag wie der greise Kaiser Franz Joseph.

Ich war zu jung und zu wenig mit meiner Mutter verbunden gewesen, um die ganze Tragweite dieses Todesfalles zu ermessen, und muß zu meiner Schande gestehen, daß ich es bedauerte, wegen ihres Begräbnisses

Der zwölfjährige Fritz Eckhardt mit seiner Stiefmutter.

nicht mit meiner Schulklasse beim Kaiserbegräbnis Spalier stehen zu können.

Der Tod meiner Mutter brachte mich ins richtigste und wichtigste Elternhaus, nämlich zu meinem Vater und meiner Stiefmutter.

Meine Verwandten mütterlicherseits hatten weder das Geld, noch sahen sie eine Verpflichtung, mich weiter in »Kost« zu geben. Ich muß aber betonen, daß sie mich sehr gern hatten und sehr gut zu mir waren. Und meine Tante hat bitterlich geweint, als sie mich vor dem Weihnachtsfest 1916 zu meinem Vater und seiner zweiten Frau brachte.

Und *dieses* Elternhaus konnte sich sehen lassen. Es war eine Vierzimmerwohnung im noblen 4. Bezirk, wunderschön möbliert, und – eine Novität für mich – es gab ein Badezimmer, was mir sehr imponierte.

Ich war begeistert. Von der Wohnung, von meinem Vater, der immer Witze machte, von meiner warmherzigen Stiefmutter und vor allem von dem wundervollen Essen zur Begrüßung, das es trotz des Krieges gab und das von einer unvergeßlichen Sachertorte gekrönt wurde. Als diese Torte aus irgendeinem Grunde zerfiel, sagte mein Vater: »Die Torte sieht ja aus wie nach einem Erdbeben!« Darüber mußte ich so lachen, daß ich beinahe erstickt wäre.

Ich hab's bis heute nicht vergessen.

Und dann begann ein großer Reinigungsprozeß – sowohl in körperlicher als auch in seelischer Beziehung. Meine Stiefmutter war eine prachtvolle Frau, und ihr verdanke ich mehr als jedem anderen Menschen, der in meinem Leben eine Rolle gespielt hat. Sie hat einen Menschen aus mir gemacht. Denn natürlich war ich ein schrecklich verwildertes Kind. Frech und aggressiv. Als ich seinerzeit aus Preßburg nach Wien gekommen war, hatte mich meine Tante Anna vom Bahnhof abgeholt. Es hatte geregnet, und ich machte mir einen Spaß daraus, in jede mögliche Pfütze zu treten und mich und die Tante zu beschmutzen. Als sie dann – ganz sanft – mahnte: »Fritzerl, mach das nicht!«, sagte ich rüde: »Halt's Maul, Kanaille!« ...

Die Zeit am Schafberg hat mich auch nicht milder gemacht, ich hatte dort an zahllosen Kämpfen verschiedener »Platten« recht aktiv mitgewirkt, nicht wenige Prügel bezogen und aber auch ganz schön ausgeteilt. Und meine Sprechweise war nicht die allerfeinste – um die Wahrheit zu sagen, sie war ordinärer Vorstadtdialekt.

Das alles hat meine Stiefmutter mit Güte und *nur* mit Güte richtiggestellt, sie hat mich erzogen und das Beste aus mir herausgeholt. Ich liebe sie noch heute ... Aber auch dieses Elternhaus war nicht das letzte. Mein Vater bekam die Direktion des Fronttheaters in Triest – eine großartige Sache –, und die Eltern zogen dahin. Natürlich durfte ich, als Kind, nicht in dieses Kriegsgebiet und kam zur Mutter meiner Stiefmutter, die ebenso gütig war wie ihre Tochter.

Inzwischen war der Krieg auch für das Hinterland ärger geworden, und ich lernte zum erstenmal kennen, was Hunger heißt. Die Großmama war eine wahre Kochkünstlerin, aber wo nichts ist, kann man nichts auf den Tisch stellen. Wie sie dieses Kunststück dennoch fertigbrachte, ist mir heute noch ein Rätsel. Allerdings: *satt* war ich nie. – So bereitete die Großmama jeden Abend für mich Marmeladebrote vor, die ich am nächsten Tag in der großen Schulpause verzehren sollte. Es waren ein bröseliges Maisbrot und eine säuerliche Rübenmarmelade. Dennoch stand ich fast jede Nacht auf und fraß meine Frühstücksschulbrote auf. Und am nächsten Tag bettelte ich meine Schulkameraden an, wenn sie ihr Frühstücksbrot aßen: »Schenk mir ein Stückerl!« Und manche taten das sogar ...

Ich war recht lange bei der Großmama, und das war auch die Zeit, in der ich die Liebe zum Theater in mir entdeckte. Ich spielte alles mögliche, aber vornehmlich Sterbeszenen. Und die brave Großmama sagte immer wieder: »So ein Kind habe ich noch nicht erlebt – jedesmal wenn ich ins Zimmer komme, stirbt er ..!«

Mein letztes Elternhaus in Österreich war – das Konvikt in Horn, also das Wohnheim für Kinder, die nicht in Horn beheimatet waren. Horn ist ein kleines Städtchen in Niederösterreich, und sein Gymnasium war bekannt dafür, daß es »leicht« war, etwas, das ich dringend benötigte. Nicht, daß ich schlecht gelernt hätte, ich habe überhaupt nicht gelernt, und ich habe es dann auch zustande gebracht, selbst in Horn mit Bomben und Granaten in der dritten Gymnasialklasse durchzufallen.

So kam ich dann zu guter Letzt an die Heidehof-Schule in Stuttgart, an die ebenfalls ein Wohnheim für Schüler angeschlossen war. Und das war sozusagen mein letztes Elternhaus, allerdings *nicht* in Österreich.

Anschließend an die mittlere Reife ging ich in Stuttgart zum Theater.

Doch das ist eine andere Geschichte …

Geboren am 25. März 1941 in Wien als Sohn der Karoline und des Ingenieurs Ernst Busek. Politiker der Österreichischen Volkspartei. Seine politische Karriere begann bald nach der Promotion zum Dr. juris im Jahre 1963. Parlamentsklubsekretär, Generalsekretär des Wirtschaftsbundes. 1975 bis 1976 Generalsekretär der ÖVP. Abgeordneter zum Nationalrat, Landesparteiobmann der Wiener Volkspartei, Stadtrat und Vizebürgermeister von Wien. Seit 1980 Stellvertretender Bundesparteiobmann, seit 1989 Bundesminister für Wissenschaft und Forschung, seit 1991 auch Vizekanzler und Bundesparteiobmann der ÖVP. Veröffentlichungen u.a.: ›Die unvollendete Republik‹, ›Urbanisierung‹, ›Wien – ein bürgerliches Credo‹, ›Mut zum aufrechten Gang‹. Verheiratet, lebt in Wien.

Erhard Busek
Bürgerliches Elternhaus im Palais

Ich bin »exterritorial« aufgewachsen. Das ist nichts Unanständiges, stellt keine politische Belastung dar und verlegt auch mein Elternhaus nicht auf einen anderen Stern. Im Gegenteil: Es liegt nach wie vor im 9. Bezirk, in dessen Herz, in der Alserbachstraße, und ist ein Palais. Ich bin aber nicht im ersten Stock aufgewachsen, sondern zu ebener Erde, im Palais Liechtenstein. Ich weiß schon, es gibt deren mehrere, an einem etwa gehe ich täglich mehrere Male vorüber, am Stadtpalais Liechtenstein, das von Domenico Martinelli errichtet wurde, seine italienisch-barocke Fassade dem Volksgarten zeigt, von der Bankgasse her erreicht werden kann und am Minoritenplatz ein wunderschönes Portal hat, das wiederum auf das Palais Starhemberg, ehemals Festetics, blickt, in dessen erstem Stock zu sitzen ich heute die Ehre habe. Es gibt auch noch das Gartenpalais Liechtenstein; das Schicksal will es, daß ich heute für dessen »Inhalt« verantwortlich bin, nämlich für das Museum Moderner Kunst, das 1979 dort eingezogen ist. Wieder italienischer Barock mit einem herrlichen Marmorsaal, auf den Seitengebäuden inzwischen restaurierte Statuen von Guliani und für die Ältesten in unserer Stadt jener Ort, wo man früher die Liechtensteinsche Gemäldegalerie besichtigen konnte, die seit den Kriegszeiten in Vaduz verwahrt ist und deren Rückkehr die ›Vorarlberger Nachrichten‹ stets fordern. Dieses Palais ist es auch wieder nicht, sondern jener etwas seltsam geratene Ferstel-Bau, der selten unter den geglückten Leistungen seines Architekten erwähnt wird.

Mein Elternhaus ist das Palais Liechtenstein, das im 19. Jahrhundert erbaut wurde, einem beachtlichen Teil der fürstlichen Familie als Wohnung in Wien gedient hat und nun zwecks wirtschaftlicher Nutzung vermietet ist an Unternehmen wie an Privatpersonen, die über genügend Geld verfügen und damit jenen herrlichen oberen Teil des Gartens genießen können, der für die Bürger des Alsergrunds nie geöffnet wurde. Diese Parkanlage habe ich als Kind genossen, erst später habe ich begriffen, daß es einer der gelungensten englischen Gärten ist, über die Wien verfügt.

Wie bin ich dorthin gekommen? Weder entstamme ich der morganatischen Ehe eines Aristokraten, noch hat sich mein Vater aus eigenem in dieses schöne Ambiente einmieten können. Der gelernte Ingenieur war als überzeugter Republikaner 1927 in die Dienste der Fürst Liechtensteinschen Zentralverwaltung getreten, und 1938 wurde ihm und seiner Frau, meiner Mutter, eine stattliche Wohnung an jenem Ende des Palais angewiesen, das zur Liechtensteinstraße liegt und zum Schubert-Brunnen blickt, wobei es das Privileg eines eigenen Eingangs – Alserbachstraße 14 – hatte. In Pension ging mein Vater 1969 als Fürstlich Liechtensteinscher Baudirektor, ein Titel, den er sehr schätzte und nie verwendete, denn an der Tür seiner Pensionistenwohnung war nicht einmal mehr der Ingenieurtitel verzeichnet – und das in Österreich! Er starb 1989 in einem Haus in der Porzellangasse mit Blick auf jenes barocke Gartenpalais, für dessen Erhalt er sein Leben lang gekämpft hat, unter schwersten Bedingungen, wie es sie nur im Krieg und in der Nachkriegszeit geben konnte. Er hat auf Doderers Strudlhofstiege geblickt, die der ihm bekannte Baurat Jäger geschaffen hat. Er hat sich auch noch über die dräuenden Türme des Neuen Allgemeinen Krankenhauses geärgert, die dieses Kunstwerk fast unter sich erdrücken wollten und damit räumlich die barocke Pracht der Außenhaut des Museums für Moderne Kunst bedrohten. Er hat sein Leben beschlossen in einem Haus, das ebenfalls dem Fürsten Liechtenstein gehörte – ein Zeichen jener Freigebigkeit, die ein gut Teil der österreichischen Aristokratie bewies, solange sie es sich leisten konnte.

Dieses patriarchalische, familiäre Denken hat meinen Eltern eine Dienstwohnung in großer Umgebung und ein Zuhause am Lebensabend in der Nähe des alten Wirkens beschert. Es war eine Form der sozialen Verantwortung für Mitarbeiter, die mehr Wärme als Betriebsvereinbarungen, Pensionskassen und Firmensportvereine besaß. Diese Verantwortung wurde nämlich auch noch wahrgenommen, als längst nicht mehr die Erträge da waren – es ist ein Zeichen der Treue gegenüber meinem Vater, der in den schweren Zeiten von Weltkrieg und Nazizeit, Zerstörung und russischer Besatzung viel für seinen Dienstgeber getan hat: einfach weil er es als seine Pflicht ansah.

Als Jahrgang 1941 habe ich mein Elternhaus noch anders kennengelernt: Dort, wo heute wieder Wiesen sind, waren Salat- und Kohlfelder, die in der Nachkriegszeit die Ernährung der Mitbewohner sicherstellten. Dort, wo später Rosenbeete waren, wurde Tabak gezogen, um den Männern das zur Ablenkung von den schweren Zeiten so notwendige Rauchen zu ermöglichen. Unter den Unterversorgten waren auch Prinzen und Grafen, welche die Bescheidenheit dieser Zeit geteilt haben. Ich war zwar ein kleines Kind, aber ich habe die Erinnerung an das Geschehen noch wie eine Filmaufnahme in mir. Am 6. Januar 1946, an einem Abend voller Schneegestöber, fuhren schwedische Militärlastwagen in den Liechtenstein-Park ein. Es waren Hilfslieferungen für die hungernden Wiener, die Aktion »Rädda Barnen« versuchte, die Gefährdung der kleinen und kleinsten Wienerinnen und Wiener abzuwenden. Eine Fügung des Schicksals wollte es, daß meine Mutter nach dem Ersten Weltkrieg wegen Unterernährung nach Schweden gekommen war und bis heute leidlich Schwedisch spricht. Ihr Dolmetschertalent hat mir den ersten Kakao meines Lebens beschert. Auch für einige Adelige war es nach langer Zeit eine Wiederbegegnung mit diesem Getränk, das sie mit anderen Arbeitern und Angestellten der fürstlichen Verwaltung teilten. Im heutigen Museum Moderner Kunst wurden später getragene Kleider und andere Spenden von Schweden gelagert und ausgegeben. Schwedische Offiziere fragten nach Erinnerungsstücken der Deutschen Wehrmacht, und meine Mutter leistete Dolmetscherdienste bei obskurem Tauschhandel wie etwa Dolche der Luftwaffe gegen Butter oder Schmalz, Fleisch gegen Kriegsauszeichnungen, Zucker gegen Uniformstücke.

Mein Elternhaus war zu dieser Zeit kein prächtiges Palais, denn nachdem die Nazis und ihre Armee aus Wien verschwunden waren, kamen die Russen. Einige Artillerie-Einschüsse der abziehenden Waffen-SS Sepp Dietrichs »verzierten« das Gebäude und die Fensterläden des elterlichen Schlafzimmers, einige Querschläger hatten sogar die Holzenden der elterlichen Betten getroffen. Aber nach dem August 1945 gehörte dann das Haus zur amerikanischen Besatzungszone, die Angst vor den Russen begann erst einige hundert Meter weiter, bei der Brigittabrücke, die heute Friedensbrücke heißt.

Das klingt alles ziemlich schrecklich, und dennoch muß ich sagen, mein Elternhaus war wunderschön. Das, was den Erwachsenen furchtbar vorkam, war für mich eine Selbstverständlichkeit, denn ich hatte es ja nicht anders erlebt. Wer hatte schon einen großen Park, in dem auch die Kin-

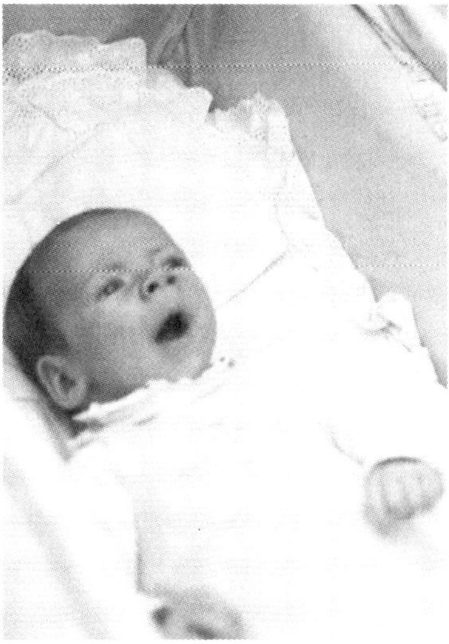

Links: Erhard Busek als Baby. *Rechts:* Erhard Busek mit seinen Eltern Karoline und Ernst Busek.

der anderer Arbeiter und Angestellter der Verwaltung spielten? Das Palais war übervoll von Flüchtlingen, die von den Besitzungen und Gütern des Fürsten aus der Tschechoslowakei nach Österreich geflohen waren. Die Erwachsenen hatten nichts, aber wir Kinder waren unendlich reich. Der Park war eine Landschaft, in der es auch Hügel gab und einen Teich, ein paar Baracken und Werkstätten, geheimnisvolle Keller und eine Gärtnerei. Wir hatten einen Hühnerstall, wo das wirtschaftliche Geschick meiner Mutter einsame Triumphe feierte. Mehr als vierzig Hühner waren es zeitweise; als ich schon etwas größer war, mußte ich die Nachmittagsfütterung übernehmen und die Eier einsammeln, in diesen Zeiten der Knappheit eine große Bereicherung. Im Frühjahr verkaufte meine Mutter sogar anliegenden Lebensmittelhändlern Eier und erzielte dadurch eine beträchtliche Aufbesserung des Haushaltsgeldes. Vor der Brutzeit fürchtete ich mich immer, denn wenn man den Hühnern die Eier wegnehmen wollte, hackten die Hennen energisch nach dem Dieb.

Ein Park bietet noch eine ganz andere Erlebniswelt, nämlich auch Gefahren. Im Hühnerstall wohnte nicht nur das Geflügel, in das Futterfaß verirrte sich auch einige Male eine Ratte. Vollgefressen war sie dann nicht mehr in der Lage, über den Rand des Fasses zu springen. Angstvoll im Kreise herumlaufend, suchte sie ohne Erfolg einen Ausweg, und ihre Angst flößte mir noch mehr Angst ein. Ebenso gab es Kaninchen, den Hund des Nachtwächters und damals auch schon Tauben, wenngleich nur wenige. Vögel aller Art wurden von streunenden Katzen erlegt, und die Eichkätzchen litten noch nicht unter den verheerenden Folgen allgemeiner Vergiftungserscheinungen einer verpesteten Umwelt. Der Park war im unteren Teil offen und damit ein ideales Feld für Indianerspiele, wildes Kriegsgetue und Verfolgungsjagden. Eine wilde Schlacht hat mir eine bleibende Narbe beschert. Der Täter lebt inzwischen friedlich in Südamerika, und mir hat es auch nicht geschadet.

Es war aber nicht nur die abgeschlossene Welt dieses Parks, die mein Elternhaus vom Lärm der Welt ein wenig entrückte. Es stand auch tatsächlich etwas außerhalb, nämlich an der Grenze zum berühmten Lichtental. Damals schrieb man es noch nicht mit »ie« und »th«, wobei sowohl die Pfarrkirche als auch die einschlägige Gasse dieser Schreibweise folgten. Erst zum Ende der fünfziger Jahre vollzog man die Rechtschreibreform, sehr zum Nachteil der Identität dieses Grätzels. Lichtental hat wesentlich mein Elternhaus bestimmt. Nicht nur, weil es auch Schuberts Geburtsort war, wobei ich mir heute noch nicht darüber im klaren bin, ob meine Neigung zu diesem einsamen musikalischen Genie aus der räumlichen Nähe seines Wirkungskreises kommt.

Lichtental bestand damals aus kleinen ebenerdigen und einstöckigen Häusern, die an den großen Thury-Hof anschlossen. Dieser Gemeindebau erfaßte nahezu den gesamten Grund, der nach den Rittern von Thury benannt war. Romantisch war die Gegend schon, wenngleich man auch deutlich sagen muß, daß es in allen diesen Häusern Wasser bis in den ersten Stock gab – aber nicht in Leitungen, sondern in der Mauer. Heute ist alles weggeräumt und gesichtslosen Gemeindebauten gewichen, die keine eigene Lichtentaler Identität erlauben und schließlich auch dazu geführt haben, daß die bodenständige Bevölkerung total ausgewechselt wurde. Man soll diesen alten Bauten nicht nachweinen, vielleicht aber jener Stadtteilatmosphäre. Geblieben sind die Legenden, das Wirtshaus zum »Küss den Pfennig«, die Gassennamen wie Badgasse, Marktgasse und ähnliches, die auf längst Verflossenes hindeuten.

Die Kirche in der Lichtentaler Pfarrei versuchte, den Menschen nicht nur eine geistige, sondern auch eine räumliche Heimat zu geben. Nach dem Krieg war diese Kirche für viele ein »Elternhaus«. Die Kinder ehemaliger Nationalsozialisten suchten dort nach einem Bezugsrahmen, den ihre Eltern durch Adolf Hitler verloren hatten. Der Nachwuchs sozialdemokratischer Familien war ebenso vertreten, denn ein »höheres Wesen« gibt es ja für jeden Wiener, auch wenn er »o. B.«, also ohne Bekenntnis ist. Es war eine typische Arbeiterpfarre in dieser Zeit, die ihr Führungspersonal zwar aus kleinbürgerlichen Schichten bezog, aber so etwas wie eine soziale Solidarität kannte. Die armen Ministranten bekamen zu Weihnachten und zu Ostern einen Striezel vom Bäcker am Grund, der natürlich schon seinerzeit bei Julius Raabs Gewerbeverein war und wahrscheinlich auch bei der Vaterländischen Front.

Oberhaupt der Laien in der Pfarrgemeinde war ein Hutmacher und ehemaliger Hauptmann der österreichischen Armee mit hervorragendem Gesichtsschnitt und schönem Schnauzbart, der bei Fronleichnamsprozessionen mit Melone und weißgelber Vatikanarmbinde ging und furchterregend mit einem Schirm fuchtelte, wenn die Prozession ins Stocken kam. Er war auch gleichzeitig Obmann der Österreichischen Volkspartei und Organisator zahlreicher karitativer Aktivitäten, die vielen Menschen zugute kamen. Das war eine gute Welt für mich als Kind und als Jugendlicher, eine, die für soziale Fragen viel Einsicht und Verständnis abverlangte und lehrte, daß bei der Not der Menschen politische Schlagworte nichts zu suchen haben.

Der Bezirksvorsteher, auch ein ehemaliger Christlichsozialer und jetzt in der ÖVP, war ein Gemeindebeamter, der wahrscheinlich in der Schuschnigg-Ära ins Rathaus gekommen war und in der Nazizeit daher an die Front verpflichtet wurde. Eisenbahner waren auch da, alles stramme Sozialisten, die noch einiges vom sozialdemokratischen Aufstand 1934 hätten erzählen können, aber niemals darüber reden wollten.

Schließlich gab es vis-à-vis von meinem Elternhaus, dem Palais, das Haus der lokalen sozialistischen Parteiorganisation. Am 1. Mai wurden ab sechs Uhr früh unbarmherzig Lieder der Arbeiterbewegung von der Platte herunter durch Lautsprecher in die Alserbachstraße geplärrt. Mein Vater schloß immer schon am Vorabend sorglich die Fensterläden, denn was er nicht mochte, versuchte er zu ignorieren.

Wenn ich mich an noch mehr Einzelheiten meines Elternhauses und seiner Umgebung erinnern will, muß ich bei Heimito von Doderer nachlesen, dem großen Dichter, der aus meinem Bezirk stammte. Das Haus zum »Blauen Einhorn«, der Althanplatz, der jetzt Julius-Tandler-Platz heißt, die siamesischen Häuserzwillinge in der Porzellangasse, die wegen einer abgeschlagenen Tasche heute eben nicht mehr »siamesisch« sind, der Donaukanal und der Weg in die Innere Stadt und nach Döbling, all das überspannte mein Elternhaus, das unverwechselbar in Wien und in Österreich lag. Ich hätte nicht meinen Weg gehen können, würde nicht so vieles wissen von dieser Stadt und meinem Land, wenn nicht mein Elternhaus dort gewesen wäre, wo es war.

Ein Elternhaus ist aber nicht nur ein durch Räume und eine Umgebung gekennzeichneter Ort, ein Elternhaus ist auch ein geistiges Gebäude. Ich danke Gott zutiefst, daß mein Elternhaus immer ein österreichisches war. Ein gutes Schicksal hat es mit sich gebracht, daß im Stamme meiner Familie weder auf der Seite des Vaters noch der Mutter jemals einer an dieser meiner Heimat zweifelte. Bei der Familie meiner Mutter war es einfach: Mein Großvater, mein Urgroßvater und viele davor waren in Wien zu Hause, wahrscheinlich schon an die dreihundert Jahre. Kleine Leute waren es, Kleinbürger meint man heute abschätzig. Sie hatten aber viel Würde an sich, die Erhards.

Das Palais Liechtenstein, in dem Erhard Busek als Sohn des Fürstlich Liechtensteinschen Baudirektors seine Kindheit verbrachte.

Ja, meine Mutter hieß mit Familiennamen Erhard, und diesem Umstand verdanke ich auch meinen Vornamen. Wenn man Fotografien, Daguerreotypien, ja sogar eine Porträtmalerei dieser Vorfahren sieht, merkt man, daß sie zwar nicht reich, aber bewußte Bürger waren. Der Ururgroßvater muß irgendein kleines Gewerbe geführt haben, der Urgroßvater war Polier, stolzes Mitglied von Karl Luegers Christlichsozialen und des Christlich-Deutschen Schulvereins, Inhaber einer kirchlichen Auszeichnung »Pro Ecclesia et Pontifice« und überhaupt ein Vereinsmeier. Stolz trug er seinen Schnurrbart. Mein Urgroßvater war schwarzgelb bis in die Knochen, denn das Habsburger Österreich war sein Land, und die Reichs-, Haupt- und Residenzstadt war seine Stadt, in der er das Seine bei den Ringstraßenbauten leistete.

Auch der Sohn, mein Großvater, trug dazu bei, indem er es vom Maurerbuben bis zum Architekten brachte. An einigem hat er herumgewerkt, wie etwa am Hotel Imperial, an der Simmeringer Brauerei, die damals noch den Namen Dreher führte. Viele Architekturzeichnungen hat er von Wien angefertigt, präzise bis ins Detail mit all den Schnörkeln der Zeit. Von Politik wollte er aber nichts wissen, obwohl er in der Jugend ein heftiger Demonstrant gewesen sein soll. Das Engagement meines Großvaters führte ihn in einen Theaterverein – die Volksbühne. Heute würde man vom Kellertheater reden, obwohl er und seine Freunde in der Josefsgasse, im Lehrerverein, spielten, wo heute das English Theatre seine Heimstatt hat.

Schwarzgelb war auch er bis in die Knochen, denn ich habe in seinem Nachlaß paketweise Kriegsanleihen gefunden, obwohl er nach den Erzählungen meiner Großmutter selbst nicht allzuviel Geld hatte. Auch die Eheringe wurden hingegeben, die Ersatzstücke waren aus wertlosem Metall und trugen die Aufschrift »Gold gab ich für Eisen«. Die Kaiserin Zita hat er nicht gemocht, denn als Kind seiner Zeit war er auf die Italiener nicht gut zu sprechen. Den Hitler hat er nicht gemocht, denn er hat instinktiv gewußt, daß dessen Ziele zum nächsten Weltkrieg führten. Die »Roten« hat er nicht gemocht, aber auch nicht die Heimwehr und den Starhemberg, denn er wußte, daß all das für Österreich nichts Gutes war. Geweint hat er, obwohl er ein strenger Mann war, nämlich streng zu sich selbst, als Leopold Figl vom Balkon des Belvedere verkündete: »Österreich ist frei.« Blind war mein Großvater inzwischen geworden, der Volksempfänger der Kriegszeit war seine Verbindung zur Außenwelt, aber Österreicher war er. Wobei er mir einmal sagte, daß er glücklich sei, Österreichs Freiheit noch erlebt zu haben; wenige Monate danach starb er in hohem Alter.

Zu meinem Elternhaus gehört aber auch die Familie meines Vaters, die sich eigentlich mit Österreich schwerer hätte tun können. Entgegen aller Vermutung sind die Buseks nicht tschechischen Ursprungs, sondern das Ergebnis eines Schreibfehlers. Der Familienmythos besagt, daß sich die Buseks eigentlich mit »ck« geschrieben hätten, aus dem Buseck-Tale bei Gießen in Hessen stammten und aus Religionsgründen in das tolerantere österreichische Schlesien gewandert seien. Angeblich hätte man einen bescheidenen Adelstitel dabei eingebüßt. Das alles sei beim unseligen Arier-Nachweis der Nazizeit herausgekommen, habe aber niemanden von der Familie interessiert. Die religiösen Gründe sind leicht beschrieben: Die Buseks waren in der männlichen Linie bis zu meinem Vater Protestanten. Daher auch der Verzicht auf äußere Zeichen. Ich stand diesem Familienmythos immer skeptisch gegenüber. Er verändert aber auch keine Wirklichkeit, sondern zeigt nur, daß trotz vielfacher Bedrohungen auch die Ahnen meiner Väter immer gute Österreicher waren. Keiner der protestantischen Buseks fühlte sich bemüßigt, mit Großdeutschland zu kokettieren, sie wanderten einige Male zwischen dem kleinen österreichischen Schlesien und der großen Residenzstadt Wien hin und her, um sich vor rund hundertfünfzig Jahren hier niederzulassen. Auch sie waren Kleinbürger mit vielen Kindern, wechselten Berufe, wobei es das Schicksal wollte, daß mein Vater Baumeister und Ingenieur wurde, wie es auch der Vater und Großvater meiner Mutter waren. Gebaut haben die Buseks offensichtlich immer gerne. Das ist aber nicht so wichtig wie die Tatsache, daß ich aus der Religionssituation tiefen Respekt vor dem jeweiligen anderen gelernt habe sowie einen echten Bezug zur Schrift und ein Bekenntnis zu meinem Elternhaus Österreich. Meinen Vorfahren verdanke ich, »behaust« zu sein, eine Heimat zu haben.

Geboren in Wien am 12. Dezember 1919 als Sohn der Leopoldine Stand und des Hauptmannes der k.u.k. Armee Josef Max Weichselbaum, im Alter von fünf Jahren von dem Juwelier Mischa Muliar adoptiert. Schauspieler, Regisseur, Buchautor. Engagements im Kabarett »Der Liebe Augustin«, im Landestheater Innsbruck und Wiener »Simpl«. Nach dem Krieg Schauspieler und Regisseur am Zeittheater »Der Igel« in Graz und am Steirischen Landestheater Graz, Operettenbuffo am Wiener Raimundtheater, Kabarettist im Wiener »Simpl«, Schauspieler am Volkstheater und Theater in der Josefstadt. 1974–1987 Mitglied des Burgtheaters, an das er nach seiner Pensionierung 1989 als Gast zurückkehrte. Zahlreiche Film- und Fernsehrollen. Träger des Nestroy-Ringes und der Kainz-Medaille. Lebt in Groß-Enzersdorf, verheiratet mit Franziska Kalmar, drei Söhne.

FRITZ MULIAR

Kein Elternhaus

Wie beginnen, was an den Anfang schreiben? Mein Elternhaus stand in Österreich? Stimmt nicht. Das heißt, das mit Österreich schon, nur, meine Eltern hatten kein Haus, und »meine Elternwohnung stand in Österreich« klingt ja doch ziemlich – na, sagen wir – exaltiert! Mein Elternhaus *ist* Österreich, nein, das ist zu protzig, zu bombastisch, zu – aufgedonnert. Noch dazu habe ich nie mit meinen Eltern zusammengewohnt, weil die beiden Menschen, die meine Eltern waren, selber nie in einer Wohnung oder auch nur gemeinsam hausten. Mein Vater zog es vor, als aktiver Offizier der k.u.k. Armee in Kasernen, Garnisonen und Unterständen zu ubikieren, mein Fräulein Mutter logierte bei ihren Eltern. Ja, das Elternhaus (die elterliche Wohnung) meiner Mutter, die war in Österreich, in Wien, im 7. Wiener Gemeindebezirk – am Neubau, am Brillantengrund, in der Kandlgasse Nr. 16, Ecke Schottenfeldgasse.

Und weil Mütterlein dort ihre Bleibe hatte, der Erste Weltkrieg gerade vorüber war, kam ich der Bequemlichkeit halber gleich dort zur Welt. So

Fritz Muliar im Alter von etwa vier Jahren.

Gschnas mit Spital, Sanatorium oder Gebärklinik, das gab es nur für die Reichen (die Gestopften, sagt man bei uns), aber wir waren keine solchen. Väterchen kriegerte noch (als »Weißer« und Söldner) in Rußland herum, und dort muß er, bevor er zu den Kärntner Abwehrkämpfen abtauchte, schier vergessen haben, daß er ein Söhnlein in die Welt gesetzt hatte, dessen Elternhaus in Österreich stehen sollte. Wie sollte sonst sein Söhnchen diese Zeilen verfassen können?

Nun, geneigter Leser (so sagt man doch?), Sie sehen, es geht – trotzdem! Denn: Die Not war groß 1919/20/21, aber Mutter tüchtig, und so war sie als Sekretärin bei einem Generaldirektor Rottenberg in der Kontrollbank in Wien gelandet. Während sie für kargen Lohn, wie sie sich später auszudrücken pflegte, denn sie war eine ziemlich theatralische Person, schuftete, stieg Großvater in seinem Beruf als Elektromonteur auf Leitern und in seiner (ebenfalls kargen) Freizeit auf die Berge, die rings um Wien auch noch nach dem Krieg liegen geblieben sind. Er war, der Großvater, ein leicht großdeutscher Deutschnationaler, und so ist es fast selbstverständlich, daß seine Tochter, besagte Sekretärin des Direttore Generale Rottenberg – vorher aus purer Opposition, dann aus Zuneigung –, zu den Bergfexen des Sozialdemokratischen Touristenclubs »Die Naturfreunde« stieß. Wenn Vater und Tochter sich auf den Graten, Gipfeln und Kämmen der Rax, des Ötscher oder des Schneebergs begegneten, brüllten sie sich die Fexengrüße »Berg Heil« und »Berg frei!« zu, worauf sie Arm in Arm in die nächste Hütte marschierten, um dort mit Jagertee ihre politischen Gegensätze zu beprosten.

Bei diesem Verein der sozialdemokratischen Gipfelstürmer lernte meine Mutter den bereits 1912 aus der Ukraine zugewanderten Juwelenfasser M. L. Muliar kennen und später sogar lieben, und jetzt stehen wir schon fast vor den Toren der Elternwohnung des kleinen Fritz in Österreich. Aber gemach, so schnell schießen die Preußen nicht und die Österreicher zum Glück schon gar nicht. Nur mein Vater schoß noch irgendwo herum, denn tapfer zu sein war sein Beruf. Sie sehen, »Pflichterfüller« gab es bei uns zu allen Zeiten! Der wackere Mann war – um ehrlich zu sein – ein geborener Landsknecht; nebenbei gelernter Brückenbauer und ein recht brauchbarer Journalist. Wir haben ihn aus den Augen verloren, vielleicht, weil er, um meiner Mutter und dem russischen Sozi nicht zu begegnen, einem anderen Alpenverein beitrat, der weniger wanderte als um lohende Feuer hopste und mit dem rechten Auge (das linke war unterentwickelt!) nach der Swastika schielte. Dafür mußte er 1940 als leicht Betagter schon wieder zum Militär, diesmal zu einer anderen Armee, was ihn nicht störte. Obwohl er auf seinen Kaiser (eigentlich waren es zwei: Franz Joseph I. und Karl I.) vereidigt war, leistete er auch noch den Eid auf den Gefreiten des Ersten Weltkriegs, der inzwischen Karriere gemacht hatte. Dieses Schicksal hat sein Sohn mit ihm geteilt (mit weit weniger Animo). Das war auch das einzige, was uns verband. Seine Zu- und meine Abnei-

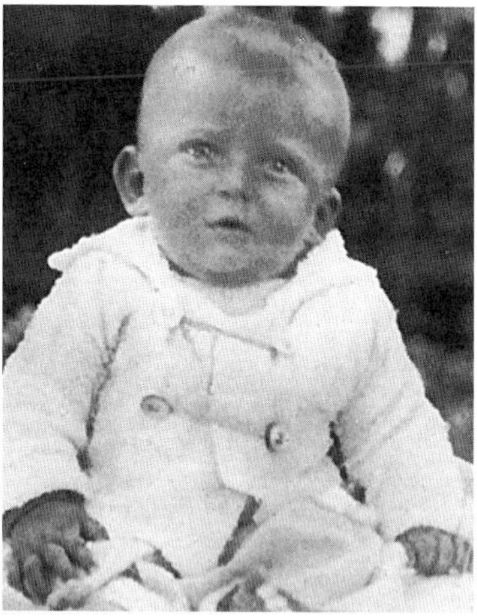 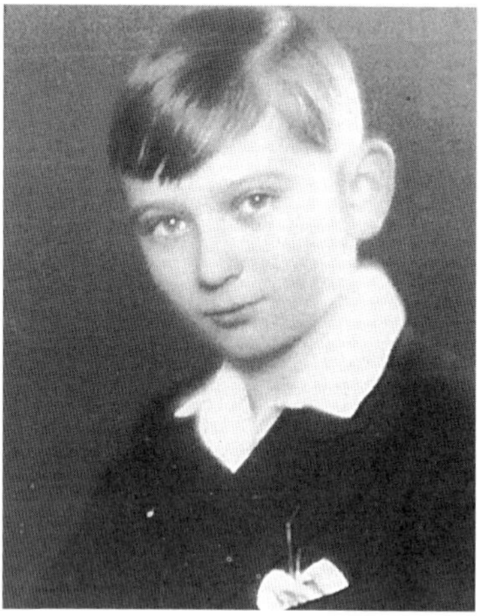

Fritz Muliar als Baby und als Schuljunge.

gung zu dieser beziehungsweise gegen diese Person, über die hier nicht ausführlich gesprochen werden soll! Mit meinen Erlebnissen und denen meines Erzeugers in Weltkrieg Zwei könnte ich ja in einem anderen Buch zu Wort kommen, und man soll, wie mir bekannt ist, sein Pulver nicht leichtsinnig verschießen.

Zurück also auf die Gipfel, in die Täler der Wiener Hausberge, zurück zu Mutti und dem Stiefpapa, denn das war er seit 1924, der Herr aus Shitomir. Er hatte Mutti geheiratet und mich dazu. Daß das so war, habe ich bis 1937 nicht gewußt, mußte es aber erfahren, als es darum ging, »Papiere« zu haben, die dem Barbarier-Paragraphen genügten und dem prüfenden Auge eines grimmigen Sippenforschers vorgelegt werden konnten. Nun, Papiere her, Stiefvater hin – bis nach Amerika! –, ein Elternhaus hatte ich nie. So sehe ich mich außerstande, darüber zu berichten. Denn wen interessiert es, daß unserer Familie, Papa, Mama, Großvater, Großmutter und mir, eine Zweieinhalb-Zimmer-Wohnung genügte, um halbwegs glücklich zu sein, in Frieden zu leben, der Musik und dem Theater huldigend. Papa kaufte mir, einem dringenden Bedürfnis folgend, ein sehr primitives, aber immerhin doch ein Schlagzeug, und wenn Gäste zu uns kamen, mußten sie, wollten sie verköstigt werden, Mutters Klavierspiel loben und sich über meine Trommelei günstig äußern. Mami und ich sangen auch im Duett, und Papa, der Russe, blies die Flöte, daß es nur so zischte. Das war die Tax Hauskonzert bei Muliar (30 Minuten), dafür gab es Suppe, Braten und Nudeln und Preiselbeeren und himmlische böhmische Dalken, die meine aus Wien stammende Groß-

Links: Fritz Muliar mit seinem Stiefvater Mischa Muliar. *Rechts:* Fritz Muliar mit seiner Mutter Leopoldine.

mutter (König hieß sie, bevor sie den Johann Stand heiratete) himmlisch zuzubereiten wußte. Böhmisches Blut? Böhmisches Rezept? Wurscht! Die Dalken waren so einmalig, daß ich ihren Geschmack noch heute auf der Zunge spüre.

Heute bewohne ich hundert Meter außerhalb Wiens ein Haus, das ich mir 1973 in Groß-Enzersdorf gebaut habe. In dem niederösterreichischen Ort fühle ich mich recht wohl, und wir (meine Frau und ich) haben uns eingelebt. Mein Sohn aus erster Ehe lebt in Wien I, und meine zwei Jüngeren sind auch wieder nach Wien zurückgegangen.

Wenn Sie also Fragen haben, die sich mit dem Thema »Mein Elternhaus in Österreich« befassen, wenden Sie sich bitte an Hans, Alexander oder Martin Muliar. Sie wurden zwar alle drei in Sanatorien geboren (so fein sind die Muliars geworden!), aber sie haben das, was ich nie mein eigen nennen konnte: ein Elternhaus in Österreich.

Geboren in Wien am 23. Dezember 1921 als Sohn der Irene und des Kaufmanns Ingenieur Walter Nenning. Schriftsteller, Journalist. Dr. phil., Dr. rer. pol. 1948 bis 1958 Redakteur der sozialistischen Zeitung ›Neue Zeit‹ in Graz. Danach Mitherausgeber und ab 1965 Herausgeber der von Friedrich Torberg gegründeten Kulturzeitschrift ›FORVM‹. TV-Moderator von »Club 2« und »Café Central«. 1960 bis 1985 Vorsitzender der Journalistengewerkschaft. 1985, nach Teilnahme an der Besetzung der Hainburger Au, Ausschluß aus SPÖ und Gewerkschaftsbund, danach politische Tätigkeit bei der grün-alternativen Bewegung. Buchautor, Mitarbeit in ›profil‹, ›Kronen Zeitung‹, ›Spiegel‹, ›Zeit‹, ›Weltwoche‹. Verheiratet, zwei Kinder.

GÜNTHER NENNING

Schwalbenglück

Meine Familie hatte ziemlich viel Glück, weil wir immer Schwalben im Wohnzimmer hatten. Wenn sie kamen, »zu Maria Verkündigung kommen die Schwalben wiederung«, mußte das Fenster immer offenbleiben, bei jedem Wetter und Tag und Nacht. Sie flogen rundum, rundum, dicht unterm Plafond und schissen überallhin. Das brachte Glück.

Auf den polierten Möbeln hinterließ das Glück weiße, unauslöschliche Spuren.

Das Nest bauten sie immer in der Messingschale, womit der Wohnzimmerluster gegen den Plafond hin abschloß, damit man die elektrischen Drähte nicht sah. Wir hatten Angst, die drinsitzenden Schwalben könnten sich elektrisieren, es geschah aber nie.

Einen richtigen Nestbau brauchten sie gar nicht zu machen, die Lusterschale war schon das Nest, ein paar Halme genügten zum Auspolstern.

Unter der Lusterschale brachte die Tante einen großen braunen Karton an, damit das Glück nicht direkt in die Suppe fiel. Flogen die Schwalben wieder fort, »Maria Geburt fliegen die Schwalben wieder furt«, waren wir auch froh, denn es war schon immer eine Riesenschweinerei mit den Schwalben.

Der angeschissene braune Karton wurde bis zum nächsten Jahr oben auf der Küchenkredenz aufbewahrt. Manchmal stieg ich abends vor dem Schlafengehen aufs Küchenstockerl, holte den Karton herunter und roch am Glück.

Mein Onkel, in dessen Haus sich das alles abspielte, war ein Nazi. Er stand auf einer sogenannten »Todesliste«, die von den »Austrofaschisten« angelegt und vom Pfarrer des kleinen Ortes hinter dem Altar aufbewahrt wurde. Dort fand sie mein Onkel bei der NS-Machtübernahme. Es geschah ihm nichts unter den »Austrofaschisten«, nichts unter den echten Faschisten (er mußte in den Krieg), nichts nachher in der Demokratie. Er starb im Bett.

Mein jüdischer Onkel in Wien, der von den Schwalben auf dem Dorf gar nichts wußte, hatte trotzdem Glück. Als die Nazis kamen, kaufte er auf dem schwarzen Markt eine deutsche Offiziersuniform und heftete seine Orden aus dem Ersten Weltkrieg drauf. Damit ging er unbehelligt herum, blond und blauäugig, wie er war. Er überlebte mitsamt seiner »arischen« Freundin.

Von meinen vier anderen jüdischen Onkeln vertraute einer auf seine gleichfalls reichlichen k.u.k. Auszeichnungen. Er wurde vergast. Die anderen packten ihre Orden ein und gingen rechtzeitig mit ihren Frauen und Kindern ins Ausland.

Meine jüdische Mutter trug nie den vorgeschriebenen gelben Judenstern. Die Nachbarn, meist Nazis, schwiegen. Sie überlebte mitsamt meinem »arischen« Vater.

Ich selbst ging als Kriegsfreiwilliger zur Hitler-Wehrmacht und kam nach fünf Jahren heim, äußerlich völlig unbeschädigt.

Von meinen Großeltern lebten, als die Nazis kamen, noch zwei. Mein jüdischer Großvater mütterlicherseits war bettlägerig. Als er die Nachricht vom Einmarsch hörte, drehte er sich zur Wand, die alte jüdische Sterbehaltung, und starb unbehelligt.

Meine »arische« Großmutter väterlicherseits legte in der ganzen Zeit des Faschismus und Krieges täglich ihre Patience. Zu mir sagte sie immer: »Weißt du, Schaferle, wenn sie schlecht ausgeht (die Patience), ist es schlecht fürn Hitler – wenn sie gut ausgeht, ist es gut für uns.«

Schwalbenglück.

Am Tag des »Anschlusses« war ich siebzehn Jahre und zum Abendessen bei meinem Zahnarzt. Im Radio hielt Bundeskanzler Schuschnigg seine Abschiedsansprache. Schlußsatz: »Gott schütze Österreich.« Ich hielt es für geschützt, solange darin so gut gekocht wurde wie von der Frau meines Zahnarztes, einer jüdischen Mame, die zum Beispiel gefüllte Fisch' ... ach, das läßt sich nicht beschreiben.

Auch war meine Voraussetzung, daß ein gut kochendes Land von Gott geschützt sei, ohnehin falsch, was ich als übergewichtiger Bürgersohn nicht recht mitbekam. Weder bestand die politische Ruhe im Innern, die für ein gutes Essen und Verdauen eine psychosomatische Grundbedingung ist, noch konnten die sechshunderttausend Arbeitslosen (offiziell dreihunderttausend, aber nur, weil die langzeitig Erwerbslosen gar nicht mehr mitgezählt wurden) was Ordentliches essen.

Auf den Straßenbahnfahrscheinen waren hinten Rezepte der Frau Alwine Dollfuß aufgedruckt, Witwe des Bundeskanzlers Engelbert Dollfuß, »Austrofaschist«, den hitlerfaschistische Putschisten im Juli 1934 ermordet hatten. Frau Alwine riet, aus Wursthäuten, ein wenig Mehl und dem guten Wiener Wasser eine schmackhafte Suppe herzustellen. Was die vorerwähnte politische Unruhe im Lande bereits teilweise erklärt.

Mein Zahnarzt, mit dessen Sohn ich in die Schule ging, war ein typisch jüdischer Zahnarzt, Liebhaber der Literatur, und wenn Karl Kraus – sagte er – für den Dollfuß war (als kleineres Übel, verglichen mit Hitler), so könne er für den Schuschnigg sein, dessen – wie er zugab – noch mieseren Nachfolger.

So zog er nach der Ordination die Uniform der Heimwehr an, »austrofaschistische« Version der SA, und ging zu deren militärischen Übungen. »Was macht der Jud' in unsrer Uniform?« überhörte er, so gut es ging. Es ging nicht sehr gut.

Sobald Schuschnigg »Gott schütze Österreich« gesagt hatte – Freitag, 11. März 1938, 20.00 Uhr –, gab Dr. Mandl mit der ihm auch bei kompliziertesten Operationen eigenen Ruhe die Anweisung zu packen.

Richtung Donaukanal, Donau, tschechoslowakische Grenze flüchteten die klügsten und reichsten unter den damals hundertachtzigtausend Wiener Juden, das interessanteste Zehntel der Bevölkerung. Heute ist Hitlers Ziel, »Wien muß judenrein werden«, fast erreicht. In der Stadt sind weniger als zehntausend Juden wohnhaft.

Schon um sechs Uhr abends des 11. März 1938 hatte Göring nach Wien telefoniert, »daß die Grenzen sofort zu sperren sind wegen der Flucht der Devisen und der Gelder«; und nochmals um neun: »Die Grenzen muß er [Seyß-Inquart] besetzen lassen, damit die da nicht mit dem Vermögen abschieben« – las ich zehn Jahre später in den Akten des Nürnberger Kriegsverbrecherprozesses.*

An diesem Abend des 11. März kamen einige noch durch, die meisten nicht mehr. Die allermeisten – die armen kleinen Juden in der Leopoldstadt, dem 2. Wiener Gemeindebezirk – konnten es gar nicht erst versuchen. Die Todesfalle war zugeschnappt.

* Was wirklich geschah. Die diplomatischen Hintergründe der deutschen Kriegspolitik. Darstellung und Dokumente. Herausgegeben von Heinz Holldack, München 1949, S. 318, 322.

Mein Onkel Felix blieb in Wien, er war der Gentleman der Familie – mit Schnurrbart und weißen kurzen Gamaschen über den Halbschuhen. Er trug sie noch auf dem Transport ins Konzentrationslager Theresienstadt, wo man ihn umbrachte.

Ich, Halbjude, trug weiße Kniestutzen. Sie waren das Abzeichen der illegalen Nazis. »Trag sie, da schaust du arischer aus«, sagte meine Mutter. Mütter sind nicht Jud' oder Arier, sondern schauen nur auf ihre Kinder.

Ich weiß es noch genau, wo ich am 11. März 1938, auf dem Heimweg von der Familie Mandl, dieses Gefühl hatte: »Ab sofort ist dein Leben nichts mehr wert« – es war auf der Brücke über den Wienfluß zwischen Stadtpark und Ringstraße.

Zwei Varianten überlegte ich, während auf der einen Straßenseite die Flüchtlingsautos stadtauswärts rumpelten (ganz Wien hatte damals nur Katzenkopfpflaster); auf der anderen Straßenseite zogen mit Fackeln – singend, brüllend – die Nazikolonnen stadteinwärts.

Variante Auswandern: Aber wir hatten kein Geld und keine Lust. Mein Vater war bequem und nicht unmittelbar bedroht. Meine Mutter, lebensbedroht, hielt es für wichtiger, daß ich die Schule fertigmache und studiere. Irgendwie würden wir schon durchkommen.

Variante Dableiben und Durchkommen: Im Leben macht man zum Glück immer die Erfahrung, daß man alles überlebt. Die Erfahrung des Nichtüberlebens kann man nicht machen – sie ist identisch mit dem Tod; nur den überlebt man nicht.

Als achtzehn Monate nach dem Anschluß der Krieg da war, wurde das Textilgeschäft meines Vaters (eine Filiale des Textilgeschäfts meines Großvaters; sie wurde nicht »arisiert«, weil mein Vater ohnehin »Arier« war) – zur Lebensquelle eines weit darum herumgelagerten Kreises von Verwandten, Freunden, Bekannten. Mein Vater verkaufte Ware gegen Geld nur, wenn's nicht anders ging. Der Rest ging im Tausch gegen Lebensmittel, Bekleidung, Heizmaterial und anderes in eine »Schattenwirtschaft«, wo jeder mit jedem alles gegen alles tauschte.

So überlebte das Volk: nicht wegen, sondern trotz der zentral verwalteten Kriegswirtschaft.

Rund um meine Mutter, die ohne Judenstern durch die Stadt ging, bestand ein Schutzring von anständigen Nichtnazis und anständigen Nazis.

Auch mein Onkel Josef lebte in Wien als »U-Boot«. Rotblond und blauäugig, sah er arischer aus als jeder Normalösterreicher, insbesondere Hitler. Er war auch schon in glücklicheren Zeiten ein begabter Angeber. In seiner deutschen Offiziersuniform, mit gefälschten Papieren und den echten Orden aus dem Ersten Weltkrieg ließ er die Soldaten, die ihn auf der Straße nicht ordentlich grüßten, nochmals grüßen.

Nach dem Krieg erreichte Onkel Josef den Gipfel seiner Karriere als

Günther Nenning, vierjährig, mit seiner Mutter im Belvederepark.

Selbstinszenator, er wurde Präsident des Wiener Eislaufvereins. (Wie 1938 alles »arisiert«, so wurde 1945 alles »entnazifiziert«; eine Fülle wirklich wichtiger und wirklich seltsamer Posten stand zur Auswahl für jene, die frühzeitig genug zugriffen.)

An jenem Abend des 11. März 1938 kam ich nicht heil nach Hause. Im Dunkel der Straßen (damals war die Straßenbeleuchtung eher symbolisch) waren überall Menschen unterwegs, nicht nur böse Nazis, sondern hauptsächlich Begeisterte, Ergriffene.

Das haben die großen Ideen so an sich, daß auch die falschen noch mehr taugen als gar keine – zur Entfachung von Begeisterung, Stiftung von Lebenssinn. Die sozialistische Idee war abgeschlagen seit dem verlorenen Februaraufstand 1934, die »austrofaschistische« Idee allgemein lächerlich, der *Traum* aber von dem einen Reich, einen Volk, einen Führer plus Arbeit und Brot – war attraktiv. Da soll man nicht im nachhinein herumfälschen.

An jenem 11. März 1938 gab's noch keine Leichenberge und Trümmerhaufen. In jenen selben Tagen, da siebzigtausend österreichische Antinazis verhaftet und in Konzentrationslager gebracht wurden, *stimmte* auch, was Göring damals an den Prinzen von Hessen in Rom telefonierte:

»Also in Österreich ist ein unglaublicher Jubel. Wir haben ja selber nicht geglaubt, daß die Anteilnahme so groß ist ... Wir machen uns gar keinen Begriff ... die Leute heulen und schluchzen vor Freude ... daß unsere Leute selber ganz außer Tränen gekommen sind. Es war ein einziger Aufschrei.«*

In diesen dunklen Gassen des 11. März hörte ich auf einmal in dem ganzen Gelärm und Gejubel ein seltsames Geräusch. Meine eigene Stimme. Immer wenn irgendeine Gruppe auf der einen Straßenseite im Finstern schrie:

»Wer hat uns gerettet?«

Dann schrien andere im Finstern zurück:

»Adolf Hitler!«

Ich auch.

Oder es schrien welche:

»Sieg ...«

Und dann schrien die anderen zurück:

»... Heil.«

Ich auch.

Als ich daheim war, fragte mich meine jüdische Mutter, sie war wach geblieben: »Wieso bist du so heiser?« Und sie machte mir eine heiße Milch mit Honig.

Der Honig kam aus dem oberösterreichischen Innviertel, wo mein

* Was wirklich geschah, a. a. O., S. 331.

Onkel Herbert, genannt Schnuck, der Bruder meines Vaters, Zahnarzt und Nazi war.

Der Onkel Schnuck war ein großer Nazi, dafür ein viel weniger guter Zahnarzt als mein jüdischer Dr. Mandl.

Der Küchentisch, an dem meine Mutter regierte, war mit blau-weiß gewürfeltem Wachstuch belegt, mit einer Girlande roter Rosen rundum. Hier tagte der Familienrat.

Hier liefen die Berichte ein von meinen arischen Verwandten, die Nazis waren und von den »Austrofaschisten« verfolgt wurden, und die Berichte meiner jüdischen Verwandten, die teils glücklich entkamen, teils vergast wurden, und die Berichte von den sozialistischen Parteifreunden und »austrofaschistischen« Trotzdemfreunden meines Vaters, die teils zu Tode kamen, teils ihm entrinnen konnten.

Am blau-weiß gewürfelten Wachstuch lagen unsere Hände beisammen, als der Familienrat beschloß: Ich soll raschest der Hitler-Jugend beitreten. Wenn die Leute im Haus und in der Gasse mich in der Uniform sehen, ist das gut für meine Mutter.

Der Beitritt zur HJ mißlang. Sie wollten gleich einen »Ariernachweis«.

Was dann gelang, 1940, war meine Meldung als Kriegsfreiwilliger. Auch da sollte es gut sein für meine Mutter – und war es wohl auch. Für Kanonenfutter wurde kein »Ariernachweis« verlangt.

Als Freiwilliger konnte ich mir die Truppe aussuchen. Ich saß den ganzen Krieg in halb Europa am Funkgerät und schoß kein einziges Mal und hatte jedesmal Angst, wenn auf mich geschossen wurde, und Glück, weil ich fünfeinhalb Jahre fast heil davonkam. Auch am 20. Juli 1944, als meine rein österreichische Einheit gerade in Wien war und freudig an der Festnahme von nazitreuen Offizieren mitwirkte.

Bin ich davongekommen? – Nein, ich hab' in jenen Jahren den fortschrittlichen Kinderglauben verloren. Ich bin Sozialist, Antifaschist, Fastmarxist, Wertkonservativer, Radikalliberaler, Sanftprogressiver, Grünchrist und noch alles mögliche Schöne – aber ich glaub' nicht, womit ein ordentlich Fortschrittlicher doch keine Probleme haben sollte: daß man die Menschen sauber auseinanderteilen kann, darf, soll in Nazis und Nichtnazis, Böse und Gute. Sie ist schrecklich gemischt, die Menschenbande.

Trennungen und Verknüpfungen liefen quer durch fast alle österreichischen Individuen. Das Normale war die Schizophrenie. Die Grenzen zwischen Faschismus und Anstand verliefen mitten durch die meisten Zeitgenossen.

Das ist heute nicht anders.

Geboren am 18. November 1938 in St. Anton/Arlberg als Sohn der Anna und des Bundesbahnbediensteten und Nebenerwerbsbauern Anton Schranz. Skirennläufer, Skilehrer und Hotelier. Weltmeister in Abfahrt und Kombination 1962 (Chamonix), Riesentorlauf 1970 (Gröden), Gesamtweltcupsieger 1968/69 und 1969/70. Olympiazweiter 1964 im Riesentorlauf (Innsbruck). Sein Siegeslauf im Slalom bei den Olympischen Spielen 1968 in Grenoble wurde nachträglich für ungültig erklärt, bei den Olympischen Spielen 1972 in Sapporo durfte er nicht starten, da ihm der Amateurstatus aberkannt wurde. Verheiratet, drei Kinder, lebt in St. Anton am Arlberg.

Karl Schranz
Meine Eltern konnten nicht Ski fahren

Meine Mutter und mein Vater waren die unsportlichsten Menschen, die man sich vorstellen kann. Sie sind in ihrem ganzen Leben nicht auf Skiern gestanden, weil sie immer nur ihre Arbeit kannten. Für meinen Vater war dieser Sport überhaupt nur etwas »für Tachinierer«, also für Nichtstuer.

Um so lieber hätte ich ihm gezeigt, was man durch diesen Sport erreichen, wohin er einen führen kann. Doch es war mir nicht vergönnt, meinen Vater davon überzeugen zu können. Denn er starb, als ich siebzehn Jahre war und am Anfang meiner Karriere stand. Man hatte mich kurz vor seinem Tod in die Nationalmannschaft aufgenommen, mehr hat er nicht miterlebt. Ich wäre stolz gewesen, ihm zu beweisen, daß sich sein Sohn mit Hilfe dieses Sports eine Lebensqualität erkämpfte, von der er selbst nicht einmal geträumt hatte.

Um so mehr, als wir aus kleinen Verhältnissen stammten, zu den armen Familien meines Heimatortes St. Anton zählten. Mein Vater war Eisenbahner und hatte die Aufgabe, täglich durch den Arlbergtunnel zu gehen, um die Gleise zu inspizieren. Auf der 10,5 Kilometer langen Strecke, die er da jeden Tag im Fußmarsch kontrollieren mußte, hat er sich wohl auch gesundheitliche Schäden zugezogen, die zu seinem frühen Tod – er wurde nicht einmal fünfzig Jahre alt – führten.

Einmal konnte er ein Unglück verhindern, als er entdeckte, daß auf der Strecke ein Stück Schiene fehlte. Hätte er es nicht bemerkt und gemeldet, wäre der nächste Zug unweigerlich in eine Katastrophe gerast. Man hat meinem Vater dafür eine Prämie ausbezahlt, und das war sicherlich eine Sternstunde seines sonst an Höhepunkten nicht sehr reichen Lebens. Ein anderes Mal – und das war ein negativer Höhepunkt – haben deutsche Soldaten gegen Ende des Krieges im Tunnel auf ihn geschossen, weil sie ihn für einen Saboteur hielten.

Um seine kargen Einkünfte eines kleinen Bahnbediensteten ein wenig aufzubessern, hat mein Vater mit meiner Mutter einen kleinen Bauernhof betrieben. Wir hatten zwei Kühe, ein paar Schafe, Ziegen und manchmal auch Schweine, und diese Landwirtschaft hat uns in den Kriegs- und Nachkriegsjahren das Überleben ermöglicht. Schon der Vater meines Vaters – der aus dem Tiroler Pitztal stammte – war bei der Bahn. Er ist gemeinsam mit seinen Brüdern zum Bau des Arlbergtunnels nach St. Anton gekommen und dann hier »hängengeblieben«.

Meine Mutter war Sudetendeutsche und in Wien als Herrschaftsköchin der Grafen Schaffgotsch angestellt. Die Grafen sind immer zum Winterurlaub nach St. Anton gekommen und hatten ihre Villa in unmittelbarer Nähe vom kleinen Hof der Familie Schranz, und da haben sich meine Eltern kennen- und liebengelernt. Denn mein Vater spielte sehr gut Ziehharmonika, Zither und Klarinette, was ihm hin und wieder ein Engagement als Unterhalter der wohlhabenden Urlauber verschaffte. Einmal spielte er beim Grafen Schaffgotsch. Und da traf er meine Mutter.

Sie hat noch lange nach der Heirat, und auch als ich schon auf der Welt war, von ihrer »Herrschaft« und auch von der Monarchie geschwärmt. Meine Mutter war bei Aristokraten, die seinerzeit bei der Familie Schaffgotsch verkehrt hatten, berühmt für ihre böhmische Küche, und ich erinnere mich, daß die Fürstin Gina Liechtenstein, wenn sie in St. Anton war, zu uns zu Kaffee und Kuchen gekommen ist. Bis zur Geburt meines ältesten Bruders hat meine Mutter auch beim legendären Skipionier Hannes Schneider als Köchin gearbeitet. Aber viel mehr hatten meine Eltern mit dem Skifahren nicht zu tun – außer daß drei Brüder meines Vaters Skilehrer waren. Obwohl also weder meine Mutter noch mein Vater diesen Sport beherrschten, haben ihn vier ihrer Kinder erlernt. Nur mein jüngster Bruder Anton nicht, denn als er zur Welt kam, haben die Eltern gesagt, es genügt, wenn vier Kinder Skifahrer sind. Bei einem Jugendrennen haben wir einmal alle Bewerbe gewonnen: mein älterer Bruder, meine Schwester, mein jüngerer Bruder und ich. Deswegen haben meine

Links: Der zwölfjährige Karl Schranz auf den »Brettln«. *Rechts:* Karl Schranz mit seiner Mutter.

Eltern gemeint, nicht alle bräuchten Ski zu fahren, der Jüngste soll sich lieber mit Musik beschäftigen.

Meine Mutter erzählte, ich sei das erstemal mit zweieinhalb Jahren auf Skiern gestanden. Und natürlich hat es nach der Schule für mich nichts anderes als Skifahren gegeben, jedenfalls habe ich nie ein anderes Ziel gekannt, als Rennfahrer zu werden. Aber mein Vater war strikt dagegen und hat gesagt, Skifahren sei kein Beruf, sondern Faulenzerei. Einmal drohte er sogar, mir die Skier abzuhacken. Nun, abgehackt hat er sie mir nicht, aber als ich sieben Jahre alt war, ist unsere Familie in eine Katastrophe geschlittert, der auch meine Skier zum Opfer fielen. Es war der erste Schicksalsschlag, den ich bewußt erlebt habe. Kurz nach Kriegsende ist mein Elternhaus total abgebrannt. Von einem benachbarten Sägewerk waren beim Teeren des Daches Funken übergesprungen, die sich zum Großfeuer entwickelten, das wiederum unser kleines Bauernhaus vernichtete. Wir sind über Nacht ohne Hab und Gut dagestanden, selbst das bißchen, das wir hatten, war weg. Von der Versicherung erhielten wir als »Wiedergutmachung« für den Verlust unseres gesamten Besitzes ganze tausend Schilling.

Unsere siebenköpfige Familie – meine Eltern und die fünf Kinder – stand vor dem Nichts und übersiedelte von einer Notunterkunft in die andere, wo wir in unbeschreiblichen Verhältnissen lebten, bis es meinem Vater gelungen ist, unser Haus wiederaufzubauen. Er hat fast alles selbst gemacht und sich dabei auch gesundheitlich noch weiter geschädigt.

Der Brand unseres Hauses war ein schreckliches Erlebnis für mich, vor allem deshalb, weil meine Skier, die neben meinem Bett gelehnt hatten, dem Feuer zum Opfer gefallen sind. Der Verlust des Hauses wäre mir in meiner kindlichen Naivität egal gewesen, aber der Verlust meiner norwegischen Skier, die ich kurz vorher bei einem meiner ersten Rennen gewonnen hatte, das war eine Katastrophe. Aber irgendwie ist es mir gelungen, neue Skier zu bekommen. Und da protestierte mein Vater schon wieder: »Schau dir doch deine drei Onkeln an«, sagte er verächtlich, »die sind Skilehrer.« Und ich habe triumphierend geantwortet: »Aber die verdienen viel mehr als du.« Und darauf er: »Ja, aber das kann morgen wieder aus sein, ich hingegen hab' einen sicheren Posten bei der Bahn.« Das war seine Einstellung, und daher mußte ich auch einen bürgerlichen Beruf erlernen, also wurde ich in Kufstein und in Landeck Textil- und Sportkaufmann. Das stand dem Rennlauf aber ganz und gar nicht im Wege, ich gewann fast alle Jugendrennen, an denen ich teilnahm, und kannte nur das eine Ziel: in die Nationalmannschaft zu gelangen.

Im Gegensatz zu meinem Vater hat meine Mutter meine sportliche Leidenschaft eher gefördert. Mit siebzehn Jahren war ich dann tatsächlich dort, wo ich hinwollte, ich war zum erstenmal Mitglied der Nationalmannschaftt. Und gerade in dieser Zeit ging ich eines Abends mit Freunden und ein paar jungen Urlauberinnen aus England aus. Es war Sommer, und ich habe selbstverständlich keinen Tropfen Alkohol getrunken. Aber als ich spätnachts nach Hause kam, empfing mich meine Mutter, diese Frau, die von Sport so gut wie keine Ahnung hatte, und sagte: »Du bist jetzt in der Nationalmannschaft. Wenn du irgend etwas erreichen willst in diesem Sport, dann geht das nicht, dann mußt du zu einer normalen Zeit ins Bett gehen, ein geregeltes Leben führen.«

Und natürlich hat sie, aus einem Instinkt heraus, recht gehabt. Man muß, wenn man sportliche Erfolge anstrebt, die eigene Jugend »überspringen«. Das ist die Schattenseite der Karriere, aber ich mußte entscheiden, was mir wichtiger war – der Sport oder das Vergnügen. Und ich wußte genau, was ich wollte: Es war der Sport, es war das Skifahren. Wenn ich beispielsweise im Sommer – und da muß man als Skifahrer genauso diszipliniert leben wie in der Saison – ins Kino ging, bin ich anschließend brav nach Hause gewandert. Ganz im Gegensatz zu meinen Freunden, die sich in den Tanzlokalen und Hotelbars von St. Anton vergnügten. Oft hat es mich, wenn ich beim Nachhausegehen die Musik hörte, gereizt hineinzugehen, aber letztlich hat doch immer die Disziplin gesiegt.

Ich habe dafür schon sehr früh andere Erfolgserlebnisse gehabt, etwa dann, wenn mich Gäste angesprochen haben, die mich in der Wochenschau erkannt hatten. Und ich habe es nie bereut, diesen sicherlich nicht leichten Weg gegangen zu sein.

Es war schon etwas Ungeheures, als Kind armer Leute berühmt und

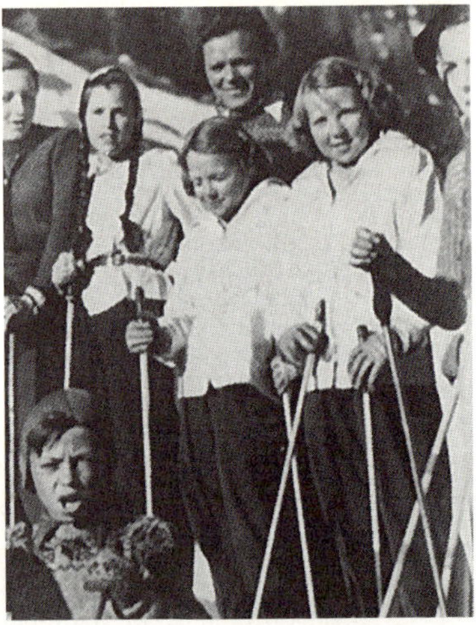

Links: Karl Schranz (mit Hut) und Bruder Helmut. *Rechts:* Karl Schranz (vorne), Prinzessin Beatrix der Niederlande (zweite von rechts).

relativ wohlhabend zu sein, und selbstverständlich war meine Mutter sehr stolz auf mich. Aber sie hat sich das nie anmerken lassen. 1960 wollte ich nach der Olympiade von Squaw Valley gleich in Amerika bleiben, wo man mir lukrative Werbeverträge bot. Aber als ich von meiner Mutter einen Brief erhielt, in dem sie mich aufforderte, zurückzukommen, da habe ich auf sie gehört. Sie wollte ihren Sohn nicht verlieren, und das wäre wohl der Fall gewesen, hätte ich in Amerika eine Skifahrerkarriere angestrebt. Die Rückkehr wurde mir aber auch dadurch schmackhaft gemacht, daß ich in diesem Jahr in Österreich zum erstenmal zum »Sportler des Jahres« gewählt wurde.

Ich konnte meiner Mutter und meinen Geschwistern durch meine Karriere Freude bereiten – aber es gab auch unerfreuliche Seiten der Popularität. Sowohl meine Mutter als auch meine Schwester erhielten anonyme Anrufe, einer wünschte mir vor einem Kandahar-Rennen sogar, daß ich mir das Genick brechen sollte.

Rückschläge im Zusammenhang mit meinem Beruf trafen meine Mutter sehr, etwa als man mir in Grenoble die sichere Goldmedaille weggenommen hat. Und natürlich auch mein grundloser Hinauswurf von der Olympiade in Sapporo. Denn sie war, und das habe ich wahrscheinlich von ihr geerbt, eine Gerechtigkeitsfanatikerin. Sie war maßlos traurig, als ich nach dem Startverbot durch Herrn Brundage nach Hause kam, und ich mußte sie aufmuntern, ihr sagen, daß es im Leben Wichtigeres gebe, daß die Welt deshalb nicht gleich einstürzen würde.

Ich war damals das Opfer des Herrn Brundage geworden, der eine

Diskussion über den Amateurstatus initiierte. Mich hat er wohl für seine Aktion auserwählt, weil ich damals der populärste Skifahrer war, womit er natürlich das größte Aufsehen erregen konnte. Dazu kam, daß ich bei einer Pressekonferenz in Sapporo vor mehr als zweihundert Journalisten aus aller Welt erklärt hatte, daß es mit dem Amateurstatus der Sportler vorbei sei und man offene Spiele machen sollte. Die Olympische Idee sei zwar hervorragend, aber sie gehöre erneuert. Das ließ sich Brundage nicht gefallen, daß ein Sportler seine Meinung sagt. Ich bin überzeugt, daß so ein Fall unter denselben Voraussetzungen heute nicht mehr passieren könnte. Zehn Jahre später ist ja dann ohnehin alles so gekommen, wie ich es in Sapporo aus meiner ehrlichen Überzeugung heraus vorgeschlagen hatte. Also hat mein Ausschluß für den Sport insgesamt einen Sinn gehabt, denn heute sind alle Sportler Nutznießer der Bestimmung, daß man offiziell verdienen darf, ohne gegen den Olympischen Gedanken zu verstoßen.

Aber daran hat meine Mutter natürlich nicht gedacht, als ich damals aus Sapporo zurückkam. Der damalige Wiener Polizeipräsident Josef Holaubek hat mir gesagt, es seien bei meinem Empfang zweihunderttausend Menschen auf der Straße gestanden, er hätte so etwas in seiner ganzen Laufbahn nicht erlebt. Es war natürlich gewaltig, aber man realisiert das Ausmaß der Sympathien, die einem da entgegengebracht werden, erst viel später. Man erlebt das gar nicht bewußt mit, man schwimmt vielmehr auf einer Woge des Glücks, weil man so viele Menschen in dieser Situation auf seiner Seite weiß.

Nach einem weiteren Empfang in Innsbruck fuhr ich nach Hause nach St. Anton zu meiner Familie. Und da habe ich die Entscheidung getroffen, den aktiven Sport aufzugeben.

Ich habe meine Mutter, die ja nur eine kleine Pension nach dem Tode meines Vaters bekam, immer unterstützt. Und nachdem sie 1975 gestorben war, sagten mir meine Geschwister, daß sie das Geld nie für sich selbst verwendet hat, sondern immer an ihre Enkel weitergegeben hat. Sie war bescheiden, stellte an das Leben keine Ansprüche, wollte nur, daß es uns gutgeht.

Und jetzt habe ich selbst drei Töchter, und ich bin sicher keiner, der sich wünscht, daß eine von ihnen Skirennläuferin wird, denn ich kenne – bei allem Schönen – auch die Härten dieses Sports. Und für Mädchen ist er vielleicht noch härter. Aber hätte eine von ihnen ein überragendes Talent, würde ich ihr sicher auch nicht im Wege stehen.

Ja, und weil ich gerade von den schönen Momenten gesprochen habe: Zu den erfreulichsten Erlebnissen des Sports zählen für mich die vielen, vielen Begegnungen, die er mir vermittelte. Es wäre unehrlich, nicht zugeben zu wollen, daß es etwas Besonderes ist, wenn man als einfacher Bauernbursche mitten im Geschehen steht und Menschen kennenlernt, die weltweite Bedeutung haben, wie zum Beispiel den damaligen US-Präsidenten Gerald Ford. Und in meinem Haus waren der König von Spanien, die holländische Königin Beatrix, der Bundeskanzler Kreisky und der Aga Khan, bei dessen Hochzeit ich auch als einer von hundert geladenen Gästen war. Da war – neben zahlreichen gekrönten Häuptern – der kleine Karl Schranz aus Österreich. Der Sport erschließt einem schon etwas Schönes, und so gesehen muß ich, wenn ich zurückblicke, sagen, daß es sich gelohnt hat, die vielen Entbehrungen auf sich genommen zu haben. Und zum Schönsten gehörte vielleicht, daß meine Mutter miterleben konnte, wie ihr Bub im Mittelpunkt so vieler Ereignisse gestanden ist.

Geboren am 1. Juni 1927 in Wien, Eltern: Stefanie und Franz Zilk. 1947 bis 1958 als Lehrer an Pflichtschulen tätig, daneben Philosophiestudium, 1951 Promotion. 1958 bis 1966 Professor an der Lehrerbildungsanstalt, Wien. Seit Einführung des Fernsehens 1955 freier Mitarbeiter des ORF, gestaltete er TV-Serien, begründete das Schulfernsehen, leitete ab 1962 die Diskussionssendung ›Stadtgespräche‹. 1967 bis 1974 Fernsehprogrammdirektor, danach Ombudsman der ›Kronen Zeitung‹. 1979 bis 1983 Kulturstadtrat von Wien, 1983/84 Bundesminister für Unterricht, seit 1984 Bürgermeister von Wien. Verheiratet mit der Schauspielerin Dagmar Koller. Ein Sohn.

Helmut Zilk
Zufällig in Wien geboren

Daß ich in Wien geboren wurde, ist reiner Zufall. Mein Vater, damals Angestellter einer englischen Zwirnfabrik in der polnischen Stadt Lodz, wollte, daß ich in St. Pölten zur Welt komme, denn er selbst stammte aus Wilhelmsburg an der Traisen im Bezirk St. Pölten und fühlte sich seiner Heimat sehr zugetan. So reiste meine Mutter von Lodz nach St. Pölten und vertrödelte sich, wohl vom Prunk der Großstadt geblendet, in Wien.

Ich war etwas zu früh dran und kam daher völlig unplanmäßig in der Gebärklinik Lucina zur Welt. Diese Klinik lag im Wiener Bezirk Favoriten, weshalb ich durch eine Fügung des Schicksals tatsächlich in dem Bezirk geboren wurde, in dem ich Jahrzehnte danach als Spitzenkandidat kandidieren und auch gewählt werden sollte.

Meine ersten Lebensjahre verbrachte ich in Lodz. Als mein Vater seine Stellung verlor, übersiedelten wir nach Wien, wo er zunächst kaufmännischer Angestellter der ›Radiowelt‹ einer dem damals neuen Medium

Rundfunk gewidmeten Zeitung, wurde. 1933 stieg er zum Expeditleiter des ›Neuen Wiener Tagblatts‹ und der ›Volkszeitung‹ auf.

Diese Tätigkeit meines Vaters hat mein Leben geprägt. Damals erschienen die Tageszeitungen nicht am Vorabend, sondern in den frühen Morgenstunden, mein Vater war daher ein echter Nachtarbeiter, er kam in aller Frühe nach Hause, brachte alle Zeitungen mit und weckte mich schon um sechs Uhr. Durch ihn wurde ich zum Frühaufsteher. Da meine Mutter Spätschlafengeherin war, zähle ich zur seltenen Spezies derer, die sowohl Morgen- als auch Abendmenschen sind.

Ich verschlang die von meinem Vater mitgebrachten Zeitungen und besuchte ihn auch des öfteren im alten Pressehaus auf dem Wiener Fleischmarkt. Mich faszinierte der Geruch des Zeitungspapiers und der frischen Druckerschwärze. Die Arbeiter behandelten mich wie ein kleines Zeitungspaket, schickten mich auf den Förderbändern hin und her, und so war das Pressehaus mein Paradies. Ich sollte diesem Geruch erst wiederbegegnen, als ich rund vierzig Jahre später für die ›Kronen Zeitung‹ schrieb und im neuen Pressehaus aus und ein ging. Ich fühlte mich damals ein wenig zurückversetzt in die Tage meiner Kindheit.

Mein Vater stammt aus einer bäuerlichen Familie, seine Eltern hatten einen Hof in St. Veit an der Gölsen. Seinen Vater, also meinen Großvater, habe ich noch als einen ebenso imposanten wie interessanten Mann in Erinnerung. Als etwa siebzehnjähriger Bursche war mein Großvater vom Fernweh gepackt worden, er legte die Sense hin und verließ bei Nacht und Nebel den Hof seines Vaters, mit dem er sich nicht besonders gut verstand. Er ging hinaus in die Welt, ließ sich dann in Bayern nieder, wo er das Handwerk eines Formers, eines gehobenen Stahlarbeiters also, erlernte. In Bayern verliebte er sich auch in eine junge Frau und kehrte mit ihr – meiner Großmutter – zurück nach Niederösterreich. Er wohnte nur wenige Kilometer von seinen Eltern entfernt, aber er hat sie nie wiedergesehen, in seinem ganzen Leben nicht besucht, nie wieder Kontakt mit ihnen gehabt.

Mein Vater hatte viele Geschwister, einige verstarben – wie es damals häufig geschah – sehr früh, die anderen lebten in den verschiedensten sozialen Schichten. Einer war Eisenbahner und Kleinkaufmann, eine Schwester war Frau eines Fabrikdirektors, und es gab einen Schulwart. Ja, und dann noch den Onkel Willi. Und der sollte in meinem Leben eine wichtige Rolle spielen.

Meine Großmutter, die aus Bayern stammte, hatte in Wilhelmsburg eine kleine Greißlerei, Krämerei, betrieben, um mit den erhofften Einkünften dabei behilflich zu sein, die große Familie zu ernähren. Viel Geld brachte die Greißlerei nicht ein, denn ihre Kunden ließen in diesen schweren Zeiten nur allzuoft »anschreiben«, und so ging sie mit ihrer Greißlerei bald zugrunde. Doch sie ließ sich nicht entmutigen und gründete eine weitere Greißlerei – und als sie die zusperren mußte, eine andere, und war die eingegangen, hatte sie schon wieder eine neue. So gab es in den letzten Jahren der Monarchie in St. Pölten und Umgebung eine ganze Reihe von Greißlereien, die von meiner Großmutter betrieben wurden.

Nun zum Elternhaus meiner Mutter, die böhmisch-österreichischer Herkunft war. Ihre Mutter, also meine Großmutter mütterlicherseits, stammt aus Zeiselmauer, ihr Vater aus Znaim. Die Großeltern lernten einander in einem Gasthaus in Siebenhirten – damals bei Wien, heute ist es ein Teil der Stadt – kennen, meine Großmutter war dort Serviererin. In der Wirtsstube kam auch meine Mutter, ihre älteste Tochter, zur Welt, und meine Mutter hat immer scherzhaft gesagt, sie trinke so gern ein Glaserl Wein, weil sie in einer Gastwirtschaft geboren wurde.

Irgendwann übersiedelte meine Mutter mit ihren Eltern und Geschwistern nach Ybbs an der Donau, wo der Vater Stadtwachtmeister wurde. Ebenso wie meine andere Großmutter mußte auch seine Frau sich eine Nebenbeschäftigung suchen, denn auch hier reichten die kargen Einkünfte nicht aus, die große Familie zu ernähren. So wusch meine Großmutter nebenbei die Wäsche anderer Leute und eröffnete so etwas wie ein »privates Arbeitsamt«, in dem Dienst- und Kindermädel, Mägde und Knechte vermittelt wurden. Mit der Zeit entwickelte sich der Geschäftsbetrieb dahin gehend, daß meine Großmutter nicht nur Stellen, sondern auch Ehen vermittelte.

Die Ehe ihrer ältesten Tochter mußte sie nicht vermitteln – die hat meinen Vater allein gefunden. Auf recht kuriose Weise: Meine Mutter sollte kurz vor Ausbruch des Ersten Weltkriegs als Kindermädchen einer Arztfamilie in Debreczin ihre erste Stelle antreten. Schon beim Umsteigen am Wiener Westbahnhof wurde ihr das kleine Holzköfferchen gestohlen, mit dem sie unterwegs war, so daß sie ohne ihr Hab und Gut in Debreczin ankam.

Die erste Stelle endete schon nach wenigen Tagen damit, daß der feine Herr Doktor das bildhübsche Mädchen verführen wollte. Meine Mutter lief auf die Polizeistelle von Debreczin, wo ihr die Beamten rührend halfen, indem sie das Geld für ihre Rückreise nach Ybbs sammelten. Als ich vor wenigen Jahren, als Unterrichtsminister, nach Debreczin kam, haben die Leute sich dort natürlich über die in ihrer Stadt handelnde kleine Geschichte gefreut, die ich aus meiner Familienchronik zu berichten wußte.

Meine Mutter arbeitete dann in der Munitionsfabrik von Wöllersdorf, wo sie wie durch ein Wunder eine schreckliche Explosion überlebte, bei der viele Arbeiter ums Leben kamen. Sie verließ Wöllersdorf in panischer Angst, um nach Wien zu gehen. Hier lernte sie einen wesentlich älteren Mann kennen, einen jüdischen Industriellen, der sich in sie verliebte und sie vom Fleck weg heiratete.

Jetzt kehre ich zurück zu meinem Vater, dessen Elternhaus in Wilhelmsburg von dem meiner Mutter in Ybbs nicht allzuweit entfernt war. Nach dem Ersten Weltkrieg war mein Vater eine Zeitlang »Ernährungskommissar«, zu dessen Aufgaben es gehörte, den damals blühenden Schleichhandel zu unterbinden. Er kontrollierte die Taschen der Leute, die in der Eisenbahn fuhren, und traf auf dem Bahnhof von Ybbs auf ein junges Mädchen, zu dem er sagte: »Zeign S' mir Ihre Tasche!« Das Mädel weigerte sich, das zu tun, und wurde festgenommen. Das war meine Mutter. Sie verliebte sich in den »Ernährungskommissar«, reichte die Scheidung vom wohlhabenden Industriellen ein und heiratete meinen eher armen Vater. Als dieser dann Zwirnereileiter bei der Harlandner Zwirnfabrik in Lodz wurde, ist sie mit ihm dorthin gezogen.

Mein Vater war ein politisch denkender Mann. Aus Lodz kommend, wohnten wir in der Wiener Lange Gasse Nr. 16, gleich hinter dem Parlament – ganz nahe dem Zentrum der Politik. Ich habe noch, an der Hand meines Vaters, Karl Seitz bei der Parade zum 1. Mai gesehen, aber auch die Straßensperren und die bewaffneten Soldaten im Februar 1934, ich habe also die Zeitgeschichte hautnah miterlebt. Mein Vater war das Musterbeispiel eines linksliberalen Menschen, stand der Sozialdemokratie nahe – besonders als sie in die Illegalität gedrängt wurde –, ohne sich politisch zu betätigen oder je einer Partei anzugehören.

Und jetzt kommt das Jahr 1938, ein tiefer Einschnitt in der Geschichte unserer Familie wie in der Geschichte jeder österreichischen Familie.

Zwar hatte keines der vielen Geschwister meiner Eltern vor dem Einmarsch der Hitler-Truppen mit den Nazis kollaboriert, doch nach dem »Anschluß« gab es auch in unserer Familie Sympathisanten, die vom Rausch der Ereignisse fasziniert waren. Als einziger Turm in der Schlacht blieb mein Vater ein geradezu fanatischer Antinazi, der sich aus diesem Grund mit dem Rest der Verwandtschaft total zerstritt. Auch mit meiner Mutter, die eher dazu neigte, sich den Gegebenheiten der Zeit anzupassen, gab es ein tiefes Zerwürfnis, er kam tagelang nicht nach Hause, wollte mit dem »Gesindel«, wie er sagte, nichts zu tun haben.

Ich war gerade elf Jahre alt und durch das ständige Zeitunglesen bereits sehr wach, so daß die Haltung meines Vaters großen Eindruck auf mich machte.

Ich sage immer, daß ich das Lesen mit der Muttermilch und den Antifaschismus durch die Vaterliebe aufgenommen habe. Er hat sich mit seiner Haltung natürlich sehr viele Schwierigkeiten eingehandelt, sowohl bei seinen Arbeitern im Expedit der Zeitung als auch bei seinen Vorgesetzten.

Als ich viele Jahre später für das Österreichische Fernsehen in der DDR zu tun hatte, löste ich bei einigen hohen Herren betretenes Schweigen aus, denen ich eine Episode aus dieser Zeit erzählte. Der seinerzeitige »Reichspressechef« Otto Dietrich hatte nämlich einen Herrn Dertinger als neuen Generaldirektor der jetzt »Ostmärkischer Zeitungsverlag« ge-

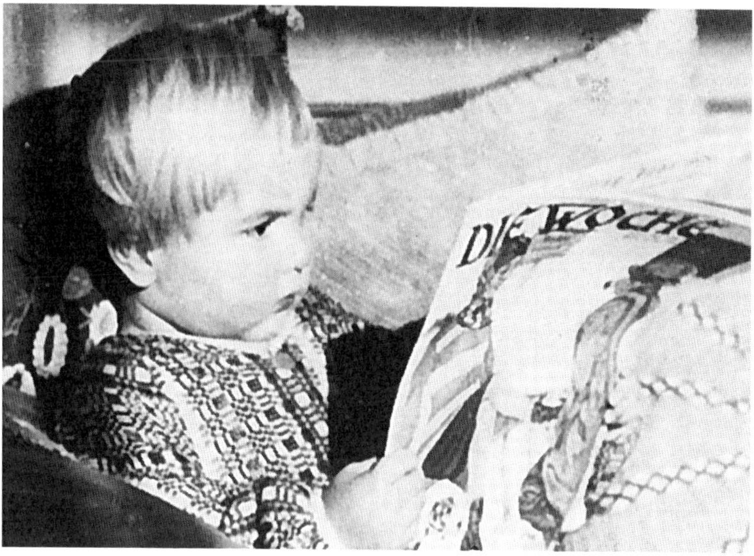

Helmut Zilk als junger Zeitungsfan.

nannten Firma, in der mein Vater arbeitete, nach Wien geschickt, um die angeblich so faulen Ostmärker »auf Vordermann« zu bringen. Derselbe Georg Dertinger war dann nach dem Krieg Außenminister der DDR. Eine Entwicklung, die meinen Vater später natürlich sehr amüsierte.

Da ich diese Zeit, die Umstände und die Menschen, die damals lebten, schon sehr bewußt mitverfolgen konnte, habe ich es nie jemandem zum Vorwurf gemacht, der sich von den scheinbaren Idealen der Nazis gefangennehmen ließ – zumindest dann, wenn er daraus gelernt, und natürlich nur dann, wenn er niemanden verfolgt, eingesperrt, gequält oder vernichtet hat. Denn man muß dem kleinen Mann zubilligen, daß er dieselben Fehler begeht, zu denen sich auch ein Karl Renner oder ein Kardinal Innitzer hinreißen ließen.

Als Expeditleiter einer großen Zeitung war mein Vater in Wien unabkömmlich, und so fiel es ihm leichter als anderen, sich den Kriegsdienst zu ersparen, auch hat er mit allen Mitteln versucht, sich vor der Front zu drücken. Er hatte im Ersten Krieg zwei Jahre am Isonzo gekämpft, doch der neue Krieg, sagte er, »ist der Krieg des Herrn Hitler und nicht meiner. Und jeder Mensch hat das Recht, sich davor zu drücken, solange es geht.« In den Mitteln konnte man dabei nicht sehr wählerisch sein, und so ist er am Beginn des Krieges zwar nicht der Partei beigetreten, aber er war »Anwärter« für den Beitritt zur NSDAP, andernfalls hätte er 1939 nach Polen gemußt. Die Heldentat meines Vaters fand statt im Winter 1942/43, als er einen Brief an die Nationalsozialistische Partei abschickte, in dem er den Verzicht seiner Anwärterschaft mitteilte. Das war ein mutiger Schritt, der ihn nach dem Krieg von der Registrierungspflicht befreite, denn auch als »Anwärter« wäre er belastet gewesen.

Der Schlüssel zu diesem Brief und zur konsequenten Haltung meines Vaters war die Affäre des erwähnten Onkels Willi, einer seiner Brüder. Dieser Willi Zilk war im Ersten Weltkrieg am Isonzo verschüttet worden und kam als nicht mehr voll zurechnungsfähig zurück. Er lebte in der Anstalt für Geistesgestörte in Gugging, wo ich ihn gemeinsam mit meinem Vater immer wieder besuchte. Sicher war da eine Ausnahmeregelung getroffen worden, denn Kinder durften diese Anstalt normalerweise gar nicht betreten. Onkel Willi war manchmal vollkommen normal, dann wieder ganz weggetreten, zeichnete immerfort Möwen und schrieb Kriminalgeschichten. Man hatte den Eindruck, daß er sich seines Lebens erfreute. Doch wie die meisten Geisteskranken wurde auch er von den Nazis »verschickt«, und im Jahre 1942 erhielten wir einen Brief des Reichsgesundheitsamtes, daß Onkel Willi an einer Lungenentzündung gestorben sei. Der Bruder meines Vaters war also der »Euthanasie« zum Opfer gefallen.

Von da an war mein Vater nicht nur Antinazi, sondern ein geradezu militanter Antinazi, er lehnte es ab, sich über dieses Thema auch nur in eine Diskussion einzulassen, und er schrieb den besagten Brief an die NSDAP, mit der er seine »Anwärterschaft« zurückgab. Diese dramatische Episode aus meiner Familie und die Haltung meines Vaters sollten einen nachhaltigen Einfluß auf mich ausüben.

Im vorletzten Kriegsjahr, als die Not immer größer wurde, hatte mein Vater eine fast revolutionäre Idee, welche die Zustellung der Zeitungen – auch wenn er mit deren Inhalten absolut nichts zu tun haben wollte – sicherte. Da es weder Benzin noch Autos gab, stellte er den Vertrieb auf Pferdetransport um. Er akquirierte kleine, in Rußland erbeutete Panjepferde samt Fuhrwerken von »Anker«- und »Hammer«-Brot und übernahm selbst, aufgewachsen auf einem Bauernhof, die Leitung der Pferdestallungen. Das hat unserer Familie das Überleben in dieser schlimmen Zeit erheblich erleichtert, denn mein Vater betrieb nebenbei einen umfangreichen Tauschhandel mit den Bauern, von denen er Heu und Stroh bezog. Für Uhren und andere Wertgegenstände erhielt er sowohl für uns als auch für Freunde und Bekannte die damals so raren Lebensmittel.

1943 mußte ich mich, knapp siebzehn Jahre alt, zum erstenmal einer Musterungskommission stellen. Da sagte mein Vater, nein, den Buben lasse ich mir nicht für einen idiotischen Krieg nehmen. Wie er das angestellt hat, zeigt, was für ein couragierter Mann er war. Den Generaldirektor – und späteren DDR-Außenminister – Dertinger gab es schon nicht mehr, der neue hieß Winkler und hatte sich vom Betriebsarzt des Verlags

Helmut Zilk mit seinen Eltern Stefanie und Franz.

selbstverständlich untauglich schreiben lassen. Dieser Arzt war ein prominenter Nazi im Generalsrang, der zuvor als Leibarzt von Tschiang Kai-schek in China gelebt hatte. Mein Vater wußte, daß der Betriebsarzt den Generaldirektor Winkler – wie auch andere leitende Mitarbeiter – durch Gefälligkeitsgutachten vor dem Einrücken gerettet hatte. Da ging er zu dem Arzt hin und sagte: »Herr General, ich weiß, daß Sie diesem und jenem geholfen haben, nicht an die Front zu kommen. Entweder Sie schreiben jetzt auch meinem Sohn ein bestimmtes Brieferl an die Musterungskommission, oder ich werde Ihr Vorgehen melden.« Der General hatte sicher keine Angst vor den Drohungen meines Vaters, denn er saß natürlich am längeren Ast, aber irgendwie dürfte ihm die Courage imponiert haben, und so »diagnostizierte« er bei mir eine Art Herzschwäche oder etwas Ähnliches. Mit dem Schreiben des Generalsarztes trat ich vor den Arzt der Musterungskommission, den ich heute noch genau vor mir sehe, da er ein Zwillingsbruder des Schauspielers Oskar Sima hätte sein können. Und dieser Arzt schrieb mich für begrenzte Zeit untauglich, womit die Sache für die nächsten sechs Monate erledigt war. Ich mußte nicht einrücken.

Als ich den vierten Jahrgang der Lehrerbildungsanstalt in der Hegelgasse besuchte, sagte mein Vater zu mir: »Ich höre von Werbekommissionen der SS, die eines Tages auch in deine Schule kommen werden. Das eine sag' ich dir, wenn du dort unterschreibst, dann ist zwischen uns alles aus. Du brauchst nie mehr nach Hause zu kommen, es kann nie wieder eine Versöhnung geben, dann hast du dich für immer von mir losgesagt, dich meiner Liebe entzogen.«

Einige Zeit später, etwa im Frühjahr 1944, wurden wir tatsächlich in den Zeichensaal geführt, wo uns ein paar SS-Offiziere empfingen. Dem einen fehlte ein Bein, dem anderen ein Arm, und sie waren gekommen, dem Führer das letzte Aufgebot zu besorgen. Wir waren zwei- bis dreihundert Burschen und wurden einzeln aufgerufen, um die Unterschrift zu leisten und damit der SS beizutreten. Die geradezu neurotische Zuneigung meinem Vater gegenüber verhinderte, daß ich dieses Anmeldeformular unterschrieben habe. Der Offizier hat natürlich mit allen Mitteln versucht, mir die Unterschrift zu entlocken, doch ich blieb standhaft. Ich bin ehrlich genug, um zuzugeben, daß ich ohne den Einfluß meines Vaters – wie alle meine Schulfreunde – der SS beigetreten wäre. Ich werde nie vergessen, wie ich am ganzen Körper gezittert habe, aber die Angst vor meinem Vater war größer als die Angst vor diesen Leuten. Der Offizier schaute mich an und brüllte: »Hinaus!« Ich verließ das Zimmer und dachte, es würde mir irgend etwas passieren. Aber es ist nichts geschehen. Sehr viele meiner Klassenkameraden sind – als Angehörige der SS – aus diesem Krieg nicht zurückgekommen.

Im Herbst 1944 wurde ich, wieder durch Intervention meines Vaters, als Kutscher seines Pferdestalls zwangsverpflichtet, und so lieferte ich die Zeitungen aus, was mir das Einrücken zum Volkssturm ersparte.

Obwohl er damals schon Ende der Vierzig war, wurde er selbst zum Volkssturm verpflichtet. Wiederum bewahrte ihn seine bäuerliche Intelligenz vor dem fast sicheren Tod. Mein Vater mußte ins Piaristengymnasium kommen, wo er neben Hunderten anderen Ausrüstung, Stahlhelm, ein altes Gewehr, Uniform und Armbinde erhalten sollte. Er kannte das Haus, weil ich dort einmal glücklos zur Schule gegangen war. Nachdem er seine Anwesenheit gemeldet hatte, sagte er zu einem Aufsichtsorgan, er müsse auf die Toilette. In Wahrheit ist er aber über den Schulhof durch irgendeinen Hinterausgang verschwunden und ward nie wieder gesehen. Als er dann zu Hause ankam, sagte er, daß er sich ab jetzt versteckt halten müsse, doch das Chaos war bereits so groß, daß man gar nicht mehr kontrollierte, wer tatsächlich eingerückt und wer im Piaristengymnasium nur seinen Namen genannt hatte.

Das bißchen Lebenstüchtigkeit, über das ich verfüge, verdanke ich zweifellos meinem Vater.

Als der Krieg endlich vorbei war, ging mein Vater ins alte, mittlerweile von den Russen besetzte Pressehaus auf dem Fleischmarkt, wo man jetzt die ›Österreichische Zeitung‹ herausgab, das erste Zeitungsorgan der sowjetischen Besatzer. Als mein Vater an seinem Arbeitsplatz dieselben alten Nazis antraf, die gerade noch auf die »Wunderwaffe« gehofft hatten, und sah, wie sie jetzt die Kommunisten hofierten, hatte er endgültig genug von der Zeitung. Er wollte nicht schon wieder benützt werden. Statt dessen fristete er sein Dasein durch Gelegenheitsarbeiten, eröffnete schließlich eine kleine Handelsvertretung und ging dann in Pension. Im Jahre 1975 traf ihn, im Alter von achtundsiebzig Jahren, während einer Autofahrt bei Neulengbach der Schlag. Er saß allein im Wagen, stürzte in einen kleinen Bach und war auf der Stelle tot.

Meine Mutter starb, als ich bereits Wiener Bürgermeister war, im Alter von achtundachtzig Jahren.

Als Friedrich Stowasser am 15. Dezember 1928 in Wien geboren. Sein Vater Ernst Stowasser war gelernter Techniker, die Mutter Elsa, geb. Scheuer, Bankangestellte. Als Halbjude während der Nazizeit zum Verlassen der Realschule gezwungen, maturierte er nach dem Krieg, studierte drei Monate an der Akademie der bildenden Künste in Wien. Ab 1949 ausgedehnte Reisen und internationale Ausstellungen, Mitglied des Art Club 1952. Leitet eine Meisterklasse für Malerei an der Kunstakademie Wien. Das von ihm entworfene »Hundertwasser-Haus« zählt zu Wiens Touristenattraktionen. 1988/89 setzte er sich für künstlerisch gestaltete Autonummernschilder in Österreich ein. War zweimal verheiratet, geschieden. Lebt in Wien und Neuseeland.

Friedensreich Hundertwasser
Zwischen »HJ« und Judenstern

Mein Vater starb, als ich ein Jahr alt war, vermutlich an den Folgen einer Blinddarmentzündung. Er ist mir nur als Fotografie präsent. Meine Mutter hat nie besonders viel und wenn, dann nicht besonders gut von ihm gesprochen. Sie war ihm wohl in allem überlegen, und daher lastete, auch als er noch da war, alles auf ihren Schultern. Mein Vater war in den späten zwanziger Jahren einer von Hunderttausenden Arbeitslosen, meine Mutter hat als Angestellte der Creditanstalt das Geld beschafft, von dem wir recht und schlecht leben konnten.

Zunächst in einer Gemeindewohnung in der Johnstraße in Wien-Fünfhaus, nicht weit von Schönbrunn. Doch zwischen der imperialen Pracht des Schlosses und unserer kleinen Wohnung lagen Welten. Wir waren arm, es gab nur eine Kochnische, was meine Mutter sehr geärgert hat. Auch unsere zweite Wohnung in der nahen Brunhildengasse bot nicht viel mehr.

Wer hätte gedacht, daß diese Unterkünfte luxuriös waren gegen das, was uns in den folgenden Jahren erwartete? Nachdem wir die Worte des Bundeskanzlers Kurt Schuschnigg – »Gott schütze Österreich« – am 11. März 1938 im Radio gehört hatten, sagte meine Mutter zu mir, es kämen jetzt schlechte Zeiten auf uns zu. Den Grund dafür sollte ich erst viel später verstehen. Meine Mutter war Jüdin. Während des Einmarsches der Hitler-Truppen blieben wir zu Hause. Als wir uns wieder auf die Straße wagten, hatten auch wir Hakenkreuze angesteckt, denn jeder, der dies nicht tat, war suspekt und lief Gefahr, angepöbelt zu werden. Es war ein ganz einfacher, primitiver Schutz: Eine kleine Stecknadel am Hemd oder an der Bluse, und schon wurde man in Ruhe gelassen. Keiner von uns war ein Held. Es gab nur zwei Möglichkeiten: angerempelt werden, Faust aufs Aug', blutige Nase – oder ein Hakenkreuz am Revers. Wir entschieden uns für letzteres.

Was nichts daran änderte, daß wir nach einigen Monaten unsere Wohnung verlassen mußten. Der Bezirk Leopoldstadt war zum jüdischen Ghetto erklärt worden, und hier wies man uns eine Wohnung zu. Doch da blieben wir nur ein paar Stunden. Denn während meine Mutter damit beschäftigt war, Möbel, Geschirr und Wäsche auszupacken, malte ein Antisemit die Buchstaben »Grünspan« an unsere Eingangstür. Herschel Grünspan, ein polnischer Jude, dessen Eltern von den Nazis deportiert worden waren, hatte kurz zuvor ein Attentat auf den in Paris akkreditierten deutschen Gesandtschaftsrat Ernst vom Rath verübt, worauf sich die Nazis mit der sogenannten Reichskristallnacht an den Juden revanchierten. Jetzt nannte man uns »Grünspan«.

Als nun unser Hausmeister in der Leopoldstadt von meiner Mutter verlangte, sie müsse die »Grünspan«-Bemalung auf eigene Kosten entfernen lassen, regte sie sich so auf, daß sie beschloß, die Wohnung sofort wieder zu verlassen. Ich kam gerade von einer Ausfahrt mit meinem Tretroller nach Hause und wurde von der Nachricht des neuerlich bevorstehenden Umzugs überrascht. Diesmal ging's in eine Wohnung in der Oberen Donaustraße, in der meine Großmutter und meine Tante Ida lebten. In einem kleinen Zimmer dieser Wohnung verbrachten wir den ganzen Krieg.

Ich war Halbjude und Mitglied der Hitler-Jugend. Und das ist nicht so paradox gewesen, wie es heute klingen mag. Es war eine Überlebensnotwendigkeit. Als die Schikanen 1942 unerträglich zu werden begannen – man hörte von den ersten Lagerverschickungen, Juden mußten sich Sara und Israel nennen –, kam meiner Verwandtschaft die Idee, ich sollte zum Schutz der Familie der HJ beitreten, was ich auch tat. Ich trug, wenn es nötig war, das Hakenkreuzzeichen, eine Binde und die HJ-Kappe.

Tatsächlich kamen mehrmals uniformierte SS-Leute, gegen zwei Uhr früh, zu uns nach Hause. Sie läuteten Sturm, verlangten, daß alle Juden die Wohnung räumen mußten, in einer Stunde würden wir geholt. Immer wenn es nachts läutete, legte ich in Blitzeseile Hakenkreuz, Binde und

Links: ›Porträt meiner Mutter‹. Hundertwasser (Stowasser), August 1948. *Rechts:* ›Selbstbildnis‹. Hundertwasser (Stowasser), Dezember 1947.

Kapperl an und öffnete den furchterregenden SS-Männern die Tür. Dabei hielt ich ihnen eine Schachtel mit den Tapferkeitsmedaillen meines Vaters und dem Eisernen Kreuz meines Onkels aus dem Ersten Weltkrieg entgegen. Überraschenderweise beeindruckte sie das irgendwie, und man ließ uns wieder für einige Zeit in Ruhe. Monate später wiederholte sich die Prozedur: Sturmläuten, uniformierte SS, Vaters Weltkriegsorden, die Männer gehen wieder weg. Auf diese Weise konnte ich die Deportation meiner Großmutter und meiner Tante um ein Jahr verzögern.

Beim drittenmal kamen keine SS-Leute, sondern jüdische Vertrauensleute, die – um selbst zu überleben – andere Juden zum Abtransport holten. Nun wurden sowohl meine Tante als auch meine Großmutter verschleppt. Beide starben im Konzentrationslager. Wie übrigens mehr als achtzig weitere Verwandte, Onkel, Tanten, Nichten, Neffen, Cousins und Cousinen – meine Mutter hat darüber einmal eine Liste angefertigt – Opfer der Naziherrschaft wurden. Meine Tante Gisela aus Berlin und ihre Tochter, meine Mutter und ich waren die einzigen Überlebenden der einst riesigen Familie. Wir verdankten das Überleben dem Umstand, daß in erster Linie Volljuden verschickt wurden. Ich war geschützt, weil ich Halbjude war, und meine volljüdische Mutter war geschützt, weil sie einen halbjüdischen Sohn hatte. Der Halbjude konnte die Ganzjüdin schützen.

Die Perversion des Ganzen wurde mir erst viel später bewußt. Während meine Mutter mit dem Judenstern einkaufen ging, lief ich mit dem

Hakenkreuz durch die Gegend. Aber wenn der Normalzustand zur Perversion wird, ist das Perverse normal. Ich kannte Juden, die der Meinung waren, wenn sie für Hitler kämpfen, brav für ihn arbeiten, würde er ihnen nichts tun. So mancher »Nichtarier« sagte: Der Hitler ist ein braver Mensch, er will nur, daß wir für ihn arbeiten. Ich erinnere mich an die uns benachbarte jüdische Familie Blau in der Oberen Donaustraße. Da hieß es: Der Hitler will uns nichts tun, er will nur, daß wir aufrecht und ehrlich sind. Sie fühlten sich als gute Deutsche und konnten nicht verstehen, daß sie aus religiösen, rassischen oder irgendwelchen anderen Gründen abgelehnt würden. Es gab auch Juden, die der Naziparole recht gaben, die Juden seien an allem schuld. Selbst meine Mutter war der Meinung, daß die polnischen Juden am Antisemitismus schuld seien.

Wir dachten auch, daß meine Großmutter und meine Tante, als man sie abholte, »nur« in ein Arbeitslager kämen. Es gab zwar Gerüchte, die Schlimmeres besagten, aber keiner konnte glauben, daß ein Regime die Bewohner des eigenen Landes umbringt. Man klammerte sich an die Hoffnung, daß an dem Gerücht nichts dran sei. Bis zum Schluß haben wir nicht an das Schlimmste geglaubt.

Bei der HJ wußten sie nicht, daß dieses Kürzel für mich nicht nur Hitler-Jugend, sondern auch Halbjude bedeutete. Wie durch ein Wunder kam das bei dieser Organisation nie heraus, wobei mir natürlich der arische Name Stowasser meines Vaters half. Wir von der HJ trafen uns regelmäßig, sangen Hitler-Lieder, marschierten in den Prater, wo auch einmal ein militärischer Angriff simuliert wurde.

Als es in den letzten Kriegstagen hieß, wir sollten uns zu einer Waffengattung melden, entschied ich mich für den Funkdienst, der mir am wenigsten gefährlich schien. Nachdem ich die Funkerprüfung abgelegt hatte, läutete es an unserer Tür, ein paar Kollegen von der HJ wollten mich abholen, um mit mir in den Krieg zu ziehen. Die Russen waren zu diesem Zeitpunkt bereits bis ins Burgenland vorgedrungen. In einem Anflug von Wahnsinn, der sich aber als Gescheitheit erweisen sollte, erklärte ich: Ich kann nicht kommen, ich bin ein Halbjude. Die HJ-Kollegen gingen erschrocken weg, ohne die Affäre im allgemeinen Kriegschaos weiterzuleiten. Mir hat das »Geständnis«, Halbjude zu sein, das Leben gerettet. Ich sah, als in Wien schon geschossen wurde, vor unserer Haustür einen Trupp meiner HJ-Freunde, die wie ich fünfzehn, sechzehn Jahre alt waren, mit Panzenfäusten über der Schulter Richtung Stephansdom marschieren. Und keiner von ihnen ist lebend zurückgekehrt.

Die erste Volksschulklasse hatte ich 1935 in der kurz zuvor gegründeten Montessori-Schule besucht, die für ihre liberalen Lehrmethoden bekannt war. Jedes Kind durfte tun und lassen, was es wollte, ich habe sofort gemalt, wofür in meinem Zeugnis »außergewöhnliches Farben- und Formengefühl« attestiert wurde. Dafür konnte ich nach einem Jahr noch immer nicht drei und drei zusammenzählen. Das und die Tatsache, daß die Montessori-Schule zu teuer war, bewog meine Mutter, mich in eine öffentliche Volksschule zu schicken. Die anschließend besuchte Realschule mußte ich nach fünf Jahren »aus rassischen Gründen« verlassen, worauf ich eine Handelsschule besuchte und die Matura nach dem Krieg nachholte.

Noch in der Schuschnigg-Zeit hatte mich meine Mutter »sicherheitshalber« taufen lassen. Und in einer katholischen Kirche im 15. Bezirk sah ich dann auch ein Madonnenbild, das in mir den Wunsch weckte, Maler zu werden. Wichtig für diesen Entschluß waren auch die Blumen, die ich im Wienerwald pflückte, um sie dann zwischen die Seiten eines Buches zu pressen. Wir haben darüber diskutiert, wie man verhindern könne, daß die Farben verblassen. Da sagte ich mir, wenn du das malst, statt es zu pressen, bleiben die Farben erhalten. Einen weiteren Anstoß bot mir meine Briefmarkensammlung, ich wollte selbst einmal so schöne kleine Bilder malen können. 1943 habe ich meine ersten Zeichnungen bewußt angefertigt.

Ich stand oft stundenlang vor der Auslage einer Rahmenhandlung in der Wallensteinstraße, wo Aquarelle zu sehen waren, die mich begeisterten. Jeder Tupfen, jeder Strich faszinierten mich. Natürlich waren die Bilder brav, bieder und anständig, ganz wie es die Zeit verlangte. Auch ich malte meine ersten Aquarelle ganz in diesem Stil, der dem der Hitler-Postkarten ähnelte, und war immer sehr glücklich, wenn es mir gelang, etwas so zu zeichnen, daß man es erkennen konnte. Blumen, Landschaften, Häuser und Stilleben waren meine liebsten Motive.

In einem kleinen Koffer, den ich immer bei mir trug, hatte ich ein sorgsam eingerolltes, von mir gemaltes Aquarell mit, um – im Falle des Falles – beweisen zu können, daß ich Maler bin.

Auch den Donaukanal habe ich mehrmals gemalt, und nicht nur das, ich habe ihn immer wieder schwimmend überquert, um mich vor mir selbst zu beweisen. Infolge meiner Schwimmtouren erkrankte ich kurz nach Kriegsende, vermutlich durch eine kleine Hautverletzung, an Paratyphus. Bald war ich so schwach, daß ich nicht mehr gehen konnte, und ich sehe heute noch vor mir, wie mich zwei Männer auf einem Brett durch das zerbombte Wien trugen, bis wir im Krankenhaus der Barmherzigen Brüder in der Praterstraße ankamen. Bald gesellte sich zum Paratyphus ein Herzklappenfehler. Auf achtundvierzig Kilo abgemagert, sah ich aus wie die von Auschwitz Heimgekehrten, und ich fühlte mich dem Tode nahe. Ich hatte den Krieg überlebt – und jetzt, da alles vorbei war, sollte ich sterben. Aber ich überstand die Krankheit. Und kaum ging es mir etwas besser, zeichnete ich auch schon wieder. Eine Blumenvase in meinem Krankenzimmer, einen Teekessel auf dem Tisch und den Blick aus dem Fenster. Und ich porträtierte meine Mutter, die mich täglich besuchte.

›Krankensaal der Barmherzigen Brüder‹. Hundertwasser (Stowasser), Juni 1945.

Ein Jahr später war ich, weil ganz Wien hungerte, in Wuffing bei Schwanenstadt bei Bauern zum Erntedienst eingeteilt. Ich bekam zu essen und arbeitete hart. Aber ich fühlte mich wie im Paradies und erlebte auf den Feldern zum erstenmal in meinem Leben bewußt die Farben der Natur. Hier entwickelte sich in mir der Wandel vom realistischen zum freien Malen. Viel später erst lernte ich die Modernen – Picasso, Klee, Schiele, Klimt – kennen. Wer in der Nazizeit aufgewachsen ist, hatte von ihrer Existenz nie erfahren.

Ab 1949 war ich ständig unterwegs. Es trieb mich hinaus, in die Toskana, nach Paris – alles per Autostopp. Auf so einer Fahrt versuchte mich im Jahre 1953 ein Russe, der mich in seinem Dienstwagen mitnahm, als Agent für den KGB anzuwerben. Er gab mir hundertfünfzig Schilling, mit denen ich Stadtpläne von Wien und Paris besorgen sollte. Ich sagte ihm, bei »Freytag und Berndt« am Kohlmarkt könnte jeder Mensch all diese Stadtpläne kaufen. Er wollte mit diesem »Auftrag« offensichtlich testen, ob ich als Spion geeignet war. Ich erwies mich als ungeeignet. Die hundertfünfzig Schilling, die er mir gegeben hatte, behielt ich allerdings.

Wie seinerzeit die Nazis, kamen jetzt die Russen einmal in der Woche, wieder zwischen zwei und drei Uhr nachts, und läuteten Sturm. Meine arme Mutter stand wieder die schlimmsten Ängste aus. Ich wagte mich erst wieder nach 1955, als der Staatsvertrag unterzeichnet war und die Russen Wien verlassen hatten, nach Hause.

Sicher steht der Weg, den ich als Künstler ging, in ursächlichem Zusammenhang mit der Situation, in der ich aufgewachsen bin. Meine Jugend als doppelter Außenseiter – ohne Vater und als Halbjude – hat natürlich dazu beigetragen, daß ich viel nachgedacht und mich besonnen habe. Ich wurde zum Einzelgänger, zum Kämpfer für bestimmte Anliegen, die mir wichtig erschienen. In meiner Kindheit hatte ich keine Gelegenheit, mich einer Gruppe zugehörig zu fühlen, und so blieb ich Einzelkämpfer.

Meine Mutter starb 1972, sie hat noch einige meiner Erfolge miterlebt, zuletzt den Film ›Hundertwassers Regentag‹, den Peter Schamoni über mich drehte, worauf sie sehr stolz war. Sie hat sich vor der Urania als normale Kinobesucherin angestellt, um sich eine Karte zu kaufen, was ich sehr rührend fand.

Für meine Generation, die damals jung war, gab es nichts anderes als Krieg, wir kannten keinen Frieden. Der alltägliche Schrecken war eine Selbstverständlichkeit, anders konnte der Alltag in unseren Augen gar nicht sein, so war das Leben. Tägliches Sterben war völlig normal. In meinem Hirn als Zehn- bis Vierzehnjähriger war das ganze Kriegsgeschehen so selbstverständlich wie für einen heutigen Jugendlichen das Auto und die Straßenbahn.

Jeder weiß mittlerweile, daß Hitler ein wahnsinniger Teufel war, doch ich glaube nicht, daß ich damals die Fähigkeit hatte, Recht von Unrecht zu unterscheiden. Ich empfand den Krieg zwar als etwas Außerordentliches, aber nicht als etwas Unrechtes. Viele Leute meines Alters dichten heute in ihre Kriegserlebnisse Dinge hinein, die nicht sein können. Wer damals zehn, zwölf Jahre alt war und heute sagt, er hätte erkannt, daß der Hitler und sein Regime unmenschlich waren, der lügt.

Mir hat genauso wie den anderen jungen Burschen die deutsche Wehrmacht imponiert. Mich interessierten die Grenzverschiebungen, die ich mit bunten Nadeln in beide Richtungen – zuerst den Vormarsch, dann den Rückzug – absteckte. Was da passierte, das war für einen jungen Menschen ein großes Abenteuer, ein Räuber-und-Gendarm-Spiel.

Aber irgendwie fühlte ich doch, daß einmal andere Zeiten kommen würden. Denn als ein Freund von mir, er hieß Leopold und wohnte bei uns im Haus in der Oberen Donaustraße, zu mir sagte, der einzelne Mensch sei nur ein Spielball der Mächtigen, da habe ich ihm widersprochen. Ich werde dir beweisen, sagte ich, daß sich auch der einzelne Mensch zur Wehr setzen kann.

Ich war damals, mit meinen dreizehn Jahren, felsenfest davon überzeugt, daß ich eines Tages etwas tun, daß ich etwas bewegen werde können.

Geboren am 29. Mai 1908 als Sohn der Regina und des Eduard Weigel in Wien. Schriftsteller, Kritiker, Übersetzer. Bis 1938 Autor für Wiener Kleinkunstbühnen, danach in der Schweizer Emigration. 1945 Rückkehr nach Österreich. Bühnenwerke: ›Axel an der Himmelstür‹, ›Barabbas‹. Buchveröffentlichungen u.a.: ›O du mein Österreich‹, ›Masken, Mimen und Mimosen‹, ›Flucht vor der Größe‹, ›Wien für Anfänger‹, ›Tausendundeine Premiere‹, ›Lern dieses Volk der Hirten kennen‹, ›Die Leiden der jungen Wörter‹, ›Gerichtstag vor neunundvierzig Leuten‹, ›Das Abendbuch‹. Biographien über Josef Meinrad, Attila Hörbiger, Johann Nestroy, Karl Kraus. Bekannt geworden auch als Übersetzer Molières und als Bearbeiter Nestroys. Lebte mit der Schauspielerin Elfriede Ott in Maria Enzersdorf bei Wien, wo er am 12. August 1991 starb.

Hans Weigel
An Wochentagen die Mutter, an Sonntagen der Vater

Es war kein Elternhaus, es waren zwei Wohnungen, fast nebeneinanderliegend, im 5. Bezirk von Wien, die eine in der Franzensgasse 11, Ecke Schönbrunnerstraße, Mezzanin, mit Aussicht auf beide Straßen, die andere in der Schönbrunnerstraße 18, gleichfalls Mezzanin, Ecke Wehrgasse.

Geboren wurde ich anno 1908 im Haus Franzensgasse 11 als einziges Kind; eine Schwester, einige Jahre vorher zur Welt gekommen, war nach wenigen Tagen nicht mehr am Leben. Sie hatte Alice geheißen. Ich bekam den Namen Julius Hans, denn es war Usus in der mosaischen Religionsgemeinschaft, Kinder nach ihren Großeltern zu benennen, wenn diese nicht mehr am Leben waren. Mein Großvater hatte Julius Fekete geheißen, war aus Ungarn nach Wien gekommen und hier, in dem Haus Schönbrunnerstraße 18, schon einige Jahre vor meiner Geburt, etwa 1903, gestorben.

Helfer bei meinem Eintritt in die Welt war Dr. Theodor Stern, praktischer Arzt, ein kluger, gebildeter Mann und der engste Freund der Familie, mit besonderem Interesse für Philosophie und für humoristische Literatur. Wenn man bei dem Haus Nummer 18 die Schönbrunnerstraße überquert, kommt man zur Wehrgasse, dort befindet sich gleich auf Nummer 11 das Haus, in dem »der Doktor«, wie wir ihn nannten, gleichfalls im Mezzanin, wohnte.

Alles war so nah beieinander, und nur einige Schritte die Schönbrunnerstraße aufwärts, Nummer 31, befand sich »das Geschäft«, Ecke Strobachgasse, in einem niedrigen Vorderhaus, das heute nicht mehr existiert, durch das man zu höheren Häusern um einen Hof gelangte.

Das »Geschäft« war ein Versandhaus, wie es sie damals häufig gab und heute wieder häufig gibt. Es nannte sich, glaube ich, »Zentralversandhaus«, der Katalog enthielt vielerlei, ein Hauptakzent aber waren landwirtschaftliche Geräte, Sensen, Sicheln und ähnliches.

Meine Großmutter mütterlicherseits war eine kluge, temperamentvolle Frau, hatte fünf Kinder hervorgebracht, drei Söhne und anschließend zwei Töchter. Onkel Hugo mußte das Geschäft führen, und das war wohl tragisch, denn er war sehr musikalisch, spielte großartig Klavier, war charmant und witzig und hatte gewiß ein unerfülltes Leben. Er mochte mich sehr gern, manchmal saß ich neben ihm, wenn er am Klavier improvisierte. Der mittlere Bruder, Onkel Albert, war schwierig, magenkrank, hatte studiert und trug den Titel Ingenieur. Er war als einziger aus der Familie geflohen, arbeitete bei der Firma Saurer in Arbon am Bodensee (Schweiz). Während des Ersten Weltkriegs, ich war sieben oder acht Jahre alt, besuchten meine Mutter und ich ihn dort, es war meine erste bewußt erlebte Reise – vorher war ich nur zweimal in Grado (Italien) gewesen, weil man glaubte, der Sand dort sei heilkräftig und gut für meine Gesundheit.

Onkel Albert kam dann nach Wien und übernahm das Geschäft. Er brachte seine junge Frau mit, Tante Trudy, die sich nicht recht in die Familie fügte.

Der dritte Bruder war Onkel Theo, klein und rundlich, er spielte Geige und war angestellt bei der Filmfirma Projectograph. Er schwärmte von der neuartigen Erfindung und prophezeite ihr eine große Zukunft – und wurde in der Familie nur belächelt.

Die erste Tochter war meine Mutter, Regina Fekete. Über die will ich noch viel erzählen. Und dann, als jüngste, Lilly, die verheiratet war und nicht in unmittelbarer Nachbarschaft, aber immerhin nur fünf Minuten entfernt wohnte. Sie hieß Kandler, ihr Mann war der Onkel Leo, sie hatten eine Tochter, wenige Jahre jünger als ich, mit der eine verwandtschaftliche Freundschaft nahelag. Sie hieß Alice, wurde Sissy genannt.

Das ist die Familie, das ist das Elternhaus mütterlicherseits. Auffallend, aber für mich damals selbstverständlich, war – ist – der ungeheure familiäre Zusammenschluß, die selbstverständliche Verbindung – heute nennt man es »Kommunikation«, als wären wir eine Minderheit; und eine solche waren wir nicht. Wir alle waren kaum religiös. Unser Jüdischsein war um uns herum nicht umstritten, nicht einmal äußerlich bemerkbar. Meine Mutter war besonders beliebt, sie sprach wienerisch, sie verstand sich auf den Umgang mit Lieferanten. Es gibt, denke ich, diesen Familiensinn vor allem bei mosaischen Familien, sie halten zusammen ohne aggressive Spitze gegen andere, einfach aus einem »Clan«-Geist. Abends gingen sie gern in ein Café, ins »Wienzeile« oder ins »Bristol« am Opernring. Manchmal waren Freunde dabei.

Die Sommerfrische bestand anfangs, als mein Vater noch da war, aus einer Sommerwohnung in Rodaun, wohin mein Vater und Onkel Leo nach der Arbeit mit der Elektrischen kamen. Am Geburtstag des Kaisers Franz Joseph, 18. August 1913, fand ein Fackelzug statt; ich ging mit einer schwarzgelben Fahne mit und sang das Kaiserlied mit.

Einmal machten wir einen Ausflug zum »Roten Stadel« bei Kaltenleutgeben, und plötzlich spürte man eine Unruhe. Meine Mutter ging hin und kam ganz aufgeregt zurück. »Der Thronfolger ist ermordet worden.« Ich war sechs Jahre alt, zwar frühreif, aber noch konnte ich mit der Politik nicht mit.

Und dann der 1. August 1914 in unserer Sommerwohnung, Schreckgasse in Rodaun. Mein Vater, Onkel Hugo und Onkel Theo in Uniform mit Tornister. Sie nehmen Abschied. Ob meine Großmutter dabei war, ist mir nicht erinnerlich. Sie umarmten meine Mutter und Tante Lilly. Ich mußte denken: das Sterbebussi.

Soviel verstand ich. Aber noch lange nicht mehr.

Ob wir in diesem Sommer außerdem auch in Eisenstein waren wie jeden Sommer, weiß ich nicht. Auch dort war ein Elternhaus. Eisenstein im Böhmerwald war der Wohnort meiner Großeltern Ludwig und Babette Weigel, die fünf Kinder hatten, drei Töchter und meinen Vater und einen sehr jung beim Baden ertrunkenen Heinrich.

Mein Großvater war ein reizender, rustikaler alter Herr. Er mochte mich sehr gern, ich war ja der einzige Weigel. Er war eine Art Schriftgelehrter, was er uns aber nicht merken ließ. Ich hab's erst kürzlich von einer Cousine erfahren. Er hatte eine kleine Landwirtschaft, Geflügel und Kühe und einige Wiesen. Das Haus im Zentrum der Marktgemeinde war stattlich, wir hatten dort unsere Zimmer, die rituellen Gesetze wurden eingehalten, aber nicht demonstrativ. Er wußte von unserer Weltlichkeit. Einmal besuchte er uns zu Weihnachten, wir ließen uns im Einverständnis mit ihm nicht von unserem Feiern inklusive Christbaum abhalten. Er war mit dabei und sagte leise: »Sehr schön war's!« Seine Frau, geborene Weiss, war eine sehr einfache, introvertierte Frau, die viel, meist unzusammenhängend, redete, die ich nur als krank in Erinnerung habe. Rosel, die Seele des Hauses, betreute den Großvater und auch uns, wenn wir zu

Hans Weigel im Alter von fünfzehn Jahren (im Vordergrund) mit dem »Eisensteiner Großvater« (Mitte, sitzend), Vater Eduard Weigel (stehend, zweiter von rechts) und Mutter Regina Weigel (stehend, dritte von rechts) sowie Onkeln, Cousinen und Cousins.

Besuch kamen. Eisenstein ist die letzte Station einer Bahnlinie, die von Pilsen an die deutsche Grenze führt, relativ hoch gelegen mit einer Zwiebelturmkirche. Zwei jüdische Familien wohnten dort, Familie Unger und Familie Weigel. Außer der Landwirtschaft betrieb mein Großvater ein Gemischtwarengeschäft, den »Laden« in einem Haus neben dem großen Haus. Diesen Laden hat die jüngste Tante mit ihrem Mann übernommen.

Ich fühle mich bis heute in diesem Markt zu Hause, ich bin sehr traurig, daß ich nicht wieder dort sein konnte, nicht mehr am Schwarzen See und nicht mehr am Teufelsee. Ich war einmal von der bayerischen Seite her dort, in Bayerisch Eisenstein, von wo aus man den Arbersee erreicht und das Haus am Gipfel des Arbers, von dem aus man tief hinein in das böhmische Land sieht.

Ich war dort mindestens einmal jährlich, solange ich in Wien lebte, es war ein wichtiger Anschauungsunterricht, erst österreichisch-ungarische Monarchie und dann tschechoslowakische Republik. Ich zumindest habe nie etwas vom Problem des Jüdischen dort verspürt, eher die tschechisch-deutsche Feindschaft.

Mein Vater war von dort gekommen, hatte die Handelsakademie absolviert und war dann, ganz jung, zum Wiener geworden, hatte eine Stelle bei der Glasfabrik Stölzle gefunden, hatte dort Karriere gemacht, war Prokurist, dann Direktor, war, glaube ich, beliebt.

Ob meine Eltern eine gute Ehe führten, weiß ich nicht. Eher ja. Weil ich ein frecher Fratz war, antwortete ich einmal als ganz junger Fünf- oder Sechsjähriger auf die blöde Standardfrage »Wen hast du lieber, den Vater oder die Mutter?«: »An Wochentagen die Mutter, an Sonntagen den Vater.« – Beide liebten mich, waren stolz auf mich.

Als ich sechs Jahre alt war, verließ er uns, ich hab' ihn dann sechs Jahre lang nicht mehr gesehen, den Onkel Hugo und den Onkel Theo nie wieder. Onkel Hugo ist gefallen, Onkel Theo war vermißt.

Die Schwestern meines Vaters und ihre Männer wurden Opfer des Nationalsozialismus, die nächste Generation konnte in alle Richtungen entkommen, nach Israel, nach Kanada, nach Chile. Eine Cousine und ihr Mann sind in einem Konzentrationslager umgekommen, ihre Tochter hat überlebt, wir haben sie kennengelernt, sie lebt in Prag, war einige Male unser Gast, auch ihre Töchter haben wir kennengelernt. Mit ihnen muß ich Englisch sprechen.

Als mein Vater in den Krieg gezogen war und meine beiden Onkel auch, sperrte meine Mutter die Wohnung in der Franzensgasse zu und übersiedelte mit mir in die Schönbrunnerstraße 18. Meine Großmutter lebte dort, sie war zuckerkrank, betreut von unserem lieben Doktor Stern, der sie täglich besuchte und das Menü für den nächsten Tag besprach.

Die Wohnung war, wie unsere in der Franzensgasse, eine Dreizimmerwohnung: Schlafzimmer, Speisezimmer, Herrenzimmer, Badezimmer, Küche, Dienstbotenzimmer. Ich erinnere mich an das Herrenzimmer, in dem ich wohnte, auf einer Couch schlafend, die damals Sofa oder Diwan hieß. In diesem Zimmer befand sich auch ein Bücherkasten. Oft wachte ich sehr früh auf, holte mir ein Buch, ging mit dem Buch und einer Lampe unter die Decke und las.

Es ist Zeit, daß ich anfange, von meiner Mutter zu erzählen. Ich habe kaum je über sie berichtet. Als sie anno 1903 heiratete, war sie siebzehn, mein Vater zwölf Jahre älter. Als ich zur Welt kam, war sie zweiundzwanzig. Sie war ungeheuer fortschrittlich, und ich kann mir nicht erklären, woher das kam. Sie sorgte dafür, daß ich gesund gekleidet war. Im Sommer durfte ich als Kind sogar mit nacktem Oberkörper auf die Straße gehen. Einmal sollte ich in einer Molkerei in der Perchtoldsdorfer Wienergasse Milch holen, doch die Milchfrau sagte: »Wanns d' ka Hemmad anhast, kriegst ka Milli!«

Ich durfte – Ideal aller Knaben – auch im Winter »Sockerln« tragen und mußte nicht Strümpfe anziehen. Einmal ging ich in Schönbrunn, nahe vom Meidlinger Tor, ein Hofwagen mit den Kindern des Thronfolgers fuhr vorüber, und Otto von Habsburg, etwa gleich alt, zeigte mit dem Finger auf mich; vermutlich sagte er dazu: »Dieser Bub darf Sockerln tragen und ich nicht!« Auf diese Begegnung beschränkt sich meine Beziehung zu dem Haus Habsburg-Lothringen.

Als mein Eintritt in die Volksschule bevorstand, begann meine Mutter, sich verschiedene Schulen anzusehen. Sie wollte nicht, daß ich in einem Klassenzimmer unterrichtet werde, in dem an der Wand die Mäntel der Schüler hingen. Sie prüfte viele Schulhäuser, und überall hingen die Mäntel im Klassenzimmer. Endlich fand sie eine Schule nach ihren Wünschen, die war in der Albertgasse 23, weit, weit von unserer Gegend entfernt. Der Schulweg mit der guten, alten Straßenbahnlinie 13 erforderte etwa eine halbe Stunde. Eine Hausgehilfin brachte mich hin, meine Mutter holte mich meist ab, und wir gingen zu Fuß nach Hause. In dieser Schule gewann ich meinen lebenslänglichen Freund, Gerhart Pisk – später, in Amerika, Piers –, der Medizin studierte und ein prominenter Psychoanalytiker wurde.

Diese Schule war ganz besonders erfreulich, sie war ein »Musterschulhaus« des Vereins Freie Schule, ein Verein im Rahmen der Sozialdemokratischen Partei mit entsprechend fortschrittlichen Lehrern und Lehrerinnen, einem gescheiteren Lehrplan. Ich würde gern noch viel von dieser Schule erzählen, ich unterlasse nie, sie zu erwähnen, wenn ich mein Curriculum vitae schreiben soll.

Ich mußte eine Prüfung in einer öffentlichen Schule machen, um für das Gymnasium angemeldet zu werden, diese Prüfung war lächerlich einfach für mich, und dann die Aufnahmeprüfung im Akademischen Gymnasium, Wien, Beethovenplatz, die war fast ärgerlich einfach. In den vier Volksschuljahren fühlte ich mich wie zu Hause. Das Gymnasium war eine verlorene Zeit von acht Jahren, ein Trauma. Ich erinnere mich gut dran, wie wir einmal zu dritt oder zu viert in einer Pause zusammenstanden, und einer von uns sagte etwa: »Es heißt immer, daß diese Zeit die schönste ist, daß man später gerührt an sie zurückdenken wird. Das stimmt nicht. Es ist scheußlich, und wir werden uns das unser Leben lang merken!«

Ich bemühte mich als Gymnasiast, in allen offiziellen Zusammenhängen möglichst unauffällig zu bleiben, was mir recht gut gelang. Nur im Lateinunterricht brachte ich gelegentlich metrische Übersetzungen von Versen des Catull, Horaz und anderen mit. Ich hatte immer ein durchschnittliches Zeugnis. Meine Mutter hatte mir angewöhnt, gleich nach Tisch meine Aufgaben zu machen, um das »aus dem Kopf« zu haben. Sie schickte mich in eine private Turnschule, in eine Tanzschule, sie ließ mich Schlittschuh laufen, ein kurzes Intermezzo beim Fechtunterricht und eines beim sportlichen Schwimmen ist mir flüchtig erinnerlich.

Dies alles ging von meiner Mutter aus und wurde von meinem Vater gern ermöglicht. Zwischen ihm und mir ging es nicht recht, ich war ein

Das »Weigelhaus«
in Eisenstein im Böhmerwald.

Mini-Ödipus geworden, die Kriegsjahre hatten zerstört, was vielleicht hätte blühen können.

Mein Vater wünschte sich für mich (natürlich!) einen kaufmännischen Beruf, ich war als künftiger Autor noch lange nicht soweit, etwas anderes planen zu können. Wir einigten uns darauf, daß ich nach Hamburg ging und dort Jus zu studieren begann. Die Fremde war ein Erlebnis, die Universität war ein Erlebnis, doch damit ist der Rahmen des Themas »Mein Elternhaus« überschritten.

Wir waren nicht reich, aber vermutlich wohlhabend, denn meine Eltern konnten meine diversen Auslandsaufenthalte finanzieren, die wesentliche Bausteine für meine Entwicklung waren.

Das Gymnasium war insofern doch keine verlorene Zeit, als es mir Freunde brachte, die viel musizierten. Ich habe Latein gelernt und davon einiges behalten, in Mathematik war ich stets nah am Durchfallen, Griechisch ist eine Terra incognita, Geschichte mußte ich mir später holen, wo ich sie brauchte, Geographie konnte ich eh, Naturgeschichte, Physik, Chemie sind durch mich hindurchgegangen, ohne Spuren zu hinterlassen, auch der Deutschunterricht. Der unschätzbare Anteil meiner Mutter war der absolute Mangel an Ehrgeiz. »Schau, daß du durchkommst – alles andere ist egal.«

Wie sehr mein Elternhaus mein Elternhaus geblieben ist, zeigt mir die Erinnerung an zwei historische Ereignisse. Daß Adolf Hitler deutscher Reichskanzler geworden war, erfuhr ich aus der Zeitung im Café Mozart, wo ich mit meiner Mutter und Dr. Stern war. Und daß die deutschen Truppen in Österreich einmarschiert waren, erfuhr ich aus dem Radio in der Wohnung meiner Eltern, damals schon Margarethenstraße 22, wohin ich als Jungverheirateter stets zum Mittagessen ging und wohin ich angesichts der Weltgeschichte wie selbstverständlich gekommen war. Ich verließ Wien sehr bald und kam ungefährdet in die Schweiz; meine Eltern hatten es monatelang nicht leicht in Wien, liquidierten alles, gelangten nach Frankreich, wo sie in einem kleinen Nest nahe von Bordeaux auf ihr Amerikavisum warteten. Die Familie meiner Großmutter väterlicherseits war längst nach Amerika ausgewandert, hielt losen Kontakt mit den Verwandten und half meinen Eltern bei der Einwanderung.

Hie und da kommen noch jetzt Verwandte von drüben und melden sich bei uns.

Auch privaten Englischunterricht ließ meine Mutter mich nehmen, gemeinsam mit meinem Freund Gerhart.

Viel wichtiger aber ist meine Beziehung zu meiner geliebten französischen Sprache. Im Haus meiner Großeltern mütterlicherseits wurde Französisch gesprochen, wie zur Zeit der Maria Theresia, wie in noblen russischen Familien. Kinder hatten damals, scheint es, keine Erzieherin, sondern eine »Französin«. Meine Mutter sprach mit ihrer Schwester Lilly selbstverständlich, und ohne darüber nachzudenken, Französisch. Ich hatte in der Volksschule Französisch als Wahlfach. Ich hatte Privatunterricht im Französischen bei einem Original: Monsieur Guénot.

Meine Mutter saß während des Krieges mit ihrer Schwester und mir in einem relativ leeren Wagen der Elektrischen, sie sprachen, wie es ihre Gewohnheit war, Französisch miteinander. Da pöbelte sie ein mitfahrender Herr an. Ich war wohl acht Jahre alt. Von da an war die französische Sprache traumatisiert, wenn auch weiterhin von mir geliebt ...

Meine Elternhäuser sind im Wiener Bezirk Margarethen gelegen, in Eisenstein, heute Zelezná Ruda. Und ungeachtet aller politischen und kulturpolitischen Wechselfälle überall dort, wo die französische Sprache zu mir spricht.

Geboren als Tochter der Helene und des Ingenieurs Josef Winter am 4. Mai 1938 in Ulmerfeld bei Amstetten. Zunächst kaufmännische Angestellte in Wien und in der Bundesrepublik Deutschland, begleitete sie ihren ersten Mann in die USA, wo sie in der Öffentlichkeitsarbeit für die Republikanische Partei arbeitete. 1966 im Wahlkampfteam von Ronald Reagan, der Gouverneur von Kalifornien wurde. Von da an dessen Assistentin und persönliche Sekretärin. Nach Reagans Wahl ins Weiße Haus im Stab des Präsidenten. Assistentin für Personalpolitik, 1982 Leiterin der Personalabteilung im Weißen Haus. 1983 bis 1986 US-Botschafter in Wien. Behielt den Namen ihres zweiten Ehemannes Christian von Damm. Zuletzt mit dem Eigentümer des Wiener Hotels Sacher verheiratet. Lebt in Wien und New York.

Helene von Damm

Als ich Ronald Reagan aus meiner Kindheit erzählte

Es war in den letzten Tagen des Jahres 1982, wir saßen im Oval Office des Weißen Hauses, da fragte mich Ronald Reagan, ob ich als Botschafterin der Vereinigten Staaten nach Österreich gehen wollte. Als ich nach einigem Zögern zusagte, wußte ich, daß mich die meisten meiner Freunde für verrückt halten würden. Denn ich verzichtete damit auf eine mächtige Position, eine der mächtigsten sicherlich, die eine Frau im politischen Leben Amerikas erreicht hatte. Ich war zu diesem Zeitpunkt Beraterin des Präsidenten der Vereinigten Staaten. Und tauschte diese einflußreiche Stelle, in der ich die Verantwortung für die Besetzung sämtlicher Spitzenpositionen der Administration Reagan innehatte, gegen einen zwar äußerst ehrenvollen und repräsentativen, aber doch bei weitem nicht so bedeutsamen diplomatischen Posten in Österreich.

Aber Österreich ist meine Heimat. Und in Österreich lebte meine damals achtzigjährige Mutter. Ich war mit sechzehn Jahren von zu Hause ausgezogen, hatte sie seit damals jedes Jahr nur für ein paar Tage – wenn ich gerade auf »Heimaturlaub« war – gesehen. Als kleine Handelsschülerin aus Ulmerfeld in Niederösterreich hatte ich mich auf das Abenteuer Amerika eingelassen, aber dabei auf meine Familie in der Heimat verzichten müssen.

Meine Aufgabe, als Botschafter nach Österreich zu gehen, gab mir Gelegenheit, meiner Mutter in ihren letzten Lebensjahren wieder nahe zu sein. Und ich bin froh darüber, das getan zu haben. Amerika zu verlassen war kein Opfer, es war mir vielmehr ein Bedürfnis, meiner Mutter einen Teil dessen zurückgeben zu können, was sie einst für mich und meinen Bruder getan hatte.

Damals, im Oval Office des Weißen Hauses, sprachen Ronald Reagan und ich wieder einmal über unsere Eltern. Wir lachten darüber, wie viele Parallelen es in unserer Kindheit gibt, obwohl seine und meine Herkunft zumindest geographisch wohl kaum unterschiedlicher hätten sein können.

Beide stammen wir aus armen Familien. Sein Vater war Alkoholiker, der seine Anstellungen als Schuhverkäufer immer wieder wechseln mußte. Mein Vater war an Tuberkulose erkrankt, als ich ein kleines Kind war, wodurch auch meine Familie ihre bürgerliche Existenz weitgehend verlor.

Unsere früheste Kindheit verlebten wir im Krieg. Bei Ronald Reagan war's der Erste Weltkrieg, bei mir der Zweite. Der Unterschied freilich war gewaltig: Ich erfuhr die Not, die Armut, das Elend des Krieges am eigenen Leib, in Ronald Reagans Amerika war von Krieg kaum etwas zu bemerken. Hautnah verspürte er dann allerdings, wie er mir erzählte, die Folgen der Weltwirtschaftskrise.

Aufgrund der Krankheiten unserer Väter spielten in unser beider Leben die Mütter eine dominierende Rolle. Ronald Reagans Erziehung freilich war durch den Einfluß seiner Mutter sehr von der Religion geprägt, in meiner Kindheit spielte die Religion eine geringere Rolle. Was uns beiden in unseren ersten Lebensjahren fehlte, waren echte Vorbilder.

Als ich ihm ein wenig von meinem Geburtsort Ulmersfeld und seiner Umgebung erzählt hatte, bemerkte Präsident Reagan auch da eine Parallele zu seiner Heimatstadt: »Wir sind beide an einem Fluß aufgewachsen, das prägt einen jungen Menschen, läßt ihn ein wenig von der Ferne träumen.« Bei ihm, in Dixon/Illinois, war's der Rock River, bei mir die Ybbs.

Ronald Reagan übte schon als Vierzehnjähriger den verantwortungsvollen Posten eines Rettungsschwimmers aus – überall dort, wo in Amerika gebadet wird, muß ein ausgebildeter Erste-Hilfe-Mann stationiert sein. Bei uns, an der Ybbs, gab's so etwas nicht. Da ist man ertrunken.

Als ich in dem Alter war, in dem Ronald Reagan sich als Rettungsschwimmer betätigt hatte, kam ich gerade in die Handelsschule nach

Helene von Damm mit ihrer Klasse, der vierten Hauptschulklasse, in Ulmerfeld. Helene ist die zweite von rechts in der ersten Reihe.

Waidhofen. Meine Beziehung zu den USA beschränkte sich auf die Betrachtung amerikanischer Filme: Rock Hudson, Tony Curtis und Doris Day waren meine Idole, haben ungeheuren Eindruck auf mich hinterlassen. Ja, so wie das Leben in ihren Filmen gezeigt wurde, so müßte die Wirklichkeit ausschauen: Jeder hat sein eigenes Häuschen, einen schönen Rasen davor mit ein paar grünen Bäumen, und das alles sehr gepflegt. Mit einem Wort, das genaue Gegenteil von dem, was ich kannte. Es war ein Traum, in der Enge meines damaligen Horizonts ein Traum, den man nie verwirklichen konnte.

An diesem Punkt angelangt, bemerkte der Präsident noch einen großen Unterschied zu seiner eigenen Jugend: Er selbst hatte – ganz im Gegensatz zu mir – gar nicht gewußt, wie arm er wirklich war, da es keine Vergleichsmöglichkeiten gab. In den zwanziger Jahren, einer Zeit fast ohne Film und andere mediale Kommunikation, konnte er über die Grenzen seiner kleinen Welt gar nicht hinausschauen.

Und doch meinte er, der »Small-town«-Charakter sei für seine wie für meine Entwicklung entscheidend gewesen. Ich wußte sehr früh, daß ich hinaus wollte, daß ich ausbrechen wollte aus der »small town«, die man bei uns schlicht »Dorf« nannte. Ich war voller Hoffnungen, als ich nach Abschluß der Handelsschule meine engere Heimat verließ, um nach Wien zu gehen.

Mein Vater war gebürtiger Kärntner, den es als Ingenieur der Neusiedler Papierfabrik nach Niederösterreich verschlagen hatte. Infolge seiner

Erkrankung an Tuberkulose konnte er diesen Beruf jedoch ab etwa seinem vierzigsten Lebensjahr kaum mehr ausüben. Ich sah ihn selten, wußte, daß er in Heilstätten lebte, habe ihn vage als ewig kranken Menschen in Erinnerung. Eine Zeitlang, als es ihm etwas besserging, arbeitete er wieder, aber auch da sorgte meine Mutter dafür, daß er zu Hause seine Ruhe fand. Es gab kaum Gelegenheit, mit ihm zu spielen, geschweige denn, ihn zu streicheln oder zärtlich zu sein. Es tut weh, den Satz niederzuschreiben, aber es entspricht der Wahrheit: Ich hatte fast keinen Vater. Und so kann ich ihn eigentlich nur in der Erinnerung derer beschreiben, die ihn besser kannten. Er war ein emotionaler Mensch, begeisterungsfähig und lebensfroh. Oder besser gesagt: Er hatte die Anlagen, lebensfroh zu sein, doch das schwere Los nahm ihm die Freude am Leben.

Er starb, als ich zwölf war.

Um so wichtiger die Rolle meiner Mutter. Sie war eine genügsame Frau, die niemals zeigte, wie sehr sie vom Leben enttäuscht worden war. Das Schicksal, lange Jahre mit einem kranken Mann zu leben und dann als Witwe mit zwei Kindern allein fertig werden zu müssen, das alles in einem grausamen Krieg und in der daran anschließenden, harten Nachkriegszeit, all die Entbehrungen hat sie uns nie spüren lassen. Kein einziges Mal hat mir diese Frau, als ich sie später verließ, um nach Wien und dann in die USA zu gehen, einen Vorwurf gemacht, weil sie mich nur noch so selten zu Gesicht bekam, weil ich nicht in Österreich lebte, mich nicht in der Form um sie kümmern konnte, die ihr lieb und angenehm gewesen wäre.

Sie war eine einfache Frau, mit der man keine großen Gespräche führte – ich bin diesbezüglich, so sagte man mir, eher dem Vater nachgeraten.

Auch der Kontakt zu meinem um sieben Jahre älteren Bruder, zu dem ich heute ein sehr gutes Verhältnis habe, beschränkte sich auf das Allernotwendigste. Ich war zu jung für ihn, nicht würdig, von ihm in ein Gespräch verwickelt zu werden. So war ich zwar kein Einzelkind, aber doch ein sehr einsames.

Das Haus in Ulmerfeld, in dem ich die allerersten Jahre verbracht hatte, war sehr schön, viel zu schön für unsere sonst so einfachen Verhältnisse. Die Geschäftsführung der Papierfabrik hatte meinem Vater eine Dienstwohnung in einem prachtvollen Gebäude zur Verfügung gestellt und ließ uns auch noch darin wohnen, als er kaum mehr in der Lage war, für sie zu arbeiten. Wir verließen das Haus gegen Ende des Krieges, um meinen Vater, der sich gerade zur Erholung auf der steirischen Stolzalpe befand, zu besuchen. Als wir zurückkehrten, war der Krieg vorbei und die Dienstwohnung inklusive Mobiliar von den Russen beschlagnahmt. Wir mußten daraufhin in die kleine, am Ulmerfelder Marktplatz gelegene Wohnung meiner Großmutter übersiedeln, die sich in einem alten Bauernhof befand. Wasser und Toilette waren »am Gang«.

Erst nach dem Tod meines Vaters waren wir wirklich arm. Es war fast

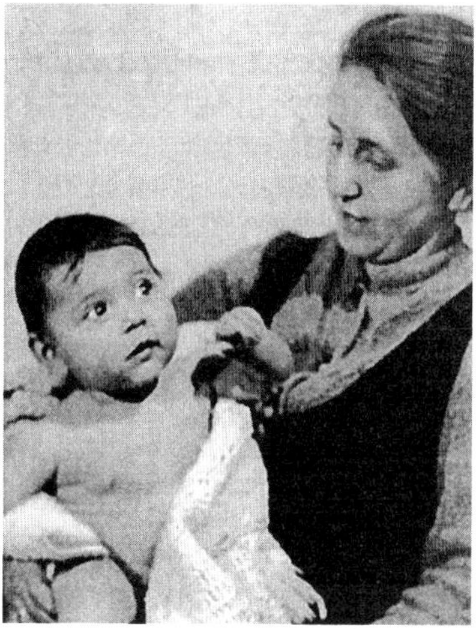

Links: Helene von Damm mit ihrer Mutter. *Rechts:* Helene von Damm mit Präsident Ronald Reagan.

unmöglich, von Mutters winziger Rente eine dreiköpfige Familie zu ernähren. Nur ihrem Geschick, billig bei Bauern einzukaufen oder mir mit geringsten Mitteln ein Kleidchen zu nähen, war es zu danken, daß wir unter der Armut nicht wirklich zu leiden hatten. Aber von einer Teilnahme meiner Familie am Wirtschaftsaufschwung der Nachkriegszeit konnte keine Rede sein. Und so war es ganz klar, daß ich von Anfang an hinauswollte. Und Wien erschien mir als der Mittelpunkt der Welt.

Doch auch hier, in der Hauptstadt, bestätigte sich, wovon ich immer schon überzeugt war: Ich sollte kein Glück haben im Leben. Die erste Firma, für die ich tätig war, ging in Konkurs. Ich hatte drei Monate für sie gearbeitet, ohne auch nur einen Schilling dafür zu bekommen. An meine zweite Stelle als Hilfskraft in der Buchhaltung einer Installationsfirma erinnere ich mich nur insofern, als sich dort ein widerlicher Arbeitskollege durch ebenso widerliche Annäherungsversuche auszeichnete.

Mit achtzehn Jahren verließ ich das Land, in dem »mein Elternhaus« stand, ging nach Deutschland, wo ich meinen ersten Mann kennenlernte, und wanderte mit ihm nach Amerika aus.

Nach einer Karriere, die mich in allernächste Nähe zum Präsidenten der Vereinigten Staaten gebracht hatte, kehrte ich also wieder zurück nach Österreich. Präsident Reagan war sehr verständnisvoll, als ich ihm sagte, daß der Wunsch, meiner Mutter in ihren letzten Jahren nahe sein zu können, der wahre Grund meiner Heimkehr sei.

Sicher kann man mein Leben als erfolgreich bezeichnen. Aber dieser äußere Erfolg, sichtbare Zeichen wie Karriere oder Geld, sind meiner Ansicht nach nicht das, was ein Leben erfolgreich macht. Wie viele Reiche, Mächtige, Prominente habe ich kennengelernt, deren Dasein schablonenhaft abläuft, die in ihrem Inneren unzufrieden sind. Wirklich erfolgreich sind meiner Meinung nach nur diejenigen, denen es gelingt, unabhängig von äußeren und materiellen Erfolgen mit sich selbst und ihrer Umwelt in Harmonie zu leben. Die Fähigkeit, Rückschläge nicht nur zu bewältigen, sondern sie in eine neue positive Phase des Lebens zu steuern, betrachte ich als meinen persönlichen Erfolg.

Es war eine Bereicherung, durch meine Rückkehr nach Österreich Abstand von der bisherigen Karriere zu gewinnen, und ich kann mir heute nichts Schöneres vorstellen als eine berufliche Verbindung meiner »beiden Welten«, Europa und Amerika. Ebendieser Wunsch geht jetzt durch meine Tätigkeit als Unternehmensberaterin in Erfüllung.

Hier in Europa lag der Grundstein für mein Leben, und in Amerika ist all das wahr geworden, wovon ich einst geträumt hatte, und viel mehr noch als das. Auch hier fand Ronald Reagan damals, als wir im Oval Office von meiner Kindheit sprachen, eine Parallele. »Es war uns beiden nicht vorherbestimmt, im Weißen Haus zu landen«, sagte er. »Aber es gehört zu unserer Politik, daran zu glauben, daß jeder in Amerika die Möglichkeit dazu hat.«

Geboren am 13. April 1938 in Wien als Sohn der Rosa und des Universitätsprofessors Dr. Karl Holecek. Kammersänger, Mitglied der Wiener Staatsoper. Nach Besuch der Musikakademie Bühnendebüt als Papageno in der ›Zauberflöte‹ an der Wiener Volksoper (1960). Erster Staatsopernauftritt 1962. Gastspiele unter anderem in Zürich, München, Hamburg, Rom, Athen, London, Paris, Moskau, Los Angeles, Montreal, Salzburger und Bregenzer Festspiele. Operetten- und Konzertauftritte. Kabarett- und Wienerliedinterpret, zahlreiche Fernsehsendungen. Verheiratet, eine Tochter, ein Sohn. Lebt in Wien.

Heinz Holecek
Eine Rechenmaschine namens Curta

Meine Mutter war das jüngste von drei Kindern eines im Wesen ziemlich ungleichen Ehepaares. Ihre Eltern verdankten ihre Einträchtigkeit wohl auch dem Umstand, daß sie – bedingt durch den Beruf meines Großvaters, seines Zeichens Oberkapitän bei der Donaudampfschiffahrtsgesellschaft – oft viele Wochen, manchmal sogar monatelang voneinander getrennt waren.

Schon in jungen Jahren zeigte sich die auffallende Musikalität meiner Mutter. Später gedieh ihr Klavierspiel derart, daß sich Musikprofessoren und Klavierlehrer darüber einig waren, daß die Begabung meiner Mutter weit über das Maß eines zum guten Ton gehörigen »Höheren-Töchter-Musizierens« hinausginge und sie unbedingt an der Akademie in einer Meisterklasse weiterlernen sollte. So sehr das auch ein glühender Wunsch meiner Mutter war, stieß dies auf gewisse Schwierigkeiten. Galt doch, zu Beginn unseres Jahrhunderts, selbst das künstlerische Studium eines Mädchens auch in »aufgeklärten, gutbürgerlichen Kreisen« (immer noch) als etwas Vages, nicht ganz Gesellschaftsfähiges. Man einigte sich schließlich darauf, daß meine Mutter die Lehrerbildungsanstalt besuchen sollte, welche sie dann mit Vorzug absolvierte. Im Zuge der geselligen Jugendunternehmungen schloß sie sich den geistig interessierten Kreisen an, die sich regelmäßig trafen, um miteinander Dichter und Philosophen zu lesen und zu diskutieren.

Die Holeceks waren Handwerker und Lehrer und stammen aus Böhmen. Mein Urgroßvater, von Beruf Gerber, war Mitte des vorigen Jahrhunderts nach Wien gekommen, hatte sich hier niedergelassen und ein Geschäft gegründet. 1907 kam mein Vater zur Welt, der schon als kleines Kind durch praktisches Geschick in technischen Dingen auffiel. Mit fünfzehn wurde er schwer krank und mußte mit Wander-Rheumatismus ins Spital. Die Krankheit hatte das Herz so stark in Mitleidenschaft gezogen, daß ihn die Ärzte aufgaben. Nur seine Mutter gab ihn nicht auf, saß stundenlang an seinem Bett und flößte ihm tropfenweise Milch ein. Zum Erstaunen der Ärzte erholte sich der Bub, und es dauerte nicht lange, bis ihm Schulbesuch, Wandern und Sport wieder erlaubt wurden.

Während er die Technische Hochschule besuchte, wurde sein Vater arbeitslos. Das bedeutete, daß er das Studium des Sohnes nicht mehr finanzieren konnte (der Besuch einer Hochschule war damals relativ teuer). Der zielstrebige junge Mann nahm eine Stelle als Mathematiklehrer an einem Realgymnasium an und gab nebenbei Privatstunden, so daß er sein Studium bald wieder aufnehmen und Mitte der dreißiger Jahre promovieren konnte. 1933 heiratete er meine Mutter.

Wie fast alle ihre Jahrgangskolleginnen bekam sie keine Anstellung als Lehrerin, und da bot der damals noch neue Beruf der Fürsorgerin eine Arbeitsmöglichkeit. Sie ließ sich als Polizeifürsorgerin anstellen. Nachdem sie bereits gute Erfolge in einigen schwierigen Fällen erzielt hatte, setzte man sie einmal auf die Beratung einer Trinkerfamilie in Floridsdorf an. Anfangs ging es recht gut, und sie war schon guten Mutes, die Leute auf den rechten Weg zurückzubringen, aber dann kam es doch zu einem Rückfall. Beim folgenden Kontrollbesuch befand sich der Mann allein zu Hause, und nun setzte meine Mutter all ihre Kräfte ein, um ihm ins Gewissen zu reden, wendete alles an psychologischer Überredungskunst an, dessen sie fähig war, und steigerte sich bis zu Tränen. Nun weinte auch der Mann, sank auf die Knie und schwor für ewig Besserung.

Meine Mutter ging, gerührt und stolz. Auf dem Heimweg indessen kamen ihr Bedenken, und schließlich machte sie kehrt, um doch noch einmal nach dem Rechten zu sehen. Als sie wieder vor der – nunmehr verschlossenen – Wohnungstür stand, hing dort ein Brieferl, das der Geläuterte seiner Frau hinterlassen hatte: »Liebe Herta, mach dir keine Sorgen, bin beim Brandweiner, bitte komm nach. Dein Franzi.«

Ich wurde, wenige Wochen nach Hitlers Einmarsch in Österreich, nicht gerade in eine glückliche Zeit des Weltgeschehens hineingeboren.

Wir wohnten in einem schönen, dreistöckigen Jugendstilhaus im Hietzinger Stadtteil Unter Sankt Veit, in der Wittegasse Nr. 10.

Zu meinen schönsten Früherinnerungen dort gehören die Sonntagmorgenbesuche im Bett meines Vaters, der mir die wunderbarsten Geschichten erzählte. »Ritter ohne Furcht« und »Ritter Rotbart« hießen die Helden einer spannenden mittelalterlichen Story um Kreuzzüge, Turniere, Minnegesang und vielfach unkriegerische Heldentaten. Ich wartete die ganze Woche immer schon glühend auf die Fortsetzung. Mein Vater band auch viel Lehrreiches in die Geschichten ein, erzählte von Gott und der Welt, verwendete dabei aber niemals schon existierende Geschichten – es war alles frei und im Moment erfunden.

Eines Tages jedoch, als ich etwa acht oder neun war, fand man, ich wäre nun doch schon zu erwachsen für dergleichen – und die morgendlichen Bettbesuche hatten ein Ende. Anfangs empfand ich diese unerwartete Vertreibung aus dem väterlichen Erzählparadies als kränkend, aber bald erzählte ich mir die Geschichten, die ich mir alle genau gemerkt hatte, im Geiste einfach selber, schmückte sie mit der eigenen Phantasie noch aus und erfand neue dazu. Etwas von diesen Geschichten erzählte ich manchmal meinen Mitschülern, die sehr begeistert waren.

Ich war im Herbst 1944 in die Volksschule gekommen, in der ein rauhes Klima herrschte. Die Lehrer waren stramm und forsch, und das Rohrstaberl trat häufig in Aktion. Wenn man schlimm war, mußte man unter dem Hitler-Bild auf Erbsen knieen. Wie milde und lieb waren dann doch dieselben Lehrer ein Jahr später, als alles vorbei war.

Aber noch sind wir im Krieg, in der Phase der letzten schweren Bombenangriffe auf Wien. Bei Alarm rannten wir wie die Wilden zum nächstgelegenen ordentlichen Luftschutzkeller, der oft schon überbesetzt war, wenn wir ankamen, weshalb wir manchmal gezwungen waren, im seichten und kaum wirklich Schutz bietenden Keller des eigenen Hauses Zuflucht zu suchen. Ich lag meiner Mutter im Schoß und hatte entsetzliche Angst. Das Pfeifen der Bomben und das Krachen der Detonationen kamen immer näher, Ziel war die nahegelegene Verbindungsbahn. Schließlich schlug es in unmittelbarer Nähe unseres Hauses ein. Am ängstlichsten war der Luftschutzwart, er rang die Hände, warf sich auf den Boden und schrie völlig sinnlos: »Wir brauchen Sauerstoff!« – aber seine nächsten Worte wurden bereits von einem entsetzlichen Krach verschlungen, die Druckwelle wirbelte uns alle durcheinander, unser Haus war getroffen worden – teilweise, wie sich bald herausstellte. Als sich der Rauch verzogen hatte, blickten wir ins Freie. Jetzt hatten wir Sauerstoff!

Eine Wand des Kellers war einfach weg, und wir sahen, daß die Nachbarvilla dem Erdboden gleichgemacht war. Unsere Wohnung existierte zwar noch, aber in welchem Zustand! Die Eingangstür fehlte, alle Fenster waren weg, die Nähmaschine einer Nachbarin hatte der Luftdruck in unser Vorzimmer getragen, und eine uns gehörende alte Glasvase stand unversehrt auf dem Fensterbrett des Vis-à-vis-Hauses!

Augenblicklich begannen alle – meine Mutter voran – mit den Aufräumungsarbeiten: Ziegelschupfen.

Erwähnen möchte ich eine Geschichte vom Verhalten meines Vaters in der NS-Zeit: die Sache mit dem Pässefälschen. Die wissenschaftlichen Arbeiten meines Vaters, die damals in Fachkreisen schon bekannt waren – und es später in ganz Europa wurden –, nahmen ihn zwar sehr in Anspruch, aber doch nicht so weit, daß er nicht die Verpflichtung gefühlt hätte, sich der Verfolgten und Bedrohten anzunehmen. Er arbeitete – ohne einer »Gruppe« anzugehören – für den Widerstand, half, wo es notwendig war, auch unter Einsatz seines Lebens.

So fälschte er für eine jüdische Frau, die die Möglichkeit legaler Ausreise versäumt hatte, einen Paß, der ihr die Grenzüberschreitung ermöglichte. Den Paß bekam er auf Umwegen von einer Frau gleichen Alters, die ursprünglich illegal der Nazipartei angehört hatte und später tief enttäuscht und bestürzt war, als sie der Sache tatsächlich ins Auge blicken mußte. Sie wußte, für wen der Paß bestimmt war, und stellte nur die Bedingung, daß sie verständigt würde, sobald die Betreffende außer Landes sei, um dann die Verlustanzeige zu machen. Die Fälschung bestand darin, daß das Foto der Besitzerin mit dem der Flüchtenden ausgetauscht wurde. Eine Entdeckung durch die Grenzorgane hätte den sicheren Tod für meinen Vater und seinen Schützling bedeutet. Die Sache ist gut ausgegangen, in diesem und in anderen Fällen.

Als die Bedrohung durch Bomben und Nationalsozialisten vorbei war, gab es die Bedrohung durch die Russen. Die »Befreier von Butter und Eier«, wie der Volksmund die Okkupanten nannte, hatten zu Beginn vielfach Angst und Schrecken verbreitet. Mein Vater fuhr – wenn die Straßenbahn ausfiel – in diesen Tagen mit dem Fahrrad zur Hochschule. Einmal, auf dem Heimweg, gleich nach Verlassen der »Technik«, traten ihm plötzlich drei Russen in den Weg, zerrten ihn mittelsanft vom Rad und eskortierten ihn in eine nahe Hauseinfahrt. Dort stand ein riesiges, funkelndes Cabriolet, das Prachtstück eines Diplomaten-Horch. Einer der Russen legte meinem Vater nun die Hand auf die Schulter und sagte, indem er auf den Wagen wies: »Kaputt – du, Mechanitzi!« Mein Vater schüttelte lächelnd den Kopf, wollte erklären. Aber: »Du Mechanitzi!!« hieß es darauf etwas strenger. Hier war kein Widerspruch möglich, denn es näherten sich nun noch weitere Soldaten mit drohenden Gebärden: »Mechanitzi, daweij!« Glücklicherweise entdeckte mein Vater bald einen kleinen leichtbehebbaren Fehler, und der Motor sprang an. Ein Jubelschrei aus vielen russischen Kehlen folgte, alle begannen zu tanzen und feierten nun meinen Vater wie einen Volkshelden. »Mechanitzi, du gut!!« Der Rest war Jubel, Trubel – und Wodka. Auch jetzt gab es kein Entrinnen, und die Flasche wurde meinem Vater mit der gleichen sanften aber

Heinz Holeceks Eltern Rosa und Karl Holecek.

unwiderstehlichen Gewalt oktroyiert, mit der etwa Prinz Orlowsky in der ›Fledermaus‹ Gabriel Eisenstein mit den Trinksitten seines Landes bekannt macht. Ein Dutzend singender Soldaten höherer Chargen brachte meinen Vater schließlich im Triumph mit dem Horch nach Hause. Und nebst dem alten Fahrrad, das nicht vergessen worden war, stellten sie uns auch noch einen großen Karton mit allerlei Essenskonserven aus den eigenen Vorräten in die Wohnung, als Dank für den guten »Mechanitzi«.

»Des alles haben S' ihnen geben? – die haben doch selber nichts!« bemerkte am nächsten Tag ein wissender, weil kommunistischer Nachbar. – Dem findigen »Towarisch Mechanitzi« ein Geschenk zu machen, hatten sie trotzdem nicht vergessen.

Diese mageren Jahre waren die Zeit meiner Gassenbubenbewährung. Die Eltern ließen mir, dem Geschwisterlosen, eine ziemlich lange Leine, die ich selbst oft noch weiter verlängerte.

Vieles ließe sich über meine frühen Kickerfreuden erzählen. Das Fußballspiel auf den zugeschütteten und planierten Bombentrichtern – auf der »G'stettn« – war die größte Hetz! Als Ball dienten anfangs runde Steine beziehungsweise »Fetzenlaberln«, welche uns diverse Mütter sowie uns zugehörige »Gassenmentscher« aus alten Fleckerln, Stoffresten, Bändern und Schnüren verfertigten. Wenn ich von diesen Schlachten mit weghängender Schuhsohle, aufgeschunden und dreckverkrustet heimkehrte, steckte mich meine Mutter meistens ohne viel Federlesens in die Wanne, tat eine starke Prise kräftigen Waschpulvers dazu und schrubbte mich unter Lachen mit einer groben Reißbürste von oben bis unten ab.

Abends las sie mir dann häufig vor. In die Märchenwelt hatte nun bereits allerlei Abenteuerliches wie Karl May Einzug gehalten, was ich atemlos aufsog. Anschließend sang sie Lieder, lustige, aber auch traurige, sentimentale Volkslieder, deren Texte sie gerne spaßig veränderte und persiflierte, um gleich darauf aber die nächste Strophe mit echtester, fast herzerdrückender Innigkeit, manchmal unter Tränen, zu singen. Gleich darauf lachte sie wieder und umarmte mich. Das alles hatte eine Intensität, daß es mir den Atem verschlug, und ich danach oft lange nicht einschlafen konnte.

Bald nach Kriegsende wurde mein Vater Dozent, was seine Einkommensverhältnisse nur unwesentlich verbesserte, aber das Augenmerk der Fachwelt richtete sich jetzt auf seine Arbeiten und Forschungen, er wurde zu internationalen Kongressen geladen.

Nur ganz, ganz langsam wurden die Zeiten besser. Im Sommer 1947 nahm er mich zu einer Tagung nach Feldkirch in Vorarlberg mit. Von hier aus starteten wir zu Besuchen in die Schweiz und nach Liechtenstein, wo sein bester Freund, Curt Herzstark, eine Firma gegründet und eine Fabrik zur Herstellung einer von ihm erfundenen Rechenmaschine erbaut hatte. Mein Vater sollte mitarbeiten und beraten. Schon das erste Andenken- und Lebensmittel-Standl nach dem Grenzübergang mit Würsteln und schokoladenen »Mohrenköpfen« erweckte in uns den Eindruck, im Paradies zu sein. Für uns »Normalverbraucher« eine fast unglaubliche Geschichte, man mußte sich zwicken, um's zu glauben, und im Grund hat die Schweiz in ihrer ein bißchen unwirklichen Zusammengeräumtheit diesen Hauch des Paradiesischen für mich bis heute behalten.

Curt Herzstark und mein Vater hatten einander beim Studium kennengelernt und als zwei erfindungsreiche Köpfe bald zueinander gefunden. Die mechanische Miniaturisierung der Feinwerktechnik und ihre Nutzbarmachung bei der Konstruktion von Rechenmaschinen war ein großes Anliegen meines Vaters und interessierte auch Herzstark sehr. Im Vorfeld der Entwicklung einer Rechenmaschine namens »Curta« gab es jedenfalls viel gemeinsame Arbeit. Die Maschine war schon von der Grundidee her gewiß geistiges Eigentum Curt Herzstarks, doch an der Verbesserung ihrer Konstruktion, ihrer Funktionsfähigkeit hatte mein Vater wesentlich Anteil. Die »Curta«, die kleinste mechanische Rechenmaschine der Welt – man konnte sie in den Hosensack stecken –, war damals eine Zeitlang ein Welterfolg. Indessen, die Produktionskosten waren hoch, es gab ein besser vermarktetes amerikanisches Konkurrenzprodukt, und schließlich wurde die »Curta« von den Erzeugnissen der aufkommenden Elektronik abgelöst. Aber das Geld, das mein Vater damals für seine Mitarbeit verdiente, erleichterte uns das Leben.

In all diesen materiell so schweren Jahren hatte meine Mutter es relativ bald und wundersamerweise verstanden, ein »Haus zu führen«. Es kamen Bekannte und Freunde, Kollegen meines Vaters, sowie gelegentlich Wissenschaftler aus dem Ausland und labten sich an Gulasch mit »weißglühenden« Kartoffeln und offenem »Schwechater«, welches ich ungefähr Neun- bis Zehnjähriger nicht ohne »Schwund« in großen Krügen aus dem altberühmten Gasthaus »Pusch« in der Hietzinger Hauptstraße herbeischleppte.

Nun fand man sich auch wieder zu Hausmusikabenden zusammen. Noch ein paar Jahre früher hatte mein Vater hin und wieder die Geige hervorgeholt und allerlei Sonaten gespielt, nun aber dominierten »Klaviertiger« und Sänger. Verschiedene pianistische Freundinnen meiner Mutter, teilweise Professorinnen an Akademie und Konservatorien, erschienen zum Vierhändigspiel. Daneben gab es auch Abende, an denen gesungen wurde, in erster Linie von Angela von Ponay, einer gebürtigen Ungarin, die damals als Konzertsängerin in der Schweiz einen gewissen Namen hatte. Sie war einfach wundervoll. Elegant von Erscheinung und nobel gezügelten Temperaments, sang sie mit etwas herb timbriertem Mezzosopran und leichtem ungarischen Akzent sehr stilvoll Lieder von Schumann und Mendelssohn. Meine Mutter begleitete sie mit großer Hingabe. »Die Lotusblume ängstigt sich ...«, Kerzen brannten im Zimmer, und ich lauschte atemlos. Die »Tante Angela« war einer der großen Eindrücke meiner Jugend. Eine chronische Nebenhöhlenentzündung hat sie zum Schluß dann sehr behindert, und aus nächster Nähe bekam ich schon damals Einblick in die möglichen Schwierigkeiten und Leiden des Sängerdaseins.

Anfang der fünfziger Jahre stieß ein achtzehnjähriger Freund aus der Nachbarschaft, der seine Stimme entdeckt hatte, zu unseren musikalischen Anlässen. Viktor Lederer-Ponzer – mittlerweile wohlbestallter preußischer Kammersänger – ist ein großes Naturtalent und besitzt einen schmelzenden, hohen lyrischen Bariton. Von meiner Mutter begleitet, sang er Schubertlieder, und in seinem Kielwasser bemühte ich mich, meiner baßigeren und hauptsächlich im pfadfinderischen Chorgesang gegen Wind und Wetter erstarkten Stimme mehr Flexibilität abzuringen. Nach und nach gelang das auch, und eines Tages beschloß meine Mutter mit einer Klavierfreundin, die Professorin am Konservatorium Prayner war, mich die Aufnahmeprüfung in die dortige Gesangsabteilung versuchen zu lassen. Ich ging zu diesem Test, sang wohlvorbereitet von Muttern ›Die beiden Grenadiere‹ von Schumann, bestand die Prüfung und war von Stund an neben der Mittelschule Student am Konservatorium. Ein entscheidendes Kapitel meines Lebens hatte seinen Anfang genommen. Ich verdanke es meiner Mutter.

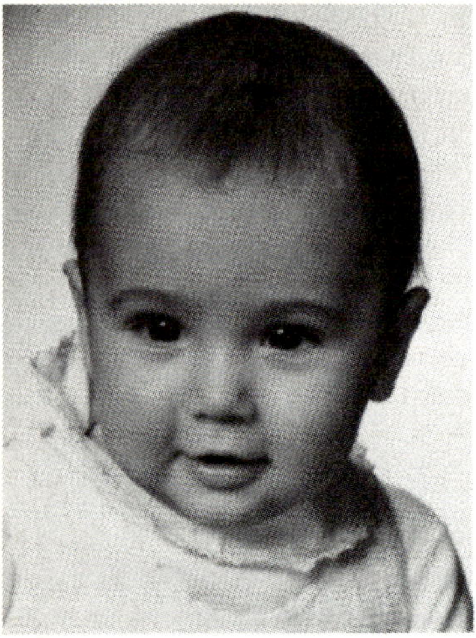 

Links: Heinz Holecek als Baby. *Rechts:* Der sechsjährige Heinz Holecek.

Waren schon in meiner bisherigen Gymnasiastenlaufbahn verschiedene schulische Pflichten den häufigen Tageskinobesuchen, den Pfadfindern und dem »Rapidgeist« zum Opfer gefallen, so blieb nun mit dem Singen tatsächlich nicht mehr viel Zeit für Mathematik und Griechisch. Dazu kamen noch die »Sturm- und Drangjahre« mit geselligen Unternehmungen, späten Heimkünften und sich auf die Schulsphäre niederschlagenden disziplinären Auswüchsen. Hatten die lieben Eltern schon bisher beim einen oder anderen schulischen Engpaß intervenieren müssen, so galt es nun, lautgewordene Professorenstimmen, die von »Hinauswurf« und »endgültigem Schulverweis« sprachen, zu beschwichtigen. Aber mit Charme, »Grandezza« und höherer Diplomatie brachten sie auch das zuwege, und die Gewitterwolken verzogen sich wieder.

Der Heimsegen indessen hing nun gründlich schief, und es setzte Krachs und Strafen. Dennoch, bei allen Vorhaltungen, mischte sich jetzt aber dann und wann deutliche Kritik an dem einen oder anderen Lehrer in die heimatlichen erzieherischen Ansprachen: »... eigentlich hat der Heinz irgendwie recht« – sinnierte mein Vater einmal vor sich hin, »der Mathematikprofessor Vogel ist nicht nur ein Narr, er ist auch ein Trottel!« Das ließ mich erstarken! Ich wechselte frohgemut zum vierten Mal die Schule und, von meinem lieben geduldigen Vater in Mathematik gecoacht, machte ich schließlich recht fesch die Matura und die Abschlußprüfung am Konservatorium noch dazu. Ich inskribierte nun an der Musikakademie, hatte zur Freude der Eltern bald erste Konzertauftritte, und allmählich begann sich mein Leben zu verselbständigen.

In diese aufstrebende gute Zeit hinein, im Dezember 1958, stirbt plötzlich meine Mutter. Das schon angegriffene Herz der so Starken, Intensiven, Unermüdlichen übersteht eine notwendig gewordene Magenoperation nicht, sie wacht aus der Narkose nicht mehr auf. Unser Schock ist unbeschreibbar.

In all den Jahren hatte mein Vater an der Hochschule sehr um eigene personelle Ressourcen, um ein für die Realisation seiner Forschungsabsichten genügend großes Reservoir an Assistenten, eine spezialisierte »Mannschaft«, gekämpft. Nun begann eine von ihm selbst gezüchtete Truppe im schon existierenden feinmechanischen Institut jene Form anzunehmen, die ihn der Erfüllung seiner Pläne und Vorstellungen schon ganz nahe brachte. Zusätzlich gründete er ein »Handwerkstechnisches Institut«, und auch international dehnte sich sein Wirkungskreis immer weiter aus, nebst allen Kongressen kam es zu einer längeren Gastprofessur an der Technischen Universität Zürich.

Mich selbst hatte mein Weg von den Konzertpodien auf die Opernbühne geführt, und ich debütierte in der Zauberflötenpremiere der Volksoper im Dezember 1960 als Papageno.

Mittlerweile hatte mein Vater zum zweitenmal geheiratet. Anna Rosenfeld, eine Freundin meiner Mutter, ist Leiterin einer Fürsorgehochschule und daneben Autorin schöner Erzählungen und köstlicher Gedichte. Es herrscht der gleiche Ton, den ich von daheim gewöhnt war, auch hier sind das Interesse sowie das Verständnis füreinander und das Lachen zu Hause. – Ich hatte wieder eine Familie gefunden, und später genossen es auch meine beiden Kinder sehr, mit meinem Vater zu lernen, sich von meiner Stiefmutter verwöhnen zu lassen.

1965 wird der Bereich Feinmechanik an der Wiener Technischen Hochschule endlich Ordinariat und Lehrkanzel, mein Vater Leiter und Ordinarius. Bei seiner offiziellen Antrittsvorlesung im vollbesetzten Auditorium maximum ist er groß in Fahrt. Er eilt, ja springt manchmal geradezu mit geschwungenem Zeigestab zwischen Projektionsleinwand und Katheder hin und her und unterstützt seinen sehr farbigen Vortrag dabei gelegentlich noch mit lebhaften Gesten. Meine Stiefmutter sitzt neben mir: »Das ist heute *sein* Papageno«, raunt sie mir lächelnd ins Ohr – und wir verstehen uns!

Im Herbst 1978 erleidet mein Vater, eben emeritiert, einen leichten Herzinfarkt, der schon überwunden scheint, als es doch wieder Komplikationen gibt und er neuerdings ins Spital muß. Dann geht es schnell zu Ende. Ich werde von einer Konzertprobe gerufen – aber ich treffe ihn nicht mehr lebend an.

Vieles war meinem Vater nicht leicht gemacht worden. Bevor es zur krönenden Lehrkanzelgründung kam, mußte er enorm kämpfen und viele Stationen durchlaufen. Das Errungene aber stellte er dann nie aus – seine Leistungen ins rechte Licht zu rücken, war seine Sache nicht.

In einer Untersuchung über exemplarische Wissenschaftsleistungen in Österreich ist festgehalten, daß die Lehre und Forschungsauffassung meines Vaters auch heute einer Schule entspricht, die noch absolute Gültigkeit hat, daß die heutige Mikromechanik eine konsequente Fortsetzung der seinerzeitigen Feinmechanik ist und somit das Wirken meines Vaters Basis und einen lebenden Bestandteil des Gegenwärtigen und nicht nur technische Historie darstellt.

Immer habe ich das gelebte Vorbild meiner Eltern, ihre auch in schwierigsten Situationen wirklich unerschütterliche Haltung zutiefst bewundert. Und immer war mein Zuhause eine Welt der Gesittung und des Maßes – bei aller in bedrückten Momenten siegreich aufsteigenden Heiterkeit, bei aller unausrottbaren Lust am Blödeln, die so glücklich machen konnte. – Ein sicherer Hafen war mein Elternhaus, ein Platz des gegenseitigen tiefen Vertrauens, der Beratung, ein Ort wunderbarer Gespräche und gescheiter Witze – ein Ort des Tröstens, der Herzenswärme – und des lächelnden Verzeihens.

Geboren am 31. Dezember 1908 in Buczacz, Galizien, damals noch zu Österreich-Ungarn gehörend. Eltern: Rosa und Hans Ascher Wiesenthal. Architekturstudium an den Universitäten Prag und Lemberg, Diplomingenieur. 1941 von der deutschen Besatzungsmacht verhaftet, verbrachte er die Jahre bis zur Befreiung 1945 in verschiedenen Konzentrationslagern. Er überlebte als einziger seiner Familie die Massenvernichtungslager der Nationalsozialisten und baute nach dem Krieg gemeinsam mit seiner Frau, zuerst in Linz und seit 1961 in Wien, das »Jüdische Dokumentationszentrum« auf. Brachte rund 1200 Kriegsverbrecher vor Gericht. Der spektakulärste Erfolg seiner Tätigkeit war die Entdeckung des SS-Führers Adolf Eichmann 1960 in Argentinien. Verheiratet, eine Tochter. Lebt in Wien.

Simon Wiesenthal
Ohnmacht

Die frühen Erinnerungen an meine Mutter werden durch die Zeit nach dem Einmarsch der Nazis in Lemberg 1941 fast völlig überdeckt.

Ich wurde am 31. Dezember 1908 in Buczacz nahe Lemberg geboren, damals war Galizien ein Teil der österreichisch-ungarischen Monarchie. Ich hatte einen um zwei Jahre jüngeren Bruder. Meine erste Erinnerung an ihn und meine Mutter war, daß ich eifersüchtig auf den Kleinen war. Mir schien, daß sich meine Mutter nur mehr meinem jüngeren Bruder widmete. Kurz darauf begann der Erste Weltkrieg, mein Vater wurde zum Militär eingezogen und fiel bald darauf 1915 bei den Kämpfen um Stanislau. Die Russen waren im Anmarsch, und meine Mutter flüchtete mit uns Kindern vorerst nach Lemberg zu den Großeltern. Doch die Russen rückten immer näher. Mit dem letzten Zug fuhren wir samt den Großeltern nach Wien. Mittellos lebten wir von einer Fürsorgeunterstützung, und ich erinnere mich, daß wir immer Hunger hatten. Eine kleine Begebenheit aus dieser Zeit ist in mir noch lebendig: Meine Mutter beug te sich über das Bett, in dem mein Bruder und ich schliefen. Sie schob jedem von uns ein Viertel eines Zuckerstückchens unter das Kopfpolster und sagte: »Wenn euch vor Hunger schlecht wird, sollt ihr den Zucker nehmen.«

1917 starb mein Großvater in Wien. Als mein Heimatort von der österreichischen Armee wieder zurückerobert war, fuhr meine Mutter bei der ersten sich bietenden Gelegenheit in die Heimatstadt, um zu sehen, was von unserem Hab und Gut noch übriggeblieben war. Voll Sehnsucht nach uns Kindern kam sie bald darauf wieder nach Wien und holte mich ab, um wenigstens einen von uns bei sich zu haben. In Buczacz kämpfte sie ganz allein und mit allen Mitteln um den Aufbau einer bescheidenen Existenz. 1918 konnten meine Großmutter und mein Bruder endlich auch wieder nach Hause kommen, wir waren wieder beisammen. Nun gehörten wir nicht mehr zu Österreich, sondern wir waren Einwohner der Ukraine, und nicht viel später gehörte Buczacz zu Polen.

Als ich gerade die zweite Gymnasialklasse besuchte, verunglückte mein Bruder schwer, meine Mutter nahm das Kind und fuhr nach Wien zu einem bekannten Kinderspezialisten, der ihm aber auch nicht helfen konnte. In der Zwischenzeit überfielen die Bolschewiken Polen, unsere Stadt wurde besetzt – ich war mit meiner Großmutter von meiner Mutter abgeschnitten. Ein halbes Jahr wußten wir nichts voneinander, dann hatten die Bolschewiken den Krieg gegen die Polen verloren und zogen sich nach dem Osten zurück. Meine Mutter kam mit meinem todkranken Bruder zurück, sie wollte, daß er zu Hause sterben sollte, was auch bald geschah.

Die Juden waren seit jeher die Wegbereiter der deutschen Kultur im Osten. Mutters große Vorliebe galt den deutschen Klassikern. Im Laufe der Jahre hatten wir eine ganze Bücherwand voll mit deutscher Literatur gesammelt. Wenn meine Mutter mich zurechtweisen wollte, blätterte sie in einem der Bücher, bis sie ein passendes Zitat fand, das ihr geeignet schien, und las es mir vor. Dann sagte sie: »So schön, wie der Dichter es ausdrückt, kann ich das nicht. Du findest bei den großen Dichtern alles, was zum Leben paßt.« Kurz bevor ich das Gymnasium beendete, heiratete meine Mutter ein zweites Mal und zog in eine andere Stadt. Ich blieb in Buczacz, um die Schule zu beenden, und verliebte mich in eine Mitschülerin. Später studierte ich in Prag Architektur und kam in den Ferien immer nur kurz auf Besuch zu meiner Mutter, dann zog es mich nach Buczacz zu meiner zukünftigen Frau.

1939 erlebten wir die nächste »Befreiung«, diesmal durch die Bolschewiken. Mein Stiefvater wurde als Ziegeleibesitzer verhaftet und starb wenig später im Gefängnis. Ich lebte damals in Lemberg, wo ich als Architekt arbeitete, so holte ich meine Mutter zu mir.

1941 begann mit dem Einmarsch der Deutschen eine weitere »Befreiung«. Wir mußten aus unserer Wohnung und ins Ghetto übersiedeln, mitnehmen durften wir nur das, was wir mit den Händen tragen konnten, meine Frau und ich mußten Zwangsarbeit verrichten. Während wir bei der Arbeit waren, versorgte Mutter unseren Haushalt. Er bestand aus dem wenigen, was wir hatten mitnehmen können, und auch das mußte sie Stück um Stück verkaufen oder für Lebensmittel eintauschen. Für unsere Arbeit bei den Deutschen bekamen wir in der Mittagspause eine »Suppe«.

Es war Anfang 1942, ich kam von der Arbeit nach Hause, und dann erlebte ich einen Augenblick, den ich nie vergessen werde. Meine Mutter hatte für meine Frau und mich etwas Essen bereitet und brachte es uns auf einem Teller – plötzlich verlor sie das Bewußtsein, und ich fing sie mit meinen Armen auf, bevor sie zu Boden fiel. Da erfuhr ich, daß sie seit Tagen kaum etwas gegessen hatte, um alles für uns Arbeitende aufzusparen. Dieser Augenblick, wie ich meine Mutter ohnmächtig in den Armen halte, kommt mir immer und immer wieder ins Gedächtnis, manchmal träume ich auch davon.

Die Aktionen gegen die nichtarbeitenden Juden im Ghetto waren seit August 1942 im Gange, wir wußten, daß man unsere Mutter – wenn wir bei der Arbeit waren – abholen und deportieren würde. Unser einziger Wertgegenstand, den wir noch besaßen, war eine goldene Uhr, und ich sagte eines Morgens zu meiner Mutter: »Wenn ein ukrainischer Polizist [die lokale Polizei bestand nur aus Ukrainern] kommt, um dich zu holen, dann gib ihm die Uhr, und er wird dich nicht mitnehmen.«

Ich hatte die Vorahnung, daß dieser Abschied für immer war, doch wollte ich meine Mutter nicht beunruhigen und gab ihr einen Kuß wie immer.

Am Abend von der Arbeit zurück, fanden wir die Wohnungstür offen, meine Mutter war nicht mehr da. Eine Nachbarin, die wegen ihres Nachtdienstes eine Bescheinigung einer Kriegsrüstungsfabrik vorweisen konnte, erzählte uns, daß ein Polizist gekommen war, um meine Mutter abzuholen, sie sich aber mit der Uhr ihr Leben erkaufen konnte. Doch eine halbe Stunde später kam ein anderer Polizist. Sie hatte nichts mehr, womit sie sich hätte freikaufen können.

Ich durchwachte eine schreckliche Nacht mit der Gewißheit, daß sie in den Tod geschickt wurde wie schon so viele vor ihr. Ich war im Ostbahnausbesserungswerk beschäftigt und wußte daher auch Bescheid, daß die Züge mit den alten und kranken Ghettobewohnern in die Vernichtungslager fuhren. Ich bat den Werkstättenchef um Erlaubnis, meine Arbeit für kurze Zeit zu verlassen, und lief zum Bahnhof, da mir polnische Arbeiter erzählt hatten, daß dort Züge mit Menschen abfahrbereit stünden – ich wußte, meine Mutter war in diesem Zug. Die SS bewachte das Bahnhofsgelände, von wo ich schon von weitem aus den mit Menschen vollgestopften Waggons Schreie und Weinen hörte. Sie bettelten um Wasser. Ein Polizeikordon riegelte die nähere Umgebung ab, so daß sich niemand dem Zug nähern konnte. Ein neben mir Stehender erzählte mir, daß ein polnischer Eisenbahner, der zwei Eimer mit Wasser zu den Waggons bringen wollte, von der SS brutal niedergeschlagen worden war. Eine halbe Stunde verbrachte ich noch in der Nähe des Zuges, dann mußte ich gehen. Am nächsten Tag stand der Zug noch immer an derselben Stelle, und die Schreie nach Wasser waren noch nicht verstummt.

Ich habe nur die einzige Hoffnung, daß meine Mutter bald gestorben ist, noch bevor sie ihren Bestimmungsort, das Vernichtungslager Belzec, erreicht hat, und daß ihr der Weg in die Gaskammer erspart geblieben ist. Sie hatte ein krankes Herz.

Es war der 23. August 1942. Dieses Datum ist für mich der Sterbetag meiner Mutter. Sie war 63 Jahre alt.

Viele Menschen haben ihre Mutter verloren, sie ist gestorben eines natürlichen Todes, durch eine Krankheit oder weil sie eben alt war. Diese Menschen konnten bei ihrem Begräbnis um sie weinen, und sie können immer wieder zu der Grabstätte pilgern, um ihr nahe zu sein. Diese Möglichkeit wurde mir durch die Nazis genommen. Der Grabstein meiner Mutter wurde für immer ein Teil von mir.

Ich habe leider kein Bild meiner Eltern. Denn als ich vom Ghetto ins Konzentrationslager gebracht wurde, ist alles, was ich besessen habe, abhanden gekommen. Ich habe von meinem Zuhause nicht einmal ein Taschentuch und würde selber sehr viel dafür geben, wenn ich ein Bild meiner Eltern hätte.

Geboren am 14. Februar 1920 in Innsbruck als Tochter der Judith und des weltberühmten Architekten Clemens Holzmeister. Kammerschauspielerin. Ausbildung am Reinhardtseminar und bei Tilla Durieux in Salzburg. 1938 Debüt am Linzer Landestheater, 1941 Deutsches Volkstheater Wien. Seit 1947 Mitglied des Burgtheaters, Auftritte bei den Salzburger Festspielen. Filmrollen unter anderem in ›Wiener Mädeln‹ (Regie: Willi Forst). In erster Ehe mit Curd Jürgens, jetzt mit dem Schauspieler Bruno Dallansky verheiratet. Eine Tochter, lebt in Wien und Neuhofen an der Ybbs.

Judith Holzmeister
Zirkusreiterin und Mutter von zwölf Kindern

Ich bin aus einer Fremdarbeiterfamilie um und um. Anfang vorigen Jahrhunderts gab es großes Elend in Tirol, Hungersnot. Da wanderte fast ein ganzes Dorf – Fulpmes – nach Brasilien aus. Unter anderen Bauern und Schmieden auch ein Johann Holzmeister mit Geschwistern, Tanten und Onkeln. Und gar keiner Habe. Er hatte geheiratet. Seine junge Frau war auch mit. Im Zwischendeck reisten sie und dann durchs Land nach Santa Leopoldina. Er und seine Familie rodeten und bebauten den Urwald. Seine Frau hatte zwölf Kinder, von denen sieben starben. Zum Schluß, als auch seine Frau sich zur ewigen Ruhe legen mußte, beschloß er, nach Fulpmes zurückzukehren.

Er machte alles, was er hatte, zu Diamanten, ein Säckl voll, packte seine fünf Kinder und reiste heim. In Fulpmes kaufte er sich ein Haus, heiratete wieder – ein Mädchen aus dem Stubaital –, und wieder kamen Kinder zur Welt. Sieben! Mein Großvater gab ihnen dann kein Geld aus seinem Diamantensäckl, sondern ließ sie alle studieren. Einer studierte Medizin, einer Chemie, ein Mädchen wurde Krankenschwester. Urban, der älteste Bruder meines Vaters, noch aus der ersten Ehe, wurde Jesuit und so weiter.

Mein Vater Clemens Holzmeister studierte Architektur. Er hat sehr lange studiert und gern gefeiert. Ein Studienkollege, Fritz Reichl, ein hochkultivierter Mann, und seine Frau Ella haben mir später erzählt, sie wären vor einer Prüfung um Clemens in Sorge gewesen, wußten genau, daß er nichts gelernt hatte, und holten ihn ab, um ihm beizustehen, ihn zu trösten. Er kam die Stiege heruntergeträllert, und sie hofften schon, er hätte doch die Prüfung bestanden. Doch: Er jubelte ihnen, in echtem Stubaier Tirolerisch, zu: »Durchgfalln bin i.«

Er war, was man so einen verbummelten Studenten nennt. Ein fescher, rotblonder, gschneckelter Tiroler mit federndem Schritt. Er muß schon als junger Mann diese außerordentliche, gewinnende Ausstrahlung gehabt haben! Er war unwiderstehlich, und man mußte ihn lieben. Rätselhaft, dämonisch, barock, rauschend. Und er war ein Künstler.

Er hatte in Innsbruck meine Mutter kennengelernt. Judith Bridarolli, das war ein völlig anderer Mensch. Schmal, schön, feinsinnig, elegant, ahnungsreich. Auch sie war eine Künstlerin, ohne Beruf, aber höchstbegabt, italienisch. Ihr Vater Domenico, auch aus einer Auswandererfamilie – die vielen Bridarollis sind seinerzeit nach Argentinien ausgewandert. Die meisten blieben dort.

In Cavedine, einem kleinen Dorf über dem Lago di Benaco, dem Gardasee, kam er zur Welt. Er sollte – sein Vater war schon gestorben – den kleinen Hof übernehmen. Er war der älteste von vier Brüdern. Der kleine Hof, auf Geröll und wenig Erde, trug Oliven, Rotwein und Polenta. Arm, karg. Die Häuser aus Stein hatten Würde. Ihre Fensterrahmen aus Marmor gestalteten die Fassaden. Es war keine Gemütlichkeit in dem Dorf, aber Größe. Still, staubig, schmucklos.

Domenico hatte einen Traum. Er ging auf den Berg Monte Baldo und trug in seinen Händen das Wasser der Quelle in das Tal hinunter. Er ging zu seiner Mutter und erzählte ihr seinen Traum. Er bat sie, dem Bruder, dem jüngeren, das Bauerngütl zu überschreiben. Schilderte ihr das starke, wissende Gefühl. Er wollte seinem Traum folgen und das tun, wozu ihn sein Inneres führen tät'. Die Mutter war sehr verständig und gut. Spürte wohl seinen absoluten Wunsch, dem entgegenzutreten wenig Sinn ergeben hätte, und willigte ein. Sie gab ihm eine große Polenta mit, eine Flasche Wein und eine Fahrkarte in die damalige Hauptstadt des Landes, nach Innsbruck. Er fand Arbeit als Pflasterer, und wenn sie nicht heute von Asphalt überklebt wären, könnte man die Steine sehen, die der Domenico Bridarolli gelegt hat, am Bozener Platz.

Es kam das Wochenende. Domenico hatte von der Polenta und dem Rotwein die Woche gelebt, und als er am Montag früh wieder zur Arbeit kam, auf den Bozener Platz, fragte ihn der Vorarbeiter: Bridarolli, warum hast du am Samstag nicht deinen Lohn geholt? Domenico schaute ihn an und sagte dann in seinem italienischen Deutsch: »Du haben nix gesagt, daß du sein mit mir sufrieden!«

Energischer Fleiß und brennende Besessenheit müssen schon dahintergestanden haben. Domenico Bridarolli ist endlich Chef einer großen Installationsfirma in Innsbruck geworden und hat einige der ersten Quellfassungen gemacht. Ich erinnere mich an die Schrift an den Brunnen: Domenicus Bridarolli. Er war ein kleiner, kräftiger Mann. Im Sommer ließ er sich die Haupthaare mit der Nullermaschine ganz kahl scheren. Und im Winter ließ er sie wachsen. Der Spitzbart blieb. Unbeirrbar war er im ganzen Wesen. In die Kirche ging er nie, was seine sehr fromme Frau Anna tief kränkte. Aber es half gar nix: »Geh du, beten du fur mir, ich gehen nix in Kirke.« Und sie ging. Sie betete und sie betete, bei Tisch, am Abend und immer. Er wartete bei Tisch ruhig, bis sie ihr Gebet beendet hatte, band sich dann seine große, weiße Stoffserviette um und fing an, seine geliebte Nudelsuppe zu essen. Dünne Nudelein, Capelli d'Angelo, hatte er am liebsten. Ich erinnere mich, die blieben so lustig in seinem Spitzbart hängen.

Die Großmutter hatte ein dünnes Rohrstaberl. Wenn eines der Kinder etwas getan hatte, gepatzt oder geschwätzt oder ausgeschüttet, sauste das Rohrstaberl auf die kleinen Finger. Ich schaute dann immer den Nonno an. Nichts konnte man in seinem Gesicht sehen. Er aß ganz ruhig seine Nudelsuppe fertig. Vielleicht schlürfte er etwas lauter. Aber er dürfte ein tiefes Verständnis für Unartigkeiten gehabt haben. Eines Tages legte er wortlos die Füße auf den Tisch und blickte ganz still die Großmutter an.

Im Haus der Großeltern in Innsbruck gab es außer dem Hof noch ein Gärtchen. Fliederbäume waren da, Rosen, Obstbäume und eine künstlich gestaltete Grotte. Eines Tages hatten wir dumme Zeichen in die Rinde eines Fliederbäumels geschnitten. Man hatte das dem Nonno erzählt. Er kam. Mit einem Isolierband in der Hand. Er verband den Baum. Ruhig, ohne ein Wort zu sagen oder nur einen einzigen Blick auf uns zu werfen, legte er das Isolierband von oben nach unten und sehr genau um den kleinen zerschundenen Baum, um ihm auf diese Weise eine neue Rinde zu geben. Als er fertig war, prüfte er mit linder Bewegung, ob wohl alles gut war. Dann steckte er das Isolierband in die Tasche und ging. Angeschaut hat er uns nicht, gesagt hat er nichts. Er wußte, wir würden, keiner von uns, je wieder in die Rinde eines jungen Bäumchens dumme Zeichen schneiden.

Der Nonno hatte eigentlich der Heirat seiner ältesten und geliebtesten Tochter Judith – es waren vier Töchter und ein Sohn, Leo – eine gewisse Skepsis entgegengebracht: »Der Clemens ist ein Smetterling.« Es hat gestimmt: Mit fünfzig ist uns der Clemens davongeflogen. Judith und Judithlein und mein Bruder Guido waren sehr traurig. Adieu Smetterling!

Links: Judith Holzmeister mit ihren Eltern Clemens und Judith Holzmeister und ihrem Bruder Guido.

In den Kriegsjahren – mein Vater war durch seinen Vater Brasilianer und mußte daher nicht einrücken. Die Familie wohnte in einer kleinen Wohnung am Arnbergpark. Papa war Professor oder Lehrer an der Gewerbeschule. Er hatte als Architekt damals keine Aufträge. Da hat meine Mutter ihm in der Speisekammer ein Atelier eingerichtet und ihm »Aufträge« gegeben. Zum Beispiel die Verbauung eines Hügels: Städteplanung – sehr originell. Heute gang und gäbe. Zu Freunden hat er oft gesagt: »Heut hat mich die Judith wieder ins Speckkammerl gschickt.«

1920 wurde ich dann geboren. Meine ersten vier Jahre in Innsbruck waren wunderschön. Wir spielten im Hof. Da waren Schuppen und große Rohre, Zweiradwagen mit großen Rädern und einer langen, langen Deichsel, die mit der Hand geschoben wurden. Die Buben haben die kleinen Kinder hineinsitzen lassen. Und sie sind mit uns durchs große Tor hinaus und durch ganz Innsbruck gerollt. Schnell, Kopfsteinpflaster, keine Autos! Langweilig war's nie!

1924 hat mein Vater die Professur an der Akademie für bildende Kunst bekommen. Wir zogen nach Wien. Wir wohnten in einer Wohnung des Grafen Santhein in der Nibelungengasse, vierter Stock. Erst bewohnten wir die Hälfte der Wohnung, dann alle acht Zimmer. Riesengroß. Hohe Räume. Am Vormittag wollte ich, wie gewohnt, in den Hof zu den Wagen, zu den anderen Kindern. Meine Mama hat mir versucht zu erklären, daß der Hof anders wäre, eigentlich kein Hof. Ich hab's nicht geglaubt. Und sie schickte mich, da ich es doch unbedingt wollte, hinunter.

Da stand ich. Mit meiner Puppe Ilse. In diesem Hof. Einmal und nie wieder. Hohe Wände, fremde Fenster. Keine Blumen, gar kein Baum. Niemand. Da war nichts. Da war niemand. Schweren Herzens stapfte ich, nicht sehr schnell, wieder hinauf, und ich erinnerte mich mit Wehmut an Innsbruck. Dort schickte mich die Mama immer in den Hof, und mittags hat sie mich gerufen: »Geh, Judithlein, hol den Papa zum Essen.« Ich sprang schnell die vier Stockwerke hinauf, der Papa nahm mich auf die Schultern und galoppierte, tarrapp, tarrapp, vom Atelier hinunter in den ersten Stock. Ah, das war schön. Aber das hier in Wien, das war wirklich kein Hof. Die Mama hatte recht. Und lieb nahm sie mich in die Arme.

Mein Bruder Guido, fünf Jahre älter, war ein sehr stiller Bub. Er ist dann nach Kalksburg gekommen, das war damals irrsinnig streng. Die Pritschen waren sechzig Zentimeter breit und nur eine dünne Matratze drauf. Soll ja gesund sein. Alle vierzehn Tage durfte er Sonntag nach Hause, und da die Ehe meiner Eltern sehr bald sehr schlecht war und mein Vater und auch die Mama jeweils zu Freund oder Freundin fuhren, Mama nach Paris, Papa nach München, waren wir beide viel, viel allein. Wenn Guido nach Hause kam, saßen wir zwei am großen Tisch, im großen Zimmer, und es wurde uns serviert, wie vom Fellini. Kalt und unnütz war dieser Sonntag. Mama war für drei Monate weg und der Papa eher öfter und kurz. Er hatte damals auch noch eine Professur in Düsseldorf.

1930, da war ich zehn, baute mein Vater unser Berghaus am Hahnenkamm; grandios. Und meine Mama war an der Planung sehr beteiligt, Guido auch. Ich war eher gelangweilt und ging im Sommer mit meinem heißgeliebten Hund Tommy dort oben weit spazieren. Er war mir geschenkt worden, der Tommy, als ich sechs war. Ich hatte mir einen Drahthaarfoxl gewünscht. Und Tommy kam. Er war klein, braun, weiß, schwarz, wie sich's gehört, und zitterte, wie sich's gehört für einen Foxl. Vom ersten Tag an wich er nicht von meiner Ferse. Tommy wurde größer und größer! Und größer als ein reinrassiger Foxl. Die anderen alle haben gesagt, er wäre nicht schön. Blödsinn! denke ich bis heute. Aber Charakter hatte er, Kühnheit und Intelligenz. Er folgte nur Resi und mir. Wir beide liebten ihn.

Schon in Innsbruck kam die geliebte Resi zu uns. Sie stammte aus Engelhartszell. Hieß eigentlich Theresia Reisenzahn, aber sie nannte sich Reißenzahn. Es paßte auch besser zu ihr, das scharfe ß. Treu und wild und gut, wie sie war. Sie hat mich beschützt. Ich hatte oft Alpträume. Eines Abends in Wien kam sie mit dem Hackl und mit dem Tommy: »Schau, Judithlein, da leg' ich mei Matratzn hin vor die Tür, da bin i, da is des Hackl, und da is der Tommy, da kann kaner kommen.« Wir waren sehr oft allein, die Resi, der Tommy und ich. Und die Resi und der Tommy haben mich immer beschützt.

Es fällt mir noch eine Geschichte zwischendurch ein: Fritz Reichl, der Studienfreund von meinem Vater, war ein passionierter Jäger. Eines Tages wurde ein Hasenessen bei uns veranstaltet. Dreißig Leute bei Tisch, große Aufregung tags vorher. Meine Mutter konnte Feste arrangieren. Dienstmädeln wurden von Ella ausgeliehen, und es war ein unendliches Hin und Her. Ich war so borstig gegen dieses Essen – natürlich –, ich liebte Tiere. Wie konnte ich für eine Hasentafel Sympathie aufbringen?! Kurz und gut, ich wurde ins Badezimmer spediert und mußte in der Wanne schlafen, das war heiß, und ich war zornig. Bin aber schließlich eingeschlafen, mitten im Fluchen, glaube ich. Es soll ein großartiges Fest gewesen sein. Sehr elegante Leute. Damals trug man Hut. Diese Hüte hingen im großen Vorzimmer über den Mänteln, ziemlich hoch droben. Mein Tommy – und ich erzähl' das mit nie versickerndem Stolz –, der Tommy also hatte meinen Unmut gespürt, und als alle beim Essen saßen, holte er sich einen Hut nach dem andern und zerbiß sie, alle, einen nach dem andern. Gründlich, entsetzlich. Aber wie gesagt, ich fand's gut!

Die Resi begleitete mich immer, solange ich klein war, in die Schule. Natürlich ging der Tommy mit. Resi hatte immer warme Hände. Sogar in dem eisigen Winter 1929. Damals sprangen wir über den Eisstoß. Von Scholle zu Scholle sprangen wir. Meine Freundin Trude Pritzi und ich. Sie wurde später Weltmeisterin im Pingpong. Tommy begleitete mich dann später allein in die Schule. Das war eine halbe Stunde zu gehen. Wunderschön damals! Auf der Lastenstraße zogen diese ganz herrlichen, schweren Pferde die Wagen. Im Fasching waren Pferde und Kutscher mit Seidenbändern geschmückt, und wir gingen nebenher. Von der Schule, in der Burggasse, habe ich den Tommy dann nach Hause zum Karlsplatz geschickt: »Geh, Tommy, geh nach Haus.« Und er ging – schief, verkrampft und beleidigt – auf Umwegen nach Hause. Mittags schickte ihn dann die Resi wieder weg: »Geh, 's Judithlein abholen.«

Da saß er dann vor der Schule und zitterte. Dann ist er mir bis zur Mütze hinaufgesprungen. Manchmal hat er meine Mütze vor mir nach Hause getragen. Tommy begleitete mich auch beim Skifahren. Er ließ sich nicht abhalten. Im tiefsten Schnee sprang er hinter mir her. Jaulend, fröhlich. Und wenn wir Rast machten, zitterte er in meinen Armen. Ein herrliches, intensives Leben haben wir beide miteinander gehabt. Er wurde sechzehn Jahre alt. Die Resi hat ihn zu sich genommen. Ich war dann schon im Engagement in Linz. Resi und Tommy haben mich besucht. In der Früh' waren sie weggefahren, am Nachmittag zurück. Die Resi: »Nur um dem Fräulein an Apfelstrudel z' bringen. Hast du ja so gern, Judithlein.« Mein Vater war damals in der Emigration in der Türkei. Er hatte kurz vor dem Umbruch den riesigen Auftrag bekommen, das Parlament und die anderen Regierungsgebäude in Ankara zu bauen. Er hat seine Freundin mitgenommen. Sie bekam ein Kind, und er hat sie geheiratet.

Er hatte das Glück, einem Freund die Ausreise zu ermöglichen. Dieser wurde dann sein Chefarchitekt und hat ihm ungeheuer geholfen. Es war Fritz Reichl und seine Frau Ella, dieses noble, jüdische Ehepaar, von dem schon die Rede war. Die wegmußten aus Großdeutschland. Ich erinnere mich an ihre fabelhafte Wohnung in Wien. Wenn Juden elegant sind, sie sind immer noch einen »Deut« eleganter als unsereins. Ich liebe diesen »Deut« und konnte unter anderem aus diesem Begriff nie Antisemit sein und selbstverständlich noch aus viel tieferen Gründen! Ella war die beste Freundin meiner Mutter. Meine Mutter hat die beiden über die Grenze nach Ungarn begleitet. Kam dann zurück nach Wien.

Auch ein anderer konnte bei Vater unterkommen, Herbert Eichholzer, sein Schüler. Dieser großartige Mensch ist 1938 über die Silvretta in die Schweiz gegangen. Er hatte mich, schon als ich noch ein Kind war, oft besucht. Er kam mit dem Motorrad von Graz. Wir haben uns im Vorzimmer auf den Boden gesetzt. Ein bissel exterritorial! Er hat mir von Mayerholds Theater erzählt. Er hat mir die Moorsoldaten vorgesungen. Von den Nazi-KZ erzählt. Und er war leidenschaftlich rein und hell. 38 Jahre alt. Er kam dann von der Türkei im politischen Auftrag wieder nach – damals – Großdeutschland zurück. 1941 ist er im Landesgericht hingerichtet worden. Ein großer, reiner Mensch. Sein Foto hängt über meinem Schreibtisch. Ich schau ihn oft an. Sein Lächeln, seine hellgrauen Augen, seine Klarheit sind mir wegweisend, immer.

Nach dem Umbruch, mein Vater war, wie gesagt, schon in der Türkei, hatten wir, ich glaube, neun Hausdurchsuchungen. Meine Mutter und mein Bruder haben die Wohnung aufgelöst. Es war tödliche Kälte, die aus allen Ritzen kroch. Ich war damals im Reinhardtseminar. Da hat mich eines Tages eine Kollegin, mit der ich überhaupt nicht befreundet war, für nächsten Abend in die Oper eingeladen, ›Fidelio‹. Ich zog ein Abendkleid an, band meine wilden Haare zusammen und ging in die Oper. Wir saßen in der ersten Reihe. Ich wollte mich konzentrieren, aber plötzlich standen alle auf, und es wurde das Horst-Wessel-Lied gespielt. Vor der ›Fidelio‹-Ouvertüre! Empörend fand ich's. Nach der Oper – es war herrlich – hat mich das schöne, elegante Mädchen zum Essen in die »Drei Husaren« eingeladen und nachher noch in die Eden-Bar. Es waren da noch drei Herren in Uniform. Ich konnte Uniformen nie unterscheiden. Sie haben mich einiges gefragt über den Umbruch. Ich antwortete. Da haben sie dann so dröhnend gelacht, es wunderte mich, blöd fand ich's. Dann hab' ich mit einem getanzt, blond, sehr kalte, helle Augen, ein merkwürdig weicher Mund.

Er fragte, wie um es noch mal zu hören, wie mir denn der Umbruch gefiele. »Gar nicht! Bei uns ist immer Hausdurchsuchung. Was gehn denn diese Leute die Briefe meines Vaters an!« Ein schmales, nichtssagendes Lächeln, weiter nichts. Ich wurde nach Hause gebracht. Da waren meine Mutter und mein Bruder: »Wo warst du denn so lange?« – »Nach der Oper essen und dann in der Eden-Bar.« – »Mit wem?« – »Na mit der

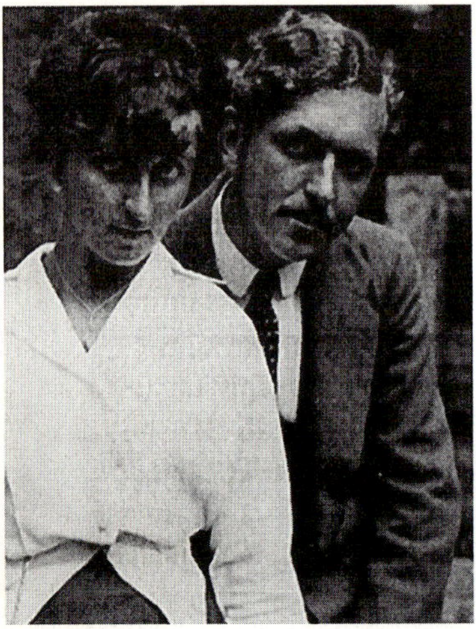 

Links: Die Eltern Judith und Clemens Holzmeister. *Rechts:* Judith Holzmeisters Vater, der berühmte Architekt Clemens Holzmeister, in reiferen Jahren.

G.« – »Und mit wem noch?« – »Mit drei deutschen Offizieren.« – »Wie haben die geheißen?« – »Der eine hat Daluege geheißen, der andere Heydrich und der dritte Sepp Dietrich.« Bleich geworden, fragte die Mama: »Und was hat man gesprochen?« – »Na dieser Heydrich, der hat mir übrigens am wenigsten gefallen, mit dem habe ich getanzt. Der hat mich gefragt, wie mir der Umbruch gefällt.« – »Und was hast du gesagt?« – »Daß er mir nicht g'fallt.« Meine Mutter hat mich dann ins Bett gebracht. Lang noch habe ich Licht im Wohnzimmer gesehen. Die beiden konnten, glaube ich, nicht schlafen gehen.

Papa war dann die Nazi- und Kriegsjahre in der Türkei. Wir haben uns acht Jahre nicht gesehen. Die Briefe wurden zensuriert. Die Sorge umeinander war oft unerträglich. Mein Bruder hat die Zeit in der Schweiz verbracht, mit brasilianischem Paß, den meine Mutter ihm und dem Clemens durch einen viermonatigen Aufenthalt in Rio de Janeiro erzwang, mitten im Krieg. Mein Vater wollte erst nichts wissen, und ich glaube, er hat viel geschimpft. Aber die Mama hat ihn dazu gezwungen, diese Renaturalisierung zu erreichen, und sie hat es erreicht.

Meine Mutter hat sich dann nach Kriegsende am Gardasee niedergelassen. Ich war oft dort. Es war zauberhaft und auf höchst phantasievolle Weise improvisiert. Sie starb in Wien. Ich war bei ihr. Und ich war bei ihr, als sie sich von Papa verabschiedet hat. Er nahm ihre Hände, sagte: »Die lieben, guten, schönen Hände.« Sie hat ihn angeschaut, als wäre sie siebzehn. Und wir spürten die große, große, nie verletzte Liebe. Nach all dem Schmerz. Sie hat danach niemanden mehr erkannt, und dann ist sie eingeschlafen. Am letzten Tag hat sie noch einen schweren, strengen Todesengel gezeichnet. Ach, ich spreche oft mit ihr. Ewig.

Mit meinem Beruf waren beide Eltern sofort sehr einverstanden. Ich hatte sie schon oft als Kind davon überzeugt, daß ich Zirkusreiterin und Mutter von zwölf Kindern sein werde. Eine Tochter habe ich ja. Und Schauspielerin bin ich auch geworden. Mein Vater war auch ein Schauspieler. Wenn Freunde oder überhaupt Gäste bei uns waren, hat er oft Theater gespielt. Es waren sehr einfache Stücke, irrsinnig komisch, rasend komödiantisch. Er wäre gern Komödiant geworden, hat er gesagt, oder Bischof. Das eine Stück hat ›Zwen Jünger gingen gen Emmaus‹ geheißen. Er kostümierte sich dazu, immer in großer Aufregung, wie eben ein Schauspieler: ein dunkler Mantel, mit Rücken nach vorn angezogen, ein weißes Taschentuch als Bäffchen, ein Hut verkehrt aufgesetzt, so daß die Krempe nach oben sein Gesicht wie ein Heiligenschein umgab. Ein Gebetbuch in den Händen, Bischofshänden ähnlich, die Finger stets eng aneinandergeschlossen, der Text ›Zwen Jünger gingen gen Emmaus‹ wurde zuerst ganz schlicht, sehr einfach gesprochen. Die Aufregung ließ die Stimme vielleicht ein bißchen vibrieren. Dann wurde jedes Wort abgewandelt, zum Beispiel das Wort »zwen« »nicht drei, nicht vier, nicht hundert, nicht Millionen ...« und so weiter. Jedes der fünf Worte wurde derart aus sich herausgeholt und in ergriffener Stille wieder in sich hineingefaltet. Er blickte gütig, er blickte streng, er funkelte, er säuselte, er stampfte in erhabener Empörung auf, er zitterte – unglaublich, drastisch, komisch und zum Fürchten!

Einmal wisperte ein Herr vor mir während der »Aufführung« seiner Nachbarin etwas zu! Nicht auszuhalten für mich! Und ich zischte ihn an: »Sind S' doch still.« Der Herr war der Unterrichtsminister! Sozusagen der Chef vom Papa. Na ja, hat auch nichts gemacht.

Am liebsten war mir, wenn ich dem Papa beim Zeichnen zuschauen durfte! Es hat ihn bei der Arbeit nicht gestört. Seine Sammlung war so dicht, daß kein Gefühl und kein Gedanke von außen durchkonnten. Seine Hände strichen zuerst, wie glättend, über das Papier. Mit kreisenden Bewegungen. Dann setzte er an. Unzählige Skizzen in Kohle oder mit sehr weichem Bleistift. Gezeichnet, überzeichnet, verworfen, zerrissen, neu gezeichnet. Er hat nie radiert, das war verachtet! Ein sehr begabter, leidenschaftlicher Zeichner. Besessen, von innen heraus. Mit sechzig hat er angefangen zu aquarellieren, und es gibt ein kleines Aquarell, das ich sehr liebe. Es ist eine kleine, gelbe Rosenknospe. »In der Dämmerung«, steht darunter. Die Dämmerung war seine schwere Zeit. Der barocke Mensch, von Dämmerung umfangen.

Ich war als junges Mädel sehr oft im Burgtheater. Und mein heißer Wunsch war es, einmal auf dieser Bühne zu stehen. Da war ich dann.

Und unendlich glücklich, alle vierzig Jahre meiner Zugehörigkeit. Unlösbar in meinem tiefsten Herzen, die Zugehörigkeit zur Kunst. In der Kunst zu leben wie in einem Elternhaus, in meinem Elternhaus, in der Kunst.

Geboren am 6. Februar 1927 als Sohn der Maria und des Industriellen Dr. h.c. Dipl.-Brau-Ing. Manfred Mautner Markhof in Wien. Wirtschafts- und Staatswissenschaftsstudien in Wien und USA. 1949 Eintritt in der Brauerei Schwechat, seit 1984 Vorsitzender des Aufsichtsrates der Mautner Markhof NGB-AG. Alleininhaber der Werbeagentur Hager Gesellschaft K.G. Ehrenpräsident der Wiener Industriellenvereinigung, Vizepräsident der Wiener Handelskammer, Gründerpräsident des World Wildlife Fund Österreich, über viele Jahre Lehrauftrag am Institut für Zeitungswissenschaften der Universität Wien. Regierungskommissär für die Weltausstellungen in New York (1964), Montreal (1967), Sevilla (1992). Seit 1983 Mitglied des Bundesrates. Professor, Dr. h.c. Verheiratet, vier Kinder, lebt in Wien.

Manfred Mautner Markhof
Mit Hopfen und Malz

Auch eine noch so harmonisch verlaufende Kindheit kann selbstverständlich niemals ein Garant dafür sein, daß sich ein Mensch tatsächlich zu einem weltoffenen, positiven Mitglied der Gesellschaft entwickelt. Es besteht jedoch kein Zweifel darüber, daß eine glückliche Jugend in einem liberalen, aufgeschlossenen Elternhaus eine hervorragende Basis für das spätere Leben darstellt. Eine gute Kinderstube sowie ein intaktes Familienleben sind wichtige Startvorteile von nahezu unschätzbarem Wert.

Derartige Startvorteile wurden mir in einem unerhörten Ausmaß zuteil. Denn in dem Elternhaus, in dem ich das große Glück hatte heranwachsen zu dürfen, konnte ich eine unbeschwerte Kindheit verleben, die ich abwechselnd in unserem Wiener Haus, das mitten im Fabrikgelände gelegen war, und auf der damals der Familie meiner Mutter und noch zu Italien gehörenden Insel Brioni verbrachte.

In all dieser kindlichen Unbeschwertheit akzeptierte ich schon sehr früh meinen Vater als besonderes Vorbild und bewunderte diesen so offen denkenden und weltklugen großen Mann von ganzem Herzen. Im Hause Mautner Markhof wurde traditionellerweise der Familiensinn besonders großgeschrieben. Denn unser Haus, das mitten in der Brauerei lag – ich bin sozusagen mit Hopfen und Malz aufgewachsen –, war seit jeher ein beliebter Ort der Begegnung für Prominente aus Kunst, Kultur, Politik und Wirtschaft.

Für eine angenehme, fruchtbare Atmosphäre sorgte stets meine Mutter, die in ihrer Art die ideale Ergänzung zu meinem Vater darstellte. Auch sie war, so wie er, für die Dinge des Lebens höchst aufgeschlossen. Ihre Weltanschauung ruhte dabei auch immer auf dem festen Fundament von echter Religiosität. Wodurch ich von Kindesbeinen an eine äußerst positive Mischung von Weltoffenheit und Religion mit auf den Lebensweg bekommen habe.

Wenn man über die Bedeutung spricht, die ein Elternhaus für einen Heranwachsenden spielt, gilt es, in diese Betrachtung eine Reihe verschiedener Aspekte mit einzubeziehen. Besonders wichtig ist natürlich der Einfluß, den die Erziehung auf den späteren beruflichen Werdegang ausübt. Nun – in meinem Fall gab es eigentlich niemals eine ernsthafte Diskussion darüber, ob ich in die unternehmerischen Fußstapfen meiner Vorfahren treten sollte oder nicht. Für mich persönlich war schon sehr früh klar, daß ich als Industrieller tätig werden wollte. Und es ist natürlich kein Wunder, daß mein Vater diesen meinen Wunsch mit großer Freude gefördert hat.

Aus der Tradition heraus, seit unserem Familien- und Firmengründer Adolf Ignaz Mautner Markhof, war es für uns eine Selbstverständlichkeit, die Maximen, die wir heute unter dem Begriff Sozialpartnerschaft verstehen, hochzuhalten. Deshalb betrachtete er seine Mitarbeiter stets als zu einer großen Familie Gehörige, denen gerade er als Unternehmer ein hohes Maß an Achtung entgegenzubringen hätte. Diese Einstellung, deren Wurzeln in unserem Haus schon, wie gesagt, auf meinen Ururgroßvater zurückgehen, gab mein Vater selbstverständlich an mich weiter. »Wenn du einem Mitarbeiter begegnest, grüßt du natürlich zuerst«, mit welchem guten Beispiel er mir oft bei unseren gemeinsamen Rundgängen durch die Brauerei voranging. Da ich im wahrsten Sinne des Wortes im Werksgelände aufgewachsen bin und daher wirklich von Kindesbeinen an mit unseren Mitarbeitern in engstem Kontakt stand, hat das Miteinander in meinem späteren unternehmerischen Denken und Handeln immer Vorrang gehabt.

Zur Abrundung eines ganzheitlichen Menschen gehört allerdings nicht nur die Beschäftigung mit den jeweiligen beruflichen Notwendigkeiten, sondern auch das Verständnis für die schönen Künste. Nicht zuletzt auch deshalb, weil zu einem wirklich erfolgreichen Unternehmertum ein gehöriges Maß an Kreativität gehört. Auch auf diesem Gebiet hatte ich das außerordentliche Glück, in meinem Elternhaus Offenheit und Aufge-

Manfred Mautner Markhof, vier Jahre alt, mit seinem Vater »hoch zu Roß« auf der Insel Brioni.

schlossenheit für Kunst und Kultur in Überfülle vorzufinden. Unser Haus war ja ein Ort der Begegnung und der Diskussion für die ganz Großen der damaligen in- und ausländischen Künstlerszene. Und während sich die bedeutendsten Kunstschaffenden der damaligen Zeit bei uns zu Hause ein Stelldichein gaben, durfte ich schon als Teenager oftmals dabeisein, um danach mit meinen Eltern über die gerade gewonnenen Eindrücke zu diskutieren.

Die Gästeliste in meinem Elternhaus von damals liest sich wie das ›Who's who‹ der wichtigsten Musiker, Bildhauer, Maler und Poeten. Ein Richard Strauss oder Paul Hindemith sowie ein Jean Cocteau oder ein Marino Marini und im besonderen Fritz Wotruba konnte ich genauso kennenlernen wie einen Karl Böhm, Wilhelm Furtwängler, Hans Knappertsbusch oder Herbert von Karajan, Otto Klemperer, Erich Kleiber, Wilhelm Backhaus, Friedrich Gulda, Heimito von Doderer, Milo Dor, Gottfried von Einem, um nur einige wenige zu nennen. All diese großen Persönlichkeiten schätzten die offene und stets interessierte Stimmung, die sie in unserem Haus vorfanden, und ließen ihren Überlegungen und Ansichten über die verschiedensten Vorgänge freien Lauf. Und stets war dabei die Meinung meines Vaters hoch angesehen und respektiert.

Sicherlich spielt bei meinem schon früh zum Vorschein gekommenen

Interesse für alle Arten künstlerischen Schaffens eine gewissermaßen erbliche Vorbelastung eine Rolle. So gibt es für meine Familie ein ganz besonderes Geschenk, das es zu bewahren und weiterzugeben gilt. Franz Schubert nämlich schenkte meinem Ururgroßvater, dem bekannten Biedermeiermaler Leopold Kupelwieser, einen Walzer, den er aber nicht aufschrieb; vielmehr spielte mein Ururgroßvater ihn nach dem Gehör sofort nach, und auf diese Weise ist er bis zu meiner Generation weitergegeben worden. Also habe auch ich von meiner Mutter diesen Walzer gelernt, der von ihr einmal Richard Strauss (mit dem meine Eltern sehr befreundet waren) vorgespielt wurde. Richard Strauss hat diesen Walzer dann zu Papier gebracht und das Notenblatt mit einer besonders freundlichen Widmung meinen Eltern zum Geschenk gemacht.

Nun hat sich jedoch in meinem Elternhaus nicht alles Denken und Streben nur um die schönen Künste gedreht. Für meinen Vater war es auch hier eine Selbstverständlichkeit, daß mit dem wirtschaftlichen Geschehen die politischen Entwicklungen in einem engen Zusammenhang stehen und daß deshalb ein aufgeschlossener Industrieller gar nicht anders kann, als sich mit diesen intensiv auseinanderzusetzen.

Bereits sehr früh hat mein Vater damit begonnen, sich mit mir ernsthaft über die aktuellen Geschehnisse zu unterhalten, und ich erinnere mich gut daran, daß ich etwa zwölf Jahre alt war, als mein Vater erstmals mit mir über politische Themen redete. Von da an sprach er mit mir regelmäßig über die aktuellen Entwicklungen und auch kompliziertesten Zusammenhänge und weckte so in mir schon bald ein reges Interesse für politische und wirtschaftliche Zusammenhänge.

Nach dem Ende des Zweiten Weltkriegs widmete sich mein Vater nicht nur dem Aufbau der kriegszerstörten Familienfirmen, sondern auch der Neuformierung der Standesvertretungen unserer Industrie. Gemeinsam mit Hans Lauda, Franz Joseph Meier-Gunthof und weiteren Freunden rief er die Vereinigung österreichischer Industrieller wieder ins Leben. Die Zusammenkünfte fanden in der zeitweiligen Nachkriegswohnung in der Firma statt, nachdem das Haus meiner Eltern im Krieg zerstört worden war. Hier fanden sich die damaligen maßgeblichen Verantwortlichen für den Wiederaufbau unseres Landes immer wieder ein, wobei mir Persönlichkeiten wie Julius Raab und Leopold Figl einen ganz besonders starken Eindruck machten. Ich erinnere mich genau, wie der spätere Staatsvertragskanzler Julius Raab erstmals seine Ideen zur Errichtung einer Bundeswirtschaftskammer den versammelten Herren darlegte und wie er die Stellung aller zu errichtenden Kammern zur parlamentarischen Demokratie eingebaut wissen wollte. Da ich an diesen Erörterungen teilnehmen durfte, hatte ich, damals gerade achtzehn Jahre alt, die große Ehre, die Entwicklung so mancher Idee zum Wiederaufbau Österreichs als Zaungast aus nächster Nähe mitzuerleben.

Im Verlauf des schwierigen Aufbaus des wirtschaftlichen Geschehens

Die Eltern: Maria und Manfred Mautner Markhof.

unseres Landes verfolgte mein Vater eine klare Linie, die in dem längst legendär gewordenen Raab-Kamitz-Kurs zur Grundlage unseres heutigen Wohlstandes wurde. Ganz in diesem Sinne setzte sich die österreichische Brauindustrie unter der Obmannschaft meines Vaters an die Spitze einer Preissenkungsaktion, die allerdings aus verständlichen Gründen innerhalb der Branche nicht nur auf Gegenliebe stieß. Dennoch wurde diese Aktion zum auslösenden Signal für die übrigen heimischen Industriezweige und bildete somit einen entscheidenden Faktor für den Erfolg der Sanierungsbestrebungen von Bundeskanzler Raab und Finanzminister Kamitz. Julius Raab hat sich aus diesem Grund bis ins hohe Alter an die Vorreiterrolle, die mein Vater hierbei spielte, gerne erinnert.

Aufgrund all dieser Entwicklungen war es eigentlich im Jahr 1949 eine Selbstverständlichkeit, daß ich in die Brauerei Schwechat AG eintrat, nachdem ich kurz zuvor als erster österreichischer Austauschstudent nach dem Krieg aus den Vereinigten Staaten zurückgekehrt war, wo ich die Grundzüge einer modernen freien Marktwirtschaft hatte studieren können. Nach den ersten Jahren der Einarbeitung, die für mich im Vorzimmer unseres Verkaufsvorstandsdirektors begann und mich durch die wesentlichen Abteilungen der Firma führte, ließ mir mein Vater weitgehend freie Hand, mich auf die zeitgemäßen Marketing- und Werbemethoden zu konzentrieren. Ich bin auch heute noch meinem Vater ganz besonders dankbar, daß er mir, ganz im Sinne unserer Familientradition, so bald wie möglich die Chance gab, eigenverantwortlich tätig zu werden.

So kam es auch, daß er mich im Jahr 1961 als seinen Vertreter zu einer Tagung des neu zu gründenden Brauereiverbandes der Europäischen Freihandelsgemeinschaft nach Lissabon entsandte. Dort wurde ich dann zum Ersten Vorsitzenden dieses Verbandes gewählt.

Dem heute so wichtigen Thema Ökologie stand mein Vater bereits sehr früh äußerst aufgeschlossen gegenüber, nachdem es auch hier immer sein Anliegen war, das Umfeld unserer Betriebsstätten »so grün wie möglich« zu halten. Wenn diese Grünlandschaften in und um Betriebe heute auch oft als Kunstlandschaft bezeichnet werden, so glaube ich doch, daß diese Initiative von einer wirklichen Liebe zur Natur getragen war. Als begeistertem Jäger war meinem Vater die Erhaltung der echten Naturlandschaft ein besonderer Wunsch, und als mir die Präsidentschaft des österreichischen World Wildlife Fund angetragen wurde, nahm mein Vater dazu mit den Worten Stellung: »Ja, mach das nur, du als eingefleischter Städter wirst dabei sicher zu einem neuen Verhältnis für die Erhaltung der Natur kommen.« Ich freue mich heute noch darüber, daß er mir diesen klaren Hinweis damals gegeben hat, und bin nach dreiundzwanzig Jahren als Präsident mit den Zielen des World Wildlife Fund aus tiefster Überzeugung eng verbunden.

Nicht zuletzt möchte ich auch ein Wort über meine Liebe zum Pferdesport verlieren. Im Trabergestüt meines Großvaters aufgewachsen, durfte ich mit vier Jahren allein auf einem Pferd sitzen und gemeinsam mit meinem Vater die ersten Versuche in dieser Sportart machen. Er selbst war ein hervorragender Reiter, und er hat mir später die Gelegenheit gegeben, beim berühmten Oberbereiter Lindenbauer der Spanischen Hofreitschule unterrichtet zu werden. Die recht erfolgreiche Teilnahme an Turnieren hat mir damals dieselbe Freude gemacht wie heute die Freizeitreiterei, die ich gerne und mit echtem Engagement als Präsident des Bundesfachverbandes für Reiten und Fahren in Österreich verbinde.

Da alle Einseitigkeit in meinem Elternhaus abgelehnt wurde, habe ich mich auch gerne in Tennis und Golf geübt, in der Schule mit Begeisterung Fußball gespielt, eine Sportart, der ich, wie auch dem Eishockey, heute als Zuschauer und Fan, wann immer möglich, beiwohne.

Es ist also unbestreitbar, daß die Qualität des Elternhauses auf die Entwicklung eines Menschen einen besonders starken Einfluß ausübt. In meinem Fall erhielt ich seitens meiner Eltern und meiner Familie eine Fülle von Impulsen für meinen Lebensweg, die für mich immer von unschätzbarem Wert waren. Einen davon möchte ich allerdings dennoch hervorheben: Es ist dies die Erkenntnis, daß man allem Neuen und Unbekannten, welches das Leben bereithält, stets aufgeschlossen entgegentreten sollte. So vermeidet man die Gefahr, daß sich die eigene Existenz als Einbahnstraße erweisen könnte. Dafür, daß mir meine Eltern diese Einstellung zu den Dingen vermitteln konnten, bin ich aufrichtig dankbar.

Geboren am 13. Mai 1914 als Sohn der Claire und des Hugo Carl von Rezzori in Czernowitz in der damals noch zur österreichisch-ungarischen Monarchie gehörenden Bukowina. Als Schriftsteller vor allem durch seine ›Maghrebinischen Geschichten‹ bekannt geworden. Weitere Veröffentlichungen: ›Ein Hermelin in Tschernopol‹, ›Ödipus vor Stalingrad‹, ›Idiotenführer durch die deutsche Gesellschaft‹, ›Der Tod meines Bruders Abel‹, ›Memoiren eines Antisemiten‹, ›Blumen im Schnee‹. Im österreichischen Fernsehen auch als Moderator tätig. Verheiratet, lebt bei Florenz.

Gregor von Rezzori
Heimkehr nach Tschernopol

Ich wurde geboren in Czernowitz, der ehemaligen Hauptstadt des ehemaligen, zum cisleitanischen Teil der ehemaligen österreichisch-ungarischen Monarchie gehörigen Herzogtums der Bukowina, ein östlicher Landstrich längs der aus der Tatra auslaufenden Waldkarpaten, der 1774 als Entgelt für die Vermittlung im Russisch-Türkischen Krieg vom ehemaligen Reich der Ottomanen ans ehemalig kaiserlich-königliche Österreich-Ungarn abgetreten und zunächst dem ehemaligen Königreich Galizien zugeordnet gewesen, nach 1848 jedoch eines der selbständigen ehemaligen Kronländer des Hauses Habsburg geworden war. Bis auf die Stadt, deren Name im Verlauf der geschichtlichen Entwicklung einige Veränderungen erfahren hat – von Czernowitz über Cernăuţi zum heutigen Czernowce –, ist alles ehemalig, das heißt: nicht gegenwärtig, nicht eigentlich vorhanden, was meinem Geburtsort die Aura des Sagenhaften, also des Irrealen, verleiht.

Es erweist sich als müßig, dieses mythenhafte Zwielicht historisch aufzuhellen. Daß die ehemalige k.u.k. Monarchie seit 1918 nicht mehr besteht, dürfte sich herumgesprochen haben; gleichwohl tat man im ehemaligen Czernowitz, nun Cernăuţi, als glaubte man nicht recht daran. Deutsch war immer noch die allgemeine Umgangssprache, Wien die nächstliegende Metropole, der man den Rang der Hauptstadt nicht absprechen wollte. Zwar war die Realität so »shakespearischer« Königreiche wie Galizien und Lodomerien fragwürdig geworden; trotzdem sprach man davon, als gäbe es sie noch, ebenso wie man heute von der Bukowina spricht, als gäbe es sie immer noch, obwohl sie seit 1940 nicht mehr besteht. Vom Ende der österreichisch-ungarischen Monarchie bis damals hatte sie dem ehemaligen Königreich Rumänien zugehört, eine Zeitspanne, in welche mein Heranwachsen vom Kind zum Adoleszenten fiel. Das Heranreifen zum Mann vollzog sich anderswo.

Damals, von 1919 bis 1940, herrschten die Rumänen mit einer Selbstgewißheit, die sich auf die Behauptung stützte, die Bukowina sei seit den Daciern rumänisches Urland, was angezweifelt werden kann. In Czernowitz, nunmehr auf rumänisch Cernăuţi, machte man sich nicht die Mühe, es in Frage zu stellen. Man sah im rumänischen Zwischenspiel kaum mehr als eine Umkostümierung der ohnehin operettenhaften Staffage. Die Uniformen österreichischer Ulanen waren von denen rumänischer Roşiori abgelöst, bei Infanteristen schaute man sowieso nicht genauer hin, der Unterschied war nicht gewichtiger als im Stadttheater der Szenenwechsel von der ›Gräfin Mariza‹ zum ›Zigeunerbaron‹ und schließlich zum ›Bettelstudenten‹. Es dauerte kaum mehr als zwei Jahrzehnte, bis der ehemalige schwarzgelbe Anstrich von Mautbalken und Türflügeln von Tabaktrafiken blau-gelb-rot überpinselt und der Doppeladler auf den Giebeln öffentlicher Gebäude durch das Staatswappen des Königreichs Rumänien ersetzt war; dann, schon 1940, gilbte dort der Sowjetstern, Cernăuţi wurde Czernowce, und die Bukowina war ehemalig geworden, es gab sie nominell nicht mehr. Durch einen Staatsvertrag zwischen dem ehemaligen Dritten Reich und Rußland, der sich souverän über die Legende vom rumänischen Dacierland hinwegsetzte, war sie zweigeteilt worden. Das Gebiet südlich des Sereth wurde mit der Moldau der heutigen rumänischen Volksrepublik vereint, der nördliche Teil mit Czernowitz der Sowjetrepublik Ukraine zugesprochen. Damit war das nunmehrige Czernowce auch keine Hauptstadt mehr, denn die Hauptstadt der Ukraine ist Kiew.

Immerhin steht fest, daß ich in Czernowitz, tatsächlich im vorrumänischen, im ehemaligen österreichischen, geboren bin, und auch das dürfte sich herumgesprochen haben. Es steht zu lesen in Kurzbiographien auf den Waschzetteln verschiedener Bücher aus meiner Feder und sogar – wenngleich nicht unbedingt löblich – in einigen Literaturgeschichten der Nachkriegszeit sowie in Nachschlagewerken, welche die Aufnahme in die Namensliste prominenter Zeitgenossen nicht gerade abhängig machen vom Bezug mehrerer kostspieliger Exemplare, aber den Ankauf so dringlich nahelegen, daß man vermuten muß, sie werde bei Weigerung nicht erfolgen. Vor dieser Bekanntgabe meiner Herkunft, die ich nun leider nicht verleugnen kann, pflegte ich, wenn ich danach gefragt wurde, mit der Antwort zu zögern. Die Gründe dafür waren zweierlei: Erstens, weil die Angabe, aus Czernowitz zu stammen, ein kaum jemals unterdrücktes »Aha!« zur Folge hat. Das beschränkt sich nicht auf den Großraum der ehemaligen k.u.k. Monarchie, in dem der Name Czernowitz einen festen Begriff darstellt; auch in weniger epochenverschlepperischen Regionen scheint man Czernowitz zu kennen, als den Schauplatz der meisten galizischen Judenwitze und die Brutstätte eines Menschenschlags von unverwechselbarer Prägung. Meine Heimatstadt hat Weltruhm erworben als Schmelztiegel eines guten Dutzends von ethnischen Gruppen, Sprachen, Glaubensbekenntnissen, Temperamenten und Lebensgewohnheiten, wo sie zum Amalgam eines quintessentiellen Schlawinertums ausgebrodelt und sublimiert wurden. Wieweit die Zugehörigkeit als Vorzug aufgefaßt werden kann, steht dahin. Ich habe mich mein Leben lang bemüht, das Bestmögliche daraus zu machen. Dem Lyriker Celan, der gesagt hat, es sei ein Ort gewesen, an dem Menschen und Bücher lebten, ist Besseres gelungen.

Der zweite Grund für ein gewisses Zögern, wenn ich zugeben soll, daß ich ein Czernowitzer bin, ist wieder zwiefach. Von den siebeneinhalb Jahrzehnten meines Erdendaseins war ich knapp das erste dort. Nach meinem neunten Lebensjahr bin ich nur noch sporadisch hingekommen; ich will gleich sagen: leider! Denn es gab viel zu lernen in Czernowitz. Das letztemal war ich dort mit zweiundzwanzig – 1936 – also vor dreiundfünfzig Jahren. In einer solchen Zeitspanne verwischt sich die ursprüngliche Prägung. Entscheidend aber hat zur Entfremdung das zunehmend Ehemalige und Irreale meiner Herkunft beigetragen. Es klingt, als hätte ich Czernowitz erfunden – und damit mich selbst.

Nun verhält es sich tatsächlich so, daß ich mein Czernowitz erfunden habe. Sieht man ab von den ›Maghrebinischen Geschichten‹, die ich nicht hätte schreiben können, wäre ich nicht dort geboren und – wenn auch nur zeitstreckenweise – dort aufgewachsen, so spielt die Stadt eine schicksalhafte Rolle in drei anderen meiner Bücher: hauptsächlich im Roman ›Ein Hermelin in Tschernopol‹, nebensächlich in den ›Memoiren eines Antisemiten‹ und wieder schicksalsträchtig in einer weitgehend autobiographischen Darstellung der Protagonisten meiner Kindheit mit dem Titel ›Blumen im Schnee‹. Mit alledem habe ich natürlich nicht Reiseführer durchs konkrete Czernowitz-Cernăuţi-Czernowce schreiben wollen, sondern Schilderungen eines mythenhaften Topos. Besonders im Roman, in dessen Titel ja der Name Tschernopol darauf hinweist, daß es sich um eine literarische Überhöhung handelt, diente mir die Erinnerung an die Stadt meiner Kindheit sozusagen als Knochengerüst für die Modellierung des mythischen Schauplatzes einer mythenhaften Handlung. Denn es ist der Roman einer Kindheit, und in der Kindheit ist alles mythenhaft. Das gilt auch für die Schilderung der Stadt in ›Blumen im Schnee‹, obwohl der deklariert autobiographische Charakter dieses Buchs mich verpflichtet hat, das Tatsächliche – oder jedenfalls das Effektive – so wahrheitsgetreu zu beschreiben, wie ich es in Erinnerung hatte.

Bekanntlich aber ist die Erinnerung nicht unbedingt zuverlässig. Sie wählt willkürlich aus, was sie behalten will, schiebt weg, was ihr nicht behagt, rückt das Emotionelle in den Vordergrund, verklärt und verzerrt. Absichtlich sowohl wie unabsichtlich habe ich so zur Entwirklichung meines Herkunftsorts beigetragen und damit seiner – und wiederum damit meiner – ohnehin legendären Windigkeit auch noch den Nimbus des Unglaubwürdigen verliehen.

Das ficht mich wenig an, soweit es um die ethische Frage der Wahrheitstreue geht. Ich bin ein Schriftsteller und habe als ein solcher nicht nur das Recht, sondern geradezu die Verpflichtung, die Wirklichkeit bis hart ans Unglaubwürdige zu überhöhen. Wer aber wie ich, um das zu erreichen, beständig das Autobiographische heranholt, es paraphrasiert und variiert, fiktiv und hypothetisch einsetzt, der läuft Gefahr, sich selber auf den Leim zu gehen – das heißt, bald selbst nicht mehr zu wissen, was real und was irreal ist. Das geht übers Moralische hinaus. Es nähert sich bedenklich der Schizophrenie. Weil ich ein gewissenhafter Mensch bin, habe ich mich auf das Abenteuer eingelassen, mein erfundenes Tschernopol mit dem in Czernowce tatsächlich weiterexistierenden Czernowitz zu konfrontieren. Ein um so kühneres Unternehmen, als ich ja nicht nur mir selbst, sondern auch meiner mythischen Heimatstadt mehr als ein halbes Jahrhundert Zeit gelassen hatte, sich ins Unvorhergesehene zu entwickeln.

Natürlich mußte ich voraussetzen, daß das ukrainische Czernowce, vom Mischmasch aus Volksdeutschen, Rumänen, Polen, Russen, Juden, Ungarn, Slowaken und Armeniern reingefegt, nicht mehr das Czernowitz beziehungsweise Cernăuţi sein konnte, das ich 1936 zum letztenmal betreten hatte. Desgleichen, daß das hybride Wachstum, das alle Siedlungen in aller Welt zum Auswuchern gebracht hatte, nicht auch Czernowce befallen haben sollte – dieses Chamäleon unter den Städten, das der Heimatdichter Karl Emil Franzos um 1890 als ein »Huzulendorf mit pseudo-byzantinischen, pseudo-gotischen und pseudo-maurischen Bauten«, wenig später als »eine Schwarzwald-Idylle« und schließlich als »Klein-Wien« beschrieben hatte; daß also mancherlei, was ich in Erinnerung behalten hatte, im Trend des pseudoamerikanischen und pseudorussischen Zukunftsgestaltungswillens niedergerissen, von Baggern ausgehoben und unter Tonnen von Eisenbeton verschwunden sein mochte. Die Gefahr von solcherlei Entwicklung sprach nicht dagegen, daß die Hauptstadt der nicht mehr existierenden ehemaligen Bukowina ein Pro-

Der kleine Gregor mit seiner Mutter Claire von Rezzori und seiner älteren Schwester.

vinznest der Sowjetunion geworden war, in dem mir vermutlich in allen Ecken und in allen Winkeln die Verwahrlosung entgegentreten würde. Nichts von alledem war – zunächst – der Fall.

Ich fand mich vor in meinem Czernowitz, dem rumänischen Cernăuţi zwischen zwei mörderischen Kriegen, als wäre ich nie weg gewesen, ein Rip van Winkle, der sich den Schlaf aus den Augen reibt, ohne – zunächst! – wahrzunehmen, daß es ein Schlaf von einem (für mich allerdings nur halbem) Jahrhundert gewesen war. Um mich her stand alles an seinem Platz, genauso wie ich es vor dreiundfünfzig Jahren verlassen hatte. Nichts fehlte – auf den ersten Blick. Nur der zweite offenbarte winzige Veränderungen. Anders war zum Beispiel, daß überall an beiden Straßenseiten Bäume gepflanzt waren. Sie prangten in jungem Grün, und das rückte die Stadt zusammen, machte die Straßen, Gassen und Gäßchen enger, gleichzeitig freundlicher, gewissermaßen kurorthaft. Es war ein Czernowitz, dem ich Abbitte tun mußte für meine skeptische Erwartung. Nichts war schmierig oder lotterig. Die Häuser waren frisch gestrichen in einem kaiserlich österreichischen Dottergelb, das abwechselte mit einem kaiserlich russischen Erbsengrün. Das Pflaster war reingefegt – dasselbe von den Gummireifen der Fiaker blank polierte Kopfsteinpflaster und dieselben Steinplatten der Gehsteige, über die meine Kinderschuhe hingetrippelt und die glatten Sohlen meiner ersten Tangoversuche den Schönen auf dem Corso der Herrengasse nachgeglitten waren; und wohltätigerweise waren die Straßen auch heute noch frei von den blechernen

Metastasen geparkter Autos. Der spärliche Verkehr rieselte ohne Stau und Stank und Getöse, beinah geräuschlos ab. So fehlten denn auch einige von damals her vertraute Geräusche. Es fehlte das rüde »Hoop!«, mit dem die jüdischen Fiakerkutscher achtlose Passanten vor ihren Gäulen weggescheucht, und es fehlte das schwirrende Getschilpe der Spatzenschwärme, die überall auf die reichlich niederfallenden, feucht dampfenden Roßäpfel gelauert hatten. Die Fiaker waren verschwunden, und es fehlte auch die elektrische Straßenbahn, deren eigenwillig funktionierende Bremsen der Anlaß zu mancher heillosen Verwirrung im Straßenverkehr gewesen war. Wendige Trolleybusse schlängelten sich entlang der eingeebneten Schienen, in denen dereinst die vergilbt rot-weiß-roten, schmalfenstrigen, wie große Spielzeugschachteln auf den kleinen Eisenrädern schwankenden Wagen nach tapferer Überwindung des Steilhangs zum Pruth-Tal vor dem Rathaus auf dem Ringplatz aufgetaucht waren und starrsinnig bimmelnd und in den Biegungen kreischend die Stadt bis über den Volksgarten hinaus durchquert hatten. Es fehlte das Gezänk der Dohlen in den Akazien vor der Landesregierung und um die Zwiebeltürme der Metropoliten-Kathedrale und das Rattern der Leiterwagen, auf denen die Bauern aus den umliegenden Dörfern zum Markt gekommen waren, ihr Schnapsgeruch und das klirrende Trappeln ihrer schlecht beschlagenen ruppigen Panjepferdchen. Die Akazien waren auf italienische Weise gestutzt, und die Bauernkarren durch die Lastkraftwagen der Kolchosen ersetzt, das machte das Stadtbild adretter und gleich auch – im Vergleich – steril.

Ich kam nicht aus dem Staunen. Das war ganz unbezweifelbar, greifbar konkret und wirklich das Cernăuţi meiner Kindheit – und war doch wieder nicht das Czernowitz, das ich ein halbes Jahrhundert visionär in mir getragen hatte: die Steppenstadt Tschernopol, der mythische Schauplatz mythenhafter Geschehnisse. Es war das Inbild einer provinziell behäbigen, hellen, saubergehaltenen und immer noch unverleugbar kakanischen Provinzmetropole, phänotypisch eine ehemalige Landeshauptstadt aus dem östlichsten Bereich der ehemaligen Doppelmonarchie, umflort noch von einem Schimmer ihrer dereinstigen Glorie. Vernünftig angelegte Straßenzüge präsentierten baukünstlerisch wohlgemeinte, aber anspruchslose Fassaden von Bürgerhäusern aus der Mitte des 19. Jahrhunderts und dessen Wende ins 20., und auch stilistische Extravaganzen hielten sich in der Mittelmäßigkeit der Epoche. Die neo-gotischen Türme der katholischen, die pseudo-byzantinischen Kuppeln der orthodoxen, die pseudo-maurischen Zinnen der armenischen Gotteshäuser (einzig der prunkvoll neo-assyrische Tempel der Juden war, wie ich hören sollte, seit der deutschen Besetzung im Zweiten Weltkrieg zerstört) überragten urban die gleichmäßig hohen Dächer, und gleicherweise gemessen überboten die Neo-Renaissance von staatlichen Verwaltungsgebäuden und die Pseudo-Klassizistik der Garnisonskasernen die Übergänge der Gründerzeitarchitektur zum gezähmten Jugendstil. Alles das war eingebettet ins frische Grün der neugepflanzten Alleebäume.

Das war für mich ein Sturz ins Irreale. Ich durfte meinen Sinnen nicht mehr vertrauen. Die Stadt vor meinen Augen war Stein für Stein dem legendären Czernowitz nachgebaut, so wie ich es in meinem Tschernopol beschrieben hatte. Aber ihr überwältigendes Jetzt und Hier war seelenlos. Sie war gewissermaßen aus ihrer Weltzeit herausgenommen. Nicht in der Entwicklung stehengeblieben, sondern sozusagen darüber hinaus zurückdatiert. Dieses gegenwärtige Czernowce war eine Verleugnung des Cernăuţi zwischen den beiden Weltkriegen und sogar des altösterreichischen Czernowitz vor dem Ersten. In seinem äußerlich unveränderten Bestand hatte es sich in eine abstrakte provinziell idyllische Belle Epoque zurückversetzt, ein Gründerzeittraum von sich selbst, nur freilich ohne den Geist und das Leben der Epoche. Es war die Theaterdekoration für ein Schauspiel, das nie aufgeführt worden war, ein Widerspruch in sich: ein reingefegtes, gelecktes und gelacktes, keimfreies Tschernopol. Nichts war zu spüren von dessen Dämonie. Unerfindlich, was dem niedlichen Provinzhauptstadtmodell, als das Czernowce im Jahre 1989 sich darstellte, die Wachheit, die helle Intelligenz, die scharfäugige Beobachtung, die Spottlust, den beißenden Witz von – ja, eben von Czernowitz gegeben haben sollte. Nichts war hier wahrzunehmen von dem quirlig lebendigen, zynisch unverfrorenen und melancholisch skeptischen Geist, der die Kinder dieser Stadt unverwechselbar als Czernowitzer kenntlich und weltweit berühmt gemacht hatte. Und dennoch war's eine Realität, die ich nicht wegleugnen konnte, und sie war überzeugender als der Mythos, den ich behauptete.

Man hat den Geist von Czernowitz dem nirgend anderswo ähnlich anzutreffenden Neben- und Miteinander der Völkerschaften in der Bukowina und dessen gärender Komprimierung in deren Hauptstadt zugeschrieben, der gegenseitigen Befruchtung und Abschleifung, der beständigen Herausforderung dort, der Notwendigkeit, sich anzupassen, rasch aufzufassen, richtig zu reagieren, die vor allem für die Juden eine Lebensbedingung gewesen war. Alles das schien im Jetzt und Hier des gegenwärtigen Czernowce hinfällig geworden zu sein. Die ethnische Buntscheckigkeit von ehemals hatte einem durchwegs homogenen Menschenschlag Platz gemacht. Vom unseligen Wechselbalg völkischer Gesinnung, dem fatalen Nationalismus, der doch auch hier, von außen her geschürt, walpurgisnächtliche Urständ gefeiert hatte, waren kaum noch die allegorischen Spuren zu sehen. Verblaßt unter den Wettereinflüssen eines kontrastreichen Klimas, versinnbildlichten an den Fronten des ehemaligen »Deutschen Hauses«, des »Dom Polski«, der rumänischen »Casa Poporului« und des ukrainischen »Narodny Dim« die Fresken hehrer Frauengestalten mit entblößten Brüsten und allerlei symbolischem Zubehör wie Schwert, Buch, Leier, Weizengarben, Adlern und erdrosselten Schlangen jugendstilistisch den Geist der jeweiligen Nationalität – jeweils nur eines der Ingredienzien, aus denen der Czernowitzer Spiritus loci die Grundstimmung einer zynischen Unbekümmertheit um hohe Gesinnungen jeglicher Art zusammengebraut hatte. Ein echter Czernowitzer schaute auch dem Spektakel überschäumender Nationalgefühle mit nicht mehr persönlicher Anteilnahme zu als zu Purim der Maskerade von Gassenbuben.

Aber es war nicht dieser achselzuckende Gleichmut, der zugelassen hatte, daß die Hochburgen chauvinistisch angeheizter Kleineleutedünkelei so stehengeblieben waren, wie man sie vor einem vollen Jahrhundert, in der Blütezeit des völkischen Romantizismus, erbaut und sinnbildträchtig hergerichtet hatte. Neben allen anderen, ebenfalls gespensterhaft seelenlos erhaltenen Zeugnissen einer historisch lebhaft bewegten Vergangenheit wirkten sie als einzige vernachlässigt. Ich hatte den Eindruck, sie stünden leer hinter ihren verschäbigten Fassaden, wie Häuser nach einem rücksichtslos gelöschten Brand, bei dem die Feuerwehr mehr Schaden angerichtet hat als die Flammen. Die Aggression, die sie beherbergt hatten, war irgendwann einmal zu heftig aufgelodert, und wer sie ausgerottet hatte, war so rigoros verfahren, daß damit auch alle fruchtbare Gegensätzlichkeit, alle Farbigkeit und Spannung des Neben- und Miteinanders von einem halben Dutzend Nationalitäten vernichtet waren.

Ich versuchte, mir eine Szene aus meinem legendären Tschernopol zu rekonstruieren: Aus der »Casa Poporului« tritt ein Jüngling der rumänischen »Junimea«* im ärmellosen, bunt bestickten Schaffelljäckchen, das grobleinene Hemd über den leinenen Hosenröhren straff blau-gelb-rot gegürtet, den Fichtennadelduft der Waldkarpaten in den Locken und im Blick den Stolz des Daciers, den die Kohorten Trajans zwar zu besiegen, nicht aber zu bezwingen vermocht hatten. Zufällig kommt ein farbentragender Bursch der volksdeutschen »Arminia« vorbei, mit steifem Kragen und flottem Stürmer, das Band quer über der Teutonenbrust. Beim Anblick des Rumänen schnaubt er verächtlich durchs Pflaster über seinem frischen Schmiß – womit unmißverständlich bekundet ist, daß er in dem Rumänen einen »prosten Bauern« und potentiellen Widersacher sieht, obwohl sie beide auf der Universität im selben Hörsaal sitzen. Damit ist Anlaß zu einer handgreiflichen Auseinandersetzung gegeben. Aber sie werden voneinander abgelenkt durch den Anblick eines chassidischen Rabbiners in schwarzem Kaftan, mit bleicher Gelehrtenhaut und langen, korkenzieherhaft geringelten Schläfenlocken unter der Fuchspelzkappe; und unverzüglich sind sie sich einig, daß ihre Angriffslust in ihm ihr eigentliches Ziel gefunden hat. Vorderhand freilich begnügen sie sich mit Spötteleien, obszönen Gesten und nachgerufenen Schmähworten. Vorderhand – wir schreiben erst 1930. Das große Signal ist noch nicht gege-

* Die Junimea (»Jugend«) war ein 1863 gegründeter literarischer Kreis zur Pflege der rumänischen Sprache und zur Bildung einer geistigen Elite. Betonte das Nationalrumänische.

Links: Gregor von Rezzori als Vierjähriger. *Rechts:* Der Vater Hugo Carl von Rezzori auf der Jagd.

ben. Es soll bald erfolgen und seine Folgen zeitigen. Heute, im Czernowce von 1989, ist eine Szene jener Art nicht vorstellbar. Sie spukt nur noch in meinem Hirn, nicht mehr in diesen ordentlich gehaltenen Gassen.

Was sich darin vor meinen verwirrt-verwunderten Blicken bewegte, war so durchgehend einheitlich von ein und demselben Schlag, daß gänzlich offensichtlich nichts vorhanden war, was das völkische Eigenwertgefühl hätte provozieren können. Es wanderte zu jeder Tageszeit dahin wie Arbeitervolk, das nach dem Ende der Werkstunden aus Fabriken strömt. Selbst bei gelegentlicher farbiger Ausstaffierung wirkte die Konfektionskleidung im Grundton grau. Auch die Physiognomien waren, wie man so sagt, aus einem Guß: slawisch breitkantig, mit derber Haut und hellem Haar. Es waren Ukrainer – früher nannten wir sie Ruthenen, eine der vielen Minderheiten, wo es gar keine Majorität gab. Im ganzen Bereich der ehemaligen Bukowina machten sie wenig mehr als ein Drittel der Bevölkerung aus, in der Stadt Czernowitz zu altösterreichischer Zeit einen viel geringeren Anteil, noch weniger im rumänischen Cernăuţi. Jetzt gab es nur noch sie, die Genossen Volksgenossen der Sowjetrepublik Ukraine, die als das ehemalige Klein-Rußland, vermehrt um das ehemalige Galizien und die nördliche Bukowina, mehr als die Hälfte der europäischen Sowjetunion einnimmt. Sie unterschieden sich auch nicht von anderen Russen. Die Frauen waren fast ausnahmslos plump, die Männer untersetzt und schwammig. Ein Volk der Kohlesser, nicht darbend, nicht unzufrieden, zur Gottergebenheit veranlagt, ernst und sittsam. Sehr sittsam, offenbar. Weiblichkeit drückte sich ostentativ in kleinbürgerlicher Mütterlichkeit aus, allerdings auch in einer fatalen Vorliebe für feuerrot gefärbtes Haar. Nur sehr junge Mädchen gingen in Hosen, Halbwüchsige zeigten in der Haartracht Ansätze zur Elvis-Presley-Imitation. Aber das war eher modisch als weltanschaulich. Alles in allem war das keine Wohlstandswelt, es hatte nichts vom Wahnsinn der Verschwendung und Vergeudung unserer spätabendländischen Konsumparadiese. Nichts wurde einem hier aufgeschwätzt; nichts ärgerte durch seinen schundigen Überfluß. Diese Bescheidung wirkte wohltätig, gleichviel, ob sie unfreiwillig war. Ich fühlte mich verschont von Kaufzwang und Verbrauchsnötigung, und vielleicht bewirkte das den trügerischen Eindruck, die Menschen dieser Welt bewegten sich mit der Würde von absichtlich Verzichtenden. Ich mußte unwillkürlich denken, Adolf Hitler hätte Wohlgefallen an ihnen gefunden.

Es war auch nicht, wie's auf den ersten Blick den Anschein gehabt hatte, eine Welt gänzlich ohne Farben. Vom ehemaligen Austriaplatz kam Militärmusik. Das war dereinst der große Marktplatz der Innenstadt gewesen, dorthin waren die ratternden Bauernkarren montags zum Wochenmarkt gestrebt, wo unter einer Wolke von Knoblauch, frischgegerbtem Schaffell, scharfem Käse, Machorkatabakrauch und Fusel, Bratöl und Kuhfladendunst Handel mit allem Erdenklichen getrieben wurde, von Ochsenhäuten über Kattunkopftücher zu rostigen Vorhängeschlössern, Fuhrmannspeitschen, gestickten Leinenhemden, Mundharmonikas, bündelweise an den Füßen zusammengeschnürten Hühnern, Butter auf Huflattichblättern, Eiern in Körben, aus Autoreifen zusammengeschnittenen Opanken, Taschenmessern, Lammfellmützen und unaufzählbar ähnlich vielfältigem Zeug. Unter dem Blau des freien Himmels hatte das die Buntheit eines Tropfbilds von Pollok gehabt, das Durcheinanderschwärmen eines Ameisenhaufens. Dort hatten Juden um abgetragene Kleidungsstücke geschachert, Armenier Leinenballen, Wollstränge und Wagenladungen Kukuruz aufgekauft, Lipowaner ihr schönes Obst angeboten, Flickschuster ihre Dienste an Ort und Stelle. Huzulenweiber waren mit Roscher Schwäbinnen in Streit geraten, Betrunkene in Prügeleien, Blinde, Lahme, Aussätzige hatten gebettelt, Zigeuner gefiedelt, die Kümmelblättchenspieler mit verwirrend geschwind hin und her geworfenen zwei schwarzen Assen und einem roten den stumpfsinnig gaffenden Hinterwäldlern die sauer ergatterten Groschen so gründlich abgeknöpft wie die überall emsig arbeitenden Taschendiebe, immer wieder ängstlich nach den Polizisten ausschielend, die sie verhaften oder zu horrendem Bakschisch erpressen konnten. Es war ein Platz des Lebens gewesen, wimmelnd und gärend, Nabel der Kosmopolis, die Czernowitz in wörtlicherem Sinn gewesen war als manche Weltstadt.

Jetzt war der Platz eine auszementierte Aufmarschfläche, weit, leer, peinlich reingefegt. Aber doch nicht gänzlich steingrau. Eine der Schmalseiten, dort, wo der Hang zur Vorstadt Klokuczka abfällt, war von einer riesigen, knallroten Plakatwand eingenommen. Sattes Goldgelb schnitt daraus in streng stilisierter Schablone das Bildnis Lenins und ließ die vier- und fünfstöckigen Häuser an den Längsseiten des Platzes zwergenhaft erscheinen. Einige Dutzend Marschschritte davor saß jetzt an einem langen Tisch eine Handvoll Honoratioren, die Hälfte davon in Uniform. Achselstücke glitzerten reichbestirnt, weibliches Blondhaar wallte filmreif dauergewellt. Wiederum zwei Dutzend Marschschritte davor waren in drei Gruppen Militärkapellen aufmarschiert, jede kommandiert von einem knollenförmigen Major. Jeweils eine nach der anderen produzierte sich in flotten Märschen, heiteren sowohl wie getragenen Musikstücken.

Es handelte sich, wie man mir sagte, um einen Wettbewerb der Garnisonskapellen. Der Regimenter waren viele, sämtliche Waffengattungen waren in Paradeuniform vertreten, auch das gab ein buntes Bild, und jede einzelne der Kapellen tat sich nach der Pflichtübung, die mit der Staatshymne der Sowjetunion endete, mit der Kür einer Sondernummer hervor, vom Radetzkymarsch über das Andreas-Hofer-Lied bis zur Ouvertüre des ›Freischütz‹ – russische Volksmusik, mit einem Wort. Das dauerte nun schon den ganzen Vormittag, und weil es noch dazu ein Sonntagvormittag war, hätte man meinen sollen, daß das Spektakel eine schaulustige Menge anziehen müßte. Aber nur eine spärliche Anzahl von Vorübergehenden ergötzte sich kurz verweilend daran, selbst als am Ende Bataillone im historischen Kostüm auftraten, Soldaten des kaiserlichen Heeres, das über Napoleon gesiegt hatte, und – weniger farbig, dafür unheimlicher in erdferkelhaften Tarnanzügen – die Überwinder der Armeen Hitlers. Beschlossen wurde die Vorführung von tanzenden Trachtengruppen. Aber deren folkloristischer Aufputz kam so offensichtlich aus dem Theaterfundus, daß sie hier, wo noch vor wenigen Jahrzehnten Volkstrachten zum alltäglichen Anblick gehört hatten, niemandem ein sonderliches Interesse abzulocken vermochten.

Auch ich, der Fremde, deutlich als ein solcher an Anzug und Gehaben zu erkennen, erweckte keins. Kein neugieriger Blick streifte mich, kein Zeichen gab mir zu verstehen, daß ich auffällig sein konnte. Es war, als wäre ich durchsichtig oder nicht vorhanden, und das Gefühl, hier zwar zu Hause, aber doch ein halbes Jahrhundert und eine ganze Welt fern zu sein, verstärkte sich zur irrealen Wirklichkeitsdichte des Traumzustands. Ich war da und doch nicht da. Ich träumte bei voller Wachheit – nicht allein diese handgreiflich reale Stadt, sondern mich selbst in ihr. Derart meinem Stand in Raum und Zeit enthoben, machte ich mich auf zum Haus meiner Kindheit. Um es vorwegzunehmen: Von allen Häusern dieser Stadt, an denen kein Stein verrückt zu sein schien, war es als das einzige nicht mehr da.

Das Haus einer Kindheit, die über ein halbes Jahrhundert zurückliegt, ist ohnehin ein luftiges Gebäude. Es besteht aus Ein- und Ausblicken mehr als aus festen Wänden; aus Teilansichten, Winkeln, Ecken, einzelnen Möbelstücken, Vorder- und Hintergründen – kurz: aus Fragmentarischem, wie im Filmatelier die zusammengestückelten Kulissen für einen Film, der aus der Sicht eines Dreikäsehochs aufgenommen wird. Immerhin wußte – und weiß – ich, daß es ein Stück weit außerhalb des damaligen äußersten Randgebiets der Stadt in einem großen Garten gelegen war, an drei Seiten noch offen zum freien Land. Ich wußte – und weiß –, daß es wie ungezählte neoklassizistische Villen seiner Art eine säulengetragene Vorderfront mit einer schmalen Terrasse und einen tympanonartigen Giebel darüber hatte und an der Rückseite zur Gartentiefe eine glasverkleidete Veranda. Es war zu erreichen gewesen durch eine lange, gartenreiche Straße des Villenviertels, die Gartengasse. Ich fand sie ohne Schwierigkeit. Auch sie war gänzlich – oder jedenfalls zum größten Teil – unverändert. Traumwirklich so, wie ich sie vor dreiundfünfzig Jahren verlassen hatte, lief sie durch dieselben zwei Zeilen gutbürgerlicher Einfamilienhäuser, die Karl Emil Franzos zum Vergleich mit Schwarzwaldhäuschen verführt hatten. Einzelne davon grüßten mich vertraut. Andere wieder, an der Straßenseite, die zu meiner Zeit noch halbwegs unbebaut gewesen war, verstörten mich: Ich wußte, daß sie nicht dagewesen waren, konnte es ihnen aber nicht absprechen. Sie wiesen keinerlei stilistisches Merkmal, keinerlei Neuigkeit, geringere Abgewohntheit auf, die sie hätten von ihren Nachbarn unterscheiden können. Nichts historisch Kennzeichnendes war ihnen abzulesen, weder die auch architektonisch nationalbewußte Rumänenherrschaft noch beinahe fünfzig Jahre kommunistischer Wohnungsbauideen. Hinter den Fliederbüschen und Königskerzen ihrer Vorgärten und efeuüberklettert bis an die Giebel, Erker, Türmchen ihrer von Franzos besungenen Idyllik, sprachen sie der Behauptung hohn, daß sie nicht aus derselben irrealen Weltzeit stammten wie das übrige Czernowce. Ich verlor die Sicherheit, mit der ich meinem Ziel zugestrebt war. Diese Gartengasse war um beinah ein Drittel ihrer dereinstigen Länge länger geworden, eben wie in Träumen ein vertrauter Weg sich endlos hinzieht; und als ich schließlich doch ihr Ende erreichte, stiegen vor mir eng hintereinandergestaffelte Reihen von zehn-, zwölf-, vierzehn- und sechzehnstöckigen Hochhäusern auf und verstellten den Blick, wo er einstmals weit ins freie Land hinausgegangen war.

Ich hätte es erwarten müssen. Es war logisch und konsequent: Mit dem steil abfallenden Hang zum Pruth-Tal, das die Stadt umarmte, war diese die natürliche, die einzige Richtung, in die sie sich hatte entwickeln können – und daß sie sich in dreiundfünfzig Jahren entwickelt haben würde, hatte ich ja im voraus angenommen. Sie hatte es ohnehin unter erstaunlicher Schonung des Vorhandenen getan – so konservatorisch, daß es mich in ein Niemandsland der Zeit und einen Zustand zwischen Traum und grellstem Wachsein versetzt hatte. Nicht nur war alles aus meiner Zeit unangetastet geblieben, es war auch noch Vergangenheitsträchtigeres dazugekommen. Daß einzig das Haus meiner Kindheit ausgenommen sein sollte von dieser denkmalschützerischen Pietät, wollte mir nicht einleuchten. In meiner Erinnerung stand fest, daß wir aus den Fenstern der Südostseite die Pappelreihen einer der großen Ausfallstraßen ins Land hinaus, der Siebenbürgerstraße, sehen konnten, weithin bis zum luftblauen Horizont: ein Sehnsuchtsweg meiner kindlichen Phantasie. In der Tat, auch jene Straße existierte noch, nur war sie nicht mehr einzusehen. Sie war nicht mehr flankiert von Pappeln, in deren Laub die Vögel ein und aus geflogen waren, sondern von Wohnblocks und Kaufhäusern, in denen es nur sehr Dürftiges zu kaufen gab. Zwischen ihnen und dem Hochhausgeschwader lag unordentliches, teils unbenutztes, teils aufs Geratewohl bebautes Gelände, eine Studentensiedlung, ein nun doch rumänisch anmutendes Waisenhaus, eine Blindenanstalt in den Resten ehemaliger Baumbestände, eingestreut darein laubenkoloniale Einfamilienhäuschen. Dort, dazwischen, daneben oder dahinter mußte das Haus gelegen sein. Aber es war nicht mehr dort. Es war spurlos verschwunden. Es half nichts, danach zu fragen. So entgegenkommend jedermann auch war, niemand wußte etwas davon, war entweder zu jung, zu spät hierhergesiedelt oder konnte sich nicht so weit zurückentsinnen. Je intensiver ich suchte, um so hoffnungsloser verlor ich mich im Unbekannten. Nach zwei Tagen ergebnisloser Suche war das Haus meiner Kindheit ein Gespenst, das allein in meinem Schädel spukte.

Um zu überprüfen, ob ich nicht das Opfer schizophrener Einbildungen sei, setzte ich noch einmal mit der Suche – nun nach mir selber – an, diesmal im Stadtkern. Meine Mutter hatte dort, nach der Trennung von meinem Vater, zwei Jahrzehnte ein Haus bewohnt, das gleichfalls in einem großen Garten gelegen war, einzig in seiner Art als Überbleibsel der kleinstädtischen, noch recht ländlichen Vergangenheit von Czernowitz. Es war um die Mitte des vorigen Jahrhunderts erbaut worden und verschont geblieben von der stürmischen Entwicklung der Stadt in den Gründerjahren. Dieses Haus war noch vorhanden. Es stand immer noch in seiner Lücke zwischen links und rechts und gegenüber liegenden respektablen Mietshäusern, und leider lag, was dereinst Garten gewesen war, unter einer Decke von Zement. Überdies schien mir das Haus unglaubwürdig gegen die Straße zugerückt zu sein. Anstelle seines Schindeldachs war's mit rostigem Blech bedeckt, und seine ehemals von Jasmin umwachsenen Wände waren nackt und kaffeebraun gestrichen. Auch fehlte die Veranda, die ich freundlich in Erinnerung behalten hatte. Aber das allein war's nicht, was mich verstörte. Auch hier war einiges darum hergewachsen, was meinerzeit nicht dagewesen war, allerlei kleinstädtische und augenfällig von kleinen Leuten gemütlich bewohnte Häuschen, auch eine inzwischen verfallene Fabrikhalle in gelbem Klinkerziegel und eine Flucht von Wohnhöhlen bis in den tiefsten Hintergrund des ehemaligen Gartens. Und nichts, aber auch gar nichts wies darauf hin, daß das alles nicht schon immer darum hergestanden war. Es war von gleicher Bauart, schien aus derselben kleinstädtischen Vorzeit der Stadt zu stammen, war gleicherweise schäbig abgewohnt.

Ich glaubte, mein letztes Restchen Verstand zu verlieren. Wenn schon seit meiner Zeit hier etwas gebaut worden war, dann doch nicht diese Periökensiedlung. Schon in den zwanziger Jahren war das Grundstück, wenige hundert Schritte vom Ringplatz gelegen, ein schieres Lustobjekt für Bauvorhaben gewesen, denen meine Mutter heroisch widerstanden hatte. Seit der Aussiedlung meiner Mutter, 1940, war es herrenlos. Hier hätte ein imposanter Wohnblock hingestellt werden können. Was hatte das verhindert? Doch nicht denkmalschützerische Pietät für diese Krattlerhütten hier, die das Stadtbild verschandelten. Ich konnte schwören, daß sie 1936 noch nicht dagestanden waren. Aber aller Augenschein sprach gegen meinen Eid. Auch hier vermochte ich nichts anderes, als etwas Unglaubwürdiges zu behaupten.

Zu meiner Rettung kam ein Engel in Gestalt einer der Bewohnerinnen. Nein, nein, sie waren tatsächlich nicht dagewesen, diese Nebenhäuser, nur das ganz alte in der Mitte stammte von früher, alles andere darum her war in den Fünfzigern dazugekommen, eine ärmliche Zeit, in der man nicht an große Bauten denken konnte. Nein, auch die abscheuliche Fabrikanlage war erst damals Hals über Kopf errichtet worden, und ja, gewiß war einmal auch eine Veranda am Haus gewesen, und dort, wo jetzt die Reihenwohnungen lagen, waren die ehemaligen Stallungen gelegen, die Böden waren dort immer noch feucht. Jawohl, da drüben waren große Kirschbäume gestanden – und ob ich nicht ins Haus kommen wollte, um zu sehen, daß die Räumlichkeiten die gleichen geblieben waren, es wohnten jetzt allerdings drei Familien darin.

Der Stein, der mir vom Herzen fiel, sank schwer in mein Gemüt. Es war also doch nicht alles die schiere Phantasmagorie, die pure Einbildung, was ich von meiner Frühzeit in Erinnerung behalten hatte – das zu wissen tat wohl. Allerdings zahlte ich meinen Preis dafür. Niemals wieder würde ich ans Haus meiner Mutter denken können, ohne daß sich nicht darüber die häßliche Realität seines gegenwärtigen Zustands schob. Das eigentliche Haus meiner Kindheit war davon verschont geblieben, dafür aber nun gänzlich irreal geworden, umwittert von einer Sagenhaftigkeit, die mich fürchten ließ, ich selbst könnte niemals mehr recht an seine Wirklichkeit glauben. Wohlan! Im Bereich des Unglaubwürdigen, im Fabelreich phantastischer Einbildungen, war mein Tschernopol gelegen, das irreale Bild der Realität von Czernowitz. Die Realität, die ich in Czernowce angetroffen hatte, drohte mir auch die zu zerstören. Ich mußte sie schleunigst wieder verlassen. Man soll die Suche nach der verlorenen Zeit nicht im Geist des nostalgischen Tourismus unternehmen.

Geboren am 11. Dezember 1897 als Sohn der Sophie und des Kaufmanns Leopold Stern in Wiener Neustadt. Rechtsanwalt. Leutnant im Ersten Weltkrieg, danach Jusstudium, Promotion 1922. Zunächst Bankangestellter, ab 1931 Rechtsanwalt in Wiener Neustadt, seit 1939 in Wien. Wurde durch aufsehenerregende Prozesse in der Nachkriegszeit Österreichs bekanntester Strafverteidiger. Dr. Michael Stern ist am 2. Dezember 1989, wenige Wochen nachdem er dieses Manuskript verfaßt hatte, im Alter von 92 Jahren in seiner Kanzlei gestorben. Er war bis zur letzten Stunde seines Lebens als Rechtsanwalt tätig.

Michael Stern

Kein Musterknabe

Am 11. Dezember 1897 erblickte ich in Wiener Neustadt das Licht der Welt. Mein Vater war Inhaber einer Papiergroßhandlung. Auch meine Mutter war im Geschäft tätig, doch hat sie niemals meine beiden Schwestern oder mich vernachlässigt, sondern uns jede freie Minute gewidmet.

Mit fünfeinhalb Jahren sollte ich in die evangelische Schule kommen, mußte mich vorher aber einer Aufnahmeprüfung unterziehen, denn eigentlich war man erst mit sechs Jahren im richtigen Schulalter. Die Prüfung bestand darin, daß ich an meinem Matrosengewand die rechts und links angenähten Knöpfe zählen mußte.

Diese Aufnahmeprüfung bestand ich.

In der evangelischen Schule, wo Buben und Mädchen gemeinsam unterrichtet wurden, herrschte ein angenehmes Klima; allfällige Differenzen, die ich mit meinen Mitschülern hatte, wurden von der Mutter, die mich jeden Tag abholte, geschlichtet.

Nach fünf Jahren Volksschule wechselte ich ins humanistische Gymnasium. Ich war zunächst ein sehr mittelmäßiger Schüler, da mein Hauptinteresse dem Sport galt. Eines Tages aber kam es zu einem Zwischenfall, der mein Leben einigermaßen veränderte.

Ich ging mit einem Vorzugsschüler zu einer Bekannten. Wir zeigten unsere Zeugnisse, und als diese mein Zeugnis und das viel bessere meines Schulkollegen sah, meinte sie, ich höre das noch wie heute: »Es kann nicht jeder gleich talentiert sein.«

Das traf mich geradezu niederschmetternd in meinem Stolz und Ehrgeiz.

So wurde ich in der vierten Klasse schon ein guter Schüler, in der fünften und sechsten Vorzugsschüler, in der siebten und achten Klassenprimus mit lauter »sehr gut«. Dies nicht zuletzt durch die Obwalt meiner Eltern und vor allem der Mutter, die meinen Ehrgeiz, wenn ich so sagen darf, immer anstachelte.

Nur in Betragen hatte ich ein »gut«, wozu der Klassenvorstand mir bedeutete, das sei mir geschenkt, weil es nicht gut aussehen würde, wenn der Klassenprimus im Betragen nur ein »entsprechend« oder gar »nicht entsprechend« hätte, was ich eigentlich verdienen würde.

Wenn irgendein Schabernack vorlag oder ein Schaden angestiftet wurde, mußte ich immer ein »negatives Alibi« erbringen, das heißt, bevor überhaupt eine Untersuchung eingeleitet wurde, mußte ich nachweisen, daß ich nicht dabeigewesen war.

Eines Tages wäre es mir nach einem solchen Streich aber beinahe schlecht ergangen. Der Religionsprofessor, der die Gewohnheit hatte, sommers und winters Galoschen zu tragen, wurde während einer Unterrichtsstunde zum Direktor gerufen.

Ich benützte die Gelegenheit, um in der Zwischenzeit in die Galoschen einen Nagel einzuschlagen. Beim Weggehen am Ende der Unterrichtsstunde konnte begreiflicherweise der Religionsprofessor unter dem Hallo und Riesengelächter der Klasse sich nicht fortbewegen, er stürzte und verletzte sich leicht.

Bei der Befragung hatte niemand in der Klasse etwas gesehen oder gehört.

Da erhielt die ganze Klasse einen dreistündigen Karzer, so daß ich mich freiwillig meldete, damit kein Mitschüler unschuldigerweise die oben erwähnte Strafe mittragen mußte. Eine Professorenkonferenz erteilte mir ein Consilium abeundi, das heißt den »Rat«, das Gymnasium in Wiener Neustadt zu verlassen.

Empfohlen wurde mir das Badner Gymnasium. Eine weinend verzweifelte Mutter beim Direktorium, mein Vater als energischer Protestierer und verschiedene Fürbitten brachten es zuwege, daß schließlich dieser Rat mit Bewährungsfrist gegeben wurde! Es wäre wirklich ein seltener Fall gewesen, daß ein Klassenerster sozusagen strafverfügt die Anstalt hätte verlassen müssen.

Michael Stern mit seinen beiden Schwestern.

1916, obwohl Kriegszeit, machte ich keine sogenannte Kriegsmatura, sondern die übliche ordentliche, strenge Matura und bestand »mit Auszeichnung«.

Zwei Wochen später meldete ich mich – ohne Wissen meiner Eltern, die das niemals zugelassen hätten – als Kriegsfreiwilliger. Nach der ersten Aufregung fanden sich meine Eltern schließlich damit ab, und meine Mutter hätte mich am liebsten jeden Tag in St. Pölten, wo ich stationiert war, besucht.

In den ersten vier Wochen war uns das Ausgehen verboten, weil wir noch so dumm waren und jeden Briefträger als Offizier grüßten.

Nach vier Monaten Ausbildung kam ich an die italienische Front, wo ich vier Isonzo-Schlachten mitgemacht habe. Ich erhielt nach kurzer Zeit einige Auszeichnungen, für die ich noch heute Prämiengeld erhalte und auf die ich sehr stolz bin.

Meine Mutter schickte mir, obwohl im Hinterland große Lebensmittelknappheit herrschte, fast jeden Tag ein kleines Lebensmittelpaket an meine Feldadresse, an die ich mich noch heute erinnere: Feldpost 361.

Als ich Ende des Krieges lebensgefährlich an einer Blinddarmentzündung erkrankte, kam es zu einer wohl einmaligen Begebenheit. Meine besorgten Eltern konnten durchsetzen, daß von Wiener Neustadt aus

Michael Sterns Eltern Leopold und Sophie Stern.

über das Kriegsministerium, weiter über das Armee-Oberkommando in Italien angerufen wurde, um festzustellen, wie es mir ging.

Da keine Sondertelefonleitungen bestanden und die Verständigung selbst unter den Kommandos schwer herzustellen war, kann man wohl von einem großartigen Erfolg meiner Eltern sprechen: Es gelang ihnen durchzukommen, bis sie endlich erfahren konnten, daß ich außer Lebensgefahr war.

Als der Krieg zu Ende war und ich aus dem Felde heimkehrte, konnten sich meine Eltern über meine weitere Zukunft zunächst nicht einigen. Mein Vater wollte durchaus, daß ich das Geschäft übernehme. Auch ich war sehr geneigt, seinem Wunsche zu entsprechen. Demgegenüber trat meine Mutter mit aller Entschlossenheit dafür ein, daß ich studieren sollte.

Schließlich setzte die Mutter ihren Willen durch. Ich schwankte zwischen Jus und Psychiatrie, heute weiß ich, daß die beiden Berufe eine gewisse Ähnlichkeit aufweisen.

Nach Abschluß des Studiums war ich einige Zeit als Prokurist bei der Burgenländischen Zentralbank tätig, entschloß mich aber dann doch, Rechtsanwalt zu werden. In der ersten Zeit, als ich noch nichts verdiente, steckte meine Mutter mir immer wieder Geld zu. Ich wurde rasch bekannt und hatte viele Erfolge, die auch meine Mutter noch erleben durfte.

Auf ihrem Sterbebett sagte meine Mutter, und es waren beinahe ihre letzten Worte: »Mein Mischi hat mir das ganze Leben nur Freude bereitet.« – »Mischi«, das war ihre Koseform für Michael. Es kann doch wohl nichts Schöneres für einen Sohn geben als diese von der Mutter am Sterbebett gesprochenen Worte. Noch heute und immer wieder denke ich an meine gute Mutter, was sie für mich geleistet hat.

Meinen Vater, der mit sechsundneunzig Jahren gestorben ist und der bis zum letzten Moment geistig frisch war, habe ich ein- oder zweimal wöchentlich besucht, um mir noch im späteren Alter manch guten Rat zu holen.

Wenn ich heute mit zweiundneunzig Jahren zurückdenke, so bin ich dem Herrgott gewiß dankbar, habe aber nie vergessen, daß ich alles, dessen ich mich rühmen kann, meinen guten Eltern zu verdanken habe. So daß ich bei allen Erfolgen immer daran denken muß, daß ein gutes Elternhaus durch nichts ersetzt werden kann.

Geboren am 17. September 1945 als Sohn der Elfriede und des Franz Marecek in Wien. Schauspieler und Regisseur. Nach Besuch des Reinhardtseminars Engagements an der Wiener Volksoper und in Graz. Seit 1971 Mitglied des Theaters in der Josefstadt. Auftritte bei den Salzburger Festspielen, zahlreiche Fernsehrollen. Verheiratet mit der Schauspielerin Christine Golin, eine Tochter und ein Sohn, lebt in Aspersdorf bei Hollabrunn.

Heinz Marecek
»Bitte eine Geschichte...«

In Abwandlung eines berühmten Witzes kann ich sagen: Es haben ja schon viele Eltern kein Haus gehabt, aber so was von keinem Haus wie meine Eltern gehabt haben ..., nämlich nicht einmal eine Wohnung.

Fast am Tag genau neun Monate vor meiner Geburt hatten sie geheiratet. Sie achtzehn, er einundzwanzig, Wiener der ersten Generation. Die Eltern kamen aus allen Teilen der Monarchie, Mähren, Galizien, vom Gardasee... Sowohl meine Mutter als auch mein Vater sind das jüngste von jeweils fünf Geschwistern. Die Familie meines Vaters wohnte auf Zimmer-Küche, die meiner Mutter bedeutend luxuriöser – sie hatte nämlich auch noch ein Vorzimmer und ein Kabinett aufzuweisen. Die älteren Geschwister meiner Mutter waren zu diesem Zeitpunkt bereits außer Haus, daher lebte mein Vater mit meiner Mutter in der schwiegerelterlichen »Großwohnung«. Am 16. September 1945 nach einem Besuch im Meidlinger »Schloß-Kino« (wo ich Jahre später heimlich meine ersten jugendverbotenen Filme sah und das inzwischen dem traurigen Schicksal so vieler Kinos anheimgefallen ist) und anschließendem Fußmarsch nach Hause muß ich mich ziemlich stürmisch angemeldet haben, denn – kaum zu Hause angelangt – verließen meine Eltern Hand in Hand die Wohnung, um auf der nächsten Wachstube einen Rettungswagen zu organisieren. So etwas war aber schlicht und einfach ein Ding der Unmöglichkeit, und der Rat des freundlichen Polizeibeamten war: »Geht's hinauf zu die Engländer in die Train-Kaserne, vielleicht hab'n die an Jeep ...« Nun, die hatten auch einen, durften aber nicht nach Gersthof, wo ich eigentlich das Licht der Welt planmäßig hätte erblicken sollen. So kam ich am nächsten Tag unplanmäßig in Lainz zur Welt, und wenn ich den Schilderungen meiner Mutter glauben darf, war die Fahrt mit dem Jeep so rasant, daß sie die ganze Fahrt glaubte, ich würde – noch viel unplanmäßiger – in eben diesem Jeep zur Welt kommen. Irgendwie war mir aber dann diese abenteuerlich-romantische Geburt doch nicht vergönnt, und es wurde Lainz.

Die nächsten drei Jahre verbrachte ich nun in der Wohnung meiner Großmutter mütterlicherseits und habe daran so gut wie keine Erinnerung, außer einem Besuch im Schlafzimmer meines Großvaters – es muß unmittelbar vor seinem Tod gewesen sein –, auf dessen Nachtkästchen einige verschrumpelte kleine Äpfel lagen, von denen er mir einen schenkte. Hingegen war das Wohnzimmer mit seinen altdeutschen Möbeln, dem Diwan, dem grünen bis zur Decke reichenden Kachelofen und der großen Bibliothek meines Großvaters noch viele Jahre später mein erklärter Lieblingsaufenthalt.

1948 zogen wir dann in den siebenten Bezirk, kurz darauf wurde mein Bruder geboren, und hier lebten wir nun zu viert bis zum Jahre 1959 – zur Abwechslung wieder einmal auf Zimmer-Küche-Kabinett. Alle Fenster gingen in den Hof, der nur wenige Stunden am Tag von etwas Sonne gestreift wurde. Trotzdem wurde dieser Hof der Schauplatz unzähliger Rollerwettfahrten, Fußballschlachten und ähnlicher Vergnügen. Aber vor allem hatte dieses Haus etwas, was meine ganze Jugend entscheidend mitbestimmen und prägen sollte – im Keller einen Turnverein! Die nächsten zwölf Jahre bildete nämlich dieser Turnverein der Wiener Arbeiter-Turner das Zentrum meines Interesses und wurde bis zu fünfmal in der Woche frequentiert. Was für ein herrliches, fast kostenloses Vergnügen! Und man konnte nachher sogar heiß duschen! Ein einschneidendes Erlebnis für jemanden, der bis dahin nur Lavoir und Waschbecken kannte. Immerhin sollte es noch zwölf Jahre dauern, bis wir ein eigenes Badezimmer hatten.

Mein Vater hatte im Jahre 1945 bei einer Versicherung zu arbeiten begonnen, Anfangsgehalt 180 Schilling im Monat, und er legte jahrelang den Weg zum und vom Büro zu Fuß zurück – wir wohnten im siebenten, das Büro war im ersten Bezirk –, ohne die paar Groschen im Sack zu haben, um sich unterwegs zum Beispiel einmal ein Glas Bier kaufen zu

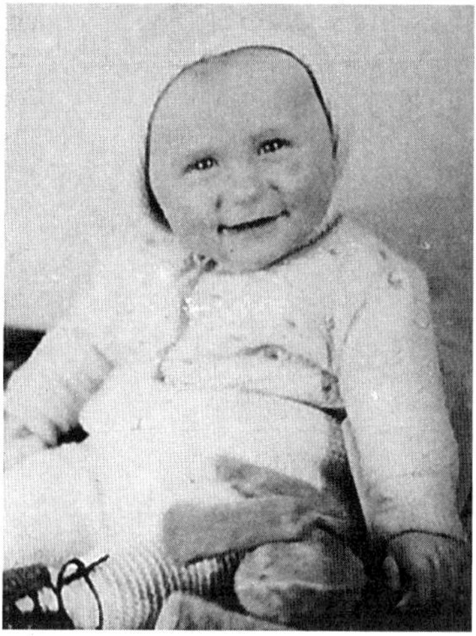 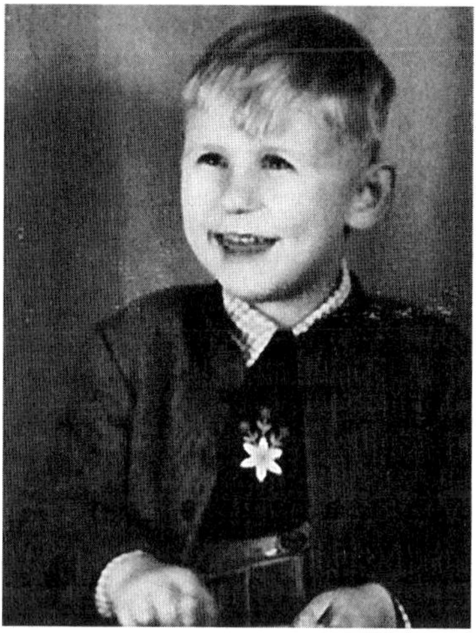

Links: Heinz Marecek als Baby. *Rechts:* Heinz Marecek im Alter von etwa vier Jahren.

können. Wir waren arm, aber irgendwie gelang es meinen Eltern, dieser Armut für uns Kinder jeden Geschmack von »bitter« zu nehmen. Ich kann mich nicht erinnern, jemals gehungert zu haben, und meine Mutter hätte sich zu Tode geschämt, meinen Bruder oder mich mit dreckigen oder zerrissenen Kleidern in die Schule gehen zu lassen (dafür, daß wir regelmäßig mit solchen nach Hause kamen, konnte sie nichts).

Aber natürlich wurde so ziemlich alles, was wir am Leibe hatten, von ihr in nächtlicher Heimarbeit hergestellt, und für Dinge, die außerhalb der autarken Beschaffung lagen, wie etwa Schuhe, mußte es eben Ostern oder Weihnachten werden (eine, auch im sozialistischen Haushalt, liebevoll gepflegte Tradition).

Noch etwas gab es, das die Kindheit im nicht gerade von Grün überwucherten siebenten Wiener Gemeindebezirk unheimlich versüßte: die oft monatelangen – solange mein Bruder und ich noch nicht zur Schule gingen – Aufenthalte im oberösterreichischen Mühlviertel. Die vielen Sommer auf einem Bauernhof waren von einer derart eindrucksvollen und nachdrücklichen Schönheit, daß ich heute nicht nur noch genau weiß, wie es in der Rauchkuchl, am Heuboden, im Stall oder in der Stube gerochen hat, wie die unreifen Äpfel geschmeckt haben, der Most oder die Marmelade, die zum Gabelfrühstück aufs Feld gebracht wurden, sondern sie haben auch ein derartiges Glücksgefühl in mir zurückgelassen, das sicher der Hauptgrund dafür ist, daß ich heute mit meiner Familie ebenfalls – und mit demselben Glücksgefühl – auf einem ebensolchen Bauernhof lebe.

Links: Heinz Mareceks Eltern Elfriede und Franz Marecek. *Rechts:* Die Mutter Elfriede Marecek mit ihren Söhnen Walter und Heinz (rechts).

In den Monaten, in denen wir nicht auf dem Lande sein konnten, wurden wir an den Wochenenden für eventuellen Sauerstoffmangel ausgiebig entschädigt. Und wenn es nicht gerade in Strömen regnete (Nieseln bedeutete nur festere Kleidung), gab es im Frühjahr oder im Herbst kein Wochenende, an dem nicht um acht mit vollbepacktem Rucksack die Straßenbahn bestiegen wurde und Mödling, Rodaun, Kaltenleutgeben, Hütteldorf oder ein sonstiger Wiener Ausflugsort angepeilt wurde. Im Sommer galt das für das Überschwemmungsgebiet – erst im Zuge eines langsamen finanziellen Aufstiegs wurde daraus das Gänsehäufel oder das Ottakringer Bad.

Und im Winter standen wir statt mit dem hausgemachten Zelt fürs Überschwemmungsgebiet mit der Rodel für den Roten Berg auf derselben Plattform. Wobei der »Rote Berg« sicher nicht aus ideologischen Motiven zum Ausflugsziel gewählt wurde, sondern auf Grund seiner günstigen geographischen Beschaffenheit. Auch sonst hatte ja die »sozialistische« Erziehung eher romantischen Charakter.

Armut war keine Schande – im Gegenteil, man war ein bißchen stolz darauf, und eigentlich hatte man als anständiger Mensch mehr oder weniger arm zu sein. Überhaupt hatte die »Anständigkeit« einen sehr hohen – und wirklich ernstgemeinten – Stellenwert. Es gab gewisse Dinge, die tat man einfach nicht. So ist mein Vater zum Beispiel nie wieder bei einem Maiaufmarsch mitgegangen, weil wir irgendwann einmal nach dem Aufmarsch zufällig hinters Rathaus kamen, wo einige Funktionäre von ihren

Chauffeuren abgeholt wurden, nachdem sie kurz vorher noch von der Tribüne gewunken hatten, zu der Zehntausende Sozialisten aus ganz Wien zu Fuß hinmarschiert waren und ebenso zu Fuß wieder nach Hause marschierten. »Und die lassen sich mit dem Auto abholen ...« Heute wahrscheinlich eine Selbstverständlichkeit, aber damals – es war Ende der fünfziger Jahre – tat man das eben nicht. Zumindest empfand das mein Vater so.

Er besaß, überhaupt in jüngeren Jahren, eine große Begabung, sich zu empören, gelegentlich übertrieben, aber sehr oft zu Recht. Emotionen wurden bei uns prinzipiell nicht unterdrückt. Man trug nicht nach, nahm nicht übel und war auch nicht eingeschnappt. Wenn einem irgendwas nicht paßte, dann sagte man das – und sagte es ziemlich unverblümt. Wir waren schon eine Familie von »Warmblütlern«.

Die Wogen wurden oft von meiner Mutter geglättet, die die ungeheure Gabe besitzt, fast allem eine heitere Seite abzugewinnen. Es wurde überhaupt viel gelacht. Mittagessen mit minutenlangen Lachorgien der gesamten Familie waren keine Seltenheit. Und – man war nie über Nacht böse. Egal, was vorher passiert war, spätestens vor dem Einschlafen war Versöhnung. Und den nächsten Tag begann man neu. So hat einen auch das Gefühl, in einer Art Liebeskugel geborgen zu sein, nie verlassen. Ich glaube wirklich nicht, daß mein Bruder oder ich je sonderlich verwöhnt worden wären, aber wir hatten stets das Gefühl, das emotionelle Zentrum unserer Eltern zu sein. Und – ohne je Aufhebens davon zu machen – auf wieviel wurde jahrelang um der Kinder willen verzichtet. Ich weiß heute noch nicht, wie mein Vater es geschafft hat, all diese Bücher anzuschleppen. Nicht nur, daß wir Mitglieder bei sämtlichen Buchgemeinschaften waren, reichte es auch zwischendurch auf geheimnisvolle Weise immer wieder zu dem einen oder anderen Buch.

Womit wir beim nächsten entscheidenden Prägefaktor meiner Kindheit wären. Meine Großmütter waren wunderbare Erzählerinnen von Geschichten, die ich bald auswendig kannte. Bei deren Wiederholungen ließ ich nicht den kleinsten Fehler durchgehen. Später wurden Geschichten Teil des abendlichen Einschlafrituals – mein Vater konnte kaum die ›Bürgschaft‹ zu Ende lesen, weil wir vorher schon beide weinten, leichter war's mit dem ›Taucher‹, da fanden wir es beide ein bißchen blöd, daß der noch einmal hineingesprungen ist.

Jedenfalls haben alle diese Geschichten nicht nur einen unstillbaren Lesehunger erzeugt, sondern sind sicher auch schuld daran, daß ich in meinem späteren Leben Leuten, die gut Geschichten erzählen konnten, verfallen war. Torberg, Ustinov, Haeusserman, Hacker ... wie viele Nächte bin ich mit weit aufgesperrten Ohren dagesessen und konnte mich nicht satt hören. Durch eine glückliche Konstitution habe ich sie mir fast alle gemerkt, und aus dem Zuhörer ist irgendwann ein Erzähler geworden. Wahrscheinlich wurde ich überhaupt nur Schauspieler, weil man da Geschichten erzählen kann – immer noch das einzige, was mich bis heute am Theater interessiert. Ich weiß nicht, ob ich ein guter Schauspieler geworden bin. Aber vielleicht ein guter Geschichtenerzähler.

(Unnötig zu sagen, daß es völlig undenkbar wäre, meine Tochter zum Einschlafen zu bewegen, ohne ihr vorher eine Geschichte zu erzählen ...)

Geboren am 13. Dezember 1928 in Wien. Maler und Graphiker. Aufgewachsen im Haushalt des Arztes Dr. Karl Hutter und dessen Ehefrau Milena, seiner Mutter. Erfährt erst im Alter von vierzehn Jahren, daß der berühmte Maler und Schriftsteller Albert Paris Gütersloh sein leiblicher Vater ist. Studium an der Akademie der bildenden Künste, unter anderen bei Gütersloh. Einer der Hauptvertreter der Wiener Schule des Phantastischen Realismus. Seit 1966 Professor an der Hochschule für Angewandte Kunst in Wien. Verheiratet, vier Kinder, lebt in Wien.

Wolfgang Hutter
Auf der Suche nach meinem Vater

Jugend in Wien, das war die Salesianergasse 1 b im 3. Bezirk. Vom Zimmer meiner Mutter aus sah man auf die Stadtgartendirektion, im Vorgarten dieses Gebäudes stand ein Magnolienbaum; wenn dieser blühte, war Frühling, und man freute sich, denn es scheint üblich zu sein, sich im Frühling zu freuen.

Aus einem anderen Fenster sah man auf den Modenapark, von dem ein Drittel nicht gepflegt, sondern zukünftiges Bauland war. Als Kind liebte man den ungepflegten Teil, er war der Phantasie zugänglicher.

Vor dem Haus, einem damals wahrscheinlich sehr modernen Bau aus den Jahren 1930/31, war ein Teil eines nichtverbauten Areals eine echte Schrebergartensiedlung, ein anderer Teil wiederum zukünftiges Bauland. Vom Heumarkt her begann in einem Bogen die Beatrixgasse und verschwand hinter einem geräumigen einstöckigen Garagengebäude. Die Beatrixgasse steigt vom Heumarkt recht steil an, und als ich einmal im Winter wie so oft mit aufgelümmelten Armen gelangweilt aus dem Fenster schaute, entwickelte sich unten eine jener Situationen, von denen wir heute nur mehr wenig wissen.

Ein schwerbeladener Kohlenwagen, gezogen von zwei kräftigen breiten Pferden, geriet ins Stocken. Es lag reichlich Schnee, und die Pflastersteine dürften mit einer dünnen Eisschicht überzogen gewesen sein. Irgendwie begann ein schauerliches Ballett, der Geschichte des Sisyphos ähnlich, zwischen Zugkraft, sisyphosschem Zurückgleiten und tierischem und menschlichem Vermögen. Der Wagen kam nicht mehr weiter, die beschlagenen Hufe der Pferde erzeugten ein Funkenstieben auf den Pflastersteinen, und ein wildgewordener Kutscher hieb mit seiner Peitsche schrecklich auf die Tiere ein. Diese, bereits mit Schaum vor den Nüstern, bäumten sich auf, wieherten schrill, der Kutscher hieb und hieb, und trotzdem begann das Gefährt, immer mehr und mehr rückwärts zum Heumarkt zu rutschen. Nie wieder habe ich so unter einer Tiertragödie gelitten wie damals.

Das einstöckige Garagengebäude beherbergte in seinem zu unserem Haus gelegenen Teil eine private Garage, im anderen Teil waren die Polizeiautos der Marokkanerkaserne und auch zwei oder drei Polizeipanzerautos untergebracht. Diese sahen aus wie langgezogene Erbsen, und ich durfte als kleiner Bub, nachdem ich lang genug mit neugierigem Auge in das Tor hineingeschaut hatte, mich einige Male hineinsetzen und die Welt durch einen Schlitz betrachten. Durch diese Schlitze wurde kurze Zeit danach auf die Wiener sozialistischen Arbeiter geschossen. Die eine Tragödie habe ich gesehen, die andere Tragödie habe ich nicht gesehen, denn da hatte mich meine Mutter aus Angst vor den Schüssen in einen Vorzimmerkasten gesetzt.

So war der Modenapark mein eigener Spielplatz, und zwischen Beatrixgasse und Salesianergasse war es ein privater Kindergarten; Bürgerkind unter Bürgerkindern.

Ich war das zweite Kind in einer Arztfamilie, später würde sich für mich und meine ganz engen Verwandten diese anscheinend korrekte Bürgerlichkeit in ein ganz andersartiges Zusammensein ändern. Der Vater war zuerst Berufsmilitär, k.u.k. Hauptmann bis Kriegsende 1918. Danach begann er vollkommen neu, studierte Medizin und wurde später Facharzt für Urologie, Dozent, Primarius und im Zweiten Weltkrieg Militärarzt im Range eines Majors, den dienstlichen Titel weiß ich nicht mehr. Er war ein hagerer Mann mit Adlernase, einem mir nicht bekannten Humor und einer Hinneigung zu Wagnermusik, welche er in der Oper durch seine Nasenflügel mitintonierte. Er schnaubte durch die Götterdämmerung.

Die Mutter stammte auch aus einer k.u.k. Berufsmilitärfamilie und wurde sehr früh ein Waisenkind. Sie war dann dem Schutz und der Aufsicht ihrer Brüder unterstellt, ebenso ehemalige Berufsoffiziere, der eine wurde Architekt, der andere suchte das große Glück in Brasilien und fand es dort nicht. Meine Mutter verbot uns, sie Mama oder Mutter zu nennen, es war ein moderner Spleen von ihr, wir nannten sie bei ihrem Vornamen Milena, dieser Name kam von ihrer Mutter, die aus Dubrovnik stammte.

Aus späteren Erzählungen meiner Mutter – immer meinem Alter angepaßt, dauerten diese Erzählungen ungefähr zehn Jahre – erfuhr ich, daß ihre Ehe mit dem Arzt, in welche sie jungfräulich eintrat, eine sanft erzwungene Ehe war.

Unter der Devise: »Du hast nichts gelernt, es gibt für dich keinen Beruf, deine Lebensaussicht ist eine bürgerliche Ehe« – ein Arzt, wie gut für dich.

Kaum war sie in diese Ehe eingetreten, der Mann im Spitaldienste fern der Frau, geriet sie, unter welchen Umständen weiß ich nicht, in den Kreis um Josef Hoffmann, Dagobert Peche und einiger anderer Architekten und vor allem in die Atmosphäre der Wiener Werkstätte, deren erster kommerzieller Leiter ein gewisser Anquitsch Kleehoven war, den ich noch nach 1945 als Wiederherausgeber der Nazizeitschrift ›Kunst ins Volk‹, die nun ›Kunst und Volk‹ hieß, kennenlernte. Aber das Schicksal hatte auch vorher noch einen Witz parat, und der war so, daß Kleehoven im Ersten Weltkrieg unter dem Hauptmann Hutter diente, der den Kleehoven als den dümmsten und unbegabtesten Soldaten, der ihm je untergekommen sei, beschimpfte.

Laut meiner Mutter ist, als die Wiener Werkstätte schließen mußte und zwangsversteigert wurde, Kleehoven hinter dem letzten Speditionswagen mit schwarzem Trauerflor und Taschentuch schluchzend hinterhergelaufen. In dieser Welt traf dann meine Mutter noch viele Künstler, Maler und Bildhauer und in irgendeinem Café dann eines Tages den Schriftsteller und Maler Albert Paris Gütersloh, der für mein Leben besondere Bedeutung haben sollte.

Die Volksschule besuchte ich im 1. Bezirk in der Hegelgasse. Der Lehrer spielte Geige, und wir mußten dazu singen. Wie vieles danach, was irgendwie mit Schule zusammenhängt, muß ich es verdrängt haben. Meine Erinnerungen sind äußerst dürftig. Eines weiß ich jedoch genau: Wenn Religionsunterricht war, teilte sich die Klasse, die jüdischen Kinder gingen in einen anderen Raum. Meine Volksschulzeit fällt politisch in die Zeit des österreichischen Ständestaates, ich kann natürlicherweise davon nichts erzählen, es gibt vage Erinnerungen an das Krukenkreuz und den Text der ehemaligen Bundeshymne.

Eine einzige genaue Erinnerung allerdings habe ich an diese Zeit: Zwischen den damals so genannten Gartenbaugründen und dem Stadtpark wurde vor dem damaligen Bundeskanzler Dollfuß eine Militärparade abgehalten. Mein Vater nahm mich zur Besichtigung mit, wir standen im Spalier; und damit auch ich etwas sehen konnte, setzte mein Vater mich auf seine Schultern, und so konnte ich einmal diesen kleinen uniformierten Mann, der ein oder zwei Jahre später ermordet wurde, sehen. Alle diese politischen Wirren sind von mir eher unbewußt an meinem Volksschuldasein vorübergegangen, eingepackt in mütterliche Fürsorge und Liebe und das sogenannte Appetitbrot.

Der Grundstein für meine spätere – ich mußte noch älter werden – Zuneigung zum Kaffeehaus, die ich dann alleine und souverän genoß, wurde von meiner Mutter gelegt. Die Volksschule war meistens zwischen elf oder zwölf Uhr mittag zu Ende, fast täglich holte mich meine Mutter dort ab. Dann begann eine Zeremonie, welche ich heiß liebte. Man wanderte, Hand in Hand, meine kleine in der heißgeliebten großen meiner Mutter, durch die Innenstadt in das Café Matschakerhof in der Spiegelgasse. Das Kaffeehaus starb 1945. Dort, in der so schönen Welt der Erwachsenen, sanken meine Mutter und ich in ein weichgepolstertes Logeneck, der Kellner sagte: »Wie gewöhnlich, gnädige Frau« und brachte dann für meine Mutter einen Stoß von Modezeitungen und für mich die Illustrierten. Und dann kam jener vormittägliche Höhepunkt, der im präsexuellen Lebensabschnitt für ein verfressenes Kind, welches ich war, das Glück schlechthin bedeutete: Es kam das »Appetitbrot«!

Dieses muß beschrieben werden: Der Untergrund war ein Schwarzbrot, mit Butter bestrichen, fürsorglich, um das Verzehren überhaupt möglich zu machen, in fingerdicke Streifen geschnitten. Darüber, in einem kunstvollen Arrangement gerollt oder zu Tüten geformt, Salami, Schinken, falsche oder echte Gänseleberpastete, in Scheiben geschnittene hartgekochte Eier, etwas französischer Salat und ein paar kokett verteilte Tupfen Mayonnaise und, nicht zu vergessen, zwei Sorten Käse, Emmentaler und Camembert, irgendwo noch etwas grüner Salat und Gurkenscheiben.

Es klingt wie ein ganzes Buffet und war nur die Königin des belegten Brotes. Die Illustrierte auf den Knien, das Brot vor sich, die Mutter daneben, ich glaube, ich war in meinem späteren Leben nie mehr so gedankenlos glücklich. Dann ging man nach Hause zu Mittag essen. Ich war ein rundes, zufriedenes Kind. Es sollte nie wieder so schön sein. Die Schönheiten und Glücksgefühle, welche noch bevorstanden, sollten sich durch die Intensität der Ereignisse sicher über diesen kindlichen Genuß erheben, aber damals kannte man noch nicht den Katzenjammer, wußte noch nichts von Unglück, Mißerfolg und Einsamkeit, und der Alkohol war ein unbekanntes Wesen.

In diesen für mich so weichen Tagen standen und saßen in den Parks, am Ufer des Donaukanals, im Prater die Arbeitslosen, auf die Fenster von vielen Häusern waren große Plakate geklebt: »Zu vermieten«. Und an unserer Wohnungstür läuteten täglich Bettler, es gab Hofsänger, denen fünf Groschen hinuntergeworfen wurden, und wandernde Handwerker kamen oft in den Hof, um in einer Art Singsang ihre Dienste anzubieten.

Der Milchmann stellte um drei Uhr früh die Milch vor die Wohnungstür, und der Bäcker kam mit seinem duftenden Korb einmal vormittags mit Schwarz- und Weißbrot und am frühen Nachmittag mit Torten und Cremeschnitten. Während ich die Welt durch die Wärme meiner Mutter und durch die Augen meines Magens sah, war sie in Wirklichkeit grauenvoll, nur ich war klein und wußte von nichts.

Die Arbeiter hatten keine Arbeit, die Politik war verboten, die Hakenkreuzler schlugen den Schwarzen, Roten und Kommunisten die Nase und sonstiges ein, der Dollfuß war tot, Schuschnigg war Bundeskanzler, die Höhenstraße war gebaut worden, Sindelar spielte Fußball, und der Schilling war so hart und so selten, daß kaum einer ihn besaß. In einer Stehweinhalle soll folgende Bestellung möglich gewesen sein: ein kleines Gulasch, ein Seidl Bier, eine Semmel und eine »Flirt« für einen Schilling – Retourgeld zehn Groschen.

Die Volksschule ist aus, ein Traum ist aus, und es ist das Frühjahr 1938, vor dem Stadtgartenamt blüht wieder der Magnolienbaum, es ist Frühjahr, die Leute freuen sich. Da begannen in diesem Jahr so viele andere Entwicklungen, andere Zeichen, andere Umwelterfahrungen.

Die große Veränderung in meiner Familie korrekt und chronologisch zu erzählen ist mir leider nicht möglich, in diesem Jahr hat sich alles umgestaltet. Der Geruch der Welt drinnen und draußen hat sich verändert, die Zuneigung wurde plötzlich verändert, und die Zeit des vollen Vertrauens begann zu zerbröckeln. Dieses klingt, im nachhinein erzählt, etwas altklug; ich war noch nicht einmal volle zehn Jahre alt, und damals hab' ich es auch sicher nicht so bemerkt wie in der jetzigen Rückschau, aber ich muß es gespürt haben wie ein kleines Tier, wenn ein Schatten auf den Eingang seiner Höhle fällt.

Die letzten Monate in der Volksschule, die jüdischen Kinder waren nicht mehr da.

Hakenkreuze überall, in jedem Geschäft, an jedem Haus, auf jedem Rockaufschlag. In einem kleinen Papiergeschäft in der Salesianergasse waren sie ausverkauft – ich hätte auch gerne eines gehabt.

Ich hatte mit meiner Mutter einige Tage zuvor Schuschniggs Abschiedsrede im Radio gehört, ich habe nie seinen Satz vergessen: »Gott schütze Österreich.« Bis heute weiß ich nicht genau, ob meine Familie über den Anschluß in den ersten Tagen auch so froh war wie anscheinend die ganze Stadt und alle Gassen und alle hakenkreuztragenden Wiener; ich glaubte, alle waren froh, und für mich war es eine unglaubliche »Hetz«.

Nachträglich erfuhr ich die zwei Veränderungen, die meine Familie getroffen hatten. Die eine geschah in den ersten Tagen der Okkupation, die zweite war schleichend, nicht so tragisch, aber ebenso verändernd. Für die erste Geschichte bin ich ein kleiner Zeuge am Rande. Meine Mutter und ich standen am offenen Fenster und schauten in den Himmel, der übersät war mit deutschen Militärflugzeugen, welche wahrscheinlich

Links: Wolfgang Hutter mit seinem älteren Bruder Heribert. *Rechts:* Dr. Karl Hutter.

einige Runden über Wien drehten, bis sie die umliegenden Militärflugplätze als ihr Ziel anflogen. Ich als Kind fand das Schauspiel in der Luft natürlich »toll« und nahm an, meine Mutter teile diese Ansicht in ihren fraulichen Möglichkeiten mit mir. Plötzlich ballte sie ihre Fäuste, begann hemmungslos zu weinen, trommelte mit den geballten Händen auf das Fensterbrett und schrie, halb erstickt durch das Schluchzen: »Ihr Schweine, ihr Schweine!«

An diesem Tag wurde Albert Paris Gütersloh, damals Professor für Kirchenmalerei an der Kunstgewerbeschule, von der Gestapo verhaftet und in das Hotel Metropol am Morzinplatz eingeliefert. Der Denunziant war der damals an derselben Schule als Professor für Keramik tätige Obsieger. Dieser Professor Obsieger wird mich sechs Jahre später nach einigen Monaten Studium in einer Vorbereitungsklasse der Kunstgewerbeschule im Frühjahr 1944 aus diesem Hause wegen angeblich gefälschter Aufnahmeprüfungszeugnisse und mangelnder Schulvorbildung hinauswerfen. Dieses war von außen der erste Hieb gegen unsere Familie, er traf zuerst meine Mutter alleine.

Der zweite Hieb war sanfterer Art, er traf die ganze Familie, kam einige Monate später. Mein Vater hatte seit einiger Zeit, wie lange, entzieht sich meiner Erinnerung, am Stubenring gleich in der Nähe des Café

Prückl zusammen mit einem jüdischen Kollegen eine Privatordination für Urologie, die Praxis dürfte einigermaßen gut gegangen sein, denn wir hatten eines Tages ein Privatauto, einen Steyr Baby.

Wie und wann diese Ordination geschlossen werden mußte, weiß ich nicht mehr, ich erinnere mich aber genau, daß das Auto sehr schnell wieder verschwand und der finanzielle Abstieg nicht plötzlich da war, sondern langsam und stetig vor sich ging, das Geld immer mehr abnahm.

Auch ich bereitete in dieser Zeit meiner Familie immer weniger Freude. Ich sollte die Aufnahmeprüfung in das Gymnasium machen, ohne Aufnahmeprüfung war ein Besuch dieser Schule damals unmöglich. Ich fiel durch.

Der Kampf meiner Mutter mit den Lehrern und den Schulen begann. Ich kam in die Hauptschule Hörnesgasse im 3. Bezirk. Es war dort alles so anders, als ich es bisher gehört oder gespürt oder gerochen hatte. Ein anderer Wiener Dialekt, andere Umgangsformen und eben ein Arbeitermilieu. Erdberg war zwei Häuser weiter. Kein Diplomatenviertel mehr. Mein Schulweg führte mich durch die Ungargasse und durch den Sünnhof zur Landstraßer Hauptstraße. Ebenerdig war der Sünnhof eine einzige große Pferdestallung und voll besetzt mit Tieren. Es roch dort außer nach den Pferden nach Bauern und Land. Ich blieb ein Jahr in dieser Schule und war das einzige Mal in meinem Leben ein guter Schüler. Wenn der Teufel es will, neckt er einen, gibt einem schlechtere Partner, und schon glaubt der hochmütige Faule, er könne was.

1939 bricht zum Ende des Sommers der Zweite Weltkrieg aus. Meine Mutter, welche früher nie den Sommer in Österreich war – sie reiste entweder nach Spanien oder Jugoslawien –, verbrachte notgedrungen ihren ersten Sommer mit meinem Bruder und mir in einer Pseudosommerfrische in Baden bei Wien. Ich war wiederum einmal in den Gassen Badens. Streunen, zielloses Herumwandern, Stieren, Schauen, Schlendern, Schuhspitzen-Abreiben, Nasenbohren und Hosentaschen-Durchlöchern.

Vor einem Radio- und Elektrogeschäft war eine Ansammlung von Passanten, nichts war wichtiger für mich, als mich dazuzustellen, der Satz »Seit 4.45 Uhr wird zurückgeschossen« war also auch in meinem Ohr. Neugierig auf alles und mich leidenschaftlich auf der Gasse herumtreibend, hatte ich vor einem Jahr, am Anfang der Mariahilferstraße, vor dem Nonstopkino mich zwischen die Beine eines SS-Mannes bis in die erste Reihe des Menschenspaliers geschoben und von da unten den Einzug Hitlers in Wien gesehen. Dieser verlief dann so schnell, daß man mir das Davor und Danach erzählen könnte, aber nichts davon.

Jetzt war ich elf Jahre alt und trat zum zweitenmal zur Aufnahmeprüfung in das Akademische Gymnasium an. Ich bestand diese mit Ach und Krach und brachte die erste Klasse sogar mit Aufstiegsrecht in die zweite hinter mich. Es gab damals im Deutschen Reich sechs Noten, ich sollte die höheren Noten besser kennenlernen als die schönen niederen.

Man muß auch von den ausgesprochen dummen Neigungen eines Kindes erzählen und diese nicht verschweigen. Der Herdentrieb und eine gewisse Neigung, zu einer Gruppe dazuzugehören, hat mich bis heute nicht ganz verlassen, und ich hoffe eigentlich auf mein hohes Alter, von dieser Sucht endlich geheilt zu werden.

Ich ging meinen Eltern – unwissend um ihren weiteren Horizont als meinen, der damals nicht weiter reichte als in das Wochenschaukino und von diesem bis in die Metternichgasse und von dort zurück zum Ende der Johannesgasse in die Kärntnerstraße, um dort ins Nichts zu versickern – mit einem Wunsch wahrscheinlich schwerst auf die Nerven, ich wollte unbedingt in das Deutsche Jungvolk, kurz DJ.

Alle waren dabei, der aus der Gasse, der Bub von oben und der fesche Blonde aus dem Modenapark und überhaupt alle. Mein Vater sagte gar nichts und verschwand in seinem Beruf, meine Mutter seufzte, war kurz verzweifelt und kaufte seufzend endlich die Uniform. Die Sache tat mir schneller, als ich dachte, leid. Ich war nicht geschaffen für Landtage mit Zelten, Nachtmärschen und Kolonnenliedern. Nie werde ich vergessen, als wir kleine Buben mit den kurzen Schnürlsamthosen, so kurz wie möglich, das Konzerthaus in der Lothringerstraße im Marsch umkreisten und als Kleinidioten sangen: »Und heute gehört uns Deutschland und morgen die ganze Welt.« Wenn wir es nur billiger gewollt hätten.

Nach gar nicht so langer Zeit ging ich nicht mehr hin oder kam nur, wenn schon drei Buben in Uniform an der Türe Sturm läuteten, ich müsse zum Dienst kommen. Ich kam ihnen bis zum Schluß nicht mehr aus.

Als ich vierzehn Jahre alt wurde, erhob das Regime den Dienst in der Hitler-Jugend zum Gesetz. Ich wurde also gezwungen, weiterhin irgendwelche Dienste zu tun. Einmal lief ich von der Gruppe mitten im Dienst davon, drei Wochen später standen schon wieder die »Jungens« vor der Wohnungstüre, um einen zum Dienst zu holen. Einmal kam Goebbels nach Wien, um zur HJ von Wien zu sprechen. Die Bezirke versammelten sich am frühen Morgen in ihrem Kern, um von dort aus im Laufe des Vormittages den Treffpunkten in der Nähe der Ringstraße zuzumarschieren. Dort formierten sich die einzelnen Bezirke zu Abteilungen in Zwölferreihen, um in einem riesigen, im Gleichschritt dahinmarschierenden Karree wieder einmal den Heldenplatz zu füllen. Solche Aufmärsche bestanden in der Hauptsache aus Warten und Auf-der-Stelle-Stehen. Um sieben Uhr früh hatten wir uns am Modenapark gesammelt, um zwölf Uhr mittag am Heldenplatz sprach dann Goebbels zu uns, daß die deutsche Jugend keinen »Jazz« (deutsch ausgesprochen) brauche – das einzige, was ich in diesem Moment brauchte, war ein Klo. Da es aber unmöglich war, die Reihe zu verlassen, gab ich der Blase nach, und während

Goebbels brüllte und tobte und beschwor, machte ich in die Hose, und es rann die nackten Oberschenkel hinunter in die Strümpfe, die weißen, und zum Boden.

Je länger der Krieg dauerte und je schwieriger er wurde, desto grimmiger wurden die Gesichter dieser Organisationen. Bei der HJ wurde der sogenannte Wochenarrest eingeführt – bei mehrmaligem Nichterscheinen zum Dienst Wochenarrest von Freitag abend bis Montag früh. Ich bekam die Aufforderung.

Mein Vater, damals bereits als Militärarzt eingezogen und in Uniform, ging mit mir zu der zuständigen Polizeistelle, und sein Auftreten und seine Erfahrung mit Militär und Uniformierten ersparten mir den Aufenthalt in einer Zelle.

Die Gelegenheit, mich nochmals zu retten, ließ gar nicht lange auf sich warten. Der Krieg näherte sich seinem Ende, im Herbst 1944 wurde der Jahrgang 1928 schon teilweise zur Musterung befohlen, auch ich wurde gemustert, man stand nackt vor einem Karree von Tischen, hinter dem alle Uniformen des Deutschen Reiches versammelt schienen; wenn man selber nackt ist, kommt einem der Angezogene noch viermal mehr angezogen vor, noch dazu, wenn es Uniformen sind. Ich wurde wegen Untergewichts auf ein halbes Jahr zurückgestellt. Dies war im Oktober 1944, zwei Monate vor meinem fünfzehnten Geburtstag. Einen Monat später wurde ich zu einem Ersatzkriegsdienst einberufen, bekam eine scheußliche dunkelgraue Uniform mit HJ-Hakenkreuzarmbinde, ein schwarzes Schiffchen auf den Kopf und wurde als Bürodiener dem Bezirksamt am Karl-Borromäus-Platz zugeteilt. Dort waren wir zu zweit. Außerdem war ich noch dem Feuerwehrdienst der Hitler-Jugend zugeteilt, dort mit einer etwas fescheren Uniform ausgerüstet. Bei dieser Organisation hatte man jeden zweiten Tag Nachtdienst und die Verpflichtung, sich bei Fliegeralarm sofort in der Dienststelle, welche sich im Piaristengymnasium befand, einzufinden.

Auch diese Verpflichtung nahm ich anfangs ernst, um dann wiederum nachzulassen und zu schwänzen. In einem dieser Nachtdienste erwischte uns ein ernster Einsatz. In einer kleinen Seitengasse der Josefstädterstraße, gleich hinter dem Café Eiles, hatte eine Fliegerbombe ein kleines zweistöckiges Barockhaus zerrissen. Die Bergungsmannschaft nahm an, daß im Keller ein Hohlraum sei, in dem sich noch Lebende befinden konnten, und wir Jungen wurden in der Nacht dorthin abkommandiert, um zu helfen. Die Bergungsmannschaft bestand aus einem Wiener Feuerwehroffizier, einer niedrigeren Wiener Feuerwehrcharge und ungefähr zehn ukrainischen Zwangsarbeitern. Vorne im Keller gruben die Ukrainer, und wir Jungen bildeten eine Kette nach oben und schafften die Ziegel in den Hof.

Als im Morgengrauen aus dem zusammengepreßten Schutt und Balkengewirr das Bein einer Frau freigelegt wurde, mit zerrissenen und blutigen Strümpfen, ging ich in den Hof hinauf und rührte keine Hand mehr. Bei nächster Gelegenheit verschwand ich und ging nach Hause. Wenig später wurde ich vor versammelter Mannschaft am Piaristenplatz wegen unehrenhaften Verhaltens aus der HJ-Feuerwehr ausgeschlossen.

Im Januar 1945 schließlich kam mit der Post die Einberufung zum Militär, der Stellungsbefehl kam drei Tage vor seiner Pflichtwerdung. Die Russen standen in Ostpreußen, die Amerikaner am Rhein, und in Ungarn war Budapest befreit oder gefallen, je nach Deutung. Jetzt kam die große Stunde meines Vaters. Während er im Kopf seine Möglichkeiten aufmarschieren ließ, ob er nicht irgendwo ein kleines Loch fände, das er so ausdehnen könnte, um mich mit seiner Hand durch diese Öffnung durchschieben und mich dadurch aus dem Krieg herausdrücken zu können, versuchte ich mit einem Freund aus der Salesianergasse, der denselben Befehl in der Tasche hatte, zusammen zum Mann zu werden.

Wie glaubt ein sechzehnjähriger Bub, zum Mann zu werden? Einmal mit einer Frau im Bett liegen. Einmal das in Wirklichkeit zu erleben, wovon Buben in diesem Alter tagtäglich reden, reden und tagtäglich und allnächtlich heftig träumen und glauben, es sei das Größte auf der Welt.

Es gab in der Wiener Innenstadt drei Bordelle. In der Köllnerhofgasse, in der Bäckerstraße und in der Kleeblattgasse. Der »Führer« verlangte von uns Buben, in den Krieg zu gehen, aber den Mut, an einer dieser Türen zu läuten und das Wunder Frau anzugreifen und zu sehen, diesen Mut brachte weder mein Freund noch ich auf.

Wir gingen unverrichteter Dinge nach Haus zu unseren Müttern.

In diesen zwei Tagen, die bis zu meiner vorgesehenen Stellung vergingen, hat mein Vater sich den Kopf zermartert. Und er hatte Erfolg. Er fand in seinem Gedächtnis einen Mann, mit dem er zusammen im selben Jahrgang an der Wiener Neustädter Militärakademie zum Berufsoffizier ausgebildet worden war. Dieser Mann hatte in der Nationalsozialistischen Partei Karriere gemacht, war in die braune Parteiuniform gekleidet und hatte im Kriegsministerium einen hohen Posten inne.

Mein Vater und der Parteibonze hatten das Loch gefunden.

Ich bekam vierundzwanzig Stunden vor dem Stellungstermin eine Zeit genannt, zu der ich mich mit meinem Einberufungsbefehl bei diesem Parteimann einzufinden hatte. Mein Vater schärfte mir noch ein, kein unnötiges Wort zu verlieren und ja keine Frage zu stellen.

Zitternd vor Angst, betrat ich das große holzgetäfelte Zimmer am Stubenring – rechte Hand hochreißen und ein so zackiges »Heil Hitler!« wie möglich mit strammer Haltung aus mir herausbringen. Sofort wurde ich von diesem braunen Mann heftig angebrüllt, wieso ich bei der Musterung nicht angegeben hätte, daß ich lungenleidend sei. Meine kurze Antwort: »Ich wurde nicht danach gefragt.« Brüllende Replik: »Ein deutscher Junge lügt nicht.« Wieder brüllend von seiner Seite: »Gib mir den Einberufungsbefehl!« Ich sei durch mein Verhalten an der Fehlentscheidung der

Wolfgang Hutters Mutter Milena Hutter und sein Vater, Albert Paris Gütersloh.

Musterungskommission schuld. Zurück bekam ich einen provisorischen Schein, der beinhaltete, daß ich von der Einberufung bis zur weiteren Behandlung zurückgestellt sei.

Es war ungefähr um die Mittagszeit am Tage vor der Stellung.

Hier muß ich, so unglaublich es klingen mag, von dem Wort Vater für Dr. Karl Hutter Abschied nehmen, denn er war nicht wirklich mein Erzeuger. Er hatte es, glaube ich, vom Tag meiner Geburt an gewußt und hat dieses Wissen bis zu seinem Tode geleugnet. Für seinen Anstandsbegriff konnte nicht geschehen, was nicht geschehen durfte, ich war sein Sohn und blieb es. Er hat später, nach dem Krieg, Menschen, die vor ihm erwähnten, der Wolfgang sei doch nicht sein Sohn, mit gerichtlichen Schritten und was einem Ehrenmann sonst noch alles zu einer Verwicklung einfällt, gedroht.

Ich muß in dieser Erzählung meine große Dankbarkeit und Bewunderung für diesen Mann aussprechen. Auch wenn er mir nicht mein Leben möglich gemacht hat, gerettet hat er es sicher zweimal, einmal, weil er meine Mutter und mich nicht verstoßen hat, und das zweitemal, als er den braunen Mann fand.

Er starb, mehrmals vom Schlag getroffen, jahrelang dahin, völlig gelähmt, sprach- und bewegungslos.

Zurück zum Gymnasium und zurück zum Kaffeehaus.

Es gab nun schon lange nicht mehr den Vormittag im Café Matschakerhof. Es gab auch keine gemütliche Volksschule mehr. Das Gymnasium am Beethovenplatz wurde zur Stätte meiner ständigen Niederlagen. Ich brachte es dort nur bis zur dritten Klasse und auch diese ohne Abschluß, dafür versaß ich dort fünf Jahre, meine Mitschüler wurden immer jünger und ich immer pubertärer, was darauf hinauslief, daß ich nichts von den Lehrern lernte, aber dafür meinen jungen Mitschülern auf dunklen Stadtparkbänken die Masturbation perfekt beibrachte. Ich machte grundsätzlich keine Hausaufgaben, schwang mich im Sommer auf ein uraltes Fahrrad und war im Prater verschwunden, im Winter auf dem Eislaufplatz.

Dort, am Wiener Eislaufplatz, war ein kleines Rudel fast gleichaltriger Buben, die sich immer wieder trafen. Einige davon sind heute in unserer Stadt recht berühmte Leute.

Zwischen der Vormittagsschule und dem Verschwinden in den Prater oder Besuchen bei Schulfreunden, unter anderem beim Sohn des einzigen von den Nazis gestatteten jüdischen Zahnarztes namens Birer, der auch den Krieg lebend überstand, nahm mich meine Mutter hie und da zu einem Treffen in ein Café mit, um mir dort den Onkel Albert zu zeigen, den Maler Gütersloh. Meine Mutter hatte einige Aquarelle von ihm in der Wohnung feinst säuberlich gerahmt, bestens gehängt, und zwei dicke Mappen, von einem Buchbinder extra für sie angefertigt, es waren eher Kartonkisten, in denen sie weitere Aquarelle und Zeichnungen verwahrte. Ich spürte schon recht früh, daß dieses für sie ein gehüteter Schatz war. Über unserem Eßplatz hing eines dieser Blätter in der Reproduktion eines Kalenders. Ich sah es täglich und wuchs mit diesem Bild auf. Es war »Die Stadtparkbrücke«, eigentlich ein Rendezvous-Porträt – sie, die »Milena«, links, er, der »Albert«, rechts und in der Mitte ein Bub im Matrosenanzug, ich – »Wolfgang«.

Ich erinnere mich, daß ich anfangs auf diesen Mann schrecklich eifersüchtig war, er berührte meine Mutter so intim, er streichelte sie und machte ihr so lange und ausbreitende Komplimente.

Ich wurde auch eines Tages in seine kleine Atelierwohnung in die Buchfeldgasse zum Tee mitgenommen und lernte dort eine völlig andere Welt kennen, als ich bisher wahrgenommen hatte. In dieser Dachwohnung mit gemeinsamem Vorzimmer, Klo und Bad lebten Gütersloh und Heimito Doderer.

Kaum vierzehn Jahre alt, durfte ich Gespräche dieser Herren mit anhören. Keiner dieser Männer behandelte mich wie ein Kind. Ich könnte das Kennenlernen Güterslohs sehr lange und in vielen Details beschreiben, über seine Hände, die mich faszinierten, seine Baskenmütze, die in der Naziumgebung so fremd wirkte und die erste Ahnung von Paris brachte, die Reste von früherer dandyhafter Elégance, oder die von ihm oft an mich gestellte Frage, ob ich wohl male. Aber ich glaube, dieses wäre eine eigene Geschichte wert und würde diese Erzählung zu lange aufhalten.

Ich war eines Nachmittags allein zu Hause, wie immer lernte ich nichts, sondern blätterte statt dessen in der Bibliothek meiner Mutter, die so wunderschöne Kunstbände hatte. Und eigentlich, ohne es zu ahnen, blickte ich in meinen zukünftigen Beruf hinein. Als mir das Blättern langweilig wurde, begann ich, in Läden zu stierln. Eine, wie ich heute finde, widerwärtige Ungezogenheit. Man steigt nicht in das, was der Leichtsinn oder die Seele liegengelassen hat, hinein. In einer Schatulle fand ich ein Dokument. »Das Gericht befindet die Scheidung von Tisch und Bett des Karl Hutter und der Milena Hutter.«

Ich war mehr als erstaunt.

Ich hatte ein gutes Verhältnis zu meiner Mutter und kaum ein Geheimnis, sie kam nach Hause, und ich frug sie. Und sie erzählte lang und offen, voller Liebe zu Gütersloh und zu mir. Ja, sie wurde geschieden, aber wie gesagt vom Sex und vom Essen. Mit Erotik hatte sie, glaube ich, ihr ganzes Leben lang nicht sehr viel zu tun, aber hinter dem Wort Essen steht Geld, und Geld bringt Wohnung, Kleidung, die Wärme im Winter und das Leben für ihre Kinder. Als ich geboren wurde, herrschte die tiefste wirtschaftliche Depression in Österreich. Gütersloh hatte kein Geld, er lebte schlecht vom Schreiben und schlecht vom Malen. So blieb es bei der Lebensgemeinschaft meiner Mutter mit ihrem nicht mehr verheirateten Mann bis zu dessen Tod.

Meine Mutter hat aber Gütersloh auch nie mehr verlassen, blieb auch mit ihm bis zu seinem Tod zusammen, obwohl sie nach dem Krieg einen anderen Mann – Hofrat Alfred von Dedovich – heiratete, Gütersloh blieb im Gepäck.

So hatte ich jetzt zwei Väter.

Es hat mich nie besonders gestört, im Gegenteil: Je mehr ich Gütersloh kennenlernte, desto stolzer wurde ich eigentlich.

Jetzt erfuhr ich auch, daß Gütersloh von den Nazis Berufsverbot hatte, nichts von ihm erscheinen durfte, keine Bilder von ihm öffentlich gezeigt werden durften. So erfuhr ich, daß es eine Reichskulturkammer gab, in der man Mitglied sein mußte, ich erfuhr, was entartete Kunst sein sollte, der ganze grausame Würgegriff der Nazis bekam auch für mich langsam ein Bild.

Meine Mutter begann in dieser Zeit in ihrem prachtvoll eingerichteten Zimmer – und es kam mir nicht nur so vor, heute weiß ich wirklich, daß es ein kleines Museum der Kostbarkeiten war –, einen literarischen Salon zu betreiben, es wurden Dichterlesungen veranstaltet, natürlich mit Gütersloh, aber auch Josef Gregor las aus seinen Schriften, inmitten des Krieges und des beginnenden Bombenkrieges eine Oase der Kultur und der Ästhetik. Rundherum wurde alles immer schlechter, es gab kein Eislaufen mehr für mich, weil ich keine Eislaufschuhe mehr hatte. Es gab nur noch Ersatz, und in den Auslagen der Geschäfte standen statt Waren Tafeln mit der Aufschrift »Auslage in Arbeit«. Die Plakate auf den Straßen erzählten, daß die Räder für den Sieg rollten, und ein schwarzer Schattenmann warnte, daß der Feind mithört. Man nahm zwei Kissen, legte sie über den Radioapparat und hörte BBC, den Feindsender. Man hatte Angst vor dem Nachbarn, Angst vor der Hausmeisterin und Angst vor dem rothaarigen Mann einen Stock tiefer, der immer in Parteiuniform ging.

Am zweiten Tag, an dem die Russen in unserer Gasse waren, nahm die Hausmeisterin die Russen am Arm, führte diese zur Tür des Rothaarigen, und jene wiederum führten den Rothaarigen sofort weg, und er wurde nie wiedergesehen.

Dr. Hutter war Militärarzt, mein Bruder eingezogen und irgendwo östlich von uns fast verschollen. Ich war mit meiner Mutter eigentlich alleine. Dann wurde Dr. Hutter zum erstenmal vom Schlag getroffen, war halbseitig gelähmt, raffte sich aber mit einer unheimlichen Energie wieder auf und ging schleppenden Fußes und mit verkrampfter linker Hand wieder zu seinen Verwundeten. Im nachhinein erkenne ich, daß das Zuendegehen des Krieges sich deckt mit dem Zuendegehen meiner Kindheit.

Mein Verbleiben im Gymnasium war unhaltbar geworden. Gütersloh und meine Mutter entdeckten jedoch die Möglichkeit, daß irgendein zeichnerisches oder malerisches Talent in mir vorhanden sei. Alte Kontakte wurden gesucht, und es gelang, mich mitten im Schuljahr in einer Vorbereitungsklasse der Kunstgewerbeschule unterzubringen. Diese war in der Schellinggasse vis-à-vis meiner ehemaligen Volksschule. Ich war plötzlich überglücklich, bei einem gewissen Professor Böhm durfte ich zeichnen, aquarellieren, lernte die Anfänge der Perspektive und wurde, welch Wunder, mit »Sie« angesprochen und sogar »wenn Sie so nett wären«. Heraus aus dem Gymnasium, in dem ich immer der »Trottel« und »der Letzte« war und mir als mein einziges Ziel der Straßenkehrer zugestanden wurde.

Ich war trotz Hungers und Bomben im Himmel. Aus diesem wurde ich nach drei Monaten von dem schon früher genannten Herrn Obsieger wieder in die Hölle zurückgeschickt. Ich mußte noch einmal in ein Gymnasium zurück. Für die letzten vier oder fünf Wochen in meinem Gymnasialleben trat ich in eine Schule in Hietzing mit absolutem passivem Widerstand ein, ich nahm wohl eine Schultasche als Alibi für die Gasse mit, diese war vollkommen leer. Auf jede Frage eines Professors war meine gleichbleibende Antwort: »Habe ich nicht, weiß ich nicht.«

Es war Sommer 1944, und diese Schulen waren so oder so für mich vorbei. Es ist dann doch noch im Herbst ein Wunder geschehen. Obwohl offiziell alle Kulturstellen geschlossen wurden, gab es doch die erste Aufnahmeprüfung in die Akademie am Schillerplatz. Es wurden aufgenommen zwei Sechzehnjährige, ich und ein Einäugiger und ein Einarmiger.

Ich wurde in eine Graphikklasse aufgenommen, konnte zwei Monate zeichnen, dann wurde ich bis Kriegsende Bürodiener.

Ich konnte auch noch dem Volkssturm entwischen.

Dann, im Frühjahr 1945, war eine Nacht lang nur das Dröhnen von Panzern zu hören, und am Morgen war kein deutscher Soldat mehr zu sehen, es war irgendwie ein heller Tag, unwirklich still, dann marschierten in Schützenreihen die neuen grünbraunen Uniformen die Salesianergasse herunter. Vor dem Stadtgartenamt blühte der Magnolienbaum, es war Frühling, und die Menschen freuten sich. Eine Jugend war zu Ende.

Geboren am 20. März 1913 als Sohn der Schauspielerin Else Heims-Reinhardt und des Regisseurs Max Reinhardt in Berlin. 1933 Emigration in die USA, Assistent von Ernst Lubitsch. Lektor, Drehbuchautor, Produzent und Regisseur bei MGM. Filmtätigkeit unter anderem mit Ingrid Bergman, Clark Gable, Hedi Lamarr, Vivian Leigh, Robert Taylor, Greta Garbo, Gregory Peck, Ava Gardner, James Mason, Kirk Douglas. Während des Zweiten Weltkriegs Unteroffizier im US-Nachrichtendienst; Librettist und Dialogregisseur am Broadway. Ab 1954 auch Regisseur deutschsprachiger Filme, 1961/62 betreute er die ›Jedermann‹-Inszenierung bei den Salzburger Festspielen. 1978 ›Urfaust‹-Regie im Theater in der Josefstadt. Verheiratet, lebt in Los Angeles.

Gottfried Reinhardt
Der siebzehnjährige Krieg

Ein heiles Elternhaus hatte ich nur bis zu meinem sechsten Lebensjahr. Danach war es für immer gespalten. Mein Vater, Max Reinhardt, und meine Mutter, die Schauspielerin Else Heims, seine Kollegin im Brahmschen Ensemble und erste Frau, lebten zwar noch ein paar weitere Jahre unter einem Dach, aber nicht mehr miteinander.

Ja, sie sprachen kaum mehr miteinander. Und sie sahen einander höchstens, wenn sie sich zufällig im breitgeschwungenen Rokoko-Treppenhaus begegneten, was selten vorkam, denn ihre Stundenpläne waren so verschieden wie ihre Standpunkte und Gefühle. Einmal aus dem Haus, trennten sich ihre Wege sowieso, denn seine Schritte führten ihn in seine Theater, die ihr nun verschlossen blieben. Ihre starre Haltung ihm gegenüber – sie weigerte sich, ihm die Freiheit zu schenken – vergiftete nämlich nicht nur ihr Privatleben. Auch im Beruf stagnierte die Bühnenheldin zusehends. Aber selbst bei solchen Zusammentreffen im Treppenhaus gingen sie getrennte Wege, denn er benutzte nicht länger den Haupteingang zur einst gemeinsamen Wohnung. Statt dessen bediente er sich einer Nebentür zu seinem von dem der Mutter und den Kindern hermetisch abgeriegelten Trakt.

Mein Bruder und ich durften ihn dort für genau begrenzte Zeiten besuchen, die meistens von seinem sehr unorthodoxen Nahrungspensum abhingen, denn das Wort Freizeit stand nicht in seinem Vokabular. Also: Frühstück so gegen zwölf Uhr mittags; Mittagessen nach der Probe zwischen sechs und sieben Uhr abends; übers Diner, oder besser Souper, waren wir nicht informiert. Uns war verboten, an diesen Mahlzeiten teilzunehmen. Gegessen wurde bei Mutti. So die Vorschrift. Die Realität sah anders aus. Aus irgendeinem – der Psychoanalyse sicher vertrauten – Grunde reagierten beide Elternteile ihre Gewissensbisse, für ein Trauma der Sprößlinge verantwortlich zu sein, durch Verwöhnung und Überbeanspruchung ihrer Gaumen ab. Der Vater konnte es nicht lassen, die Söhne zu Kosthappen zu verführen, die ebenso köstlich wie happig waren. Die mißtrauische Mutter beobachtete und mißbilligte scharf jede vorzeitige Sättigung. Es gab für die Opfer nur zwei Möglichkeiten: chronische Gastritis oder die Sünde der Völlerei. Mein Bruder entschied sich für die erste, ich wählte die zweite.

Das lecke Dach krönte eines der wenigen schönen alten Häuser Berlins. Erbaut wurde es von Knobelsdorff, dem Schöpfer von Sanssouci und anderem. Die Zopfstil-Fassade, einfach und elegant, ist durch einen frühen Anbau etwas aus dem Gleichgewicht geraten, war aber dank eines großzügigen, zweiseitigen Stufenaufgangs mit einem edlen schmiedeeisernen Gitter aufgewogen wird. Vielleicht hielt mein Vater die Spannung im Palais – und es war eines; er hatte eine Vorliebe für Palais; sie dienten ihm als Bestätigung für den Sieg über die verhaßte Arme-Leute-Atmosphäre seiner Jugend – so lange aus, weil es so schön und in Berlin so rar war. Außerdem wohnten im unteren Stockwerk die graue Eminenz, sein über alles geliebter Bruder Edmund, und im anderen Flügel die Familie seiner Lieblingsschwester, die Großmama bis zu ihrem Tod, und noch eine andere Schwester. Mit Ausnahme des Bruders, ein Feind meiner Mutter, ein Feind von jedem, der irgendwelche Besitzrechte auf seinen Max geltend machen oder ihn gar bekriegen wollte, verliefen die Familienbeziehungen im Haus harmonisch.

Dessen größtes Plus war der Garten, in der Ausdehnung und Vielfältigkeit der Vegetation für die Innenstadt ein Unikum. Als Spielrevier für den Nachwuchs, wir waren zusammen fünf, ein ideales. Die alte Remise, das Labyrinth des Kellers, die Maulbeerbäume, die Weinranken an der Hauswand, deren Produkte ganz südlich schmeckten, der Walnußbaum, eine andere aufregende Ernte, der Riesenfliederstrauch, die vielen Schlupfwinkel – es war ein Paradies. Doch Paradiese pflegen ja vergänglich zu sein. Zumindest müssen Sterbliche sie verlassen. Eines düsteren Tages standen Möbelwagen vor Kupfergraben 7, und ich schaute zu, wie jeder bewegliche Gegenstand aus Papas Räumen entfernt wurde. War die Entzweiung schrecklich gewesen, so die Leere noch schrecklicher. Übrig von ihm blieben, auch vergänglich, lediglich sehr geliebte Düfte: Es roch noch eine Weile nach Havanna und Lavendel.

Ein »Elternhaus« gab es von da an für mich nur im übertragenen Sinn. Und selbst in diesem war es ein »house divided«. Konkret bewohnte ich fortan ein »Mutterhaus« und sporadisch »Vaterhäuser«, alle palastartig. Da er nicht bloß einer Ehegemeinschaft entkommen war – allerdings nicht der Ehe –, sondern durch Einfluß einer neuen Gefährtin, die eine neue Ehe anstrebte, auch dem Schauplatz, der Stadt Berlin, den Rücken gekehrt hatte, die ihm so viel verdankte wie er ihr, befanden sich nunmehr die »Vaterhäuser« in Österreich, seinem Geburtsland.

Das ihm teuerste und prachtvollste war das Barockschloß Leopoldskron in Salzburg. Er erwarb es 1917, nicht von den Firmians, der bischöflichen Dynastie, in deren Besitz es über ein Jahrhundert gewesen war, sondern von einem Berliner Geschäftsmann namens Wolf, der seltsamerweise auch am Kupfergraben wohnte. Es war sehr heruntergekommen. Die Instandsetzung kostete zehnmal soviel wie der Kauf und lag ihm zehnmal mehr am Herzen als manche andere Inszenierung. Der Kauf entwickelte sich zum Keim der Salzburger Festspiele. Nicht Mozart, nicht Patrizier der Stadt, nicht Richard Strauss, der anfangs nichts anderes als seinen Namen gab, nicht Hofmannsthal, der ohnehin Reinhardthörig war und Pamphlete für das Unterfangen verfaßte – aber für Salzburg nicht den ›Jedermann‹, welcher schon 1911 in Berlin die Uraufführung erlebte –, waren die Paten der Festspiele. Sondern er ganz allein gegen kolossale Widerstände, in Salzburg speziell von seiten der Mozarteum-Stiftung – und in Wien, wiewohl dann mit der entscheidenden Unterstützung von Erzbischof Riedel und Landeshauptmann Rehrl. – Max Reinhardt ist allen hinzugesponnenen Legenden zum Trotz der Gründer und kein anderer, und der Grund war Leopoldskron.

Theaterfestspiele waren sein Traum von jeher gewesen. Der Ort natürlich nicht gleichgültig, aber vollkommen offen. Verhandlungen mit mehreren Städten schwebten. Und wer anderes als ein Theaterdirektor konnte seriös verhandeln? Leopoldskron besiegelte die Entscheidung. Die Instandsetzung war für mich ein Zaubertheater. Die Quadern, die die Rosenbeete umrahmen; die Stukkatur, die ausgebessert wurde; das Einspannen der Chinoiserien und Anlegen der Boiserien; das Herunterrutschen auf den marmornen Treppengeländern; meine Freunde, die Maurer, die mich über den Weiher ruderten; mein erster Schwimmunterricht im städtischen Bad, das mein Vater unbedingt beseitigen wollte, eines der wenigen Ziele, die er nicht erreichte; das Fischerstechen, das ich widerwillig aufgeben mußte, um der ersten Vorstellung des ›Jedermann‹ am Domplatz beizuwohnen, der ersten und einzigen Festspieldarbietung im Gründungsjahr 1920.

Andere »Vaterhäuser« oder besser Appartements – freilich fürstliche – lagen in der Wiener Hofburg. Man hatte sie ihm großzügigerweise zur Verfügung gestellt. Das eine, an der Schwarzen Adler-Stiege, dient jetzt dem Bundespräsidenten als Bleibe. Es enthielt damals unter anderen historischen Reliquien den fahrbaren Leibstuhl Kaiser Franz Josephs. Die Muschel zierte der Doppeladler, was ich in Anbetracht der Nutzanwendung für respektlos erachtete. Selbst für einen Kaiser. Das andere Appartement überblickte den Heldenplatz und hatte mit kostbaren Gobelins bedeckte Wände.

Doch beschränkten sich die »Vaterhäuser« in meiner Erinnerung nicht auf das Wohnen oder Einrichten, letzteres eine Leidenschaft von ihm. Nicht meine. Nicht damals und, wohl als Reaktion, nicht heute. Das endlose Herumstehen in Antiquitätenläden in München und Venedig war dem gelangweilten Knaben eine Qual. Die Verstaubtheit des Milieus steckt noch heute in seiner Nase, und er kann sie nicht riechen. Die Nase vom Papa wurde ihrer nimmer müde.

Aber er richtete eben nicht nur Häuslichkeiten ein, sondern auch Schauspielhäuslichkeiten. Das bereitete ihm das allergrößte Vergnügen. Und das waren dann eben auch meine Häuslichkeiten. Die Erneuerung des Theaters in der Josefstadt, auf Kosten vom Inflations-Medici Camillo Castiglioni, war eine seiner besten Regieleistungen. Das Werk Stück für Stück, Schritt für Schritt zu verfolgen, war auch für den Knaben eine reine Freude. Er hatte schon die Umgestaltung des Zirkus Schumann in das Große Schauspielhaus Berlins miterlebt, als moderner, mächtiger Gegenpol zur vergangenheitsverliebten, intimen Josefstadt. Und später den Bau der entzückenden Komödie in Berlin und den Umbau des schmissigen, zweckerfüllenden Theaters am Kurfürstendamm. Alt oder neu oder erneuert, es waren alles »Vaterhäuser« für mich, in denen ich mich sowohl geborgen als auch gefordert fühlte. War er doch Vater, ob er wollte oder nicht, einer unendlich weitverzweigten Familie, die in ihm auch den Vater sah. Der Prinz in einem solchen Reich zu sein, eine Rolle, um die ich mich nicht bewarb, die mir aber, ob ich wollte oder nicht, zugeteilt wurde, war für den Heranwachsenden oft nicht einfach.

Nichts war eigentlich einfach in der Söhne Beziehung zum Vater, denn sie hielten in dem erbitterten siebzehnjährigen Krieg zur Mutter. Nicht weil sie dem Vater die alleinige oder die Hauptschuld beimaßen oder die Liebe zur Mutter überwog. Aber sie hatte in dem zweifellos weitgehend selbstverschuldeten Krieg so offensichtlich das Nachsehen, und die Vorteile für die Söhne bei einer Sinneswandlung erschienen so transparent, daß diese einem glatten Verrat gleichgekommen wäre. Der Krieg wurde jedoch von beiden Seiten in einem so archaischen Geiste geführt, daß es unaufhörlich zu heute undenkbaren und für den Herrn in den »Vaterhäusern« zu hochpeinlichen Situationen kam: Seine offizielle Lebensgefährtin und »First Lady« seines Ensembles wurde von den Söhnen nicht

Links: Gottfried Reinhardt mit seinem Vater Max Reinhardt. *Rechts:* Gottfried Reinhardt mit seiner Mutter Else Heims.

gegrüßt; gleichfalls seine permanente Privatsekretärin, eine Schulfreundin der »Konkubine«, so von der Mutter tituliert; dem hinter der Szene allmächtigen Onkel durfte keine Hand gegeben, von ihm keine Geschenke angenommen werden. Daß der Vater dies ertrug, um jede freie Minute: sprich Sonntagsmahlzeit, mit den Söhnen zu verbringen oder die Hälfte der Sommerferien – ihrer; seine Ferien waren Arbeitstage –, ist mir rückblickend ein Rätsel. Er muß uns außerordentlich gewogen gewesen sein.

Apropos Mahlzeit: Sein Auszug aus dem gemeinsamen Elternhaus änderte wenig am Tauziehen zwischen Gastritis und Völlerei. Auch die ihm vom Gericht zugesprochenen Ferienrechte, meistens in Venedig wahrgenommen, hatten stark kulinarischen Charakter. Nur Essenszeiten erlaubten dem Überbeschäftigten, nie überbeschäftigt Wirkenden, den Kontakt mit den Kindern. Und da wurden halt deren Gaumen so verhätschelt und überbeschäftigt wie eh und je. Indes kaum in den Mutterschoß zurückgekehrt, mußten diese vermeintlichen – tatsächlichen? – Bestechungsversuche überboten werden. Die angehenden Gourmets entwickelten sich notgedrungen zu Gourmands.

Wenn Max Reinhardt in Berlin war, was für das Theaterimperium immer nötiger wurde, mußten Hotelpaläste für die »Vaterhäuser« herhalten, bis sich von neuem ein Schloß anbot: ein Seitentrakt des königlichen Bellevue im Tiergarten, Reinhardts letzte Wohnstätte in Deutschland. Die Kost in besagten Hotels war exzellent, und an Schwelgerlokalen litt Berlin keinen Mangel.

Schuld an der Verschärfung des Essensproblems war die juridische Beschränkung auf den Sonntag. Am Sonntag nämlich war das Mittagessen der Mutter um zwei Uhr heilig. Da gab es Suppe, Fisch, Braten mit Beilagen, Salat und Süßspeise. Und da gab es kein vorausdenkendes sich Drücken. Das wäre als Todsünde angesehen worden. Dabei war das Vorausdenken gar nicht zu umgehen. Denn so um fünf oder sechs Uhr nachmittags hielt des Vaters Stutz oder Cadillac vor dem Knobelsdorff-Palais, um die Söhne ins Theater zu bringen, dort den Vater abzuholen und das Trio bei Horcher abzusetzen. Die Küche im Restaurant Horcher war so gut, daß es, von den Nazis zur Weltausstellung in die kulinarische Hauptstadt der Welt geschickt, dort jedes französische Restaurant in den Schatten stellte und Hermann Göring, einen sentimentalen Stammgast, bewog, es vor den Bomben zu retten und als Geschenk an Franco per Flug über die Frontlinien nach Madrid zu expedieren. Diesem Füllhorn der Feinschmeckerei wurde mein vom Sonntagsmahl daheim platzender Magen regelmäßig ausgesetzt. Etwaige Appetitlosigkeit wurde väterlicherseits übel vermerkt.

Umwälzungen und Machtwechsel mögen Kriege unterbrechen, Schlemmerei ein Ende bereiten und noch Schlimmeres anstellen, aber am Status quo ändern sie oft nichts. Hitler zwang meinen Vater in die Emigration, meine Mutter ging aus freien Stücken. Ich war beiden vorausgeeilt. So entstand in einem Villenvorort von Los Angeles ein »Mutterhaus«, wenn auch mit umgekehrten Vorzeichen: Sie wohnte jetzt bei mir. Aber auch zwei »Vaterhäuser« konnten sich nacheinander behaupten, das eine in den Hügeln Hollywoods mit einem herrlichen Ausblick auf die Stadt und einem üppig-subtropischen Garten, das andere am Rand einer Sandsteinklippe, den pazifischen Ozean von einem Logensitz direkt überschauend. Alle drei füllten sich mit Ach und Krach mit gerettetem Mobiliar und täuschten auf dem bewässerten Wüstenboden Kaliforniens eine Fata Morgana vor: daß sich im Grunde nichts geändert hatte. An einem hatte sich auch tatsächlich nichts geändert: Ungeachtet der Katastrophe, die sich in Europa anbahnte und jedem von uns gewärtig war, brach der reinhardtsche Ehe-, vielmehr Ehetrennungskrieg von neuem aus.

Doch ich war kein Knabe mehr. Ich brauchte keinen Versuch zu machen, Frieden zu stiften, wie ich es früher so oft vergeblich getan hatte.

Ich konnte ihn praktisch diktieren. Er wurde in Reno, Nevada, in gütlichem Einvernehmen geschlossen. Beide Gegner seufzten erleichtert auf, als die Scheidung vollzogen war. Die Parteien feierten im selben Hotel. Meine Mutter und ich auf dem Zimmer mit viel Kaviar und Champagner. Da kam ein Anruf aus der Halle: Wo ich bliebe? Kurz danach gesellte ich mich zu den Feiernden um meinen Vater, die das Ereignis aus Los Angeles angezogen hatte. Kaviar und Champagner wurden gereicht. Obwohl kein Verächter, wurde es mir schwer, meinen Magen zu erneuten Portionen zu überreden. Das Adlerauge meines Vaters sah klar, und der Mund formulierte so klar wie stets: »Du hast natürlich schon wieder einmal mit deiner Mutter gegessen!«

Wie könnte es anders sein, als daß mich die Spaltung meines Elternhauses mitgeprägt hat. Mit. Aber ich hege deswegen nicht die leisesten Ressentiments. Sie leisteten sich eine Donquichotterie, die beiden schweres Leiden verursachte. Meiner Mutter, der das Zerwürfnis auch die Karriere ruinierte, weit mehr. Beide gaben vor, um die Kinder zu kämpfen. Wenn dies auch der üblichen Kriegszielromantik anzulasten ist, so besteht doch kein Zweifel, daß wir einen festen Platz in ihrem Herzen, wenn auch nicht immer in ihrem Hirn, einnahmen.

Meine Beziehung zu den Eltern wurde in deren Alter stetig stärker. Und das lag nicht allein an ihrer zunehmenden Abhängigkeit von mir – in jeder Hinsicht. Was ich dem »Elternhaus« zu verdanken habe? Unendlich viel. Des Vaters Intuition und Weisheit, nicht immer von mir befolgt, waren dennoch ein Leitstern. Der Mutter Geradheit und erbarmungslose Pragmatik beeinflußten hauptsächlich meine Füße: Sie blieben nach manchem Höhenflug doch immer auf der Erde postiert. Beider hochdisziplinierte Befähigungen blieben für mich – wenn auch unerreichtes – Vorbild. In meinem Hirn und Herzen existiert ein Elternhaus.

Bildquellennachweis

Leo-Heinz Hajek, Ferrantini, Leonard Zubler/Zürich, Michael Horowitz (4), Bruno-Kreisky-Stiftung (4), Bernhard J. Holzer, Kövesdi, Spöttel-Press, Peter Freik + Ute Schenk/Hamburg, Diözesanarchiv/Wien (2), Johann Gürer, ORF, Votava, Z.J. Keglevic, Landesmuseum Joanneum/Graz, Jürgen Radspieler, Kronen-Zeitung-Archiv, Hipp, Jürgen Liepe, Kainerstorfer (3), Jöchl (17), Sepp Dreissinger, Ganter, Begsteiger, Neumann International, Basch, Michael Hetzmannseder, Gerhard Kunze, Ingo F. Meier, Johann Klinger, Ellinger/Salzburg, Renate Apostel/München.

Alle übrigen Fotos stammen aus Privatbesitz.

Michail Gorbatschow

Das gemeinsame Haus Europa

und die Zukunft der Deutschen

400 Seiten, gebunden mit Schutzumschlag

Auch wer die Rolle einzelner in der Geschichte nicht überbewerten will, wird zugestehen, daß es Michail Gorbatschow war, der das Tor zur umfassenden friedlichen Neuordnung Europas aufgestoßen – und die Einheit der Deutschen überhaupt erst denkbar gemacht hat. Für seine visionäre, gleichwohl konkrete Konzeption prägte der sowjetische Staats- und Parteichef die Metapher »Europa ist unser gemeinsames Haus«. In der aktualisierten und erweiterten Neuausgabe seines erfolgreichen Buches stellt Gorbatschow sein Konzept umfassend dar: von der ersten Formulierung der Idee bis hin zu seinen großen Reden und Artikeln, die die demokratische Revolution in Osteuropa und in der DDR vorbereiteten. Gorbatschow zeigt, welche ermutigenden Perspektiven für die Zukunft eines vereinten Deutschlands in einem gemeinsamen europäischen Haus bestehen, aber auch welche Verantwortung gerade unserem Land bei dessen Errichtung zukommt. Bei der Lektüre dieses Buches wird deutlich, welche großen Chancen seine Politik uns allen eröffnet: die drängenden Menschheitsfragen – Abbau der Hochrüstung, Hilfe für die Dritte Welt, Rettung vor der Umweltkatastrophe.

ECON Verlag
Postfach 30 03 21 · 4000 Düsseldorf 30

Kindheit im Kaiserreich

Erinnerungen an vergangene Zeiten · Herausgegeben von Rudolf Pörtner

Kindheit im Kaiserreich – heute leben nur noch wenige Menschen, deren erste Lebensjahre nachhaltig vom äußeren Glanz der Wilhelminischen Epoche geprägt waren. Rudolf Pörtner, Herausgeber dieses Buches, hat achtunddreißig namhafte Zeitgenossen und Zeitzeugen aufgespürt, die bereit waren, in ihren Erinnerungen an lange zurückliegende Zeiten zu graben. Sie erzählen von der glücklichen Unbeschwertheit ihrer Kindertage, mitunter verdunkelt von der Ahnung drohenden Unheils, von preußischen Tugenden und von Klassenunterschieden, vom Glanz und Schimmer des fernen Hofes und von »Kaisers Geburtstag« – jenes verehrten und verachteten Monarchen Wilhelm II., der den berühmten Satz geprägt hat: »Ich kenne keine Parteien mehr, ich kenne nur noch Deutsche.« Sie erzählen von der Kriegsbegeisterung am Vorabend des Ersten Weltkriegs und von den Blumen in den Gewehrläufen der Soldaten, von Entbehrung, Hunger und Leid während der Kriegsjahre und von der tiefen Enttäuschung, als der Kaiser am 9. November 1918 abdankt und nach Holland ins Exil geht: Eine Welt ist untergegangen. Die lebendigen und authentischen Erinnerungen dieser letzten Zeugen des Kaiserreichs lassen vor dem Leser jene »gute, alte Zeit« wiedererstehen, die längst europäische Geschichte geworden ist.

(dtv 11084)